ŒUVRES

DE

J. F. COOPER

IMPRIMERIE DE H. FOURNIER ET Ce, 14 RUE DE SEINE.

J. F. COOPER

TRADUCTION
par Defauconpret

L'ESPION.

Paris.
FURNE & Cⁱᵉ CH. GOSSELIN.
Éditeurs.
1859.

OEUVRES

DE

J. F. COOPER

TRADUITES

PAR

A. J. B. DEFAUCONPRET

TOME DEUXIÈME

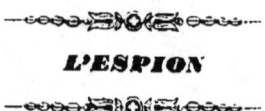
L'ESPION

PARIS

FURNE ET Cⁱᵉ, CHARLES GOSSELIN
ÉDITEURS

M DCCC XXXIX

INTRODUCTION

A L'ESPION.

La contagion du vice se trouve heureusement balancée dans ce monde par la sympathie qu'inspire la vertu. Sans ce contre-poids opposé à la tendance des passions humaines, il y aurait peu d'espérance de voir jamais se réaliser les vœux de l'homme sage et bon pour l'extension graduelle du règne de la justice et de la philanthropie.

L'amour de la patrie est, de tous les sentiments généreux, le plus universellement répandu. Nous admirons tous l'être qui se dévoue au bien de la nation à laquelle il appartient, et nous condamnons sans réserve celui qui, sous l'excuse du sophisme ou de la nécessité, lève son bras ou emploie ses talents contre le pays qu'il aurait dû défendre. Les noms les plus illustres, les plus belles espérances, ont succombé sous l'accusation de trahison. On admire encore le Romain qui a pu sacrifier le lien du sang à celui de la patrie, mais le courage et les succès de Coriolan sont effacés par le mépris qui s'attache à sa défection. Il y a dans le patriotisme véritable une pureté qui l'élève au-dessus de tout calcul d'égoïsme, et qui, par la nature des choses, ne peut jamais se rencontrer dans les services rendus à des amis ou à des parents. Le patriotisme a la beauté de l'élévation sans l'alliage de l'intérêt personnel.

Bien des années se sont écoulées depuis que l'écrivain qui trace ces lignes se trouvait dans la résidence d'un homme illustre, qui, durant les jours les plus sombres de la révolution américaine, fut aussi remarquable par la qualité dont nous venons de parler que par les hautes fonctions qu'il remplit à cette période mémorable. La conversation tomba sur les effets que de grandes sollicitudes politiques produisent sur le caractère, et la bienfaisante influence de l'amour de la patrie, lorsque ce sentiment est puissamment réveillé chez un peuple. Celui que son âge, ses services, et sa connaissance des hommes rendaient le plus capable de soutenir un tel entretien, y prit aussi la part la plus active. Après s'être arrêté sur le changement frappant opéré pendant la lutte nationale durant la guerre de 1776, qui donna une nouvelle et honorable direction aux pensées et aux occupations d'une multitude dont le temps avait été jusqu'alors consacré aux soins les plus vulgaires de la vie, il développa son opinion en racontant une anecdote qu'il pouvait attester comme auteur et témoin.

Quoique le dissentiment entre l'Angleterre et les Etats-Unis d'Amérique ne fût pas précisément une querelle de famille, il offrait plus d'un rapport avec les guerres civiles. Si le peuple de cette dernière contrée n'était pas constitutionnellement soumis à ceux de la première, les habitants des deux pays devaient obéissance au même roi. Comme les Américains se refusaient à être plus longtemps des sujets fidèles, et que les Anglais voulurent soutenir leur souverain dans ses efforts pour ressaisir l'autorité qui lui échappait, plusieurs des sentiments qu'excite une lutte intestine se trouvèrent éveillés par ce conflit. Une grande partie des émigrés européens établis dans les colonies se rangea du côté du trône. Il y avait plusieurs districts dans lesquels leur influence, jointe à celle des Américains qui refusaient de se soulever, donnait une prépondérance positive à la cause royale. L'Amérique était alors trop jeune, elle avait trop besoin de tous les cœurs et de tous les bras pour regarder avec indifférence ces divisions partielles, quelque petites qu'elles fussent en rapport de la somme totale. Le mal s'accrut beaucoup par l'activité des Anglais à profiter de ces dissensions intérieures; il devint doublement sérieux par le projet de lever des corps de troupes provinciales qu'on devait incorporer avec celles d'Europe pour soumettre la république naissante. Le congrès nomma un comité secret chargé de s'opposer à cette mesure. M......, le conteur de l'anecdote, était le président de ce comité.

En s'acquittant de la nouvelle mission qui lui était confiée, M... eut occasion d'employer un agent dont les services différaient peu de ceux d'un espion vulgaire. Cet homme, comme on le concevra facilement, était placé dans une position qui diminuait sa répugnance à paraître sous un caractère si équivoque; il était pauvre, ignorant sur tout ce qui concerne l'instruction usuelle, mais froid, rusé et intrépide par nature. Son office consistait à découvrir dans quelle portion du pays les adhérents de la couronne dirigeaient leurs efforts secrets pour rassembler des hommes; il consistait aussi à examiner l'état des places, à enrôler; il devait paraître zélé pour la cause qu'il feignait de servir, et chercher par tous les moyens à connaître, autant que possible, les projets de l'ennemi; il communiqua ces instructions à ses subordonnés, qui firent de leur mieux pour déjouer les plans des Anglais, et y réussirent souvent.

Il est facile de concevoir qu'on ne pouvait remplir de telles fonctions sans courir de grands hasards personnels. Outre le danger d'être découvert, on s'exposait au risque de tomber entre les mains des Américains eux-mêmes, qui punissaient les fautes de ce genre beaucoup plus sévèrement sur leurs propres compatriotes que sur les Européens dont ils parvenaient à se rendre maîtres. Enfin l'agent de M..., plusieurs fois arrêté par les autorités locales, fut dans une circonstance condamné au gibet par ses concitoyens exaspérés. Un ordre secret transmis avec promptitude au geôlier le sauva seul d'une mort ignominieuse. On lui permit de s'échapper, et ce péril, qui n'était pas imaginaire, lui fut d'un grand secours pour soutenir près des Anglais son caractère d'emprunt. Parmi les Américains, on le regardait dans sa petite sphère comme un hardi et invétéré tory; il continua ainsi à servir son pays sous le voile du mystère durant les premières années de la lutte, entouré de dangers perpétuels, et l'objet de mépris non mérités.

Dans l'année, M... fut appelé à un poste élevé et honorable près d'une cour d'Europe. Avant d'abandonner sa place au congrès, il fit en peu de mots un rapport sur les faits que nous venons de détailler, et, sans nommer son agent de police, il demanda une récompense pour l'homme qui avait rendu tant de services en s'exposant à de si grands périls. Une somme convenable fut votée, et le soin de la remettre confié au président du comité secret.

M... s'arrangea pour avoir une entrevue avec son agent; ils se rencontrèrent dans un bois à minuit. M..., après avoir loué sa fidélité et son adresse, lui apprit que leurs relations étaient terminées, et finit par lui présenter l'argent. L'autre recula d'un pas en refusant de le recevoir. « Le pays a besoin de tout ce qu'il possède, dit-il, et quant à moi je puis travailler ou gagner ma vie de diverses manières. » Toutes les instances furent vaines, car le patriotisme était porté au plus haut point dans le cœur de cet homme remarquable. M... le quitta, remportant avec l'or dont il s'était chargé un profond respect pour celui qui pendant si longtemps avait pu hasarder sa vie pour la cause commune, sans espoir de récompense.

L'écrivain a un souvenir vague qu'à une époque plus récente l'agent de M... consentit à recevoir une rétribution en retour de ses services, mais ce ne fut pas avant que la nation se trouvât tout à fait en état de la lui accorder.

Il est à peine nécessaire d'ajouter qu'un trait semblable, raconté d'un ton simple mais ému par l'un des principaux acteurs, fit une profonde impression sur tous ceux qui l'entendirent. Plusieurs années après, des circonstances inutiles à détailler, et qui sont d'une nature entièrement fortuite, engagèrent l'auteur à composer une nouvelle qui devait être, ce qu'il ne prévoyait pas alors, la première d'une série passablement longue. Les mêmes causes accidentelles qui lui donnèrent naissance déterminèrent le lieu de la scène et le caractère général de l'ouvrage. Le premier fut placé dans une région étrangère, et le dernier embrassa la tâche faiblement exécutée de décrire des mœurs étrangères. Aussi, lorsque ce roman parut, les amis de l'auteur lui reprochèrent d'avoir, lui Américain de cœur comme de fait, écrit un livre qui contribuerait peut-être, en quelque léger degré, à nourrir l'imagination de ses jeunes et non expérimentés compatriotes de peintures tirées d'un état social si différent de celui dont ils font partie. L'auteur, tout en sachant combien le hasard seul avait dirigé son choix, sentit que l'accusation était du nombre de celles dont il aurait désiré se garantir ; et, ne voyant pas d'autre moyen d'expier sa faute, il se décida à infliger au public un second ouvrage dont le sujet n'admettrait aucune mauvaise interprétation, non seulement par le lieu de la scène, mais en lui-même. Il choisit le patriotisme pour thème, et il est à peine nécessaire de dire à ceux qui lisent cette introduction et les feuilles suivantes qu'il a pris le héros de l'anecdote qu'on vient de raconter comme le meilleur exemple de la vertu en question dans son sens le plus absolu.

Depuis la publication de *l'Espion*, il a paru plusieurs relations sur différentes personnes qu'on supposait avoir été présentes à la pensée de l'écrivain. Comme M... ne nomme pas son agent, l'auteur ne sait rien de plus sur son identité avec tel ou tel individu, que n'en sait celui qui a parcouru ces lignes. Washington et sir Henry Clinton ont eu tous deux un nombre considérable d'émissaires secrets ; il était à peine possible qu'il en fût autrement dans une lutte qui offrait tant de ressemblance avec une guerre civile, où les peuples ennemis avaient été unis par des liens de famille et parlaient la même langue.

Le style de l'ouvrage a été revu par l'auteur pour cette édition ; il s'est efforcé de le rendre, sous ce rapport, plus digne de l'accueil favorable qu'il a reçu ; mais il est forcé de reconnaître qu'il s'y trouve des défauts si bien liés avec la structure du roman, que, semblable aux édifices ruinés, il serait plus facile de reconstruire que de réparer. Dix années ont produit en Amérique l'effet d'un siècle ; et parmi tous les progrès, ceux de sa littérature n'ont pas été les moins remarquables. A l'époque où *l'Espion* parut, on attendait si peu de succès d'un ouvrage de ce genre, que le premier volume fut imprimé plusieurs mois avant que l'auteur reçût des encouragements suffisants pour tracer un mot du second. Les efforts tentés dans une cause désespérée sont rarement dignes de celui qui les fait, quelque bas qu'il soit nécessaire de placer le niveau de son mérite en général.

Un horizon plus brillant commence à se lever sur la république qui est au moment d'occuper, parmi les nations du monde, le rang que la nature lui assigne et que ses institutions lui assurent. Si, dans une vingtaine d'années, le hasard faisait tomber une copie de cette préface aux mains d'un Américain, il sourira sans doute à la pensée qu'un de ses concitoyens a pu hésiter à terminer une tâche déjà avancée, par la seule cause de la méfiance qu'inspirait la disposition de la contrée à lire un ouvrage qui traitait de ses intérêts les plus intimes.

Paris, avril 1831.

PRÉFACE.

Plusieurs raisons doivent engager l'Américain qui compose un roman à choisir son pays pour le lieu de la scène ; il en est plus encore qui doivent l'en détourner. Pour commencer par *le pour* : c'est un chemin nouveau qui n'est pas encore frayé, et qui aura du moins tout le charme de la nouveauté. Une seule plume de quelque célébrité s'est exercée jusqu'à présent parmi nous dans ce genre d'ouvrage ; et attendu que l'auteur est mort, et que l'approbation ou la censure du public ne peuvent plus ni flatter son espoir, ni éveiller ses craintes, ses compatriotes commencent à découvrir son mérite [1] ; mais cette dernière considération aurait dû faire partie des raisons *contre*, et nous oublions que c'est *le pour* que nous examinons dans ce moment. La singularité même de la circonstance offre quelque chance pour attirer l'attention des étrangers sur l'ouvrage, et notre littérature est comme notre vin, qui gagne beaucoup à voyager. Ensuite le patriotisme ardent du pays assure le débit des plus humbles productions qui traitent un sujet national ainsi que le prouvera bientôt, — nous en avons la conviction intime, — le livre de recettes et dépenses de notre éditeur. Fasse le ciel que ce ne soit pas, comme l'ouvrage lui-même, — une fiction ! Et enfin on peut supposer avec raison qu'un auteur réussira beaucoup mieux à tracer des caractères et à décrire des scènes qu'il a eues constamment sous les yeux, qu'à peindre des pays où il n'a fait que passer.

Maintenant voyons *le contre*, et commençons par réfuter tous les arguments en faveur de la mesure. Il n'y a eu jusqu'à présent qu'un seul écrivain de ce genre, il est vrai ; mais le nouveau candidat qui aspire aux mêmes honneurs littéraires sera comparé à ce modèle unique, et malheureusement ce n'est pas le rival qu'on choisirait de préférence. Ensuite, quoique les critiques de-

---

[1]. Charles Brockden Brown, romancier américain, né à Philadelphie, vécut longtemps obscur et ignoré. Il est mort en 1813, à l'âge de trente-cinq ans. — Tr.

mandent et demandent avec instance des ouvrages qui peignent les mœurs américaines, nous craignons bien qu'ils ne veuillent parler que des mœurs des Indiens, et nous tremblons que le même goût qui trouve la scène de la caverne, dans *Edgar Huntly* [1], charmante, parce qu'il s'y trouve un Américain, un sauvage, un chat et un tomahawk, réunis d'une manière qui n'a jamais pu et qui ne pourra jamais se rencontrer, ne puisse digérer des descriptions où l'amour est autre chose qu'une passion brutale, le patriotisme autre chose qu'un trafic, et qui peignent des hommes et des femmes n'ayant pas de laine sur la tête [2]; observation qui ne blessera pas, du moins nous osons l'espérer, notre excellent ami M. César Thompson [3], personnage qui sans doute est bien connu du petit nombre de ceux qui lisent cette introduction; car personne ne jette les yeux sur une préface que lorsqu'il n'a pu parvenir à deviner, d'après l'ouvrage même, ce que l'auteur a voulu dire. Quant au motif qui est basé sur l'espoir de trouver un appui dans l'esprit national, nous devons avouer, et cet aveu nous fait presque rougir, que l'opinion que les étrangers se forment de notre patriotisme est beaucoup plus près de la vérité que nous n'affections de le croire quelques lignes plus haut. Enfin, et c'est la dernière raison qui nous reste à réfuter, y a-t-il tant d'avantages à placer le lieu de la scène en Amérique? Nous avons à craindre que d'autres ne connaissent tout aussi bien leurs demeures que nous-mêmes, et cette familiarité même engendrera nécessairement le mépris. De plus, si nous faisons quelque erreur, tout le monde pourra s'en apercevoir.

Tout bien considéré, il nous semble que la lune serait l'endroit le plus convenable pour y placer la scène d'un roman moderne *fashionable*; car alors il n'y aurait qu'un bien petit nombre de personnes qui pourraient contester la fidélité des portraits; et si seulement nous avions pu nous procurer les noms de quelques endroits célèbres dans cette planète, nous nous serions sans doute hasardés à tenter l'épreuve. Il est vrai que lorsque nous communiquâmes cette idée au modèle de notre ami César, il déclara positivement qu'il ne poserait pas plus longtemps si son portrait devait être transporté dans une région aussi païenne. Nous com-

---

1. Roman de C. B. Brown. — Tr.
2. Tout le monde sait qu'on donne le nom de *laine* aux cheveux épais et crépus des nègres. — Tr.
3. Nègre qui joue un grand rôle dans *l'Espion*.

battîmes les préjugés du nègre avec assez de persévérance, jusqu'à ce que nous découvrîmes que notre vieil ami soupçonnait que la lune était quelque part du côté de la Guinée, et qu'il avait de l'astre des nuits à peu près l'opinion que les Européens ont de nos États, que ce n'était pas une résidence convenable pour un homme comme il faut.

Mais il est encore une autre classe de critiques dont nous ambitionnons le plus les suffrages, et dont nous nous attendons cependant à éprouver le plus la censure, — nous voulons parler de nos belles compatriotes. Il est des personnes assez hardies pour dire que les femmes aiment la nouveauté, et c'est une opinion que nous nous abstiendrons de combattre, par égard pour notre réputation de discernement. Le fait est qu'une femme est toute sensibilité, et que cette sensibilité ne peut trouver d'aliment que dans l'imagination. Des châteaux entourés de fossés, des ponts-levis, une sorte de nature classique, voilà ce qu'il faut à ces têtes romanesques. Les destinations artificielles de la vie ont pour elles un charme particulier, et il en est plus d'une qui trouve que le plus grand mérite qu'un homme puisse avoir, c'est de savoir s'élever au sommet de l'échelle sociale. Aussi combien de laquais français, de barbiers hollandais, et de tailleurs anglais qui doivent leurs lettres de noblesse à la crédulité des beautés américaines ; et nous en voyons parfois quelques-unes emportées par une espèce de vertige dans le tourbillon causé par le passage de l'un de ces météores aristocratiques sur les plaines de notre confédération. En bonne conscience, nous voyons qu'un roman où il y a un lord en vaut deux de ceux où il n'y en a pas, aux yeux même du sexe le plus noble, je veux dire de nous autres hommes. La charité nous défend de vouloir faire entendre qu'aucun de nos patriotes partage le désir de l'autre sexe, — d'attirer sur soi les regards de la faveur royale, et nous nous garderions bien surtout d'insinuer que ce désir est presque toujours en proportion de la violence qu'ils mettent à dénigrer les institutions de leurs ancêtres. Il y a toujours une réaction dans les sentiments de l'homme, et ce n'est que lorsqu'il désespère de pouvoir atteindre les raisins que le renard d'Ésope dit qu'ils sont verts.

Loin de nous cependant l'idée de vouloir jeter le gant à nos belles compatriotes, dont l'opinion seule doit assurer notre triomphe ou notre chute ; nous voulons seulement dire que si nous n'avons point mis de lord ni de château dans l'ouvrage, c'est qu'il ne s'en trouve pas dans le pays. Nous avions bien entendu dire qu'il y avait un seigneur à cinquante milles de chez nous, et nous fîmes ce long trajet pour le voir, bien décidés à modeler sur lui notre héros; mais lorsque nous rapportâmes son portrait, la petite lutine qui posait pour celui de Fanny déclara qu'elle n'en voudrait pas quand même il serait roi. Alors nous fîmes jusqu'à cent milles, pour voir dans l'est un château renommé; mais, à notre grande surprise, il y manquait tant de carreaux, et c'était sous tous les rapports un endroit si peu habitable, qu'il y aurait eu vraiment conscience à y loger une famille pendant les froids de l'hiver. Bref, nous fûmes obligés de laisser la jeune fille aux cheveux roux se choisir elle-même un amant, et de loger les Wharton dans un *cottage* commode, mais sans prétention. Nous répétons que nous n'entendons pas faire la plus légère injure aux belles; elles sont ce que nous aimons le mieux, — après nous-mêmes, — après notre livre, — notre argent — et quelques autres objets. Nous savons ce que sont les meilleures créatures du monde, et nous voudrions, pour l'amour de l'une d'elles, être lord et avoir un château par-dessus le marché [1].

Nous n'affirmons pas positivement que la totalité de notre histoire soit vraie, mais nous croyons pouvoir le dire sans nous compromettre d'une grande partie; et nous sommes certains que toutes les passions qui sont décrites dans ces volumes ont existé et existent encore. Qu'il nous soit permis de dire aux lecteurs que c'est plus qu'ils ne trouvent dans tous les volumes qu'ils lisent. Nous irons même plus loin, et nous dirons où elles ont existé; c'est dans le comté de West-Chester, de l'île de New-York, l'un des États-Unis d'Amérique, belle partie du globe, d'où nous envoyons nos compliments à tous ceux qui lisent notre ouvrage, — et nos amitiés à tous ceux qui l'achètent.

New-York, 1822.

[1] L'auteur se moque ici des préjugés aristocratiques qui ont survécu à la domination anglaise en Amérique. Les familles *républicaines* de ce pays n'oublient pas leur généalogie.

L'ESPION,

ÉPISODE
DE LA GUERRE DE L'INDÉPENDANCE.

> Existe-t-il un homme dont l'âme soit assez insensible pour ne s'être jamais dit à lui-même : Voici mon pays, mon pays natal ?
> SIR WALTER SCOTT.

CHAPITRE PREMIER.

> Et quoique au milieu de ce calme de l'esprit, quelques traits hautains et impérieux pussent faire découvrir une âme jadis violente, c'était un feu terrestre que le rayon intellectuel du sang-froid faisait disparaître, comme les feux de l'Etna s'obscurcissent devant le jour naissant.
> TH. CAMPBELL. *Gertrude de Wyoming.*

Vers la fin de l'année 1780, un voyageur isolé traversait une des nombreuses petites vallées de West-Chester. Le vent d'est, chargé de froides vapeurs et augmentant de violence à chaque instant, annonçait inévitablement l'approche d'un orage qu'on pouvait s'attendre à voir, suivant la coutume, durer plusieurs jours. L'œil expérimenté du voyageur cherchait en vain, à travers l'obscurité du soir, quelque abri convenable où il pût obtenir les secours qu'exigeaient son âge et ses projets, pendant que son voyage serait interrompu par la pluie qui, sous la forme d'un épais brouillard, commençait déjà à se mêler avec l'atmosphère. Cependant rien ne s'offrait à ses yeux, si ce n'est les demeures étroites et incommodes de la plus basse classe des habitants ; et dans ce voisinage immédiat il ne jugeait ni prudent ni politique de se fier à eux.

Après que les Anglais se furent emparés de l'île de New-York, le comté de West-Chester était devenu une sorte de champ-clos dans lequel les deux partis se livrèrent plusieurs combats pendant le reste de la guerre de la révolution. Une grande partie des habitants, dominés par la crainte ou par un reste d'attachement pour la mère-patrie, affichaient une neutralité qui n'était pas toujours dans leur cœur. Les villes les plus voisines de la mer étaient, comme on peut bien le penser, plus particulièrement sous l'autorité de la couronne, tandis que celles de l'intérieur, enhardies par le voisinage des troupes continentales, laissaient percer leurs opinions révolutionnaires et le droit qu'elles avaient de se gouverner elles-mêmes. Cependant bien des gens portaient un masque que le temps n'a pas même encore fait tomber : tel individu est descendu dans le tombeau, accusé par ses concitoyens d'avoir été l'ennemi de leur liberté, tandis qu'il avait été en secret un des agents les plus utiles des chefs de la révolution : et d'une autre part, si l'on faisait une perquisition bien exacte chez tel patriote qui semblait soutenir les droits de son pays avec le zèle le plus ardent, on y trouverait une sauvegarde royale cachée sous un monceau de guinées anglaises.

Au bruit de la marche du noble coursier que montait le voyageur, la maîtresse de la ferme devant laquelle il passait alors ouvrit avec précaution la porte de sa demeure pour regarder cet étranger, et peut-être détournait-elle la tête pour communiquer le résultat de ses observations à son mari qui, placé dans la partie de derrière du bâtiment, se disposait à chercher, si le cas l'exigeait, l'endroit où il se cachait ordinairement dans les bois voisins. La vallée était située vers le milieu de la longueur du comté, et était assez proche des deux armées pour que la restitution de ce qui avait été volé ne fût pas un événement rare dans ces environs. Il est vrai qu'on ne retrouvait pas toujours les mêmes objets, mais à défaut de justice légale, on avait recours en général à une substitution sommaire, qui rendait le montant de ses pertes à celui qui les avait éprouvées, avec une assez bonne addition pour l'indemniser de l'usage temporaire qu'on avait eu de ce qui lui appartenait.

Le passage d'un étranger dont l'apparence avait quelque chose d'équivoque, et monté sur un coursier qui, quoique ses harnais n'eussent rien de militaire, offrait quelque chose de la tournure fière et hardie de son cavalier, donna lieu à diverses conjectures parmi les habitants de quelques maisons qui étaient à le regarder, et excita même un sentiment d'alarme dans le cœur de quelques-uns, à qui leur conscience donnait une inquiétude plus qu'ordinaire.

Eprouvant quelque lassitude par suite de l'exercice qu'il avait pris pendant une journée de fatigue inusitée, et désirant se procurer sans délai un abri contre la violence croissante de l'orage, dont de grosses gouttes d'eau chassées par le vent commençaient à changer le caractère, le voyageur se détermina, comme par nécessité, à demander à être admis dans la première maison qu'il trouverait. L'occasion ne se fit pas attendre longtemps, et franchissant une barrière délabrée, il frappa fortement, sans descendre de cheval, à la porte d'une habitation dont l'extérieur était fort humble. Une femme de moyen âge, dont la physionomie n'était pas plus prévenante que sa demeure, se présenta pour lui répondre. Epouvantée en voyant, à la clarté d'un grand feu de bois, un homme à cheval si inopinément près du seuil de la porte, elle la referma à moitié, et avec une expression de terreur mêlée d'une curiosité naturelle lui demanda ce qu'il voulait.

Quoique la porte ne fût pas assez ouverte pour qu'il fût possible de bien examiner l'intérieur de la maison, le cavalier en avait vu assez pour que ses yeux empressés essayassent encore de pénétrer dans les ténèbres pour chercher une demeure dont l'aspect promît davantage. Ne pouvant en apercevoir, ce fut avec une répugnance mal déguisée qu'il fit connaître ses désirs et ses besoins. La femme l'écouta avec un air de mauvaise volonté évident, et avant qu'il eût fini, elle l'interrompit avec un ton de confiance renaissante en lui disant avec aigreur et volubilité :

— Je ne puis dire que je me soucie de loger un étranger dans ces temps difficiles. Je suis seule à la maison, ou, ce qui est la même chose, il n'y a que mon vieux maître avec moi. Mais à un demi-mille plus loin sur la route, il y a une grande maison où vous serez bien reçu, et sans rien payer même. Cela vous conviendra mieux et à moi aussi, parce que, comme je l'ai déjà dit, Harvey n'y est point. Je voudrais qu'il suivît mes avis et qu'il cessât de courir le pays; il est à présent en passe de faire son chemin dans le monde; il devrait discontinuer sa vie errante et devenir plus rangé. Mais Harvey Birch n'en veut faire qu'à sa tête, et après tout il mourra en vagabond.

Dès que l'étranger avait entendu dire qu'il trouverait une autre maison à un demi-mille plus loin, il s'était enveloppé de son manteau, et tournant la bride de son cheval, il se disposait à partir sans chercher à pousser plus loin la conversation; mais le nom qui venait d'être prononcé le fit tressaillir.

— Quoi! s'écria-t-il comme involontairement, est-ce donc ici l'habitation d'Harvey Birch? Il allait en dire davantage, mais il se retint et garda le silence.

— Je ne sais trop, répondit la femme, si l'on peut dire que ce soit son habitation, puisqu'il ne l'habite jamais, ou du moins si rarement, que c'est tout au plus si l'on peut se rappeler sa figure. Ce n'est pas tous les jours qu'il juge à propos de la montrer à son vieux père ou à moi. Mais que m'importe qu'il vienne ou qu'il ne vienne pas? je ne m'en soucie guère. — Vous aurez soin de prendre le premier chemin à gauche. — C'est comme je vous le dis, je ne m'en soucie pas. A ces mots elle ferma brusquement la porte, et le voyageur, charmé de pouvoir espérer un meilleur gîte, s'empressa de marcher dans la direction indiquée. Il restait encore assez de jour pour qu'il pût remarquer les améliorations qui avaient eu lieu dans la culture des terres autour du bâtiment dont il s'approchait. C'était une maison construite en pierres, longue, peu élevée, et ayant une petite aile à chaque extrémité. Un péristyle à colonnes qui en ornait la façade, le bon état de tous les bâtiments, les haies bien entretenues qui entouraient le jardin, tout annonçait que les propriétaires étaient d'un rang au-dessus des fermiers ordinaires du pays. Après avoir conduit son cheval derrière un angle de la muraille, où il était jusqu'à un certain point à l'abri du vent et de la pluie, il frappa à la porte sans hésiter. Un vieux nègre vint l'ouvrir aussitôt. Dès que celui-ci eut appris que c'était un voyageur qui demandait l'hospitalité, il ne crut pas avoir besoin de consulter ses maîtres, et après avoir jeté un regard attentif sur l'étranger, à la clarté d'une lumière qu'il tenait à la main, il le fit entrer dans un salon très-propre, où l'on avait allumé du feu pour combattre un vent d'est piquant et le froid d'une soirée d'octobre. Après avoir remis sa valise au vieux nègre, et avoir répété sa demande d'hospitalité à un vieillard qui se leva pour le recevoir, il salua trois dames qui travaillaient à l'aiguille, et commença à se débarrasser d'une partie de son costume de voyage.

Lorsqu'il eut ôté un mouchoir placé sur sa cravate, un manteau et une redingote de drap bleu, l'étranger présenta à l'examen de la famille réunie un homme de grande taille, ayant un air très-gracieux, et paraissant avoir cinquante ans. Sa physionomie annonçait le sang-froid et la dignité; son nez droit avait presque la forme grecque; ses yeux étaient doux, pensifs et presque mélancoliques; sa bouche et la partie inférieure de son visage annonçaient un caractère ferme et résolu; ses vêtements de voyage étaient simples mais de drap fin, et semblables à ceux que portait la classe la plus aisée de ses concitoyens. La manière dont ses cheveux étaient arrangés lui donnait un air militaire que ne démentaient pas sa taille droite et son port majestueux. Toutes ses manières paraissaient si décidément celles d'un homme comme il faut, que, lorsqu'il eut fini de se débarrasser de ses vêtements additionnels, les dames et le maître de la maison se levèrent pour recevoir les nouveaux compliments qu'il leur adressa, et y répondirent de la manière la plus obligeante.

Le maître de la maison paraissait avoir quelques années de plus que l'étranger, et ses manières, aussi bien que son costume, prouvaient qu'il avait vu le monde.

Les dames étaient une demoiselle de quarante ans et deux jeunes personnes qui ne paraissaient pas avoir atteint la moitié de ce nombre d'années. La plus âgée des trois avait perdu sa fraîcheur; mais de grands yeux, de beaux cheveux, un air de douceur et d'amabilité, donnaient à sa physionomie un charme qui manque souvent à des figures beaucoup plus jeunes. Les deux sœurs, car leur ressemblance annonçait ce degré de parenté entre elles, brillaient de tout l'éclat de la jeunesse, et les roses, qui appartiennent si éminemment aux belles du West-Chester, brillaient sur leurs joues, et donnaient à leurs yeux d'un bleu foncé, cet éclat si doux qui indique l'innocence et le bonheur. Toutes trois avaient cet air de délicatesse qui distingue le beau sexe de ce pays, et de même que le vieillard montraient par leurs manières qu'elles appartenaient à une classe supérieure.

Après avoir offert à son hôte un verre d'un excellent vin de Madère, M. Wharton reprit sa place près du feu, un autre verre à la main. Après un moment de silence, comme s'il eût consulté sa politesse, il leva les yeux sur l'étranger, et lui demanda d'un air formel :

— A la santé de qui vais-je avoir l'honneur de boire ?

L'étranger s'était également assis, et avait les yeux fixés sur le feu, tandis que M. Wharton lui parlait. Les levant lentement sur son hôte, avec un regard qui semblait lire dans son âme, il répondit en le saluant à son tour, tandis qu'un léger coloris se répandait sur ses joues pâles.

— M. Harper.

— Eh bien! monsieur Harper, reprit le maître de la maison avec la précision formelle du temps, je bois à votre santé, et j'espère que vous ne souffrirez aucun inconvénient de la pluie que vous avez essuyée.

Une inclination de tête fut la seule réponse qu'obtint ce compliment, et M. Harper parut se livrer entièrement à ses réflexions. Les deux sœurs avaient repris leur ouvrage, et leur tante, miss Jeannette Peyton, s'était retirée afin de veiller aux préparatifs indispensables pour satisfaire l'appétit d'un voyageur qui n'était pas attendu. Il s'ensuivit quelques instants de silence, pendant lesquels M. Harper semblait jouir du changement de sa situation. M. Wharton le rompit le premier pour demander à son hôte, du même ton poli mais formel, si la fumée du tabac l'incommodait, et ayant reçu une réponse négative, il reprit la pipe qu'il avait quittée lors de son arrivée.

Il était évident que M. Wharton désirait entrer en conversation; mais il était retenu, soit par la crainte de se compromettre devant un homme dont il ne connaissait pas les opinions, soit par la surprise que lui causait la taciturnité affectée de son hôte. Enfin, un mouvement que fit M. Harper en levant les yeux sur la compagnie qui était dans la chambre, l'encouragea à reprendre la parole.

— Il m'est difficile à présent, dit-il en évitant d'abord avec soin les sujets de conversation qu'il désirait amener, de me procurer la qualité de tabac à laquelle j'étais accoutumé.

— J'aurais cru, dit M. Harper avec sa gravité ordinaire, qu'on aurait pu en trouver de la première qualité dans les boutiques de New-York.

— Sans doute, répondit M. Wharton en hésitant, et en levant d'abord sur son hôte des yeux que le regard pénétrant de celui-ci lui fit baisser aussitôt, on ne doit pas en manquer dans cette ville; mais, quelque innocent que puisse être le motif de nos communications avec New-York, la guerre les rend trop dangereuses pour en courir le risque pour une semblable bagatelle.

La boîte dans laquelle M. Wharton avait pris de quoi remplir sa pipe était ouverte à quelques pouces du coude de M. Harper, qui en choisit une feuille et la porta à sa bouche d'une manière fort naturelle, mais qui remplit d'alarme sur-le-champ son compagnon. Cependant, sans faire l'observation qu'il était de première qualité, le voyageur soulagea son hôte en retombant dans ses réflexions; et M. Wharton, ne voulant pas perdre l'avantage qu'il avait gagné, reprit la parole en faisant un effort de vigueur plus qu'ordinaire.

— Je voudrais de tout mon cœur, dit-il, que cette guerre contre nature fût terminée, et que nous n'eussions plus que des amis et des frères.

— Rien n'est plus à désirer, dit Harper avec emphase, en fixant encore ses yeux sur le visage de son hôte.

— Je n'ai entendu parler d'aucun mouvement important depuis l'arrivée de nos nouveaux alliés, dit M. Wharton en secouant les cendres de sa pipe, et en tournant le dos à l'étranger, sous prétexte de recevoir un charbon de sa fille.

— Je crois que rien n'est encore parvenu aux oreilles du public, dit Harper en croisant les jambes de l'air du plus grand sang-froid.

— Croit-on qu'on soit à la veille de prendre quelques mesures importantes? continua M. Wharton toujours occupé avec sa fille, mais s'interrompant un instant, sans y faire attention, dans l'attente d'une réponse.

— Dit-on qu'il en soit question? dit M. Harper, évitant de faire une réponse directe, et prenant jusqu'à un certain point le ton d'indifférence affectée de son hôte.

— Oh! on ne dit rien de bien particulier, répondit M. Wharton; mais, comme vous le savez, Monsieur, il est naturel de s'attendre à quelque chose, d'après les forces que Rochambeau vient d'amener.

Harper ne répliqua que par un mouvement de tête, qui semblait annoncer qu'il partageait cette opinion. M. Wharton renoua l'entretien en disant:

— On a plus d'activité du côté du sud; Gates et Cornwallis paraissent vouloir décider la question.

Le voyageur fronça les sourcils, et un air de mélancolie se peignit un instant sur son front; son œil étincela un moment d'un rayon de feu qui annonçait une source cachée de sentiment profond; mais à peine la plus jeune des deux sœurs avait-elle eu le temps d'en remarquer et d'en admirer l'expression, qu'elle se dissipa, et fit place à ce calme habituel qui était le caractère distinctif de la physionomie de l'étranger, et à cet air de dignité imposante qui est une preuve si évidente de l'empire de la raison.

La sœur aînée fit un ou deux mouvements sur sa chaise avant de se hasarder à dire d'un ton presque de triomphe :— Le général Gates a été moins heureux avec le comte Cornwallis qu'avec le général Burgoyne.

— Mais le général Gates est Anglais, Sara, dit sa jeune sœur avec vivacité. Et rougissant jusqu'au blanc des yeux d'avoir osé se mêler à la conversation, elle se remit à son ouvrage, espérant qu'on ne ferait aucune remarque sur son observation.

Le voyageur avait successivement tourné les yeux sur chacune des deux sœurs tandis qu'elles parlaient, et un mouvement presque imperceptible des muscles de sa bouche avait annoncé en lui une nouvelle émotion.

— Oserai-je vous demander, dit-il à la plus jeune du ton le plus poli, quelle conséquence vous tirez de ce fait?

Frances rougit encore davantage à cet appel direct fait à son opinion sur un sujet dont elle avait imprudemment parlé en présence d'un étranger; mais, se trouvant obligée de répondre, elle dit, après avoir hésité quelques instants et non sans balbutier un peu :

— Oh! Monsieur, aucune. Seulement ma sœur et moi nous différons quelquefois d'opinion à l'égard de la prouesse des Anglais. Elle prononça ces paroles avec un sourire expressif qui annonçait autant d'innocence que de candeur, et qui répondait aux sentiments cachés de celui qui venait de lui parler.

— Et quels sont les points sur lesquels vous différez? demanda Harper, répondant à son regard animé par un sourire d'une douceur presque paternelle.

— Sara regarde les Anglais comme invincibles, et je n'ai pas tout à fait la même confiance en leur valeur.

Le voyageur l'écouta de cet air d'indulgence satisfaite qui aime à contempler l'ardeur de la jeunesse unie à l'innocence; mais il ne répondit rien, et fixant ses yeux sur les tisons qui brûlaient dans la cheminée, il retomba dans sa première taciturnité.

M. Wharton s'était inutilement efforcé de découvrir quels étaient les sentiments politiques de son hôte. Il n'y avait rien de repoussant dans la physionomie de M. Harper, mais on n'y voyait rien de communicatif : il était évident qu'il se tenait sur la réserve. On vint avertir que le souper était servi, et le maître de la maison se leva pour passer dans la salle à manger, sans connaître ce qui était le point important du caractère de son hôte, dans les circonstances où se trouvait le pays. M. Harper offrit la main à Sara Wharton, et ils sortirent ensemble du salon, suivis de Frances un peu inquiète de savoir si elle n'avait pas blessé la sensibilité de l'hôte de son père.

L'orage était alors dans toute sa force, et la pluie qui battait avec violence contre les murailles de la maison faisait naître dans le cœur de tous les convives ce sentiment de satisfaction naturel à l'homme qui jouit de toutes ses aises, à l'abri des inconvénients auxquels il aurait pu se trouver exposé, quand on entendit frapper plusieurs coups à la porte. Le vieux nègre y courut et revint presque aussitôt annoncer à son maître qu'un second voyageur, surpris par l'orage, demandait aussi l'hospitalité pour cette nuit.

Au premier coup frappé avec une sorte d'impatience par ce nouvel arrivant, M. Wharton s'était levé de sa chaise avec un malaise évident, et tournant les yeux avec rapidité tantôt vers la porte, tantôt sur son hôte, il semblait craindre que cette seconde visite n'eût quelque rapport à la première. A peine avait-il eu le temps d'ordonner au nègre d'une voix faible d'introduire ce nouvel étranger, que la porte s'ouvrit et que celui-ci se présenta lui-même. Il s'arrêta un instant en apercevant Harper, et répéta alors d'une manière plus formelle la demande qu'il avait déjà fait faire par le domestique. L'arrivée de ce nouveau venu ne plaisait nullement à M. Wharton ni à sa famille, mais le mauvais temps et l'incertitude des suites que pouvait avoir un refus d'hospitalité forcèrent le vieillard à l'accorder, quoiqu'à contre-cœur.

Miss Peyton fit rapporter quelques plats qui avaient déjà été desservis, et le nouvel hôte fut invité à faire honneur aux restes d'un repas que les autres convives avaient déjà terminé. Se débarrassant d'une grande redingote, il prit fort tranquillement la chaise qu'on lui offrait, et se mit gravement à satisfaire un appétit qui ne semblait pas difficile ; mais entre chaque bouchée il jetait un regard inquiet sur Harper, dont les yeux étaient toujours fixés sur lui avec une attention marquée. Enfin, versant un verre de vin et faisant un signe de tête à celui qui semblait occupé à l'examiner, il lui dit avec un sourire qui n'était pas sans amertume : — Je bois à une plus ample connaissance, Monsieur.

La qualité du vin semblait être de son goût, car en remettant son verre sur la table, ses lèvres firent entendre un bruit qui retentit dans toute la chambre ; et prenant la bouteille, il la tint un instant entre lui et la lumière, contemplant en silence la liqueur claire et brillante qu'elle contenait.

— Je crois que nous ne nous sommes jamais vus, Monsieur, dit-il avec un léger sourire, tout en observant les mouvements du nouveau venu.

— Cela est vraisemblable, Monsieur, répondit Harper. Et se trouvant sans doute satisfait de son examen il se tourna vers Sara Wharton près de laquelle il était assis, et lui dit avec beaucoup de douceur.

— Après avoir été accoutumée aux plaisirs de la ville, vous devez sans doute trouver votre résidence actuelle bien solitaire !

— On ne peut davantage. Je désire bien vivement, ainsi que mon père, que cette cruelle guerre se termine, afin que nous puissions rejoindre nos amis.

— Et vous, miss Frances, désirez-vous la paix aussi ardemment que votre sœur ?

— Bien certainement, et pour beaucoup de raisons, répondit-elle en jetant un coup d'œil timide sur celui qui l'interrogeait ; et puisant un nouveau courage dans l'expression de bonté qu'elle vit sur sa physionomie, elle ajouta avec un sourire animé, plein d'intelligence et d'amabilité : — Mais je ne la désire pas aux dépens des droits de mes concitoyens.

— Des droits ! répéta sa sœur avec un ton d'impatience ; quels droits peuvent être plus forts que ceux d'un souverain ? quel devoir peut être plus puissant que celui d'obéir à ceux qui ont le droit naturel de commander ?

— Sans doute, sans doute, dit Frances en lui prenant la main d'un air enjoué ; se tournant ensuite vers Harper : — Je vous ai dit, Monsieur, ajouta-t-elle en souriant, que ma sœur et moi nous ne sommes pas toujours d'accord dans nos opinions politiques ; mais nous avons un arbitre impartial dans mon père, qui aime les Anglais et les Américains, et qui ne prend parti ni pour les uns ni pour les autres.

— C'est la vérité, dit M. Wharton en jetant tour à tour un regard inquiet sur ses deux hôtes; j'ai des amis bien chers dans les deux armées, et de quelque côté que se déclare la victoire, elle peut me coûter bien des larmes.

— Je suppose que vous n'avez guère de raisons pour craindre qu'elle favorise les Yankees[1], dit le nouveau venu en se versant avec beaucoup de sang-froid un autre verre de vin de la bouteille qu'il avait admirée.

— Sa Majesté Britannique peut avoir des troupes plus expérimentées, dit M. Wharton avec un ton de réserve timorée; mais les Américains ont obtenu de grands succès.

M. Harper ne parut faire aucune attention à ces observations, et se leva de table en témoignant le désir de se retirer. Un domestique fut chargé de le conduire dans sa chambre, et il le suivit en souhaitant avec politesse une bonne nuit à toute la compagnie; mais à peine était-il parti que le second voyageur laissant échapper de ses mains son couteau et sa fourchette, se leva tout doucement, s'approcha de la porte par laquelle le premier venait de sortir, l'entr'ouvrit, écouta le bruit de ses pas, qui, diminuant graduellement, annonçait qu'il s'éloignait, et la referma au milieu des regards surpris et presque effrayés de ses compagnons. Au même instant on vit disparaître la perruque rousse qui cachait de beaux cheveux noirs, une grande mouche qui lui couvrait la moitié du visage, et le dos voûté qui lui aurait fait donner cinquante ans.

— Mon père! mes sœurs! ma tante! s'écria l'étranger, devenu un beau jeune homme, ai-je enfin le bonheur de vous revoir?

— Que le ciel vous bénisse, mon cher Henry, mon cher fils! s'écria son père surpris mais enchanté, tandis que ses sœurs, la tête appuyée sur chacune de ses épaules, fondaient en larmes.

Le fidèle vieux nègre, qui avait été élevé depuis son enfance dans la maison de son maître actuel, et à qui on avait donné le nom de César, comme pour faire contraste avec son état de dégradation, fut le seul étranger témoin de la découverte du fils de

---

[1]. Terme de mépris par lequel les Anglais désignaient les Américains. Nous avons déjà donné l'étymologie de ce nom, qui est une corruption du mot *english* prononcé par les Indiens, etc.

M. Wharton. Il se retira après avoir pris la main que lui tendit son jeune maître, et l'avoir arrosée de ses larmes. L'autre domestique ne reparut pas dans l'appartement, mais César y rentra peu de temps après, à l'instant où le jeune capitaine anglais s'écriait :

— Mais qui est ce M. Harper? N'ai-je pas à craindre qu'il me trahisse?

— Non, non, non, massa' Harry, s'écria l'Africain en secouant la tête d'un air de confiance; moi venir de sa chambre, lui prier Dieu; moi l'avoir trouvé à genoux. Brave homme, qui prier Dieu, pas trahir bon fils, qui venir voir son vieux père. Bon pour un Skinner[2], non pour un chrétien.

M. César Thompson, comme il se nommait, César Wharton, comme on l'appelait dans le petit monde dont il était connu, n'était pas le seul qui eût si mauvaise opinion des Skinners. Il avait convenu, il avait peut-être été nécessaire, aux chefs des armes américaines dans le voisinage de New-York, d'employer certains agents subalternes pour exécuter leur plan de harceler l'ennemi. Ce n'était pas le moment de faire des enquêtes bien rigoureuses sur les abus, quels qu'ils fussent, et l'oppression et l'injustice étaient les suites naturelles d'un pouvoir qui n'était pas réprimé par l'autorité civile. Avec le temps il s'était formé dans la société un ordre distinct dont la seule occupation, sous le prétexte de patriotisme et d'amour de la liberté, semblait être de soulager leurs concitoyens de tout excès de prospérité temporelle dont on pouvait les croire en jouissance.

L'aide de l'autorité militaire ne manquait pas, dans l'occasion, pour prêter main-forte à ces distributions salutaires des biens du monde, et l'on voyait souvent un petit officier de la milice de l'Etat, porteur d'une commission, donner sa sanction et imprimer une sorte de caractère légal aux actes les plus infâmes de pillage, et quelquefois même de meurtre.

Il est vrai que les Anglais employaient aussi les stimulants de la loyauté quand il se trouvait un si beau champ pour la mettre en action. Mais leurs flibustiers étaient enrôlés, et leurs opérations étaient soumises à une sorte de système. Une longue expérience avait appris à leurs chefs l'efficacité d'une force concentrée, et à moins que la tradition ne fasse une grande injustice

---

1. C'est ainsi que les nègres prononcent, en général, le mot monsieur.
2. Écorcheurs. On avait donné ce nom à une troupe de volontaires républicains, tolérée plutôt qu'autorisée, attendu leurs pillages et leurs cruautés.

à leurs exploits, le résultat ne fit pas peu d'honneur à leur prudence. Ce corps avait reçu le nom expressif de — Vachers[1], probablement parce que leurs exploits favoris étaient d'enlever les bestiaux des cultivateurs.

Mais César était trop loyal pour confondre des gens qui tenaient une commission de George III avec les soldats irréguliers dont il avait vu si souvent les excès, et à la rapacité desquels il n'avait pu lui-même échapper, malgré son esclavage et sa pauvreté. Les Vachers ne reçurent donc pas la portion qui aurait dû leur appartenir dans la sévérité de la remarque du nègre, quand il dit qu'aucun chrétien, que nul être qu'un Skinner, ne pouvait trahir un bon fils qui rendait honneur à son père, en venant le voir au péril de sa vie et de sa liberté.

CHAPITRE II.

> La rose d'Angleterre s'épanouissait sur les joues de Gertrude. Quoiqu'elle fût née à l'ombre des forêts américaines, son père était venu d'Albion, poussé par le sentiment d'indépendance d'un Anglais, chercher un autre monde dans l'Occident. Là, son oyer avait été longtemps embelli par le charme d'un amour mutuel, et il coula bien des jours heureux interrompus par une cruelle calamité, quand le cœur qui répondait au sien cessa de palpiter ; mais elle n'était plus, et son époux berçait sur ses genoux la fille de cette épouse chérie.
>
> TH. CAMPBELL, *Gertrude de Wyoming*.

LE père de M. Wharton était né en Angleterre d'une famille dont le crédit parlementaire avait obtenu une place pour un fils cadet dans la colonie de New-York. Ce jeune homme, comme tant d'autres dans la même situation, avait fini par se fixer dans le pays ; il s'y maria, et envoya en Angleterre le seul fils issu de son mariage pour y recevoir son éducation. Après avoir pris ses degrés à une des universités de la mère patrie, ce jeune homme fut laissé quelque temps dans la Grande-Bretagne pour y apprendre à connaître le monde, et jouir de l'avantage de voir la société d'Europe. Mais au bout de deux ans la mort de son père

[1] Cow-boys.

le rappela en Amérique, et le mit en possession d'un nom honorable et d'une belle fortune.

C'était la mode alors de placer les jeunes gens de certaines familles dans l'armée ou dans la marine d'Angleterre, pour assurer leur avancement. La plupart des premières places dans les colonies étaient remplies par des hommes qui avaient suivi la profession des armes, et il n'était pas rare de voir un vétéran quitter l'épée pour prendre l'hermine, et occuper le rang le plus élevé dans la hiérarchie judiciaire.

D'après ce système, M. Wharton avait destiné son fils à l'état militaire; mais la faiblesse de caractère de celui-ci avait mis obstacle à l'accomplissement de ce projet.

Ce jeune homme avait passé une année à calculer les avantages que lui offraient les différents corps de troupes dans lesquels il pouvait servir, quand la mort de son père arriva. L'aisance de sa situation, et les égards témoignés à un jeune homme qui jouissait d'une des plus belles fortunes des colonies, lui firent faire de sérieuses réflexions sur ses projets ambitieux. — L'amour décida l'affaire, et M. Wharton, en devenant époux, cessa de songer à se faire soldat. Pendant plusieurs années, il jouit d'un bonheur parfait dans le sein de sa famille, et respecté de ses concitoyens comme un homme important et plein d'intégrité. Mais toutes ses jouissances lui furent enlevées en quelque sorte d'un seul coup. Son fils unique, le jeune homme qui a paru dans le chapitre précédent, avait pris du service dans l'armée anglaise, et était revenu dans son pays natal peu de temps avant le commencement des hostilités, avec les renforts que le ministère avait jugé prudent d'envoyer dans les parties de l'Amérique septentrionale où régnait le mécontentement. Ses filles étaient arrivées à un âge où leur éducation exigeait tous les secours que peut procurer une ville. Sa femme était depuis plusieurs années d'une santé chancelante; à peine avait-elle eu le temps de serrer son fils dans ses bras et de goûter le plaisir de voir toute sa famille réunie, que la révolution éclata, et produisit un incendie qui s'étendit depuis la Géorgie jusqu'au Maine. Elle vit son fils obligé d'aller rejoindre ses drapeaux pour combattre contre des membres de sa propre famille, dans les Etats du sud; ce coup fut trop douloureux pour que sa faible constitution pût y résister, et elle y succomba.

Dans aucune partie du continent américain les mœurs anglaises et les opinions aristocratiques ne régnaient avec plus de force que dans les environs de New-York, capitale de la colonie. Il est vrai que cette colonie avait été fondée par les Hollandais; mais les mœurs et les coutumes des premiers colons s'étaient fondues peu à peu avec celles des Anglais, et celles-ci avaient fini par prévaloir. Ce qui y contribuait surtout, c'étaient les alliances fréquentes qui avaient lieu entre des officiers anglais et les familles les plus riches; de sorte qu'au commencement des hostilités, la balance paraissait y pencher en faveur de l'Angleterre. Cependant le nombre de ceux qui embrassèrent la cause du peuple fut assez considérable pour qu'on y organisât un gouvernement indépendant et républicain, et l'armée de la confédération les seconda de tout son pouvoir.

La ville de New-York et le territoire adjacent ne reconnurent pourtant pas la nouvelle république; mais l'autorité royale ne se maintint dans la colonie que jusqu'où ses armes pouvaient atteindre. Dans cet état de choses, les loyalistes[1] adoptèrent naturellement les mesures qui s'accordaient davantage avec leur caractère et leur situation. Un grand nombre prirent les armes pour la défense des anciennes lois; et par les efforts de leur bravoure cherchèrent à soutenir ce qu'ils regardaient comme les droits de leur souverain, et à mettre leurs propres biens à l'abri d'une sentence de confiscation. D'autres quittèrent le pays et allèrent chercher dans la mère patrie un asile momentané, comme ils se plaisaient à l'espérer, contre les troubles et les dangers de la guerre. Quelques-uns, et ce n'étaient pas les moins prudents, restèrent sur le lieu qui les avait vus naître, avec la circonspection que leur inspirait une fortune considérable, ou peut-être cédant à l'influence de l'attachement qu'ils avaient conçu pour les scènes de leur jeunesse.

M. Wharton fut du nombre de ces derniers. Après avoir pris la précaution de placer dans les fonds d'Angleterre une somme considérable qu'il avait en argent, il resta à New-York, paraissant exclusivement occupé de l'éducation de ses filles; de quelque côté que se déclarât la victoire, il espérait, par cette conduite prudente, éviter la confiscation de ses biens; mais un de ses parents qui occupait une des premières places dans le gouvernement de la république naissante, lui ayant dit que demeurer dans une

---

[1]. *Loyalisme* : loyauté dans le sens de fidélité au prince; royalisme.

ville qui était devenue un camp anglais, c'était aux yeux de ses concitoyens à peu près la même chose que s'il avait émigré à Londres, il sentit que son séjour à New-York serait un crime impardonnable si les républicains triomphaient, et pour ne pas courir ce hasard, il résolut de quitter cette cité.

Il possédait une habitation convenable dans le canton de West-Chester, et comme depuis bien des années il avait l'habitude d'y aller passer les chaleurs de l'été, elle était meublée et prête à le recevoir. Sa fille aînée tenait déjà son rang dans la société des dames ; mais Frances, la plus jeune, avait besoin d'une ou deux années de plus pour achever son éducation et paraître avec l'éclat convenable ; du moins c'était ce que pensait miss Jeannette Peyton ; et comme cette dame, sœur cadette de feu leur mère, avait quitté sa demeure dans la colonie de la Virginie, avec le dévouement et l'affection de son sexe, pour surveiller l'éducation de ses nièces orphelines, M. Wharton sentit que les opinions de sa belle-sœur avaient droit à un profond respect. En conséquence, et d'après son avis, les sentiments du père cédèrent à l'intérêt des enfants.

M. Wharton partit pour les Sauterelles avec un cœur déchiré par le chagrin de se séparer de tout ce qui lui restait d'une épouse qu'il avait adorée, mais obéissant à cette prudence qui plaidait fortement en faveur des biens de ce monde qu'il possédait. Pendant ce temps, ses deux filles et leur tante occupèrent la belle maison qu'il avait à New-York. Le régiment auquel appartenait le capitaine Wharton faisait partie de la garnison permanente de cette ville, et la présence de son fils paraissait à M. Wharton une protection assurée pour ses deux filles et le tranquillisait sur leur absence. Mais Henri était jeune, militaire, franc, étranger au soupçon, et jamais il ne se serait imaginé qu'un uniforme pût cacher un cœur corrompu.

Il en résulta que la maison de M. Wharton devint un rendez-vous à la mode pour les officiers de l'armée royale, de même que celles de toutes les autres familles qu'ils jugèrent dignes de leur attention. Les suites de ces visites furent heureuses pour quelques familles, funestes pour un plus grand nombre, en faisant naître des espérances qui ne devaient jamais se réaliser, et malheureusement ruineuses pour une grande partie d'entre elles. La richesse bien connue du père, et peut-être la présence d'un frère plein d'une noble et courageuse fierté, ne laissaient rien à craindre à ce dernier égard pour les jeunes sœurs; mais il était impossible que toute l'admiration qu'on témoignait pour la taille élégante et les traits aimables de Sara Wharton ne produisît sur elle aucun effet. Elle avait atteint la maturité précoce du climat, et le soin qu'elle avait pris de cultiver ses grâces lui faisait accorder la palme de la beauté sur toutes les belles de New-York. Nulle d'entre elles ne promettait de lui disputer cette supériorité, à moins que ce ne fût sa jeune sœur. Mais Frances touchait à peine à sa seizième année, et toute idée de rivalité entre elles était bien loin de leur cœur. Après le plaisir de converser avec le colonel Wellmere, Sara n'en connaissait pas de plus grand que celui de contempler les charmes naissants de la jeune Hébé, qui jouait autour d'elle avec toute l'innocence de la jeunesse, avec tout l'enthousiasme d'un caractère ardent, et souvent avec la gaieté maligne qui lui était naturelle.

Soit que les galants militaires qui fréquentaient la maison n'adressassent à Frances aucun des compliments qui étaient le partage de sa sœur au milieu de leurs discussions éternelles sur les événements de la guerre, il est certain que leurs discours produisirent un effet tout opposé sur l'esprit des deux sœurs. C'était la mode alors parmi les officiers anglais de parler de leurs ennemis avec un ton de mépris, et les relations qu'ils firent des premières actions qui eurent lieu entre les républicains et les loyalistes étaient toujours mêlées de sarcasmes. Sara les regardait comme autant de vérités, mais Frances était plus incrédule, et elle le devint encore davantage quand elle eut entendu un vieux général anglais rendre justice à la conduite et à la bravoure de ses ennemis afin d'obtenir cette justice pour lui-même. Le colonel Wellmere était un de ceux qui se plaisaient le plus à exercer leur esprit aux dépens des Américains : aussi s'en fallait-il de beaucoup qu'il fût le favori de Frances, qui ne l'écoutait qu'avec beaucoup de méfiance et un peu de ressentiment.

Un jour d'été fort chaud, le colonel et Sara étaient assis sur un sofa dans le salon, occupés d'une escarmouche d'œillades entremêlée de quelques petits propos. Frances brodait au tambour dans un autre coin de la chambre quand Wellmere s'écria tout à coup :

— Quelle gaieté va répandre dans la ville l'arrivée de l'armée du général Burgoyne, miss Wharton!

— Oh! cela sera charmant, répondit Sara; on dit qu'il se trouve à la suite de cette armée plusieurs dames fort aimables.

Comme vous le dites, cela donnera une nouvelle vie à New-York.

Frances leva la tête en relevant les boucles de ses beaux cheveux blonds : — Le tout est de savoir si on lui permettra d'y venir, dit-elle d'un ton où il entrait autant de malice que de chaleur.

— Si on lui permettra! répéta le colonel; et qui pourrait l'en empêcher si le général le veut ainsi, ma gentille miss Fanny?

Frances était précisément à cet âge où les jeunes personnes sont le plus jalouses de leur rang dans la société, n'étant plus un enfant et n'étant pas encore femme. Le — ma gentille miss Fanny — était un peu trop familier pour lui plaire; elle baissa les yeux sur son ouvrage, ses joues devinrent cramoisies, et elle répondit d'un ton grave :

— Le général Stark a fait autrefois prisonnière la garnison allemande; ne serait-il pas possible que le général Gates regardât les Anglais comme trop dangereux pour les laisser en liberté?

— Oh! c'étaient des Allemands, répliqua Wellmere piqué d'être dans la nécessité de s'expliquer, des troupes mercenaires, mais quand il s'agira de régiments anglais vous verrez un résultat tout différent.

— Il n'y a pas le moindre doute, dit Sara, sans partager le moins du monde le ressentiment du colonel contre sa sœur, mais dont le cœur tressaillait de joie en songeant au triomphe futur des armes anglaises.

— Pourriez-vous me dire, colonel, demanda Frances en souriant avec malice, et en levant de nouveau les yeux sur Wellmere, si le lord Percy, dont il est parlé dans la ballade de Chevi-Chase[1], était un des ancêtres du lord du même nom qui commandait lors de la déroute de Lexington?

— Mais en vérité, miss Frances, dit le colonel cherchant à cacher sous le voile de la plaisanterie le dépit qui le dévorait, vous devenez une petite rebelle. Ce qu'il vous plaît d'appeler une déroute n'était pas autre chose qu'une retraite judicieuse... une... une sorte de...

— De combat — en courant, dit la jeune espiègle en appuyant sur ce dernier mot.

— Précisément, mademoiselle. Ici le colonel fut interrompu par un éclat de rire dont l'auteur n'avait pas encore été aperçu.

Le vent venait d'ouvrir une porte de communication entre le

---

[1] *Percy* et *Douglas*. Voyez le recueil des vieilles poësies publié par l'évêque Percy.

salon dans lequel se trouvait notre trio, et une autre petite chambre. Un beau jeune homme était assis près de l'entrée, et son air souriant annonçait qu'il avait entendu avec plaisir la conversation précédente. Il se leva aussitôt, s'avança vers la porte, son chapeau à la main, et l'on vit un jeune homme de belle taille, plein de grâces, ayant le teint un peu brun et des yeux noirs étincelants qui conservaient encore quelques traces de la gaieté à laquelle il venait de se livrer.

— Monsieur Dunwoodie ! s'écria Sara d'un air de surprise. J'ignorais que vous fussiez dans la maison. Entrez, vous serez ici plus au frais.

— Je vous remercie, miss Sara, mais il faut que je parte. Votre frère m'avait mis en faction dans cette chambre, en me disant de l'y attendre; il y a une heure que j'y suis, et je vais tâcher de le rejoindre.

Sans entrer dans plus d'explications, il salua les trois dames avec politesse, le colonel avec un air de hauteur, et se retira.

Frances le suivit jusque dans le vestibule, et lui demanda en rougissant : — Pourquoi nous quittez-vous, monsieur Dunwoodie? Henry ne peut tarder à rentrer.

Dunwoodie lui prit la main. — Vous l'avez admirablement persiflé, ma charmante cousine, lui dit-il. N'oubliez jamais, non jamais, le pays de votre naissance. Souvenez-vous que si vous êtes la petite-fille d'un Anglais, vous êtes la fille d'une Américaine, d'une Peyton.

— Il serait difficile que je l'oubliasse, répondit-elle en souriant; ma tante me donne d'assez fréquentes instructions sur la généalogie de la famille. — Mais pourquoi ne restez-vous pas?

— Je pars pour la Virginie, mon aimable cousine, répondit-il en lui serrant tendrement la main, et j'ai encore bien des choses à faire avant mon départ. Adieu, restez fidèle à votre patrie; soyez toujours Américaine.

La jeune fille vive et ardente lui envoya un baiser avec la main tandis qu'il se retirait, et appuyant ensuite les deux mains sur ses joues brûlantes, elle monta dans sa chambre pour y cacher sa confusion.

Placé entre les sarcasmes de miss Frances et le dédain mal déguisé d'un jeune homme, le colonel Wellmere se trouvait dans une situation désagréable devant sa maîtresse; mais n'osant se livrer en sa présence à tout son ressentiment, il se contenta de dire en se redressant d'un air d'importance : —Ce jeune homme se donne bien des airs ! c'est sans doute un commis marchand, un courtaud de boutique?

L'idée de ce qu'on appelle un courtaud de boutique ne s'était jamais présentée à l'imagination de Sara avec celle de l'aimable et élégant Peyton Dunwoodie. Elle regarda le colonel d'un air surpris.

— Je parle, dit-il, de ce M. Dun... Dun...

— Dunwoodie! s'écria Sara ; détrompez-vous ; c'est un de nos parents, un intime ami de mon frère. Ils ont fait ici leurs premières études ensemble, et ne se sont séparés qu'en Angleterre, où l'un entra dans l'armée, et l'autre dans une école militaire française.

— Où il a dépensé beaucoup d'argent pour ne rien apprendre, dit Wellmere avec un dépit mal déguisé.

— Nous devons le désirer, du moins, dit Sara, car on assure qu'il est sur le point de joindre l'armée des rebelles. Il est arrivé ici sur un bâtiment français, et il est possible que vous le rencontriez sur un champ de bataille.

— De tout mon cœur, répliqua le colonel ; je souhaite à Washington de semblables héros par centaines. Et il chercha à faire tomber la conversation sur un autre sujet.

Ce fut quelques semaines après cette conversation qu'on apprit que l'armée du général Burgoyne avait mis bas les armes ; et M. Wharton, voyant que la fortune se balançait entre les deux partis au point qu'on ne pouvait dire pour lequel elle finirait par se déclarer, résolut de satisfaire entièrement ses concitoyens, et de se contenter lui-même, en faisant venir ses deux filles près de lui. Miss Peyton avait consenti à les accompagner, et depuis ce temps jusqu'à l'époque où commence cette histoire, ils n'avaient fait qu'une seule famille.

Toutes les fois que la garnison de New-York avait fait quelques mouvements, le capitaine Wharton l'avait accompagnée, et il avait ainsi trouvé l'occasion, sous la protection de forts détachements en opération dans les environs des Sauterelles, de faire à la dérobée deux ou trois courtes visites à sa famille : mais à l'époque où nous sommes arrivés, il y avait plus d'un an qu'il ne l'avait vue, et Henry, impatient d'embrasser ses parents, s'étant déguisé comme nous l'avons dit, était malheureusement arrivé chez eux le jour où il se trouvait un hôte suspect dans une maison où l'on voyait rarement des étrangers.

— Mais croyez-vous qu'il n'ait aucun soupçon? demanda Henry après avoir écouté ce que César venait de dire sur les Skinners.

— Comment pourrait-il en avoir, répondit Sara, quand votre père et vos sœurs ne vous ont pas même reconnu?

— Il y a en lui quelque chose de mystérieux, reprit le capitaine, et ses yeux se sont fixés sur moi avec trop de persévérance pour que ce fût sans intention. Il me semble même que sa figure ne m'est pas inconnue. La mort récente du major André est faite pour donner quelques inquiétudes[1]. Sir Henry nous menace de représailles pour venger sa mort; et Washington est aussi ferme que s'il avait la moitié du monde à ses ordres. Les rebelles me regarderaient en ce moment comme un sujet très-propre pour exécuter leur plan, si j'étais assez malheureux pour tomber entre leurs mains.

— Mais vous n'êtes pas un espion, mon fils! s'écria M. Wharton fort alarmé; vous n'êtes pas dans la ligne des rebelles.... je veux dire des Américains; il n'y a ici aucun motif d'espionnage.

— C'est ce qu'on pourrait contester. Les républicains ont leurs piquets dans la Plaine-Blanche; j'y ai passé déguisé, et l'on pourrait prétendre que la visite que je vous fais n'est qu'un prétexte pour couvrir d'autres projets. Rappelez-vous la manière dont vous avez été traité vous-même il n'y a pas très-longtemps pour m'avoir envoyé une provision de fruits pour l'hiver.

— D'accord; mais c'était grâce aux soins charitables de quelques bons voisins qui espéraient, en faisant confisquer mes biens, acheter quelques-unes de mes fermes à bon marché. D'ailleurs nous n'avons été détenus qu'un mois, et Peyton Dunwoodie a obtenu notre élargissement.

— Nous! s'écria Henry avec étonnement; quoi! mes sœurs ont-elles été arrêtées? Vous ne m'en avez rien dit dans vos lettres, Frances.

— Je crois vous avoir dit, répondit Frances en rougissant, que votre ancien ami Dunwoodie a eu les plus grandes attentions pour mon père, et a obtenu sa mise en liberté.

— Vous m'avez dit tout cela, mais vous ne m'avez pas dit que vous aviez été vous-même dans le camp des rebelles.

— C'est pourtant la vérité, mon fils. Frances n'a jamais voulu

---

1. Les Américains firent pendre le major André comme espion. Voyez, sur le major André, l'ouvrage intéressant du marquis de Barbé-Marbois, *Conspiration d'Arnold*, etc.

me laisser partir seul. Jeannette et Sara sont restées aux Sauterelles pour veiller à la maison, et cette petite fille a été ma compagne de captivité.

— Et elle en est revenue plus rebelle que jamais, dit Sara avec indignation : il me semblerait pourtant que l'injustice dont notre père a été la victime aurait dû la guérir d'une semblable folie.

— Qu'avez-vous à répondre à cette accusation, Frances? dit le capitaine avec gaieté; Dunwoodie a-t-il réussi à vous faire haïr votre roi plus qu'il ne le hait lui-même?

— Dunwoodie ne hait personne, répondit Frances avec vivacité et en rougissant. D'ailleurs il vous aime, Henry, je n'en puis douter, car il me l'a dit et redit plus de cent fois.

— Oui, s'écria Henry en lui frappant la joue avec un sourire malin; vous a-t-il dit aussi, lui demanda-t-il en baissant la voix, qu'il aime encore davantage ma petite sœur Fanny?

— Quelle folie! dit Frances. Et grâce à ses soins la table fut bientôt desservie.

CHAPITRE III.

> C'était à l'époque où les champs étaient dépouillés des trésors de l'automne; où les vents mugissants arrachaient les feuilles flétries; à l'heure où un court crépuscule descendait lentement derrière le Lowmon et amenait la nuit, qu'un colporteur maigre, à visage mélancolique, sortant du tumulte de la cité, poursuivait son chemin solitaire.
>
> WILSON.

Un orage parti des montagnes qui bordent l'Hudson, et qui est amené par les vents de l'est, dure rarement moins de deux jours : aussi, quand les habitants des Sauterelles se rassemblèrent le lendemain pour déjeuner, la pluie battait avec force en ligne presque horizontale contre les fenêtres de la maison, et il était impossible qu'hommes ou animaux s'exposassent à la tempête. M. Harper arriva le dernier. Après avoir examiné l'état du temps, il témoigna son regret à M. Wharton de se trouver dans la nécessité de recourir encore à son hospitalité. M. Wharton lui répondit avec politesse, mais son inquiétude paternelle lui donnait un air tout différent de la résignation de son hôte. Henry avait repris son déguisement, fort à contre-cœur, mais par déférence pour les désirs de son père. Harper et lui se saluèrent en silence. Frances crut voir un sourire malin sur les lèvres du premier quand il jeta les yeux sur son frère, en entrant dans la chambre; mais ce sourire n'était que dans ses yeux, il ne paraissait pas avoir le pouvoir d'affecter les muscles de son visage, et il fit bientôt place à l'expression de bienveillance qui semblait le caractère habituel de sa physionomie. Les yeux de Frances se tournèrent un instant avec inquiétude sur son frère, et, se reportant ensuite sur l'hôte inconnu de son père, ils rencontrèrent ceux de Harper, tandis qu'il s'acquittait envers elle, avec une grâce toute particulière, d'une de ces petites politesses de table; et le cœur de la jeune fille, qui avait commencé à palpiter avec violence, battit aussi modérément que pouvaient le permettre la jeunesse, la santé et un naturel plein de vivacité. Tandis qu'on était encore à table, César entra, et ayant mis en silence un petit paquet à côté de son maître, il se plaça modestement derrière lui, une main appuyée sur le dossier de sa chaise, dans une attitude à demi familière, mais profondément respectueuse.

— Qu'est-ce que cela, César? demanda M. Wharton en regardant le paquet avec une sorte d'inquiétude.

— Du tabac, maître; du bon tabac; Harvey Birch l'avoir apporté pour vous de New-York.

— Je ne me souviens pas de lui en avoir demandé, dit M. Wharton en jetant un coup d'œil à la dérobée sur Harper; mais puisqu'il l'a acheté pour moi, il est juste que je le lui paie.

M. Harper suspendit un instant son déjeuner pendant que le nègre parlait. Ses yeux se portèrent successivement sur le serviteur et sur le maître; mais il resta enveloppé dans sa réserve impénétrable.

Cette nouvelle parut faire plaisir à Sara. Elle se leva précipitamment, et dit à César de faire entrer Harvey Birch dans l'appartement; mais se rappelant aussitôt les égards dus à un étranger: — Si monsieur Harper, ajouta-t-elle, veut bien excuser la présence d'un marchand colporteur...

M. Harper n'exprima son consentement que par un mouvement de tête; mais la bienveillance peinte sur tous ses traits était plus éloquente que n'aurait pu l'être la phrase la mieux arrondie, et Sara répéta son ordre avec une confiance dans la franchise de l'étranger qui ne lui laissa aucun embarras.

Il y avait, dans les embrasures des croisées, de petits bancs en canne à demi cachés sous les amples plis de beaux rideaux de damas qui avaient orné le salon de Queen-Street, et qui, ayant été transportés aux Sauterelles, annonçaient d'une manière agréable à l'œil les précautions qu'on avait prises contre l'approche de l'hiver. Le capitaine Wharton alla s'asseoir à l'extrémité d'un de ces bancs, de manière que le rideau le rendait presque invisible, tandis que Frances s'empara de l'autre, avec un air de contrainte qui contrastait fortement avec sa franchise habituelle.

Harvey Birch avait été colporteur depuis sa première jeunesse. Il le disait du moins, et les talents qu'il montrait dans l'exercice de cette profession portaient à croire qu'il disait vrai. On le supposait né dans une des colonies situées à l'est, et d'après un air d'intelligence supérieure qu'on remarquait dans son vieux père, on pensait qu'ils avaient vu des jours plus heureux dans le pays de leur naissance. Quant au fils, rien ne semblait le distinguer des gens de sa classe que son adresse dans son métier, et le mystère qui couvrait toutes ses opérations. Il y avait alors dix ans qu'ils étaient arrivés tous deux dans cette vallée, et ils avaient acheté l'humble chaumière à la porte de laquelle M. Harper avait d'abord inutilement frappé. Ils y avaient vécu paisiblement, presque ignorés, et sans chercher à se faire connaître. Pendant qu'Harvey s'occupait de son négoce avec une activité infatigable, le père cultivait son petit jardin et se suffisait à lui-même; l'ordre et la tranquillité qui régnaient chez eux leur avaient attiré assez de considération dans le voisinage pour déterminer une vierge de trente-cinq ans à entrer dans leur maison, pour s'y charger de tous les soins domestiques. Les roses qui avaient fleuri autrefois sur le visage de Katy Haynes s'étaient fanées depuis maintes années; elle avait vu sucessivement toutes ses connaissances des deux sexes contracter une union qui lui paraissait fort désirable, sans espoir d'arriver jamais au même but, quand avec ses vues particulières elle entra dans la famille de Birch. Elle était propre, industrieuse, honnête, bonne ménagère; mais d'une autre part elle était bavarde, superstitieuse, égoïste et curieuse. A force de chercher avec persévérance toutes les occasions de satisfaire ce dernier penchant, elle n'avait pas encore vécu cinq ans dans cette famille, qu'elle se trouva en état de déclarer d'un air de triomphe qu'elle savait tout ce qui était arrivé au père et au fils pendant tout le cours de leur vie. Le fait était pourtant que tout son savoir se réduisait à avoir appris, à force d'écouter aux portes, qu'un incendie les avait plongés dans l'indigence, et avait réduit à deux le nombre des individus qui composaient jadis cette famille. La moindre allusion à ce fatal événement donnait à la voix du père un tremblement dont le cœur même de Katy ne pouvait s'empêcher d'être ému. Mais nulle barrière ne suffit pour arrêter une curiosité sans délicatesse, et elle persista tellement à vouloir la satisfaire, que Harvey, en la menaçant de donner sa place à une femme qui avait quelques années de moins, l'avertit sérieusement qu'il y avait des bornes qu'il ne serait pas prudent à elle de passer. Depuis cette époque sa curiosité avait été à la gêne, et, quoiqu'elle ne négligeât jamais une seule occasion d'écouter, elle n'avait pu ajouter que bien peu de choses au trésor de ses connaissances. Il y avait pourtant un secret, et qui n'était pas sans intérêt pour elle-même, qu'elle était parvenue à découvrir; et dès l'instant qu'elle eut fait cette découverte, elle dirigea tous ses efforts vers l'accomplissement d'un projet inspiré par le double stimulant de l'amour et de la cupidité.

Harvey était dans l'habitude de rendre des visites fréquentes, mystérieuses et nocturnes à la cheminée de l'appartement qui servait de cuisine et de salle à manger. Katy épia ce qu'il y faisait, et, profitant un jour de son absence et des occupations de son père, elle souleva une des pierres de l'âtre de la cheminée, et découvrit un pot de fer dans lequel brillait un métal qui manque rarement d'attendrir les cœurs les plus durs. Elle réussit à replacer la pierre de manière à ce qu'on ne pût s'apercevoir de la visite qu'elle avait rendue au trésor, et jamais elle n'osa se hasarder à lui en faire une seconde. Mais depuis ce moment le cœur de la vestale perdit son insensibilité, et rien ne s'opposa au bonheur d'Harvey que son manque d'observation.

La guerre n'apporta aucune interruption au trafic du colporteur. Les entraves qu'éprouvait le commerce régulier étaient même une circonstance favorable pour le sien. Il ne semblait occupé que d'un projet, celui de gagner de l'argent; pendant les deux premières années de l'insurrection, rien ne le troubla dans ses opérations, et le succès répondit à ses travaux. A cette époque, des bruits fâcheux se répandirent sur son compte; une sorte de mystère qui couvrait tous ses mouvements le rendit suspect aux autorités civiles, et elles jugèrent à propos d'examiner de près sa manière de vivre. Ses emprisonnements, quoique fréquents, ne furent pas de longue durée, et les mesures prises contre lui par le pouvoir judiciaire lui parurent pleines de douceur, comparativement aux persécutions que lui faisait endurer la justice militaire. Cependant Birch y survécut, et n'en continua pas moins son commerce; mais il fut obligé de mettre plus de réserve dans ses mouvements, surtout quand il approchait des limites septentrionales du comté, c'est-à-dire du voisinage des lignes américaines. Ses visites aux Sauterelles étaient devenues moins fréquentes, et celles qu'il rendait à sa propre demeure si rares, que Katy, contrariée dans ses projets, n'avait pu, dans la plénitude de son cœur, s'empêcher de s'en plaindre en répondant à Harper, comme nous l'avons rapporté plus haut.

Quelques instants après avoir reçu les ordres de sa jeune maîtresse, César introduisit dans l'appartement l'individu qui a été l'objet de la digression précédente. C'était un homme d'assez grande taille, maigre, mais nerveux et vigoureux. Il semblait plier sous le poids de la balle dont il était chargé, et cependant il la remuait avec la même facilité que si elle n'eût été remplie que de plumes. Ses yeux gris et enfoncés, doués d'une mobilité extraordinaire, semblaient, lorsqu'ils s'arrêtaient un moment sur la physionomie de ceux avec lesquels il conversait, lire jusqu'au fond de leur âme : ils possédaient pourtant deux expressions bien distinctes, et c'était en grande partie ce qui le caractérisait. Quand il s'occupait des affaires de son commerce, sa figure paraissait vive, active et intelligente au plus haut degré; si la conversation roulait sur les affaires ordinaires de la vie, son air devenait distrait et impatient; mais si par hasard la révolution et les colonies en étaient le sujet, il s'opérait en lui un changement total; toutes ses facultés étaient concentrées; il écoutait longtemps sans prononcer un seul mot, et alors il rompait le silence avec un ton de légèreté et de plaisanterie trop contraire à sa manière précédente pour ne pas être affecté. Mais il ne parlait de la guerre que lorsqu'il lui était impossible de s'en défendre, et il n'était pas moins réservé sur tout ce qui concernait son père.

Un observateur superficiel aurait cru que la cupidité était sa passion dominante, et tout bien considéré, Katy Haynes n'aurait pu trouver un sujet moins convenable pour l'exécution de ses projets. En entrant dans le salon, le colporteur se débarrassa de sa balle qui, placée sur le plancher, s'élevait presque à la hauteur de ses épaules, et salua toute la famille avec une civilité modeste. Il adressa le même acte de politesse à M. Harper, mais en silence et sans lever les yeux de dessus le tapis. Le rideau l'empêcha de faire attention au capitaine Wharton. Sara ne lui laissa que très-peu de temps pour ces formalités d'usage, car elle commença sur-le-champ à faire la revue de l'intérieur de la balle, et pendant quelques minutes le colporteur et elle ne furent occupés qu'à faire voir le jour aux marchandises qu'elle contenait. Les tables, les chaises et le tapis furent bientôt couverts de soieries, de crêpes, de mousselines, de gants et de tout ce qui compose le fond de commerce d'un marchand ambulant. César employait ses deux mains à tenir la balle ouverte, tandis qu'on en tirait les divers objets qui s'y trouvaient, et de temps en temps il se mêlait de diriger le goût de sa jeune maîtresse en l'invitant à admirer quelques parures qu'il croyait dignes de plus d'attention en proportion de ce que les couleurs en étaient plus tranchantes. Enfin Sara, ayant choisi quelques objets dont les prix furent fixés à sa satisfaction, dit d'une voix enjouée :

— Mais vous ne nous avez appris aucunes nouvelles, Harvey. Cornwallis a-t-il encore battu les rebelles?

Le colporteur pouvait n'avoir pas entendu cette question, car il avait la tête enfoncée dans sa balle, et il en tira un paquet de dentelles très-fines qu'il engagea les dames à examiner avec l'attention qu'elles méritaient. La tasse que miss Peyton était occupée à rincer lui échappa des mains, et Frances montra tout entier ce visage aimable dont elle n'avait laissé apercevoir jusqu'alors qu'un œil brillant de vivacité, et l'on vit ses joues ornées d'un coloris dont le damas aurait pu être jaloux.

La tante quitta son occupation, et Birch eut bientôt disposé d'une partie assez considérable de cette marchandise précieuse. L'éloge qu'on en faisait porta Frances à se montrer sans réserve, et elle se levait lentement pour quitter la fenêtre quand Sara répéta sa question avec un ton de triomphe causé par la satisfaction que lui procurait l'emplette qu'elle venait de faire, plutôt que par ses sentiments politiques. Sa jeune sœur reprit son siége dans l'embrasure de le croisée, et parut s'occuper à regarder le cours des nuages; et le colporteur, voyant qu'il ne pouvait se dispenser de répondre, dit avec une sorte d'hésitation :

— J'ai entendu dire là-bas que Tarleton a défait le général Sumpter près de la rivière du Tigre.

En ce moment le capitaine Wharton avança involontairement la tête dans la chambre entre les deux rideaux, et Frances, gardant le silence et respirant à peine, remarqua que les yeux tranquilles de M. Harper se fixaient sur le colporteur, par-dessus le livre qu'il feignait de lire, avec une expression qui annonçait qu'il écoutait avec un intérêt peu commun.

— En vérité! s'écria Sara d'un air de triomphe; Sumpter! — Qui est ce Sumpter? Je ne vous achèterai plus une épingle que vous ne m'ayez appris toutes les nouvelles. Elle continua à rire, et jeta sur la table une pièce de mousseline qu'elle examinait.

Le colporteur hésita un instant; il jeta un coup d'œil rapide sur Harper qui avait toujours les yeux fixés sur lui d'un air expressif, et il se fit un changement total dans ses manières. S'approchant du feu, il débarrassa sa bouche, sans respect pour les chenets brillants de miss Peyton, d'une assez ample provision de l'herbe de Virginie[1] et du superflu des sucs qu'il en avait exprimés; retournant alors près de ses marchandises, il dit d'un ton plus animé:

— Il demeure quelque part parmi les nègres, du côté du sud.

— Lui pas plus nègre que vous, maître Birch, s'écria César avec vivacité; et il laissa tomber avec un air d'humeur la toile qui servait d'enveloppe aux marchandises.

— Silence, César, silence! Ne pensez pas à cela en ce moment, dit Sara en cherchant à l'adoucir et mourant d'impatience d'en apprendre davantage.

— Homme noir valoir autant qu'un blanc, miss Sally, continua l'Africain offensé, tant que lui se conduire bien.

— Et souvent beaucoup mieux, dit sa maîtresse. Mais qui est ce Sumpter, Harvey?

Une légère expression de gaieté maligne se montra sur la physionomie du colporteur, tandis qu'il répondait: — Comme je vous le disais, il demeure dans le sud, parmi les gens de couleur[2], (César reprit l'occupation qu'il avait abandonnée) et il a eu tout récemment une escarmouche avec ce colonel Tarleton.

— Dans laquelle il a été battu, dit Sara; c'est ce qui devait arriver.

— C'est du moins ce qu'on dit à Morrisania, ajouta le colporteur.

---

1. Le tabac. Ces détails, dont le goût français peut s'effaroucher, rappellent que M. Cooper fut marin avant d'être auteur.

2. Il y avait beaucoup plus d'esclaves dans les colonies du sud que dans celles du nord.

— Mais vous-même qu'en dites-vous ? demanda M. Wharton en hésitant et presque à demi-voix.

— Je ne puis que répéter ce que j'entends dire aux autres, répondit Harvey en présentant une pièce d'étoffe à Sara, qui ne voulut pas même y jeter les yeux, déterminée à en apprendre davantage avant de faire aucune autre emplette.

— On dit pourtant dans les plaines, continua Harvey, après avoir jeté les yeux autour de la chambre et les avoir laissés s'arrêter un instant sur Harper, qu'il n'y a eu de blessés du côté des Américains que Sumpter et une couple d'autres, et que les troupes régulières ont été taillées en pièces; car les miliciens s'étaient placés avantageusement dans une grange bâtie de troncs d'arbres.

— Cela n'est guère probable, dit Sara d'un ton dédaigneux. Ce n'est pourtant pas que je doute que les rebelles ne se soient cachés derrière des troncs d'arbres.

— Je crois, dit le colporteur d'un ton calme, en lui offrant de nouveau la pièce de soie, qu'il y a plus d'esprit à mettre un tronc d'arbre entre un fusil et soi qu'à se mettre entre un fusil et un tronc d'arbre. L'œil de M. Harper retomba doucement sur son livre, et Frances, se levant, s'approcha du colporteur en souriant et lui demanda avec une affabilité qu'elle ne lui avait jamais montrée :

— Avez-vous encore des dentelles, monsieur Birch ?

Il lui en montra sur-le-champ, et Frances en acheta à son tour. Elle fit donner un verre de liqueur au marchand qui, après l'avoir remerciée, salua le maître de la maison et les trois dames, et le vida en buvant à leur santé.

— Ainsi on pense que le colonel Tarleton a eu l'avantage sur le général Sumpter ? dit M. Wharton en examinant les fragments de la tasse cassée par l'empressement de sa belle-sœur.

— Je crois qu'on le pense ainsi à Morrisania, répondit Birch.

— Savez-vous quelques autres nouvelles, l'ami ? demanda le capitaine Wharton, se hasardant de nouveau à avancer la tête entre les deux rideaux.

— Avez-vous entendu dire que le major André a été pendu ? lui répondit Harvey en appuyant sur ces mots.

Quelques regards expressifs furent échangés entre le capitaine et le colporteur, et Harvey ajouta avec un ton d'indifférence : — Cinq semaines se sont déjà passées depuis cet événement.

— Cette exécution fait-elle beaucoup de bruit ? demanda le

père en examinant si les fragments de la tasse cassée pouvaient se rejoindre.

— Vous savez qu'on ne peut empêcher les gens de parler, répondit le colporteur, en continuant à montrer ses marchandises aux trois dames.

— Est-il probable que quelque mouvement des armées rende les routes dangereuses pour un voyageur? demanda M. Harper, les yeux fixés sur Harvey, d'un air qui annonçait qu'il attendait une réponse.

A cette question, Birch laissa tomber quelques paquets de rubans qu'il tenait en main ; l'expression de sa physionomie changea tout à coup, et au lieu de répondre avec cet air d'insouciance qu'il avait affecté jusqu'alors, il prit un ton grave qui semblait vouloir faire entendre beaucoup plus que ce qu'il osait dire.

— Il y a quelque temps, dit-il, que la cavalerie régulière est en campagne, et, en passant près de leurs quartiers, j'ai vu les soldats de Delancey nettoyer leurs armes ; et il ne serait pas étonnant qu'ils sentissent bientôt la piste, car la cavalerie de la Virginie est entrée dans le comté.

— Est-elle en grande force? demanda M. Wharton avec inquiétude, en cessant de s'occuper de la tasse cassée.

— Je ne l'ai pas comptée, répondit le colporteur en continuant ses opérations commerciales.

Frances fut la seule qui remarqua le changement que venaient de subir les manières de Birch, et se tournant vers Harper, elle le vit les yeux fixés sur son livre. Elle prit une pièce de ruban, la remit sur la table, la reprit encore, et se courbant sur les marchandises, au point que les boucles de ses beaux cheveux lui couvraient le visage, elle dit avec une rougeur dont on ne pouvait s'apercevoir qu'à son cou.

— Je croyais que la cavalerie du sud avait marché vers la Delaware.

— Cela est possible, répondit Harvey ; j'ai passé à quelque distance de ce fleuve.

César avait alors choisi une pièce de calicot où le jaune et le rouge tranchaient fortement sur un fond blanc, et après l'avoir admirée quelques instants, il la remit sur la table, et dit en soupirant :

— Etre bien joli ce calicot, miss Sara !

— Oui, cela ferait une jolie robe pour votre femme, César.

— Ah! miss Sara! faire danser de joie le cœur de vieille Dina! être si joli, ce calicot!

— Oui, dit le colporteur d'un ton goguenard, cela ferait paraître Dina comme un arc-en-ciel.

César avait toujours les yeux fixés sur Sara, qui se mettant à sourire, demanda à Harvey le prix du calicot.

— C'est selon, répondit-il.

— Comment, c'est selon? dit Sara avec surprise.

— Sans doute, reprit Birch, suivant les pratiques que je trouve! mais pour mon amie Dina, ce ne sera que quatre shillings.

— C'est trop cher, dit Sara en cherchant d'autres marchandises pour elle-même.

— Etre un prix monstrueux, s'écria César en laissant encore échapper de ses mains les bords de la balle.

— Eh bien! dit Harvey, nous le rabattrons à trois, si vous l'aimez mieux.

— Sans doute, moi l'aimer mieux, dit le nègre d'un air joyeux, en reprenant les bords de la balle; miss Sara aimer mieux trois shillings quand elle donner, et quatre shillings quand elle recevoir.

Le marché fut conclu sur-le-champ; mais en mesurant l'étoffe, on vit qu'il s'en fallait de quelque chose que le coupon n'eût les dix yards[1] qu'on savait être nécessaires pour la dimension de Dina. Cependant, à force de tirer l'étoffe d'un bras vigoureux, le colporteur expérimenté parvint à y trouver la mesure requise, mais il eut assez de conscience pour y ajouter gratuitement un ruban assorti aux couleurs brillantes du calicot, et César partit à la hâte pour aller annoncer cette bonne nouvelle à sa vieille Dina.

Pendant qu'on s'occupait de cette emplette, le capitaine Wharton s'était avancé entre les deux rideaux, de manière à se mettre tout à fait en vue, et il demanda alors au colporteur qui commençait à refaire sa balle, quand il avait quitté New-York.

— Ce matin à la pointe du jour, répondit Birch.

— Il n'y a pas plus longtemps! s'écria le capitaine avec un ton de surprise; mais, se remettant sur ses gardes, il ajouta d'un air plus indifférent : — Comment avez-vous pu passer les piquets?

---

[1]. Dix aunes d'Angleterre.

— Je les ai passés, répondit Harvey avec une froideur laconique.

— Vous devez maintenant être bien connu des officiers de l'armée anglaise, dit Sara.

— J'en connais quelques-uns de vue, répondit le colporteur ; et promenant les yeux autour de la salle, il les arrêta un moment d'abord sur le capitaine, et ensuite sur M. Harper.

M. Wharton avait écouté successivement avec attention tous ceux qui venaient de parler, et il avait si bien perdu toute affectation d'indifférence, qu'il avait brisé les fragments de la tasse de porcelaine qu'il avait si longtemps examinés pour voir si l'on pouvait la raccommoder. Voyant le colporteur serrer le dernier nœud de sa balle, il dit avec assez de vivacité :

— Allons-nous donc encore être inquiétés par les ennemis?

— Qui appelez-vous les ennemis? demanda Harvey Birch en se redressant et en jetant sur M. Wharton un coup d'œil qui lui fit baisser les yeux d'un air confus.

— Tous ceux qui troublent notre paix sont nos ennemis, dit miss Peyton, remarquant que son beau-frère était hors d'état de parler ; mais les troupes royales sont-elles sorties de leurs cantonnements ?

— Il est probable qu'elles en sortiront bientôt, répondit le colporteur en levant sa balle et en faisant ses préparatifs de départ.

— Et les Américains, continua miss Peyton avec douceur, sont-ils en campagne ?

L'arrivée de César et de sa vieille et fidèle compagne, dont les yeux pétillaient de joie, évita à Birch l'embarras d'une réponse.

César appartenait à une classe de nègres qui devient plus rare de jour en jour. On ne voit plus guère aujourd'hui de ces vieux serviteurs qui, nés ou du moins élevés dans la maison de leurs maîtres, identifiaient leurs intérêts avec ceux des individus que leur destin les obligeait à servir. Elle a fait place à cette race de vagabonds qu'on a vus s'élever depuis une trentaine d'années, et qui rôdent dans tout le pays, sans attachement pour personne et sans être retenus par aucuns principes ; car c'est un des fléaux de l'esclavage, que ceux qui en ont été les victimes deviennent incapables d'acquérir les qualités propres à l'homme libre. L'âge avait donné aux cheveux courts et crépus de César une teinte grisâtre qui ajoutait beaucoup à son air vénérable. L'usage du peigné, longtemps et souvent répété, avait redressé les cheveux de son front au point qu'ils se tenaient raides et droits sur sa tête, ce qui semblait ajouter au moins deux pouces à sa taille. Son teint d'un noir éclatant dans sa jeunesse, avait perdu tout son lustre et était devenu d'un brun foncé. Ses yeux, placés à une distance formidable l'un de l'autre, étaient petits, mais caractérisés par une expression de bonne humeur, qui n'était interrompue que par de courts accès de pétulance qu'on excusait dans un ancien serviteur; mais en ce moment ils étaient animés par la joie la plus vive. Son nez ne manquait de rien de ce qui constitue le sens de l'odorat, mais il avait assez de modestie pour ne pas se mettre en avant, et ses larges narines n'incommodaient jamais ceux dont il approchait. Sa bouche fendue d'une oreille à l'autre n'était supportable qu'à cause des deux rangs de perle qui s'y trouvaient. Sa taille était petite, et nous aurions dit carrée, si les lignes courbes et anguleuses qu'on y remarquait n'eussent été un obstacle invincible à toute symétrie géométrique. Ses bras longs et nerveux se terminaient par deux mains amaigries, qui offraient d'un côté un gris noirâtre, et de l'autre un rouge passé. Mais c'était dans ses jambes que la nature s'était montrée surtout fantasque. La matière n'y manquait pas, mais elle n'avait pas été employée judicieusement. Les mollets en étaient placés, non par derrière, non par devant, mais de côté et si près du genou, qu'on pouvait douter qu'il eût le libre usage de cette articulation. Quant au pied, en le considérant comme la base sur laquelle le corps doit s'appuyer, César n'avait pas lieu de se plaindre, si ce n'est que la jambe était placée si près du centre qu'on aurait pu mettre en question s'il ne marchait pas à reculons. Au surplus, quelques défauts qu'un statuaire eût pu découvrir dans sa conformation, le cœur de César était sans doute bien placé, et d'une dimension convenable [1].

Il venait avec sa vieille compagne offrir un tribut de remerciements à miss Sara, qui les reçut avec bonté, en faisant des compliments au mari sur son goût, et en assurant la femme que cette étoffe lui irait à merveille. Frances s'approcha de Dina, qui avait été sa nourrice, prit entre les siennes sa main ridée et desséchée, et lui dit avec un sourire qui répondait parfaitement à l'air de plaisir du nègre et de sa femme, qu'elle voulait se charger elle-

---

[1]. L'auteur a voulu ici peindre un nègre au grotesque; car il y a aussi le beau idéal nègre, comme par exemple dans le monument funèbre de Fox à Wesminster-Abbey.

même de lui faire sa robe, offre qui fut acceptée avec de nouvelles expressions de reconnaissance.

Le colporteur sortit. César et sa femme le suivirent ; et pendant que le vieux nègre fermait la porte, on l'entendit faire le soliloque suivant : — Bonne petite maîtresse! miss Frances avoir bien soin de son vieux père, et vouloir encore faire la robe de Dina. On ne peut savoir ce qu'il dit ensuite ; mais le son de sa voix se faisait encore entendre après qu'il eut fermé la porte, quoiqu'il ne fût plus possible de distinguer ses paroles.

M. Harper avait laissé tomber son livre sur ses genoux, pour donner toute son attention à cette petite scène, et Frances jouit d'une double satisfaction en voyant un sourire d'approbation sur des traits qui, tout en annonçant l'habitude de la méditation et de la réflexion, offraient l'expression de tous les sentiments les plus honorables du cœur humain.

CHAPITRE IV.

> Ce sont les traits, le regard, le son de voix, le port de ce lord étranger. Sa taille mâle, hardie et élevée, semble la tour d'un château, quoique les proportions en soient si heureuses qu'il déploie avec aisance toute la force d'un géant. Le temps et la guerre ont laissé des traces sur ce visage majestueux; mais quelle dignité dans ses yeux! C'est à lui que j'aurais recours en humble suppliant, au milieu des chagrins, des dangers, des injustices, et j'aurais la confiance d'être consolé, protégé, vengé ; mais si j'étais coupable, je craindrais son regard plus que la sentence qui prononcerait mon trépas.—Il suffit, s'écria la princesse ; c'est l'espérance, la joie, l'orgueil de l'Ecosse.
>
> Sir Walter Scott. *Le Lord des Iles.*

Un profond silence régna quelques moments après le départ du colporteur. M. Wharton en avait assez appris pour éprouver de nouvelles inquiétudes relativement à son fils. Le capitaine désirait de tout son cœur que M. Harper fût partout ailleurs qu'à la place qu'il occupait en ce moment avec un calme en apparence si parfait. Miss Peyton préparait le déjeuner avec l'air de complaisance qui lui était naturel et qu'augmentait peut-être un peu de satisfaction intérieure provenant de l'emplette qu'elle venait de faire d'une bonne partie des dentelles du colporteur. Sara examinait et rangeait les marchandises qu'elle venait d'acheter, et Frances l'aidait complaisamment sans songer à ses propres emplettes. L'étranger rompit le silence tout à coup.

— Si c'est à cause de moi, dit-il, que le capitaine Wharton conserve son déguisement, je l'engage à bannir toute crainte et à se détromper. Quand j'aurais eu quelques motifs pour le trahir, ils seraient sans force dans les circonstances présentes.

Frances tomba sur sa chaise, pâle et interdite. La théière que miss Peyton levait lui échappa des mains; Sara resta muette de surprise sans penser davantage aux marchandises étalées sur ses genoux; M. Wharton resta comme stupéfait; mais le capitaine, après avoir hésité un instant par suite de son étonnement, s'élança au milieu de la chambre, et jeta loin de lui tout ce qui servait à le déguiser.

— Je vous crois, s'écria-t-il, je vous crois de toute mon âme; et au diable le déguisement! Mais comment se fait-il que vous m'ayez reconnu?

— Vous avez si bonne mine sous vos propres traits, capitaine, dit Harper avec un léger sourire, que je vous engage à ne jamais les cacher. En supposant que je n'aie pas eu d'autres moyens pour vous reconnaître, croyez-vous que ceci n'ait pas été suffisant pour vous découvrir? Et en même temps il montra un portrait suspendu sur la boiserie, représentant un officier anglais en uniforme.

— Je m'étais flatté, dit Henry en riant, que j'avais meilleure mine sur cette toile que sous mon déguisement. Il faut que vous soyez bon observateur, Monsieur.

— La nécessité m'y a contraint, répondit Harper en se levant.

Il s'avançait vers la porte quand Frances, se précipitant au devant de lui, lui saisit une main, la serra entre les siennes, et lui dit avec l'accent de la nature, les joues couvertes du plus vif incarnat :—Vous ne trahirez pas mon frère! il est impossible que vous le trahissiez.

Harper s'arrêta, resta un moment les yeux fixés sur l'aimable jeune fille avec un air d'admiration, et appuyant une main sur son cœur, il lui dit d'un ton solennel. — Je ne le dois, ne le veux, ni ne le puis. Etendant alors une main sur la tête de Frances, il ajouta : — Si la bénédiction d'un étranger est de quelque prix à vos yeux, recevez-la, mon enfant. Et, saluant toute la compagnie, il se retira dans son appartement.

Le peu de paroles que venait de prononcer M. Harper, le ton et la manière qui les avaient accompagnées, firent une impression profonde sur tous ceux qui avaient été témoins de cette scène, et tous, à l'exception du père, en éprouvèrent un grand soulagement. On trouva quelques anciens vêtements du capitaine qu'on avait apportés de la ville quand la famille l'avait quittée, et le jeune Wharton, enchanté d'être délivré de toute contrainte, commença enfin à jouir du plaisir qu'il s'était promis en s'exposant à tant de dangers pour faire cette visite à son père et à ses sœurs. M. Wharton s'était retiré pour vaquer à ses occupations ordinaires, les trois dames et le jeune homme restèrent à jouir pendant une heure du plaisir d'une conversation sans contrainte, sans penser un instant qu'ils pussent avoir à craindre aucun danger. La ville de New-York et les connaissances qu'on y avait ne furent pas longtemps négligées, car miss Peyton, qui n'avait jamais oublié les heures agréables qu'elle y avait passées, demanda bientôt, entre autre choses, à son neveu des nouvelles du colonel Wellmere.

— Oh! dit le capitaine avec gaieté, il est encore dans cette ville, aussi galant et aussi recherché que jamais.

Quand bien même l'amour n'existerait pas dans le cœur d'une femme, il est rare qu'elle entende sans rougir nommer un homme qu'elle pourrait aimer, et dont le nom a été joint au sien par les bruits du jour et les caquets de société. Telle avait été la situation dans laquelle Sara s'était trouvée à New-York, et elle baissa les yeux vers le tapis avec un sourire qui, joint à la rougeur qui lui couvrait les joues, ne lui faisait rien perdre de ses charmes.

Le capitaine Wharton ne fit pas attention à l'espèce d'embarras que sa sœur éprouvait : — Il est quelquefois mélancolique, continua-t-il, et nous lui disons qu'il faut qu'il soit amoureux. Sara leva les yeux sur son frère, et elle les tournait sur le reste de la compagnie quand elle rencontra ceux de Frances qui s'écria en riant de tout son cœur : — Le pauvre homme! est-il au désespoir?

— Je ne le crois pas, répondit le capitaine; quel motif aurait pour se désespérer le fils aîné d'un homme riche, qui est jeune, bien fait et colonel?

— Ce sont de puissantes raisons pour réussir, dit Sara en s'efforçant de rire; et surtout la dernière.

— Permettez-moi de vous dire, répliqua Henry gravement;

qu'une place de lieutenant-colonel dans les gardes a bien son mérite.

— Oh! le colonel Wellmere est un homme parfait! dit Frances avec un sourire ironique.

— On sait fort bien, ma sœur, répliqua Sara avec un mouvement d'humeur, que le colonel n'a jamais eu le bonheur de vous plaire. Vous le trouvez trop loyal, trop fidèle à son roi.

— Henry l'est-il moins? demanda Frances avec douceur en prenant la main de son frère.

— Allons, allons, s'écria miss Peyton, point de différence d'opinion sur le colonel : je vous déclare que c'est un de mes favoris.

— Frances aime mieux les majors, dit Henry avec un sourire malin, en attirant sa sœur sur ses genoux.

— Quelle folie! s'écria Frances en rougissant et en cherchant à lui échapper.

— Ce qui me surprend, continua le capitaine, c'est que Dunwoodie, en délivrant mon père de la captivité, n'ait pas cherché à retenir Frances dans le camp des rebelles.

— Cela aurait pu mettre sa propre liberté en danger, dit Frances avec un sourire malin, en se rasseyant sur sa chaise; vous savez que c'est pour la liberté que combat le major Dunwoodie.

— La liberté! répéta Sara, jolie liberté que celle qui donne cinquante maîtres au lieu d'un seul!

— Le privilége de changer de maîtres est du moins une liberté, dit Frances avec un air de bonne humeur.

— Et c'est un privilége dont les dames aiment quelquefois à jouir, ajouta le capitaine.

— Je crois que nous aimons à choisir ceux qui doivent être nos maîtres, dit Frances, toujours sur le ton de la plaisanterie; n'est-il pas vrai, ma tante?

— Moi! s'écria miss Peyton; et comment le saurai-je, ma chère enfant! il faut vous adresser à d'autres, si vous voulez vous instruire sur ce sujet.

— Ah! s'écria Frances en regardant sa tante avec un air espiègle, vous voudriez nous faire croire que vous n'avez jamais été jeune. Mais que faut-il que je pense de tout ce que j'ai entendu dire de la jolie miss Jeannette Peyton?

— Sornettes, ma chère, sornettes, dit la tante en cherchant à réprimer un sourire; vous imaginez-vous devoir croire tout ce ce que vous entendez dire?

— Vous appelez cela des sornettes! s'écria le capitaine avec gaieté. Encore à présent le général Montrose porte la santé de miss Peyton; et il n'y a pas huit jours que j'en ai été témoin à la table de sir Henry.

— Vous ne valez pas mieux que votre sœur, Henry, répliqua la tante; et pour couper court à toutes ces folies, il faut que je vous fasse voir mes étoffes fabriquées dans le pays : elles feront contraste avec toutes les belles choses que Birch vient de nous montrer.

Les jeunes gens se levèrent pour suivre leur tante, satisfaits l'un de l'autre, et en paix avec tout l'univers. En montant l'escalier qui conduisait à la chambre où étaient déposées les étoffes dont elle venait de parler, miss Peyton saisit pourtant une occasion pour demander à son neveu si le général Montrose souffrait encore autant de la goutte que lorsqu'elle l'avait connu.

C'est une découverte pénible que nous faisons en avançant dans la vie que nul de nous n'est exempt de faiblesses. Quand le cœur est neuf encore, et que l'avenir s'offre à nos yeux sans aucune de ces taches dont l'expérience viendra le souiller, tous nos sentiments ont un caractère de sainteté. Nous aimons à supposer à nos amis naturels toutes les qualités auxquelles nous aspirons nous-mêmes, et toutes les vertus que nous avons appris à révérer. La confiance avec laquelle nous accordons notre estime semble faire partie de notre nature, et l'affection qui nous unit à tout ce qui nous tient par les liens du sang a une pureté qu'on peut rarement espérer de voir conserver tout son éclat pendant tout le cours de la vie. La famille de M. Wharton continua à jouir, pendant tout le reste de cette journée, d'un bonheur qu'elle n'avait pas connu depuis longtemps et qui naissait, du moins dans les plus jeunes de ses membres, des délices d'une affection pleine de confiance, et de la réciprocité des sentiments les plus désintéressés.

M. Harper ne reparut qu'à l'heure du dîner, et, dès que le repas fut terminé, il se retira dans sa chambre, sous prétexte de quelques affaires. Malgré la confiance qu'avaient inspirée ses manières, son absence fut un soulagement pour la famille; car la visite du capitaine Wharton ne pouvait durer que quelques jours, tant parce que son congé était limité qu'à cause du danger qu'il courait d'être découvert.

Cependant le plaisir de se revoir l'emporta sur la crainte. Une ou deux fois pendant la journée, M. Wharton avait encore témoigné des doutes sur le caractère de son hôte inconnu, et des craintes qu'il ne donnât des informations qui pussent faire découvrir son fils. Mais tous ses enfants repoussèrent vivement cette idée, et Sara même s'unit à son frère et à sa sœur pour plaider avec chaleur en faveur de la sincérité de l'air de franchise et de candeur de M. Harper.

— De telles apparences sont souvent trompeuses, mes enfants, dit le père avec un ton de découragement. Quand on voit des hommes comme le major André se prêter à la fausseté, il est inutile de raisonner d'après les qualités d'un individu, et surtout d'après celles qui sont extérieures.

— A la fausseté! s'écria son fils avec vivacité; vous oubliez, mon père, que le major André servait son roi, et que les usages de la guerre justifient sa conduite.

— Et ces usages de la guerre ne justifient-ils pas aussi sa mort, mon frère? demanda Frances d'une voix émue, ne voulant pas abandonner ce qu'elle regardait comme la cause de son pays, et ne pouvant en même temps résister à l'influence de sa sensibilité.

— Non sans doute, s'écria le jeune homme en se levant avec précipitation, et se promenant à grands pas. Frances, vous me transportez d'indignation. Si mon destin me faisait tomber en ce moment entre les mains des rebelles, vous excuseriez ma sentence de mort; — vous applaudiriez peut-être à la cruauté de Washington.

— Henry! s'écria Frances d'un ton solennel, mais tremblante et pâle comme la mort, vous connaissez bien peu mon cœur.

— Pardon, ma sœur, ma chère Fanny! s'écria le jeune homme repentant, en la pressant contre son cœur, et en essuyant avec ses lèvres les larmes qui coulaient de ses yeux.

— J'ai été folle de prendre à la lettre quelques mots prononcés à la hâte, dit Frances en se dégageant de ses bras, et en levant sur lui avec un sourire ses yeux encore humides; mais les reproches de ceux que nous aimons sont bien cruels, Henry, surtout quand nous croyons... quand nous sentons... et... — les couleurs reparurent sur ses joues lorsqu'elle ajouta en baissant la voix, et les yeux fixés sur le tapis, — que nous ne les méritons pas.

Miss Peyton quitta sa chaise pour aller s'asseoir près de Frances, et elle lui dit en lui prenant la main avec bonté : — Il ne faut pas que l'impétuosité de votre frère vous affecte à ce point. Vous savez, et personne ne l'ignore, ajouta-t-elle en souriant, que les jeunes gens sont ingouvernables.

— Et d'après ma conduite vous pourriez ajouter cruels, dit le capitaine en s'asseyant de l'autre côté de sa sœur; mais quand il est question de la mort d'André, nous sommes tous d'une susceptibilité qui ne connaît pas de bornes. Vous ne l'avez pas connu? C'était l'homme le plus brave, le plus accompli, le plus estimable. Frances sourit faiblement en secouant la tête, mais ne répondit rien. Son frère remarquant sur sa physionomie des signes d'incrédulité, ajouta : — Vous en doutez? sa mort vous paraît juste?

— Je ne doute pas de ses bonnes qualités, répondit Frances avec douceur, je ne doute pas qu'il ne méritât un destin plus heureux; mais je doute que Washington se fût permis un acte illégal. Je connais peu les usages de la guerre, je ne désire pas les connaître mieux ; mais quel espoir de succès pourraient avoir les Américains dans cette contestation, s'ils consentaient que tous les principes établis depuis longtemps ne profitassent qu'aux Anglais?

— Mais pourquoi cette contestation? s'écria Sara avec impatience. D'ailleurs ce sont des rebelles : donc tous leurs actes sont illégaux.

— Les femmes, dit Henry, ne sont que des miroirs qui réfléchissent les objets que leur imagination leur présente. Je vois en Frances les traits du major Dunwoodie, et en Sara je reconnais ceux du.....

— Du colonel Wellmere, ajouta Frances, riant et rougissant. Quant à moi, j'avoue que je dois au major l'idée que je viens d'exprimer; n'est-il pas vrai, ma tante?

— Je crois, répondit miss Peyton, qu'il y avait quelque chose de semblable dans la dernière lettre qu'il m'a écrite.

— Je ne l'ai pas oublié, continua Frances, et je vois que Sara se souvient également des savantes dissertations du colonel Wellmere.

— Je me flatte que je me souviendrai toujours des principes de la justice et de la loyauté, répliqua Sara en se levant pour s'éloigner du feu, comme si une trop grande chaleur eût appelé sur ses joues le carmin dont elles étaient couvertes.

Il n'arriva rien d'important pendant le reste du jour; mais dans la soirée César rapporta qu'il avait entendu des voix causant d'un ton très-bas dans la chambre de M. Harper. L'appartement occupé par le voyageur était situé dans une des deux petites ailes à l'extrémité de la maison, et il paraît que César avait établi un système régulier d'espionnage, pour veiller à la sûreté de son jeune maître. Cette nouvelle répandit quelque alarme dans la famille de M. Wharton; mais l'arrivée de M. Harper avec son air de bienveillance et de sincérité, malgré sa réserve habituelle, bannit bientôt le soupçon de tous les cœurs, à l'exception de celui de M. Wharton. Ses enfants et sa sœur crurent que César s'était trompé, et la soirée se passa sans autre sujet d'inquiétude.

Dans la soirée du lendemain, comme on venait de se réunir pour prendre le thé que miss Peyton préparait dans la salle à manger, un changement s'opéra dans l'atmosphère. Les légers nuages qu'on voyait flotter à peu de distance sur la cime des montagnes, commencèrent à courir vers l'est avec une rapidité surprenante. La pluie continuait à battre avec une force incroyable contre les fenêtres de la maison donnant sur le levant, et le ciel était sombre du côté de l'ouest. Frances regardait cette scène avec le désir naturel à la jeunesse de voir se terminer une détention de deux jours; quand tout à coup l'orage se calma comme par un effet magique. Les vents impétueux s'étaient tus, la pluie avait cessé, et elle vit avec transport un rayon de soleil brillant sur un bois voisin. Les feuilles humides, empreintes des belles teintes d'octobre, réfléchissaient toute la magnificence d'un automne d'Amérique. La famille courut à l'instant sur une grande terrasse donnant sur le sud. L'air était doux, frais et embaumé. Du côté de l'est on voyait encore accumulés d'épais nuages semblables aux masses d'une armée qui se retire en bon ordre après une défaite. Des vapeurs condensées, partant de derrière une colline située à quelque distance des Sauterelles, se précipitaient encore vers l'orient avec une rapidité étonnante; mais, à l'ouest, le soleil brillait dans toute sa splendeur, et parait la verdure d'un nouvel éclat. De tels moments n'appartiennent qu'au climat de l'Amérique, et l'on en jouit d'autant mieux que le contraste est plus rapide, et qu'on éprouve plus de plaisir en échappant à la fureur des éléments déchaînés pour retrouver la tranquillité d'une soirée paisible, et un air aussi doux et aussi frais que celui des plus belles matinées de juin.

— Quelle scène magnifique! dit Harper à demi-voix, oubliant un instant qu'il n'était pas seul. Quel grand et sublime spectacle!

Puissent se terminer ainsi les cruels débats qui déchirent ma patrie! Puisse un soir de gloire et de bonheur succéder à un jour de souffrance et de calamité!

Frances, qui était près de lui, fut la seule qui l'entendit; jetant sur lui un regard à la dérobée, elle le vit la tête nue et les yeux élevés vers le ciel. Ses traits n'offraient plus cette expression paisible et presque mélancolique qui leur était habituelle; ils semblaient animés par le feu de l'enthousiasme, et un léger coloris était répandu sur ses traits pâles.

— Un tel homme ne peut nous trahir, pensa-t-elle; de pareils sentiments ne peuvent appartenir qu'à un être vertueux.

Chacun se livrait encore à ses réflexions silencieuses, quand on vit venir Harvey Birch, qui avait profité du premier rayon du soleil pour se rendre aux Sauterelles. Il arriva, luttant contre le vent qui soufflait encore avec force, le dos courbé, la tête en avant, les bras faisant le balancier de chaque côté; il marchait du pas qui lui était ordinaire, du pas leste et allongé d'un marchand qui craint de perdre l'occasion de vendre en arrivant trop tard.

— Voilà une belle soirée, dit-il en saluant la compagnie sans lever les yeux, une soirée bien douce, bien agréable pour la saison.

M. Wharton convint de la vérité de cette remarque et lui demanda avec bonté comment se portait son père.

Harvey entendit la question et garda le silence. Mais M. Wharton la lui ayant faite une seconde fois, il lui répondit d'une voix entrecoupée par un léger tremblement : — Il s'en va grand train. Que faire contre l'âge et le chagrin?

Une larme brilla dans ses yeux pendant qu'il prononçait ces paroles; il se détourna pour l'essuyer avec sa main; mais ce mouvement de sensibilité n'avait pas échappé à Frances, qui sentit pour la seconde fois que le colporteur s'élevait dans son estime plus qu'il ne l'avait encore fait jusqu'alors.

La vallée dans laquelle se trouvait l'habitation dite des Sauterelles s'étendait du nord-ouest au sud-est, et la maison étant située à mi-côte d'une colline, une percée, pratiquée en face de la terrasse entre une montagne et des bois, faisait apercevoir la mer dans le lointain. Les vagues, qui naguère venaient se briser avec fureur sur la côte, n'offraient plus que ces ondulations régulières qui succèdent à une tempête, et un vent doux et léger soufflant du sud-ouest contribuait à calmer ce reste d'agitation. Quelques points noirs pouvaient se remarquer sur la surface des ondes, quand une vague les élevait au-dessus du niveau des autres, mais ils disparaissaient quand les flots qui les soutenaient s'abaissaient, et ne redevenaient visibles que quelques instants après. Personne n'y fit attention, excepté le colporteur. Il s'était assis sur la terrasse, à quelque distance de M. Harper, et semblait avoir oublié le motif de sa visite. Cependant ses yeux toujours en mouvement aperçurent bientôt le spectacle que nous venons de décrire, et il se leva avec vivacité, regardant du côté de la mer. Il se débarrassa de la chique qu'il avait dans la bouche, changea de place, jeta rapidement un regard d'inquiétude sur M. Harper, et dit d'un ton expressif :

— Il faut que les troupes royales soient en marche.

— Qui peut vous le faire croire? demanda le capitaine Wharton. Dieu le veuille, au surplus! Je ne serai pas fâché d'avoir leur escorte.

— Ces dix grandes barques n'avanceraient pas si vite, répondit Birch, si elles n'avaient un équipage plus nombreux que de coutume.

— Mais n'est-il pas possible, dit M. Wharton d'un ton d'alarme, que ce soit une division des..... des Américains?

— Cela m'a l'air d'être des troupes royales, répéta le colporteur, en appuyant sur ces derniers mots.

— Comment, l'air! répéta Henry ; on ne peut distinguer que quelques points noirs.

Harvey ne répondit pas à cette observation; et semblant se parler à lui-même : — Je vois ce que c'est, dit-il ; ils sont partis avant l'orage, ils ont passé deux jours dans l'île; la cavalerie de Virginie est en marche, on ne tardera pas à se battre dans les environs.

Tout en parlant ainsi, il jetait de temps en temps un coup d'œil sur Harper qui semblait à peine l'écouter et qui, sans montrer la moindre émotion, jouissait avec calme et plaisir du changement de l'atmosphère.

Cependant, lorsque Birch eut cessé de parler, Harper se tourna vers son hôte, et lui dit que ses affaires n'admettant aucun délai inutile, il profiterait de cette belle soirée pour avancer de quelques milles. M. Wharton lui exprima tout le regret qu'il éprouvait d'être si tôt privé de sa société; mais il connaissait trop bien ses devoirs pour ne pas se prêter au désir qu'avait son hôte de partir et il donna sur-le-champ les ordres nécessaires à ce sujet.

Cependant l'inquiétude du colporteur augmentait d'une manière qui paraissait inexplicable. Ses yeux se portaient à chaque instant vers l'extrémité de la vallée, comme s'il se fût attendu à quelque interruption de ce côté. Enfin César parut, amenant le noble animal qui devait porter le voyageur, et le colporteur s'empressa de l'aider à en serrer la sangle, et à attacher solidement sur sa croupe une valise et un manteau bleu.

Tous les préparatifs du départ étant terminés, M. Harper fit ses adieux à ses hôtes. Il prit congé de Sara et de sa tante avec aisance et politesse ; mais quand il s'approcha de Frances, il s'arrêta un instant ; son visage prit une expression de bienveillance plus qu'ordinaire ; ses yeux répétèrent la bénédiction que sa bouche avait déjà prononcée, et la jeune fille sentit la chaleur monter à ses joues et son cœur battre avec plus de rapidité que de coutume quand il lui adressa ses adieux. Il y eut un échange de politesses réciproques entre le voyageur et son hôte ; mais, en offrant sa main avec un air de franchise au capitaine Wharton, il lui dit d'un ton solennel :

— La démarche que vous avez faite n'est pas sans danger ; il peut en résulter des conséquences très-désagréables pour vous ; mais en ce cas il est possible que je trouve l'occasion de prouver ma reconnaissance de l'accueil que j'ai reçu dans votre famille.

— Sûrement, Monsieur, s'écria le père, ne songeant plus qu'au danger que pouvait courir son fils, vous garderez le secret sur une découverte que vous ne devez qu'à l'hospitalité que je vous ai accordée ?

Harper, fronçant le sourcil, se tourna avec vivacité vers M. Wharton, mais déjà le calme était revenu sur son front, et il lui répondit avec douceur :

— Je n'ai rien appris dans votre famille que je ne connusse auparavant, Monsieur ; mais il peut être heureux pour votre fils que j'aie été instruit de sa visite ici et des motifs qui l'ont occasionnée.

Il salua toute la compagnie, et sans faire attention au colporteur autrement que pour le remercier de son attention, il monta à cheval avec grâce, franchit la petite porte, et disparut bientôt derrière la montagne qui abritait la vallée du côté du nord.

Les yeux de Birch suivirent le cavalier tant qu'il put l'apercevoir, et quand il l'eut perdu de vue, il respira avec force, comme s'il eût été soulagé d'un poids terrible d'inquiétude. Pendant ce temps toute la famille Wharton avait médité en silence sur la visite et sur le caractère du voyageur inconnu ; enfin le père dit au colporteur, en s'approchant de lui :

—Je suis toujours votre débiteur, Harvey. Je ne vous ai pas encore payé le tabac que vous avez bien voulu m'apporter de la ville.

—S'il n'est pas aussi bon que le dernier, répondit Birch en jetant un dernier regard du côté de la route que M. Harper avait prise, c'est parce que cette marchandise devient rare.

— Je le trouve fort bon, répondit M. Wharton, mais vous avez oublié de m'en dire le prix.

La physionomie du marchand changea tout à coup, et perdit son expression d'inquiétude pour prendre celle d'une intelligence pleine de finesse.

—Il est difficile de dire quel devrait en être le prix, dit-il ; je crois qu'il faut que je laisse à votre générosité le soin de le fixer.

M. Wharton avait tiré de sa poche une main pleine d'images de Carolus[1], et il l'étendit vers Birch en en tenant trois entre l'index et le pouce. Les yeux du colporteur brillèrent en contemplant ce métal, et tout en roulant dans sa bouche une quantité assez considérable de feuilles semblables à celles dont il allait recevoir le prix, il étendit la main avec beaucoup de sang-froid. Les dollars y tombèrent avec un son très-agréable à son oreille ; mais cette musique momentanée ne lui suffisant pas, il les fit sonner l'un après l'autre sur une des marches de la terrasse avant de les faire entrer dans une grande bourse de cuir, qu'il fit disparaître ensuite avec tant d'adresse que personne n'aurait pu dire où il l'avait placée.

Cette affaire importante étant terminée à sa satisfaction, il se leva, et s'approcha de l'endroit où le capitaine Wharton était debout entre ses deux sœurs auxquelles il donnait le bras, et qui écoutaient sa conversation avec tout l'intérêt de l'affection.

L'agitation occasionnée par les incidents qui précèdent avait tellement épuisé les sucs qui étaient devenus nécessaires à la bouche du colporteur, qu'il fallait qu'il fît entrer un nouvel approvisionnement avant de pouvoir donner son attention à un

---

[1]. A l'image de Charles III d'Espagne.

objet de moindre importance. Cela fait, il s'approcha du capitaine, et lui demanda tout à coup :

— Capitaine Wharton, partez-vous ce soir ?

— Non, Birch, répondit-il en regardant ses sœurs avec affection. Voudriez-vous que je quittasse si tôt semblable compagnie, quand il est possible que je ne la revoie jamais ?

— Plaisanter sur un tel sujet est une cruauté, mon frère, dit Frances avec émotion.

— J'ai dans l'idée, continua Birch avec sang-froid, qu'à présent que l'orage est passé, il est possible que les Skinners courent les champs. Si vous m'en croyez, vous abrégerez votre visite.

— N'est-ce que cela ? dit Henry d'un ton léger ; si je rencontre ces coquins, quelques guinées me tireront d'affaire. Non, monsieur Birch, non. Je reste ici jusqu'à demain matin.

— Le major André ne s'est pas tiré d'affaire avec quelques guinées, répliqua le colporteur d'un ton sec.

Les deux sœurs commencèrent à prendre l'alarme. — Mon frère, dit l'aînée, vous feriez mieux de suivre le conseil d'Harvey. Ses avis ne sont pas à dédaigner en pareille affaire.

— Si, comme je le soupçonne, ajouta Frances, Birch vous a aidé à venir ici, votre sûreté et notre bonheur exigent maintenant que vous l'écoutiez.

— Je suis sorti seul de New-York, et je suis en état d'y rentrer seul, répondit le capitaine d'un ton positif. Birch n'était chargé que de me procurer un déguisement et de m'avertir quand les chemins seraient libres. — A ce dernier égard, Birch, vous vous étiez trompé.

— J'en conviens, répondit le colporteur avec quelque intérêt, et c'est une raison de plus pour que vous partiez ce soir. La passe que je vous ai procurée ne peut servir qu'une fois.

— N'en pouvez-vous fabriquer une autre ? demanda Henry.

Les joues pâles du colporteur se couvrirent d'une rougeur qui y paraissait rarement ; mais il garda le silence, et resta les yeux fixés sur terre.

— Quoi qu'il en puisse arriver, ajouta Henry, je ne partirai que demain.

— Je n'ai plus qu'un mot à vous dire, capitaine Wharton, dit Harvey d'un air grave, prenez bien garde à un grand Virginien ayant de grosses moustaches. Je sais qu'il n'est pas loin, et le diable ne le tromperait pas ; moi-même je n'ai pu le tromper qu'une seule fois.

— Eh bien ! que lui-même prenne garde à lui, répondit Henry. Au surplus, monsieur Birch, je vous décharge de toute responsabilité.

— Me donnerez-vous cette décharge par écrit ? demanda le prudent colporteur.

— De tout mon cœur, s'écria le capitaine en riant : César, vite, papier, plume et encre, que je donne une décharge en bonne forme à mon fidèle serviteur Harvey Birch, colporteur, etc.

Tout ce qu'il fallait pour écrire fut apporté, et le capitaine, avec beaucoup de gaieté, écrivit en style analogue à son humeur la décharge qui lui était demandée. Le colporteur la reçut, la déposa à côté des images de Sa Majesté Catholique, salua toute la famille et s'en alla comme il était venu. On le vit bientôt dans le lointain entrer dans son humble demeure.

Le père et les sœurs du capitaine étaient trop charmés de l'avoir près d'eux pour exprimer les craintes que sa situation pouvait raisonnablement exciter, et même pour les concevoir. Mais comme on allait se mettre à table pour souper, de plus mûres réflexions firent que le capitaine changea d'avis ; ne se souciant pas de quitter la protection de la maison de son père, il dépêcha César chez Harvey pour lui dire qu'il désirait avoir une autre entrevue avec lui. Le nègre revint bientôt avec la mauvaise nouvelle qu'il était trop tard. Katy lui avait dit que Birch devait déjà être à quelques milles du côté du nord, étant parti de chez lui au crépuscule avec sa balle. Il ne restait donc plus au capitaine qu'à prendre patience, sauf à voir le lendemain matin quel parti la prudence lui suggérerait.

— Ce Harvey Birch, avec ses airs entendus et ses avis mystérieux, me donne plus d'inquiétude que je ne voudrais l'avouer, dit le capitaine Wharton après quelques moments passés dans des réflexions dans lesquelles le danger de sa situation entrait pour une bonne part.

— Comment se fait-il, dit miss Peyton, que dans le moment actuel il puisse parcourir le pays en tout sens sans être inquiété ?

— Je ne sais trop comment il se tire d'affaire avec les rebelles, répondit Henry ; mais sir Henry Clinton ne souffrirait pas qu'on lui arrachât un cheveu de la tête.

— En vérité ! s'écria Frances avec intérêt, sir Henry connaît donc Harvey Birch ?

— Il doit le connaître du moins, répondit Henry avec un sourire qui disait bien des choses.

— Croyez-vous, mon fils, demanda M. Wharton, qu'il n'y ait pas à craindre qu'il ne vous trahisse ?

— J'y ai réfléchi avant de me confier à lui, dit Henry d'un air pensif. Il paraît fidèle dans ses promesses. D'ailleurs son intérêt me répond de lui. Il n'oserait reparaître à New-York s'il me trahissait.

— Je crois, dit Frances, que Birch n'est pas sans bonnes qualités ; du moins il en montre l'apparence en certaines occasions.

— Il a de la *loyauté*, s'écria Sara ; et pour moi c'est une vertu cardinale.

— Je crois, dit son frère en riant, que l'amour de l'argent est une passion encore plus forte chez lui que l'amour de son roi.

— En ce cas, dit M. Wharton, vous n'êtes pas en sûreté ; car quel amour peut résister à la tentation qu'offre l'argent à la cupidité ?

— Oh ! répondit Henry avec gaieté, il y a un amour qui résiste à tout ; n'est-il pas vrai, Frances ?

— Voici votre lumière, répondit sa sœur décontenancée ; vous retenez votre père au-delà de son heure ordinaire.

CHAPITRE V.

> Les yeux bandés, il aurait su quel chemin il devait suivre à travers les sables du Solway et les marécages de Taross. Par d'adroits détours et des bonds hardis, il aurait échappé aux meilleurs limiers de Percy Il n'y avait aucun gué de l'Eske ou du Liddel qu'il ne pût traverser l'un après l'autre. Il ne s'inquiétait ni du temps, ni de la marée, des neiges de décembre ou des chaleurs de juillet ; il ne s'inquiétait ni de la marée, ni du temps, ni des ténèbres de la nuit, ni du crépuscule du matin. — SIR WALTER SCOTT.

Tous les membres de la famille Wharton se couchèrent cette nuit en craignant que quelque accident imprévu ne vînt interrompre leur repos ordinaire. Cette inquiétude empêcha les deux sœurs de goûter un sommeil paisible, et elles se levèrent le lendemain matin fatiguées et presque sans avoir fermé les yeux.

En jetant les yeux à la hâte et avec empressement d'une fenêtre de leur chambre sur toute la vallée, elles n'y virent pourtant que la sérénité qui y régnait ordinairement. La matinée s'ouvrait avec tout l'éclat de ces beaux jours qui accompagnent la chute des feuilles, et dont le grand nombre rend l'automne en Amérique comparable aux saisons les plus délicieuses des autres pays. On n'y connaît pas de printemps; — la végétation y marche à pas de géant, tandis qu'elle ne fait que ramper sous les mêmes latitudes de l'ancien monde. Mais avec quelle grâce l'été se retire! septembre, — octobre, — même novembre et décembre, sont des mois délicieux. Quelques orages troublent la sérénité de l'air, mais ils ne sont pas de longue durée, et l'atmosphère reprend bientôt toute sa transparence.

Comme on n'apercevait rien qui parût devoir interrompre les jouissances et l'harmonie d'un si beau jour, les deux sœurs descendirent de leur chambre en se livrant à de nouvelles espérances pour la sûreté de leur frère, et par conséquent pour leur propre bonheur.

Toute la famille se réunit de bon matin pour le déjeuner, et miss Peyton, avec un peu de cette précision minutieuse qui se glisse dans les habitudes des personnes non mariées, déclara en plaisantant que l'absence de son neveu ne changerait rien aux heures régulières qu'elle avait établies. En conséquence, on était déjà à table quand le capitaine arriva; mais le café, auquel on n'avait pas touché, prouvait assez que personne de la famille ne l'avait oublié.

— Je crois, dit-il en s'asseyant entre ses deux sœurs, et en effleurant de ses lèvres les joues qu'elles lui offraient, que j'ai mieux fait de m'assurer un bon lit et un excellent déjeuner, que de recourir à l'hospitalité de l'illustre corps des Vachers.

— Si vous avez pu dormir, dit Sara, vous avez été plus heureux que Frances et moi. Le moindre bruit que j'entendais me semblait annoncer l'arrivée des rebelles.

— Ma foi! dit le capitaine en riant, j'avoue que je n'ai pas été moi-même tout à fait sans inquiétude. — Et vous, ajouta-t-il en se tournant vers Frances évidemment sa favorite, et en lui donnant un petit coup sur la joue, comment avez-vous passé cette nuit? Avez-vous vu des bannières dans les nuages? Les sons de la harpe éolienne de miss Peyton vous ont-ils paru ceux de la musique des rebelles?

— Ah! Henry, répondit Frances en le regardant avec tendresse, quel que soit mon attachement pour ma patrie, rien ne me ferait plus de peine en ce moment que de voir arriver ses troupes.

Son frère ne répondit rien, mais il lui rendit son regard d'affection fraternelle, et il lui pressait doucement la main en silence quand César, qui avait éprouvé sa bonne part de l'inquiétude de toute la famille, et qui s'était levé avant l'aurore pour surveiller tout ce qui se passait dans les environs, s'écria en regardant par une fenêtre.

— Fuir! mass Harry, — fuir, si vous aimer vieux César. — La cavalerie des rebelles arriver! — La voici, ajouta-t-il, la terreur donnant à son visage une teinte qui approchait de celle d'un homme blanc.

— Fuir! répéta l'officier anglais en se redressant avec un air de fierté militaire; non, monsieur César, fuir n'est pas mon métier. En parlant ainsi il s'avança avec sang-froid vers la croisée près de laquelle était déjà rassemblée toute la famille plongée dans la consternation.

A la distance de plus d'un mille, on voyait une cinquantaine de dragons descendant dans la vallée par une de ses issues latérales. A côté de l'officier qui marchait en avant était un homme vêtu en paysan, qui étendait le bras dans la direction des Sauterelles. Un petit détachement se sépara alors du corps principal, et marcha rapidement vers l'endroit qui lui avait été indiqué.

En arrivant à la route qui traversait le fond de la vallée, ils se dirigèrent vers le nord. Toute la famille Wharton restait en silence, comme enchaînée près de la croisée, et suivait avec inquiétude tous les mouvements de cette troupe. Lorsqu'elle fut en face de la demeure de Birch, elle décrivit un cercle rapide tout autour, et en un instant la maison du colporteur fut entourée par une douzaine de sentinelles.

Deux ou trois dragons descendirent de cheval et y entrèrent; mais ils en sortirent au bout de quelques minutes, suivis de Katy, dont les gestes violents prouvaient qu'il ne s'agissait pas d'une petite affaire. Un court entretien avec la femme de charge bavarde suivit l'arrivée du corps principal, et le détachement qui s'était avancé d'abord étant remonté à cheval, toute la troupe marcha au grand trot vers les Sauterelles.

Jusqu'alors personne n'avait eu assez de présence d'esprit pour imaginer quelque moyen de pourvoir à la sûreté du capitaine Wharton; mais le danger devenait alors trop urgent pour admettre le moindre délai. Divers moyens de le cacher furent proposés à la hâte, mais il les rejeta avec hauteur, comme indignes de son caractère. Il était trop tard pour qu'il se retirât dans les bois qui étaient derrière la maison, car il était impossible qu'on ne l'aperçût pas, et, poursuivi par une troupe de cavaliers, il aurait été pris inévitablement.

Enfin les mains tremblantes de ses sœurs le recouvrirent du déguisement sous lequel il était arrivé, et que César avait eu la précaution de conserver avec soin, en cas qu'il survînt quelque danger.

Cette opération importante se fit à la hâte et fort imparfaitement. Elle finissait à peine quand les dragons arrivèrent avec la rapidité du vent sur la pelouse faisant face à la maison, qui se trouva cernée à son tour.

Il ne restait autre chose à faire que de soutenir l'examen qui allait avoir lieu avec toute l'indifférence qu'il serait possible d'affecter. Le chef de la troupe mit pied à terre, et suivi d'une couple de soldats, il s'approcha de la porte, que César alla lui ouvrir lentement et bien à contre-cœur. Le bruit des pas de l'officier commandant retentit aux oreilles des trois dames à mesure qu'il approchait; tout le sang qui animait leur visage se reporta vers leur cœur, et elles furent saisies d'un frisson qui les privait presque de tout sentiment.

Un homme d'une taille colossale, et dont la vigueur semblait proportionnée à sa stature, se présenta dans le salon, et salua la compagnie qui s'y trouvait avec un air de politesse que son extérieur ne promettait pas. Ses cheveux noirs n'étaient pas poudrés, quoique ce fût alors la mode, et d'énormes moustaches lui couvraient les lèvres et les joues. Ses yeux étaient perçants, mais son regard n'avait rien de dur ni de sinistre. Sa voix était forte, mais sans que les accents en fussent désagréables. Frances jeta sur lui un regard timide lorsqu'il entra; elle crut sur-le-champ reconnaître l'homme dont Harvey Birch leur avait fait un portrait si redoutable.

— Ne vous alarmez pas, Mesdames, dit l'officier, qui s'aperçut de l'effroi que sa présence avait inspiré: je n'ai à demander ici qu'une réponse franche à quelques questions, et je pars aussitôt.

— Et de quoi s'agit-il, Monsieur? demanda M. Wharton d'une voix agitée, en se levant de sa chaise, et attendant avec impatience une réponse.

— Avez-vous reçu ici un étranger pendant l'orage? demanda l'officier, parlant avec intérêt, et partageant jusqu'à un certain point l'inquiétude évidente du père.

— Monsieur que voici, répondit le père en bégayant et en montrant son fils, nous a favorisés de sa compagnie et n'est pas encore parti.

— Monsieur ! répéta le dragon en examinant Henry avec attention ; et s'approchant de lui en le saluant : Monsieur, lui dit-il avec un air de gravité comique, j'ai beaucoup de regret de vous voir un rhume de cerveau si violent:

— Un rhume ! répéta Henry. Je ne suis pas enrhumé.

— Pardon, reprit le capitaine, mais en voyant de si beaux cheveux noirs couverts d'une vilaine perruque, j'avais cru que vous aviez besoin de vous tenir la tête chaudement. C'est une méprise, et je vous prie de l'excuser.

M. Wharton ne put retenir un gémissement ; mais les dames, ignorant jusqu'à quel point pouvaient aller les soupçons de l'officier, gardèrent le silence, quoique plongées dans la plus vive inquiétude. Le capitaine Wharton portant involontairement la main à sa tête, sentit que, dans la hâte que ses sœurs avaient mise à le déguiser, elles avaient laissé passer une mèche de cheveux sous la perruque. Le dragon vit ce mouvement avec un sourire malin ; mais, semblant n'y pas faire attention, il se tourna vers M. Wharton :

— Ainsi donc, Monsieur, lui dit-il, je dois conclure de ce que vous venez de me dire que vous n'avez pas reçu ici depuis quelques jours un M. Harper !

Ce mot soulagea d'un grand poids le cœur de M. Wharton.

— M. Harper ! répéta-t-il, pardonnez-moi, Monsieur, j'avais oublié, — mais il est parti, et s'il y a dans son caractère quelque chose de suspect, nous l'ignorons complètement. — Nous ne l'avions jamais vu.

— Vous n'avez rien à craindre de son caractère, répondit le dragon d'un ton sec. Mais puisqu'il est parti, quand, comment est-il parti ? où est-il allé ?

— Il est parti comme il était venu, répondit M. Wharton à qui les manières de l'officier rendaient quelque confiance. Il s'en est allé à cheval hier soir, et a pris la route conduisant vers le nord.

Le dragon l'écouta avec grande attention, et un sourire de satisfaction anima sa physionomie. Il tourna sur le talon dès que M. Wharton eut fini sa réponse laconique, et sortit de l'appartement. La famille Wharton, jugeant d'après les apparences, s'imagina qu'il allait se mettre à la poursuite de l'individu sur lequel il avait fait tant de questions. Dès qu'il arriva sur la pelouse, on le vit parler avec vivacité, et à ce qu'il paraissait avec plaisir, à deux officiers subalternes. Au bout de quelques instants de nouveaux ordres furent donnés, et une partie des officiers quittèrent la vallée au grand galop par différentes routes.

L'incertitude des spectateurs non désintéressés de cette scène ne fut pas de longue durée, car le bruit des pas de l'officier annonça bientôt son retour. En rentrant dans le salon il salua toute la compagnie avec la même politesse, et s'approchant du capitaine Wharton, il lui dit avec un ton de gravité comique :

— A présent que j'ai fini la principale affaire qui m'a amené ici, me permettriez-vous d'examiner la qualité de cette perruque ? Henry lui répondit sur le même ton, et lui présentant sa perruque d'un air délibéré : — La voici, Monsieur, lui dit-il ; j'espère qu'elle est à votre goût ?

— C'est ce que je ne pourrais dire sans manquer à la vérité, Monsieur, répondit l'officier. J'aime beaucoup mieux vos cheveux noirs, dont il paraît qu'on a retiré la poudre avec grand soin. Mais cette mouche noire qui vous cache un œil et presque toute une joue doit couvrir une terrible blessure.

— Vous semblez observer les choses de si près, Monsieur, répliqua Henry, que je serais charmé de savoir ce que vous en pensez. Et il arracha le morceau de soie qui le défigurait.

— Sur mon honneur, Monsieur, continua l'officier avec la même gravité, vous gagnez prodigieusement au change ; et si je pouvais vous déterminer à quitter ce mauvais surtout qui me semble couvrir un bel habit bleu, je n'aurais jamais vu de métamorphose plus agréable depuis celle que j'ai subie moi-même quand j'ai été changé de lieutenant en capitaine.

Le jeune Wharton fit avec beaucoup de sang-froid ce que lui demandait l'officier républicain, et montra alors à ses yeux un jeune homme bien fait et élégamment vêtu. Le dragon le regarda un instant avec cet air de causticité plaisante qui semblait le caractériser, et lui dit ensuite :

— C'est un nouveau personnage qui arrive en scène. Vous savez qu'il est d'usage que les étrangers se fassent connaître l'un à l'autre. Je me nomme Lawton, capitaine dans la cavalerie de la Virginie.

— Et moi, Monsieur, je me nomme Wharton, capitaine dans le 60e régiment d'infanterie de Sa Majesté Britannique, répondit Henry en le saluant avec une sorte de raideur qui fit place sur-le-champ à l'air dégagé qui lui était naturel.

La physionomie de Lawton changea tout à coup, et toute disposition à plaisanter en disparut. Il regarda le jeune officier qui se tenait devant lui, la tête droite et avec cet air de fierté annonçant qu'il dédaignait tout autre déguisement, et il lui dit avec un ton d'intérêt véritable :

— Capitaine Wharton, je vous plains de toute mon âme.

— Si vous le plaignez, s'écria le père hors de lui, pourquoi chercher à l'inquiéter ? Ce n'est pas un espion. Il n'est venu ici déguisé que pour voir sa famille. Il n'est pas de sacrifice que je ne sois disposé à faire pour sa sûreté, et je suis prêt à payer telle somme que...

— Monsieur, dit Lawton avec hauteur, vous oubliez à qui vous parlez. Mais l'intérêt que vous prenez à votre fils est trop naturel pour ne pas vous servir d'excuse. Lorsque vous êtes venu ici, capitaine, ignoriez-vous que les piquets de notre armée étaient dans la Plaine-Blanche ?

— Je ne l'ai appris qu'en y arrivant, répondit Henry, et il était trop tard pour reculer. Je ne suis venu ici que pour voir mes parents, comme mon père vous l'a dit. On m'avait assuré que vos avant-postes étaient à Peekshill, près des montagnes, sans quoi je n'aurais pas quitté New-York.

— Tout cela peut être vrai, dit Lawton après un moment de réflexion, mais l'affaire d'André nous a donné l'éveil. Quand des officiers-généraux se chargent d'un pareil rôle, capitaine, les amis de la liberté doivent être sur leurs gardes.

Henry ne répondit rien, et Sara se hasarda à dire quelques mots en faveur de son frère. Lawton l'écouta avec politesse, et même avec un air d'intérêt ; mais voulant éviter des instances inutiles et embarrassantes : — Miss Warton, lui dit-il, je veillerai à ce que votre frère soit traité avec tous les égards qu'il mérite, mais c'est notre commandant, c'est le major Dunwoodie qui doit décider de son sort.

— Dunwoodie! s'écria Frances dont l'espérance fit disparaître la pâleur; Dieu soit loué! en ce cas Henry n'a rien à craindre.

Lawton la regarda avec un air d'admiration et de pitié; et secouant la tête: — Je le désire, dit-il; mais avec votre permission, nous attendrons sa décision.

Les craintes de Frances pour son frère étaient sûrement diminuées, et cependant tout son corps était agité d'un frémissement involontaire. Ses yeux se levaient sur l'officier américain, et se dirigeaient ensuite vers la terre. On aurait dit qu'elle voulait lui faire une question, mais qu'elle n'avait pas le courage de la lui adresser.

Miss Peyton s'avança vers Lawton d'un air de dignité. — Nous pouvons donc nous attendre, Monsieur, lui dit-elle, à voir incessamment le major Dunwoodie?

— Très-incessamment, répondit le capitaine; je lui ai déjà dépêché un exprès pour l'informer de ce qui se passait ici, et je ne doute pas qu'il ne soit en route pour s'y rendre, à moins, ajouta-t-il en se tournant vers M. Wharton et en pinçant ses lèvres avec un air de plaisanterie, qu'il n'ait des raisons très-particulières pour croire que sa visite serait désagréable.

— Nous serons toujours charmés de voir le major Dunwoodie, s'empressa de dire M. Wharton.

— Oh! je n'en doute pas, Monsieur, reprit Lawton, c'est le favori de quiconque le connaît. Mais oserais-je vous prier de vouloir bien faire donner quelques rafraîchissements aux soldats de son régiment que j'ai l'honneur de commander?

Il y avait dans les manières de cet officier quelque chose qui aurait porté M. Wharton à lui pardonner aisément l'oubli d'une pareille demande; mais il fut entraîné par le désir qu'il avait de le concilier, et il pensa d'ailleurs qu'il valait mieux accorder de bonne grâce ce qu'on pouvait prendre de vive force. Il fit donc de nécessité vertu, et donna les ordres nécessaires pour qu'on remplît les désirs du capitaine Lawton.

Les officiers furent poliment invités à déjeuner avec la famille, et après avoir pris toutes leurs précautions à l'extérieur, ils acceptèrent volontiers. Le prudent partisan ne négligea aucune des mesures qu'exigeait la situation de son détachement. Il fit même faire des patrouilles sur les montagnes situées à quelque distance, pour veiller à la sûreté de ses autres soldats qui jouissaient, au milieu des dangers, d'une sécurité qui ne peut être le résultat que de l'habitude de l'insouciance, ou de la surveillance de la discipline.

Lawton et deux officiers d'un grade inférieur au sien prirent place à la table de M. Wharton pour déjeuner. Tous trois étaient des hommes qui, sous l'extérieur négligé occasionné par un service actif et pénible, avaient les manières de la première classe de la société. En conséquence, quoique la famille pût les regarder comme des intrus, toutes les règles du plus strict décorum furent observées. Les deux sœurs laissèrent leurs hôtes à table, et ceux-ci continuèrent sans trop de modestie à faire honneur à l'hospitalité de M. Wharton.

Enfin le capitaine suspendit un moment une attaque très-vive contre d'excellents petits pains pour demander au maître de la maison si un colporteur, nommé Birch, ne demeurait pas dans cette vallée.

— Il n'y vient, je crois, que de loin en loin, répondit M. Wharton avec promptitude ; il est rarement ici. Je pourrais dire que je ne le vois jamais.

— Cela est fort étrange, dit le capitaine en fixant un regard perçant sur son hôte décontenancé. Demeurant si près de vous, il serait naturel qu'il vînt offrir ses marchandises. Il doit être peu commode pour ces dames... Je suis sûr qu'elles ont payé les mousselines que je vois sur ce siège qui garnit l'embrasure de cette croisée le double de ce qu'il les leur aurait vendues.

M. Wharton se retourna, et vit avec consternation qu'une partie des emplettes nouvellement faites était encore dans l'appartement.

Les deux officiers se regardèrent en souriant ; mais Lawton, sans faire aucune autre remarque, se remit en besogne avec un appétit qui aurait pu faire supposer qu'il croyait faire son dernier repas. Cependant l'intervalle nécessaire pour que Dina apportât un supplément de comestibles lui ayant donné un instant de répit, il reprit la parole :

— Je voudrais, dit-il, corriger ce M. Birch de ses habitudes anti-sociales. Si je l'avais trouvé chez lui, je l'aurais mis en un lieu où il n'aurait pas manqué de compagnie, pour quelques heures du moins.

— Et où l'auriez-vous mis ? demanda M. Wharton, croyant qu'il devait dire quelque chose.

— Dans le corps de garde, répliqua le capitaine.

— Qu'a donc fait ce pauvre Birch? demanda miss Peyton en lui offrant une quatrième tasse de café.

— Pauvre! s'écria le capitaine; s'il est pauvre, il faut que John Bull le paie bien mal.

— Sans contredit, ajouta un des officiers, le roi George lui doit un duché.

— Et le congrès lui doit une corde, dit Lawton en prenant quelques gâteaux.

— Je suis fâché, dit M. Wharton, qu'un de mes voisins ait encouru le déplaisir du gouvernement.

— Si je l'attrape, dit le capitaine de dragons en étendant du beurre sur un autre petit pain, je le ferai danser sous les branches de quelque bouleau.

— Il figurerait fort bien, ajouta le lieutenant fort tranquillement, suspendu à une de ces Sauterelles devant sa propre porte.

— Fiez-vous à moi, reprit Lawton; il passera par mes mains avant que je sois major.

D'après le ton décidé avec lequel les officiers s'exprimaient, personne ne jugea à propos de pousser plus loin la conversation sur ce sujet. Toute la famille savait depuis long temps que Birch était suspect aux officiers américains. Il avait été arrêté plusieurs fois, et la manière toujours étonnante et souvent mystérieuse dont il s'était tiré d'affaire avait fait trop de bruit pour qu'on pût l'avoir oublié. Dans le fait, une grande partie de la rancune du capitaine Lawton contre le colporteur venait de ce que celui-ci avait trouvé moyen de se soustraire à la vigilance de deux de ses plus fidèles dragons, sous la garde desquels il l'avait placé.

Il y avait à peu près un an qu'on avait vu Birch rôder dans les environs du quartier-général américain, dans un moment où l'on s'attendait à quelques mouvements importants. Dès que l'officier dont le devoir était de garder les approches du camp avait eu avis de ce fait, il avait ordonné au capitaine Lawton de se mettre à sa poursuite et de l'arrêter. Celui-ci connaissant parfaitement les bois, les montagnes et les défilés, avait réussi dans sa mission. S'étant arrêté ensuite dans une ferme pour y prendre des rafraîchissements, il avait placé son prisonnier dans une chambre séparée, et avait mis à la porte deux sentinelles dont il était sûr. Tout ce qu'on put savoir par la suite, ce fut qu'on avait vu une femme s'occuper avec activité des ouvrages de la maison près des sentinelles, et qui avait surtout montré beaucoup d'empressement pour que rien ne manquât au capitaine, jusqu'au moment où il avait donné toute son attention à l'affaire sérieuse du souper.

On ne revit ensuite ni la femme ni le colporteur. A la vérité on retrouva la balle de celui-ci, mais ouverte et presque vide, et une petite porte communiquant à une chambre voisine de celle où Harvey avait été enfermé, était aussi restée ouverte.

Le capitaine Lawton ne put jamais lui pardonner ce tour. Il ne haïssait pas ses ennemis avec modération, et la fuite du colporteur était une insulte à sa pénétration, dont il conserva une profonde rancune. En ce moment il réfléchissait encore à cet exploit de son ci-devant prisonnier, gardant le silence, mais n'en perdant pas un coup de dent. Il avait eu le temps de déjeuner longuement et fort à son aise, quand le son martial d'une trompette se fit entendre à ses oreilles, et retentit dans toute la vallée. Il se leva sur-le-champ et s'écria :

— A cheval, messieurs ! vite à cheval ! voici Dunwoodie qui arrive. Et suivi de ses officiers il sortit précipitamment.

A l'exception des sentinelles laissées pour garder le capitaine Wharton, tous les dragons montèrent à cheval et marchèrent à la rencontre de leurs camarades.

Le prudent capitaine Lawton n'oublia en cette occasion aucune des précautions nécessaires dans une guerre où la ressemblance de langage, de costume et d'usage rendait la circonspection doublement indispensable. Cependant lorsqu'il fut assez près d'un corps de cavalerie deux fois plus nombreux que le sien, pour être bien sûr qu'il ne se trompait pas, Lawton fit sentir l'éperon à son coursier, et en un moment il fut à côté de son commandant.

La pelouse en face de la maison fut de nouveau occupée par la cavalerie ; on prit les mêmes mesures de précaution qu'auparavant, et les soldats nouvellement arrivés se hâtèrent de prendre leur part des rafraîchissements qui avaient été préparés pour leurs camarades.

CHAPITRE VI.

> Prépare ton âme, jeune Azime! Tu as bravé les guerriers de la Grèce, encore puissante quoique dans les fers; tu as fait face à sa phalange, armée de toute sa renommée; tu as opposé un cœur ferme, un front intrépide aux piques macédoniennes et aux globes de feu; mais une épreuve plus dangereuse t'attend maintenant.—Les yeux brillants d'une femme..... Que les conquérants vantent leurs exploits;—celui dont la vertu arme le cœur jeune et ardent contre les attraits de la beauté, qui est sensible à ses charmes, mais qui défie son pouvoir, est le plus brave et le plus grand de tous les héros.
>
> T. Moore. *Lalla-Rookh.*

Miss Peyton et ses deux nièces s'étaient approchées d'une fenêtre d'où elles regardaient avec un vif intérêt la scène que nous venons de décrire. Sara vit arriver ses concitoyens avec un sourire de dédain méprisant, ne voyant en eux que des hommes armés pour soutenir la cause impie de la rébellion. Miss Peyton, en considérant la bonne tenue de cette troupe, éprouvait un sentiment de satisfaction et de fierté, en songeant que c'était la colonie dans laquelle elle avait reçu le jour qui avait fourni cette cavalerie d'élite. Frances la regardait avec un intérêt profond qui bannissait toute autre pensée.

Les deux troupes ne s'étaient pas encore réunies, quand son œil perçant distingua parmi ceux qui arrivaient un cavalier au milieu de tous ceux qui l'entouraient. Son coursier semblait sentir lui-même qu'il ne portait pas un soldat ordinaire. Ses pieds ne touchaient la terre que légèrement, et sa marche presque aérienne était l'amble du cheval de bataille.

Le cavalier se tenait avec grâce sur sa selle, et déployait une aisance et une fermeté qui prouvaient qu'il était maître de lui-même comme de son cheval. Sa taille réunissait tout ce qui contribue à constituer la force et l'activité, car il était grand, bien fait et nerveux. Ce fut à cet officier que Lawton fit son rapport, et ils marchaient l'un à côté de l'autre en arrivant sur la pelouse qui faisait face aux Sauterelles.

La jeune fille sentait battre son cœur, et elle respirait à peine quand il s'arrêta un instant pour examiner le bâtiment. Elle changea de couleur quand elle le vit descendre légèrement de cheval, et elle fut obligée de soulager ses jambes tremblantes en s'asseyant un moment.

Cet officier donna quelques ordres à la hâte au commandant en second, traversa rapidement la pelouse, et s'avança vers la maison. Frances se leva et sortit de l'appartement. L'officier monta les marches du péristyle, et à peine avait-il eu le temps de toucher la porte quand elle s'ouvrit pour le recevoir.

La jeunesse de Frances à l'époque où elle avait quitté la ville, l'avait empêchée de se conformer à la coutume du jour en sacrifiant sur l'autel de la mode les beautés qu'elle tenait de la nature. Ses superbes cheveux blonds n'avaient jamais été mis à la torture; ils conservaient encore les jolies boucles de l'enfance, et ombrageaient un visage qui brillait des charmes réunis de la santé, de la jeunesse et de l'ingénuité. Ses yeux étaient éloquents, mais ses lèvres gardaient le silence. Ses mains étaient jointes; sa taille svelte était penchée dans l'attitude de l'attente, et l'ensemble de toute sa personne offrait une amabilité dont le charme sembla d'abord priver son amant de la parole.

Frances le conduisit en silence dans une chambre voisine de celle où toute sa famille était réunie, et, se tournant vers l'officier avec un air de franchise, elle s'écria en lui offrant la main:

— Ah! Dunwoodie! combien j'ai de raisons pour être charmée de votre venue! je vous ai fait entrer ici pour vous préparer à voir dans la chambre voisine un ami que vous ne vous attendiez pas à trouver.

— Quelle qu'en puisse être la cause, répondit le jeune homme en lui serrant tendrement la main, je suis également heureux de pouvoir vous parler sans témoins. Frances, l'épreuve à laquelle vous avez soumis mon amour est trop cruelle. La guerre et l'éloignement peuvent bientôt nous séparer pour toujours.

— Il faut nous soumettre à la nécessité qui nous gouverne, répondit Frances, perdant les couleurs que lui avait données l'agitation, et prenant un air plus mélancolique. Mais ce n'est pas d'amour que je désire vous entendre parler maintenant; j'ai à vous demander toute votre attention pour un sujet de bien plus grande importance.

— Et que peut-il y avoir de plus important pour moi que de m'assurer votre main par un nœud indissoluble? Pourquoi me parler avec cette froideur, Frances, — à moi dont le cœur a si fidèlement conservé votre image pendant tant de jours de fatigue et tant de nuits d'alarmes ?

— Cher Dunwoodie ! répondit Frances, les yeux humides, en lui tendant de nouveau la main, vous connaissez mes sentiments. Cette guerre une fois terminée, cette main vous appartient pour toujours ; mais je ne puis consentir à m'unir à vous par un nœud plus étroit que celui qui joint déjà nos cœurs, tant que vous porterez les armes contre mon frère, — contre ce frère qui, en ce moment même, attend votre décision pour recouvrer la liberté, ou être conduit à une mort probable.

— Votre frère ! s'écria Dunwoodie en tressaillant et en pâlissant : votre frère ! expliquez-vous ! Que signifient des expressions qui m'alarment ?

— Le capitaine Lawton ne vous a-t-il pas dit qu'il a arrêté ce matin Henry comme espion ? dit Frances d'une voix que l'excès de son émotion rendait presque inintelligible, et en levant sur lui des yeux qui semblaient en attendre la vie ou la mort.

— Il m'a dit qu'il avait arrêté un capitaine du 60ᵉ régiment, déguisé, mais j'ignorais que ce fût votre frère, répondit Dunwoodie avec une agitation qu'il s'efforça de cacher en baissant la tête sur ses deux mains.

— Dunwoodie, s'écria Frances se livrant alors entièrement à la crainte, que signifie cette émotion ? Sûrement, bien sûrement, vous n'abandonnerez pas votre ami, mon frère, le vôtre ! Vous ne l'enverrez pas à une mort ignominieuse !

— Frances ! s'écria le jeune officier au désespoir, que puis-je faire ? que voulez-vous que je fasse ?

— Quoi ! dit Frances en le regardant d'un air égaré, le major Dunwoodie livrerait-il son ami entre les mains d'un bourreau, le frère de celle qu'il veut nommer son épouse ?

— Chère miss Wharton, s'écria le major, chère Frances, ne m'adressez pas de pareils reproches : je voudrais en ce moment mourir pour vous, pour votre frère. Mais puis-je trahir mon devoir ? Puis-je manquer à mon honneur ? Vous me mépriseriez vous-même si j'en étais capable.

— Peyton Dunwoodie, dit Frances, le visage couvert d'une pâleur mortelle, vous m'avez dit, vous m'avez juré que vous m'aimiez.

— Je le jure encore, répondit le major avec ferveur.

Mais Frances lui fit signe de garder le silence, et ajouta d'une voix émue :

— Croyez-vous que je puisse jamais consentir à nommer mon époux un homme dont les mains seraient teintes du sang de mon frère?

— Frances! s'écria le major au désespoir, vous me déchirez le cœur! Il se tut un instant pour lutter contre son émotion, et ajouta ensuite avec un sourire forcé : — Mais après tout, pourquoi nous mettre à la torture en nous livrant à des craintes inutiles? Quand je connaîtrai toutes les circonstances, il peut se faire que Henry ne doive être considéré que comme prisonnier de guerre, et en ce cas j'ai le droit de lui rendre la liberté sur parole.

L'espérance est de toutes les passions celle qui se fait le plus aisément illusion, et il semble que ce soit l'heureux privilége de la jeunesse de s'y livrer aveuglément. C'est quand nous méritons nous-mêmes plus de confiance que nous sommes moins enclins au soupçon, et ce que nous regardons comme devant être prend toujours à nos yeux les couleurs de la réalité.

L'espoir incertain du jeune militaire, il le communiqua par ses regards plutôt que par ses discours à la sœur désolée. Elle se leva précipitamment, et s'écria, tandis que les roses renaissaient sur ses joues :

— Oh! il ne peut y avoir aucun sujet d'en douter. — Je le savais, Dunwoodie, — je savais que vous ne nous abandonneriez pas dans un moment où nous avons si grand besoin de vous. Elle ne put résister à la violence des sentiments qui l'agitaient, et elle versa un torrent de larmes.

Consoler ceux que nous aimons est une des prérogatives les plus précieuses de l'affection; et le major Dunwoodie, quoiqu'il n'eût pas lui-même une confiance bien entière dans les motifs de consolation qu'il venait de suggérer, ne put se résoudre à détromper l'aimable Frances qui était appuyée sur son épaule, en cherchant à effacer les traces de ses larmes, et en se livrant, non tout à fait sans crainte, mais avec une confiance renaissante, à l'espoir de trouver la sûreté de son frère dans la protection de son amant.

Frances, suffisamment remise de son émotion pour être maîtresse d'elle-même, s'empressa alors de le conduire dans la chambre voisine, pour apprendre à sa famille l'agréable nouvelle qu'elle regardait déjà comme certaine.

Le major la suivit presque à regret et avec de sinistres pressentiments; mais en présence de ses parents il appela à son aide toute sa résolution pour subir avec fermeté l'épreuve qui l'attendait.

Les deux jeunes gens se saluèrent avec une cordialité sincère, et Henry montra le même sang-froid que s'il ne fût rien arrivé qui dût troubler la sérénité de son esprit.

L'horreur de devenir en quelque sorte un des instruments de l'arrestation de son ami, le danger que courait la vie du capitaine Wharton, et les déclarations désespérantes de Frances avaient pourtant fait naître dans le cœur du major un malaise que tous ses efforts ne pouvaient en bannir. Tous les autres membres de la famille lui firent l'accueil le plus amical, tant par ancienne affection que par le souvenir des obligations qu'ils lui avaient déjà, et peut-être aussi parce qu'ils ne pouvaient manquer de puiser des espérances dans les yeux expressifs de la jeune fille qui était à son côté. Après les premiers compliments, Dunwoodie fit signe à la sentinelle que la prudence du capitaine Lawton avait laissée pour surveiller son prisonnier, de sortir de l'appartement. Se tournant alors vers le capitaine Wharton, il lui dit d'un ton mêlé de douceur et de fermeté:

— Dites-moi, Henry, pourquoi le capitaine Lawton vous a trouvé ici déguisé; mais souvenez-vous, souvenez-vous bien, capitaine Wharton, que vos réponses sont entièrement volontaires.

— Je me suis déguisé, major Dunwoodie, répondit Henry d'un ton grave, afin de ne pas courir le risque d'être fait prisonnier de guerre en venant voir mes parents.

— Et par conséquent vous ne vous êtes déguisé que lorsque vous avez vu la troupe de Lawton approcher? répliqua vivement le major.

— Certainement, s'écria Frances, son inquiétude lui faisant oublier toutes les circonstances. Sara et moi nous avons travaillé à son déguisement quand nous avons entendu arriver les dragons; et s'il a été découvert, c'est la faute de notre maladresse.

Le front du major s'éclaircit, et il tourna les yeux sur Frances avec un air d'admiration pendant qu'elle lui donnait cette explication.

— Et probablement, ajouta-t-il, vous vous êtes servies de ce que vous avez trouvé sous la main dans l'urgence du moment?

— Non, dit Wharton avec dignité; j'étais parti de New-York

déguisé; je m'y étais procuré ces vêtements dans le dessein que je viens de vous expliquer, et je comptais les reprendre pour y retourner aujourd'hui même.

Frances, qui dans son ardeur s'était avancée entre son frère et son amant, recula consternée lorsque l'exacte vérité se présenta à son esprit, et se laissant tomber sur une chaise, elle regarda d'un air égaré les deux jeunes gens debout devant elle.

— Mais nos piquets! demanda Dunwoodie en pâlissant; nos détachements dans la Plaine-Blanche!

— Je les ai passés déguisé, répondit Wharton avec fierté. J'ai fait usage de cette passe, que j'avais achetée. Et comme elle porte le nom de Washington, je ne doute guère que la signature n'en soit fausse.

Dunwoodie prit cette pièce avec empressement, en examina quelque temps la signature en silence; et pendant ce temps la voix de son devoir comme militaire l'emportant sur tout autre sentiment, il se tourna vers le prisonnier, et lui dit en accompagnant ses paroles d'un regard pénétrant:

— Capitaine Wharton, comment vous êtes-vous procuré cette pièce?

— C'est une question, je crois, que le major Dunwoodie n'a pas le droit de me faire, répliqua Henry avec froideur.

— Pardon, Monsieur, répondit l'officier américain; ce que j'éprouve en ce moment peut m'avoir dicté une question peu convenable.

M. Wharton, qui avait écouté cette conversation avec un profond intérêt, dit alors en faisant un effort sur lui-même : — Bien certainement, major, cette pièce ne peut avoir d'importance. On fait usage tous les jours de semblables ruses de guerre.

— La signature n'est pas contrefaite, dit Dunwoodie en étudiant les caractères et en baissant la voix. Y a-t-il donc encore parmi nous des traîtres à découvrir? On a abusé de la confiance de Washington, car le nom supposé est d'une autre écriture que le corps de la passe. — Capitaine Wharton, mon devoir ne me permet pas de vous rendre la liberté sur parole; il faut que vous me suiviez au quartier-général.

— C'est à quoi je m'attendais, major Dunwoodie, répondit le prisonnier avec hauteur; et s'approchant de son père, il lui dit quelques mots à voix basse.

Dunwoodie se tourna lentement vers les deux sœurs; ses yeux

rencontrèrent encore une fois ceux de Frances qui s'était levée et qui était devant lui, les mains jointes et dans l'attitude de la supplication. Se trouvant hors d'état de lutter plus longtemps contre lui-même, il chercha à la hâte une excuse pour s'absenter un instant, et sortit de l'appartement. Frances le suivit, et le major, obéissant à un signe qu'elle lui fit des yeux, rentra dans la chambre où ils avaient eu leur première entrevue.

— Major Dunwoodie, lui dit-elle d'une voix si faible qu'elle pouvait à peine se faire entendre, après lui avoir fait signe de s'asseoir; ses joues que la pâleur avait rendues blanches comme la neige un moment auparavant, étant alors couvertes du plus vif incarnat : Major Dunwoodie, reprit-elle après un nouvel effort sur elle-même, je vous ai déjà avoué mes sentiments pour vous; et même en ce moment où vous me causez la douleur la plus sensible, je ne chercherai pas à vous les cacher. Croyez-moi, Henry est innocent, il n'est coupable que d'imprudence. Quel bien ferait sa mort à notre patrie? Elle s'interrompit, pouvant à peine respirer. Elle pâlit de nouveau, et le sang revenant bientôt couvrir ses traits du vermillon le plus foncé, elle ajouta à la hâte, en baissant la voix : — Je vous ai promis, Dunwoodie, de devenir votre épouse aussitôt que la paix sera rétablie dans notre malheureux pays : rendez la liberté à mon frère, et je suis prête à vous suivre à l'autel, quand vous le voudrez, aujourd'hui même. Je vous accompagnerai dans votre camp, et devenue l'épouse d'un soldat, je saurai braver les privations auxquelles le soldat est exposé.

Dunwoodie saisit la main qu'elle lui présentait, la pressa un instant contre son cœur, et se levant de sa chaise, parcourut la chambre à grands pas, dans une agitation qu'il est impossible de décrire.

— Frances! s'écria-t-il, je vous en conjure, ne m'en dites pas davantage, si vous ne voulez me briser le cœur!

— Vous refusez donc la main que je vous offre? dit la jeune fille avec un air de dignité blessée, quoique ses joues pâles, son sein palpitant et ses lèvres tremblantes annonçassent clairement les sensations qui l'agitaient.

— La refuser! s'écria son amant; ne l'ai-je pas sollicitée avec instance et avec larmes? n'est-elle pas tout ce que je désire sur la terre? Mais l'accepter à des conditions qui nous déshonoreraient l'un et l'autre! Cependant toute espérance n'est pas perdue; Henry ne sera pas condamné; peut-être même ne sera-t-il pas mis en jugement. Vous devez être bien sûre que je n'épargnerai ni démarches ni prières pour le sauver, et je puis dire, Frances, que je ne suis pas sans crédit auprès de Washington.

— Mais ce malheureux laissez-passer! cet abus de confiance dont vous avez parlé, rendront son cœur insensible aux souffrances de mon frère. Si les menaces ou les prières avaient pu ébranler sa justice inflexible, André aurait-il péri? Frances prononça ce peu de mots avec le ton du désespoir, et en les terminant elle sortit précipitamment de la chambre pour cacher la violence de son émotion.

Dunwoodie resta un moment plongé dans un état de stupeur, également accablé du chagrin de sa maîtresse et de celui qu'il éprouvait lui-même. Enfin il la suivit, dans le dessein de calmer ses craintes; mais en entrant dans le vestibule qui séparait les deux appartements, il y trouva un enfant couvert de guenilles, qui ayant regardé un instant l'uniforme du major lui mit dans la main un morceau de papier, et disparut comme un éclair par l'autre porte du vestibule. La promptitude de sa retraite et le trouble du major donnèrent à peine à celui-ci le temps de remarquer que ce messager était un enfant de village, mal vêtu, et qu'il tenait à la main un de ces jouets convenables à son âge qu'on vend dans les villes, et qu'il contemplait probablement avec le plaisir de ne l'avoir payé que par le message dont il venait de s'acquitter. Il jeta les yeux sur ce billet qui n'était qu'un chiffon de papier sale, et dont l'écriture était à peine lisible, et ce ne fut pas sans peine qu'il parvint à y déchiffrer ce qui suit:

« Les troupes régulières sont à deux pas, cavalerie et infanterie. »

Dunwoodie tressaillit, et ne songeant plus qu'aux devoirs de sa profession, il sortit de la maison avec précipitation. Tandis qu'il s'avançait à grands pas vers sa troupe, il vit sur une hauteur située à quelque distance une vedette qui en descendait à toute bride; plusieurs coups de pistolet se succédèrent rapidement; le moment d'après il entendit les trompettes de son corps sonner le boute-selle. En arrivant sur le terrain occupé par son escadron, il vit que tout y était en mouvement. Lawton était déjà à cheval, les yeux fixés sur l'extrémité opposée de la vallée, avec toute l'ardeur de l'attente et criant aux musiciens d'une voix presque aussi forte que tous leurs instruments réunis:

— Sonnez, mes amis, sonnez! Apprenez à ces Anglais que

la cavalerie de la Virginie se trouve entre eux et le but de leur marche !

Les vedettes et les patrouilles arrivèrent alors successivement et firent leur rapport à l'officier commandant, qui donna ses ordres avec ce sang-froid et cette promptitude qui assurent l'obéissance. Il ne se hasarda qu'une seule fois, tandis qu'il faisait tourner son cheval sur la pelouse qui y faisait face, à jeter un coup d'œil sur la maison qu'il venait de quitter, et son cœur battit avec une rapidité extraordinaire lorsqu'il aperçut une femme debout et les mains jointes à une fenêtre de l'appartement dans lequel il avait vu Frances. La distance était trop grande pour qu'il pût distinguer ses traits; mais son cœur lui dit que c'était sa maîtresse. Sa pâleur et la langueur de ses yeux ne durèrent pourtant qu'un instant. En se rendant sur le lieu qu'il destinait à être le champ de bataille, son ardeur martiale fit reparaître une vive couleur sur ses traits brunis par le soleil, et les dragons qui étudiaient la physionomie de leur chef comme un livre où ils pouvaient lire leur destin, y retrouvèrent ce regard plein de feu et cet air animé et enjoué qu'ils avaient si souvent vus à l'instant du combat.

En y comprenant les vedettes et les détachements envoyés en reconnaissance qui étaient alors de retour, la cavalerie sous les ordres du major formait environ deux cents hommes. Il y avait aussi un petit corps d'hommes à cheval qui remplissaient ordinairement les fonctions de guides, mais qui, en cas de besoin, faisaient le service de l'infanterie. Dunwoodie leur fit mettre pied à terre, et leur donna ordre d'abattre quelques haies qui auraient pu gêner les mouvements de la cavalerie. L'état négligé de la culture des terres, par suite des opérations de la guerre, rendit cette tâche assez facile. Ces longues lignes de murs massifs et solides qui s'étendent maintenant dans toutes les parties du pays n'existaient pas encore il y a quarante ans. Les clôtures légères en cailloux amoncelés avaient été formées pour rendre la terre plus facile à cultiver en en retirant les pierres, plutôt que pour être des barrières permanentes et marquer la division des propriétés; elles exigeaient l'attention constante du laboureur pour les préserver de la fureur des tempêtes et de la gelée des hivers. Quelques-unes avaient été construites avec plus de soin dans les environs immédiats de la maison de M. Wharton; mais celles qui coupaient la vallée en travers quelque temps auparavant n'étaient plus qu'une masse de ruines éparses, que les chevaux de Virginie franchiraient avec la légèreté du vent. On en voyait encore, çà et là quelques vestiges en assez bon état ; mais comme aucune ne traversait le terrain que Dunwoodie destinait à être la scène de ses opérations, on n'avait à abattre qu'un petit nombre de haies vives et quelques-unes formées par des claies. Cette besogne faite à la hâte fut pourtant parfaitement exécutée, et les guides se rendirent ensuite au poste que le major leur avait assigné pour le combat qui allait avoir lieu.

Le major Dunwoodie avait reçu de ses éclaireurs tous les renseignements dont il avait besoin pour faire ses dispositions. Le fond de la vallée était une plaine unie qui descendait par une pente douce et graduelle depuis le pied des montagnes qui s'élevaient de chaque côté, et dont le milieu était une prairie naturelle traversée par une petite rivière dont les eaux inondaient souvent la vallée, mais contribuaient à la rendre fertile. Elle était guéable partout, et elle n'offrait d'obstacle aux mouvements de la cavalerie que dans un seul endroit où, changeant de cours dans la vallée, elle se dirigeait du couchant au levant. Là les rives en étaient plus escarpées, et l'approche en était plus difficile. C'était en ce lieu que le grand chemin la traversait au moyen d'un pont de bois grossièrement construit, et il en existait un second à environ un demi-mille au-delà des Sauterelles.

A l'est de la vallée les montagnes étaient escarpées, et quelques-unes s'y avançaient même de manière à en diminuer la largeur de près de moitié en certains endroits.

L'une d'elles était à peu de distance en arrière de l'escadron, et le major donna ordre à Lawton de se placer derrière avec quatre-vingts hommes, et d'y rester en embuscade. Cette mission ne plaisait pas infiniment au capitaine, mais sa répugnance diminua en réfléchissant à l'effet que produirait sur les ennemis son attaque imprévue à la tête de sa troupe. Dunwoodie connaissait son homme, et il avait ses raisons pour le charger de ce service. Il craignait qu'il ne se laissât emporter par son ardeur s'il commandait la première charge, et il savait qu'il ne manquerait pas de se montrer à la tête de sa troupe quand le moment favorable s'en présenterait. Ce n'était que lorsqu'il était en face de l'ennemi que Lawton se laissait entraîner par trop de précipitation : en toute autre circonstance, il avait autant de sang-froid que de prudence, qualités qu'il oubliait quelquefois par son empressement à engager le combat.

A gauche du terrain sur lequel le major avait dessein de rencontrer l'ennemi, était un bois très-fourré qui bordait la vallée sur la longueur d'environ un mille; il y plaça la compagnie de guides, qui se cacha près de la lisière, de manière à pouvoir maintenir un feu roulant sur l'ennemi dès qu'on verrait sa colonne s'avancer.

Tous ces préparatifs se faisaient en vue des Sauterelles, et l'on doit bien croire que les habitants de cette demeure ne les regardaient pas en spectateurs désintéressés; au contraire, la vue de cette scène leur faisait éprouver tous les sentiments qui peuvent agiter le cœur humain. M. Wharton seul ne voyait rien à espérer dans le résultat de l'affaire qui allait avoir lieu, quel qu'il pût être. Si les Anglais étaient vainqueurs, son fils, il est vrai, ne courait plus aucun risque; mais qu'en résulterait-il pour lui-même? Il avait soutenu jusqu'alors son caractère de neutralité au milieu des circonstances les plus embarrassantes. Le fait bien connu qu'il avait un fils dans l'armée royale ou l'armée régulière, comme on l'appelait, avait failli faire prononcer la confiscation de ses propriétés, et il n'en devait la conservation qu'au crédit d'un parent qui occupait un poste éminent dans la nouvelle administration du pays, et à une conduite toujours dictée par la prudence. Au fond du cœur, il était attaché à la cause du roi; et quand, le printemps précédent, en revenant du camp américain, Frances lui avait communiqué en rougissant les désirs de son amant, une des raisons qui l'avaient déterminé à accorder son consentement, était le besoin qu'il sentait de se faire de puissants appuis dans le parti républicain, plutôt qu'aucune considération tirée du bonheur de sa fille; mais si maintenant son fils, arrêté par les insurgés, était sauvé par les troupes royales, il passerait dans l'opinion publique pour avoir conspiré avec lui contre la sûreté de la patrie. Si, au contraire, Henry restait captif, et qu'il fût mis en jugement, les conséquences pouvaient en être encore plus terribles. Quelque attaché qu'il fût à ses biens, M. Wharton aimait encore davantage ses enfants, et il regardait ce qui se passait dans la vallée avec un air d'inquiétude vague qui annonçait la faiblesse de son caractère.

Son fils était animé de sentiments tout différents. Le capitaine Wharton était resté sous la garde de deux dragons dont l'un faisait sa faction en long et en large sur la terrasse, d'un pas mesuré, et dont l'autre avait reçu l'ordre de ne pas le perdre de vue un seul instant. Il avait vu avec admiration toutes les dispositions du major Dunwoodie; il rendait justice aux talents de son ancien ami, et il n'était pas sans crainte pour ceux sous les drapeaux desquels il aurait voulu combattre. L'embuscade de Lawton lui donnait surtout de vives inquiétudes, sa fenêtre étant située de manière qu'il pouvait le voir se promenant à pied devant sa troupe sous les armes, et à peine en état de modérer son impatience. Plusieurs fois il porta ses regards autour de lui pour voir s'il ne pourrait découvrir aucun moyen de s'échapper; mais il trouvait toujours les yeux de son argus invariablement fixés sur lui, et quel que fût son désir de prendre part au combat qui allait se livrer, il se vit forcé de se borner au rôle peu glorieux de spectateur.

Miss Peyton et Sara continuèrent à regarder les préparatifs du combat avec une émotion produite par différentes causes, dont la principale était leur inquiétude pour le capitaine Wharton, jusqu'au moment où le sang paraissant sur le point de couler, elles cédèrent à la timidité de leur sexe, et se retirèrent dans un appartement intérieur de la maison. Il n'en fut pas de même de Frances : elle était retournée dans l'appartement où elle avait laissé Dunwoodie, et d'une des fenêtres de cette chambre elle avait suivi tous ses mouvements avec un intérêt profond. Elle n'avait vu ni les troupes se ranger en bon ordre, ni aucun des préparatifs d'une lutte sanglante; elle n'avait des yeux que pour son amant. Tantôt son sang circulait avec plus de rapidité quand elle voyait ce jeune guerrier déployant sur son coursier autant de grâce que d'adresse, et répandant évidemment un esprit de courage et d'activité parmi tous ceux à qui il s'adressait; tantôt il se glaçait dans ses veines quand elle songeait que cette bravoure même qu'elle estimait tant pouvait bientôt placer une tombe entre elle et l'objet de toute son affection. Les regards de Frances restèrent attachés sur cette scène tant que ses yeux purent y suffire.

Dans un champ, sur la gauche des Sauterelles, et un peu en arrière du corps de cavalerie, était un petit groupe paraissant livré à un genre d'occupation tout différent. Il n'était composé que de trois individus, deux hommes et un jeune mulâtre. Le personnage principal était un homme dont la maigreur faisait paraître sa grande taille presque gigantesque. Il portait des lunettes, était sans armes, à pied, et semblait partager son attention entre un cigare, un livre, et ce qui se passait devant lui.

Frances résolut de leur envoyer un billet pour Dunwoodie. Elle écrivit à la hâte au crayon : « Venez me voir, Dunwoodie, ne fût-ce que pour un instant. » César, chargé de le porter, prit la précaution de sortir par la porte de derrière pour éviter la sentinelle postée sur la terrasse, qui avait très-cavalièrement défendu que qui que ce fût sortît de la maison. Le nègre remit le billet de Frances au personnage que nous venons de décrire, en le priant de le faire passer au major Dunwoodie. C'était au chirurgien du régiment que César s'adressait ainsi, et les dents de l'Africain claquèrent les unes contre les autres quand il vit étalés sur le terrain les divers instruments déjà préparés pour les opérations qui pourraient être nécessaires. Le docteur parut en voir l'arrangement avec beaucoup de satisfaction, lorsqu'il leva les yeux de dessus son livre pour ordonner au jeune mulâtre de porter le billet à l'officier commandant ; et les reportant ensuite sur la page qu'il avait quittée un instant, il continua sa lecture. César se retirait sans se presser, quand le troisième individu, qui, d'après son costume, paraissait être un aide-chirurgien, lui demanda fort tranquillement s'il désirait qu'on lui coupât une jambe. Cette question parut rappeler au nègre l'existence de ses deux membres, et il s'en servit si bien qu'il arriva sur la terrasse au même instant que le major Dunwoodie, qui était venu au grand trot. La sentinelle présenta les armes avec une précision militaire, quand l'officier passa devant elle, mais dès qu'il fut entré, elle se tourna vers César, et lui dit d'un ton menaçant :

— Ecoute, noiraud, si tu t'avises encore de sortir de la maison sans que je le sache, je te couperai une de ces oreilles d'ébène avec ce rasoir.

Menacé dans un autre de ses membres, César fit sa retraite à la hâte dans la cuisine en murmurant quelque chose entre ses dents, les termes Skinner et chiens de rebelles formant la partie la plus remarquable de son discours.

— Major Dunwoodie, dit Frances quand son amant entra, je puis avoir été injuste à votre égard, avoir paru vous parler avec dureté...

Son agitation lui coupa la parole, et elle fondit en larmes.

— Frances, s'écria le major avec chaleur, jamais vous ne m'avez parlé avec dureté, jamais vous n'avez été injuste envers moi, si ce n'est quand vous avez révoqué en doute mon amour.

— Ah ! Dunwoodie ! ajouta-t-elle en sanglotant, vous allez hasarder votre vie dans un combat : songez qu'il existe un cœur dont le bonheur dépend de votre existence. Je sais que vous êtes brave, tâchez d'être prudent.

— Pour l'amour de vous ? demanda le jeune militaire enchanté.

— Pour l'amour de moi, répondit Frances en baissant la voix et en laissant reposer sa tête sur la poitrine de son amant.

Dunwoodie la serra contre son cœur, et il allait lui répondre, quand le son d'une trompette se fit entendre à l'extrémité de la vallée, du côté du midi. Après un tendre baiser, il s'arracha des bras de sa maîtresse, et se rendit au grand galop sur la scène future du combat.

Frances se jeta sur un sofa, se cacha la tête sous les coussins, et se couvrit le visage de son schall pour empêcher autant qu'il serait possible le bruit du combat d'arriver jusqu'à elle ; et elle resta dans cette situation jusqu'à ce que les cris des combattants, les décharges de mousqueterie et le pas précipité des chevaux eussent cessé de se faire entendre.

CHAPITRE VII.

> Pendant la paix, il n'est rien qui convienne à l'homme autant que la tranquillité, la modestie et l'humilité. Mais quand la trompette de la guerre se fait entendre, imitez l'action du tigre : raidissez tous vos nerfs, armez-vous de toutes vos forces, cachez un heureux naturel sous une rage aveugle. Je vous vois comme des lévriers accouplés cherchant à rompre leur lesse. Le cerf est lancé ; livrez-vous à toute votre ardeur, et, animés ainsi, poussez de grands cris. — SHAKSPEARE.

La nature du pays, les bois dont il était couvert, la distance qui le séparait de l'Angleterre, la facilité que leur domination sur l'Océan donnait aux Anglais de transporter leurs forces par un mouvement rapide d'un point à l'autre sur le théâtre de la guerre, tout s'était réuni pour déterminer leurs chefs à n'employer que peu de cavalerie légère dans leurs efforts pour subjuguer les colonies soulevées.

Pendant tout le cours de la guerre, on n'avait envoyé de la

Grande-Bretagne en Amérique qu'un seul régiment de cavalerie régulière ; mais, suivant les circonstances et les projets des commandants des forces royales, des légions et des corps indépendants se formaient en différents endroits. Ici on les composait d'hommes levés dans les colonies mêmes ; là on métamorphosait en cavaliers des soldats de régiments de ligne, et on leur faisait oublier l'exercice du mousquet et de la baïonnette pour leur apprendre le maniement du sabre et de la carabine. C'était ainsi qu'un corps d'infanterie subsidiaire, les chasseurs hessois, avait été transformé en un escadron de cavalerie pesante dont on n'avait pas encore tiré de grands services.

La cavalerie américaine, au contraire, était composée des meilleures troupes des colonies. Celle des provinces du sud se faisait surtout remarquer par la discipline et le courage, et elle avait pour chefs des patriotes zélés dont l'enthousiasme se communiquait à leurs soldats, qui étaient des hommes choisis avec soin et propres au service auquel on les destinait. Aussi, tandis que les Anglais se bornaient à se maintenir dans les ports de mer et dans les villes les plus considérables, les troupes légères des Américains étaient en possession des campagnes et de tout l'intérieur du pays.

Les troupes de ligne des Américains enduraient des souffrances sans exemple ; mais l'enthousiasme doublait leurs forces et leur résignation. Les cavaliers étaient bien montés, les chevaux bien nourris, et par conséquent les uns et les autres étaient en état de rendre de bons services. Le monde n'aurait peut-être pu fournir un corps de cavalerie légère plus brave, plus entreprenant et plus irrésistible que ne l'étaient quelques-uns de ceux de l'armée continentale à l'époque dont nous parlons.

Le régiment de Dunwoodie s'était déjà signalé plusieurs fois, et il attendait avec impatience le moment d'avancer contre des ennemis qu'il avait rarement chargés en vain. Ce vœu ne tarda pas à être exaucé ; car à peine leur commandant avait-il eu le temps de se remettre en selle, qu'on vit un corps ennemi déboucher dans la vallée, en tournant la base d'une montagne qui arrêtait la vue du côté du sud. Quelques minutes mirent le major en état de les distinguer.

Dans ceux qui marchaient les premiers, il reconnut l'uniforme vert des Vachers, et dans le second corps les casques de cuir et les selles de bois des Hessois. Leur nombre n'était guère plus considérable que celui des hommes qui étaient sous ses ordres.

L'ennemi fit halte quand il fut arrivé en face de la chaumière de Birch, se mit en ligne, et fit ses dispositions pour une charge ; une colonne d'infanterie se montra au même instant au bout de la vallée, et se dirigea vers la petite rivière dont nous avons parlé.

Le major Dunwoodie n'était pas moins distingué par le sang-froid et le jugement que par une intrépidité à toute épreuve quand l'occasion l'exigeait. Il vit sur-le-champ que l'avantage était pour lui, et il résolut d'en profiter. La colonne qu'il conduisait commença à se retirer lentement, et le jeune Allemand qui commandait la cavalerie ennemie, craignant de perdre une victoire facile, donna l'ordre de charger. Peu de troupes avaient plus d'impétuosité que les Vachers ; ils s'élancèrent avec une confiance que leur inspiraient la retraite de l'ennemi et la marche de la colonne qui formait l'arrière-garde. Les Hessois les suivaient plus lentement, mais en meilleur ordre. Les trompettes des Virginiens firent alors entendre des sons vifs et prolongés, et celles du détachement qui était en embuscade y répondirent avec une force qui porta la terreur dans le cœur des ennemis, la colonne de Dunwoodie fit volte-face au même instant, et lorsque l'ordre de charger fut donné, la troupe de Lawton se montra, le capitaine en tête, en faisant brandir son sabre, et en animant ses soldats par les accents d'une voix qui se faisait entendre au-dessus des sons d'une musique martiale.

Cette double charge parut trop menaçante aux Vachers ; ils prirent la fuite sur-le-champ, et se dispersèrent de différents côtés avec toute la vitesse de leurs chevaux, l'élite de ceux de West-Chester. Un petit nombre d'entre eux seulement furent blessés, mais ceux que frappa le bras vengeur de leurs concitoyens ne vécurent pas assez long-temps pour dire quel était celui qui leur avait porté le coup fatal. Ce fut sur les pauvres vassaux d'un prince allemand que tomba le choc. Accoutumés à une discipline sévère et à une obéissance passive, ces malheureux soutinrent la charge avec intrépidité ; mais ils furent balayés par les chevaux pleins de feu et le bras nerveux de leurs antagonistes, comme des brins de paille enlevés par le vent. Plusieurs d'entre eux furent littéralement écrasés sous les pieds des chevaux, et le champ de bataille n'offrit bientôt plus un seul ennemi aux yeux de Dunwoodie. Le voisinage de l'infanterie anglaise empêcha de les poursuivre, et ce fut derrière ce corps que ceux des Hessois qui échappèrent en petit nombre sans blessure allèrent se rallier.

Les Vachers, plus adroits, se divisèrent en petites bandes ; et, prenant divers chemins détournés, ils regagnèrent leur ancienne position devant Harlaem. Plus d'un cultivateur paisible eut à souffrir de cette déroute dans sa personne, dans ses bestiaux et dans ses biens ; car la dispersion d'un corps de Vachers ne faisait qu'étendre leurs ravages sur un plus grand terrain.

On ne pouvait s'attendre qu'une pareille scène se passât si près des Sauterelles sans que les habitants de cette maison prissent un grand intérêt au résultat qu'elle aurait. Dans le fait, cet intérêt se faisait sentir dans tous les cœurs, depuis le salon jusqu'à la cuisine. La terreur et l'horreur avaient empêché les dames d'être spectatrices du combat. Frances continuait à rester dans l'attitude que nous avons décrite, offrant au ciel des prières pour la sûreté de ses concitoyens, quoique sa nation prît au fond de son cœur les traits gracieux du major Dunwoodie. La dévotion de sa tante et de sa sœur était moins exclusive ; mais le triomphe qu'espérait Sara lui causait moins de plaisir à mesure que le témoignage de ses sens lui faisait sentir les horreurs de la guerre.

Les habitants de la cuisine de M. Wharton étaient au nombre de quatre : César et sa femme, leur petite-fille, négresse âgée de vingt ans, et le jeune homme dont il a déjà été parlé. Les nègres étaient le reste d'une race d'esclaves importés sur le domaine par un des ancêtres maternels de M. Wharton, qui descendaient des premiers colons hollandais. Le temps, la dépravation des mœurs et la mort les avaient réduits à ce petit nombre ; et le jeune homme qui était blanc avait été ajouté à l'établissement par miss Peyton, pour aider à tous les ouvrages de la maison et remplir les fonctions ordinaires de laquais. César, après avoir pris la précaution de se placer à l'abri d'un angle de la muraille, pour se mettre en sûreté contre toute balle perdue qui pourrait arriver de ce côté, devint spectateur de l'action, et y prit intérêt. La sentinelle en faction sur la terrasse n'était qu'à quelques pas de lui, et il entrait dans l'esprit de la chasse avec toute l'ardeur d'un excellent limier. Tandis qu'il était tourné vers l'ennemi, offrant sa poitrine sans protection à tous les dangers qui pourraient le menacer, il vit avec un sourire de mépris la position judicieuse que le nègre avait choisie.

Après l'avoir regardé quelques instants avec un dédain inexprimable : — Monsieur Peau-Noire, lui dit-il, vous paraissez prendre grand soin de votre charmante personne.

— Moi supposer que balle percer peau de couleur aussi bien que peau blanche, répondit César avec un peu d'humeur, mais en regardant d'un air de satisfaction le mur qui lui servait de rempart.

— Mais ce n'est qu'une supposition; si nous en faisions l'épreuve? dit le dragon en prenant un pistolet à sa ceinture et en dirigeant le bout vers le nègre. Les dents de César claquèrent de frayeur, quoiqu'il ne crût pas que le dragon parlât sérieusement. Ce fut en ce moment que la colonne de Dunwodie commença son mouvement en arrière, et que la cavalerie royale fit une charge.

— Eh bien! vous de la cavalerie légère! s'écria César, croyant que les Américains prenaient véritablement la fuite; rebelles en déroute, troupe du roi George faire courir troupe du major Dunwoodie; être un brave homme le major, mais pas se soucier de combattre les troupes régulières.

— Au diable les troupes régulières! s'écria le dragon. Attends un moment, noiraud, et quand le capitaine Jack Lawton sortira de son embuscade, tu verras ces misérables Vachers s'éparpiller comme une troupe d'oies sauvages qui ont perdu leur chef de file.

César s'était imaginé que le détachement sous les ordres du capitaine Lawton s'était placé derrière une montagne par le même motif qui l'avait engagé lui-même à mettre l'angle d'une muraille entre lui et le champ de bataille; mais le fait vérifia bientôt la prédiction de la sentinelle, et le nègre vit avec consternation la déroute complète de la cavalerie royale.

Le factionnaire avait manifesté sa joie du succès de ses camarades en poussant de grands cris qui attirèrent bientôt à la fenêtre du salon son compagnon, resté dans l'intérieur de la maison pour garder à vue le capitaine Wharton.

— Vois, Tom, lui cria la sentinelle avec transport, vois comme le capitaine Lawton fait sauter le bonnet de cuir de ce Hessois, et de quel coup le major vient de renverser le cheval de cet officier! Morbleu! pourquoi ne l'a-t-il pas tué lui-même au lieu de sa monture?

Quelques coups de feu furent tirés contre les Vachers qui fuyaient de toutes parts, et une balle épuisée vint casser un carreau de vitre à quelques pieds de César. Imitant aussitôt la posture du grand tentateur de l'espèce humaine, le nègre alla chercher en rampant une protection plus assurée dans l'intérieur de la maison, et monta sur-le-champ dans le salon.

Une petite haie entourait un enclos situé presque en face des Sauterelles, et les chevaux des deux dragons y avaient été attachés au piquet pour y attendre le départ de leurs maîtres. Les Américains victorieux avaient poursuivi les Hessois en retraite jusqu'à l'endroit où ceux-ci se trouvaient sous la protection du feu de leur infanterie; les deux guerriers pillards se trouvant cachés dans cet enclos à l'abri de tout danger immédiat, cédèrent à une tentation à laquelle peu de soldats de leurs corps étaient en état de résister : l'occasion de s'emparer de deux chevaux. Avec une hardiesse et une présence d'esprit qu'ils ne pouvaient devoir qu'à une longue pratique de pareils exploits, ils coururent vers leur proie par un mouvement presque spontané. Ils étaient occupés à dénouer les cordes qui attachaient les chevaux, quand le dragon qui était de garde sur la pelouse tira contre eux ses deux coups de pistolet, et courut dans l'enclos, le sabre à la main, pour s'opposer à l'enlèvement des chevaux.

Son compagnon qui était dans le salon avait redoublé de vigilance à l'égard de son prisonnier, en y voyant entrer César; mais ce nouvel incident l'attira une seconde fois à la croisée; et avançant la moitié du corps hors de la fenêtre, il chercha par sa présence, ses imprécations et ses menaces, à effrayer les maraudeurs et à leur faire abandonner leur proie. Le moment était propice pour Henry, et la tentation était forte. Trois cents de ses camarades étaient à un mille de distance; des chevaux sans maîtres couraient de toutes parts dans la vallée; saisissant donc brusquement par les jambes son gardien surpris, il le jeta la tête la première sur la pelouse. César se précipita hors de l'appartement et alla fermer aux verroux la porte d'entrée de la maison.

La chute du soldat ne fut pas dangereuse, il se releva sur-le-champ, et sa fureur prit d'abord pour objet son prisonnier; il trouva cependant impossible d'escalader la fenêtre en face de son ennemi; et courant à la porte, il la trouva fermée.

Pendant ce temps son camarade l'appelait à grands cris à son secours, et bannissant toute autre pensée, le dragon déconcerté courut à son aide. Un de leurs chevaux était déjà en liberté, mais l'autre était attaché à la selle d'un des Vachers. Ceux-ci s'enfuirent derrière la maison, les dragons les poursuivirent, le combat s'engagea, et l'air retentit du cliquetis de leurs sabres et du bruit de leurs imprécations. César ouvrit la porte à la hâte; et montrant à son jeune maître le second cheval qui paissait tranquillement l'herbe de l'enclos, il s'écria :

— Vous courir à présent, massa Harry! courir, courir vite!

— Oui, s'écria le jeune Wharton en sautant légèrement sur la selle; oui, mon vieil ami, c'est véritablement le moment de courir. Il fit à la hâte un signe d'adieu à son père, qui était à une croisée, mais que l'inquiétude rendait muet, quoiqu'il eût la main étendue vers son fils comme pour lui donner sa bénédiction. Que le ciel vous bénisse, César, ajouta Henry en s'adressant au nègre, et saluez mes sœurs pour moi. A ces mots, il partit avec la rapidité de l'éclair.

L'Africain le suivit des yeux avec inquiétude, et le vit gagner la grande route, se détourner sur la droite, courir à toute bride le long d'une chaîne de montagnes presque perpendiculaires qui formaient de ce côté les limites de la vallée, et disparaître derrière un des rochers qui s'y avançaient et qui le cacha à ses yeux.

César enchanté ferma la porte sans oublier un seul verrou, et tourna la clé dans la serrure, faisant en même temps un soliloque sur l'heureuse évasion de son jeune maître.

— Comme lui bien monter à cheval! Moi le lui avoir appris. Saluer jeunes maîtresses[1]! Moi douter si miss Fanny vouloir laisser un vieil homme de couleur baiser ses jolies joues rouges.

Quand la fortune du jour fut décidée, et que le moment fut arrivé de donner la sépulture aux morts, on trouva derrière les Sauterelles deux Vachers et un Virginien à ajouter à leur nombre.

Heureusement pour le capitaine Wharton, les yeux clairvoyants de Lawton étaient alors occupés à examiner, à l'aide d'un télescope de poche, la colonne d'infanterie anglaise qui maintenait sa position sur le bord de la rivière, tandis que ce qui restait des chasseurs hessois continuait à se rallier en arrière. Son cheval était un des meilleurs de la Virginie, et il l'emportait le long de la vallée avec la rapidité du vent. Le cœur du jeune homme battait déjà du plaisir d'avoir recouvré sa liberté, quand il entendit une voix qu'il reconnut sur-le-champ s'écrier très-haut :

— Bravo, capitaine! bravo! N'épargnez pas le fouet, et tournez sur la gauche avant de traverser la rivière.

Wharton très-surpris jeta un regard du côté d'où partait la voix, et vit Harvey Birch assis sur la pointe d'un rocher avancé

---

1. Le verbe anglais *to salute* signifie également saluer et embrasser.

qui commandait sur toute la vallée. Sa balle, dont le volume était fort diminué, était à ses pieds, et il agita son chapeau en l'air, en signe de réjouissance, quand le capitaine anglais passa devant lui. Wharton suivit l'avis de cet être mystérieux, et trouvant un sentier qui conduisait à la grande route qui traversait la vallée, il se dirigea de ce côté, arriva bientôt en face de ses amis, et ayant passé le pont le moment d'après, il fit arrêter son coursier devant son ancienne connaissance le colonel Wellmere.

— Le capitaine Wharton! s'écria le colonel; en habit bleu? et monté sur un cheval de dragon des rebelles! Descendez-vous du ciel dans cet équipage?

— Grâce à Dieu, répondit Henry encore hors d'haleine, me voici en sûreté et loin de mes ennemis! Il n'y a pas plus de cinq minutes que j'étais prisonnier et menacé du gibet.

— Du gibet! Ces traîtres à leur roi auraient-ils osé commettre encore un meurtre de sang-froid? Ne leur suffit-il pas de s'être couverts du sang du malheureux André? Et quel motif alléguaient-ils pour vous faire une pareille menace?

— Le même qu'ils mirent en avant pour faire périr André, répondit le capitaine; et il raconta au groupe d'officiers qui s'étaient rassemblés autour de lui la manière dont il avait été arrêté, ses motifs d'appréhension personnelle, et le moyen qu'il avait employé pour s'échapper. Comme il finissait sa narration, les Hessois fugitifs s'étaient réunis derrière la colonne d'infanterie, et le colonel Wellmere s'écria :

— Je vous félicite de toute mon âme, mon brave ami. La miséricorde est une vertu que ces traîtres ne connaissent pas, et vous êtes doublement heureux de vous être échappé de leurs mains et de n'avoir souffert aucune insulte personnelle. Préparez-vous maintenant à nous donner votre aide, et je vous fournirai bientôt de nobles moyens de vengeance.

— Je ne crois pas, colonel Wellmere, répondit Wharton, son visage prenant un coloris plus animé, que personne pût avoir des insultes personnelles à craindre de la part d'une troupe commandée par le major Dunwoodie. Son caractère le met au-dessus d'une telle imputation, et je pense qu'il ne serait pas très-prudent de traverser cette rivière pour entrer dans cette plaine découverte, en face de cette cavalerie virginienne dont l'ardeur doit être plus enflammée que jamais par le succès qu'elle vient d'obtenir.

— Appelez-vous un succès la déroute de ces Vachers indisciplinés, de ces automates hessois? Vous parlez de cette affaire et de votre fameux Dunwoodie, car je ne lui accorde pas le titre de major, comme si les gardes du roi avaient été battus.

— Et vous me permettrez de vous dire, colonel, que si les gardes du roi se trouvaient en face de cette cavalerie, ils verraient qu'ils n'ont pas affaire à un ennemi si méprisable. Savez-vous que M. Dunwoodie est un des officiers les plus estimés de l'armée de Washington?

— Dunwoodie! répéta le colonel, je connais ce nom, et je crois avoir vu quelque part l'individu qui le porte.

— On m'a dit que vous l'aviez vu un instant dans la maison de mon père à New-York.

— Ah! je me rappelle le jeune homme, dit Wellmere avec un sourire ironique; et voilà à quels guerriers le tout-puissant congrès confie la conduite de ses troupes!

— Demandez au commandant de vos Hessois s'il croit le major Dunwoodie digne de cette confiance, s'écria Henry mécontent d'entendre parler d'un ton si léger de son ancien ami, et dans un moment si peu convenable.

Wellmere était loin de manquer de cette espèce d'orgueil qui fait qu'un homme se conduit avec bravoure en face de l'ennemi. Il avait servi assez long-temps en Amérique, mais il n'avait jamais eu affaire qu'à de nouvelles recrues ou aux milices du pays. Ces troupes combattaient quelquefois et même avec courage; mais il leur arrivait aussi souvent de prendre la fuite sans brûler une amorce. Il avait trop de penchant à juger des choses par l'extérieur, et il croyait impossible que des hommes dont les guêtres étaient si propres, qui marchaient avec tant de régularité, et qui faisaient un quart de conversion avec une précision si exacte, fussent jamais battus. Outre ces avantages, ils avaient celui d'être Anglais, et par conséquent leur triomphe était certain. Le colonel Wellmere avait vu peu de champs de bataille, sans quoi il aurait vu s'évanouir depuis long-temps ses idées qu'il avait apportées d'Angleterre et qu'avaient nourries et augmentées les préjugés d'une ville de garnison. Il écouta la réplique un peu vive du capitaine Wharton avec un sourire hautain, et lui dit ensuite:

— Vous ne voudriez sûrement pas, Monsieur, que nous fissions retraite devant cette fameuse cavalerie sans essayer de lui enlever une partie de la gloire dont vous croyez qu'elle vient de se couvrir?

— Je voudrais, colonel, que vous fissiez quelque attention au danger auquel vous vous exposez.

— Le danger est un mot que ne connait pas le soldat, dit le colonel en ricanant.

— Donnez l'ordre de marcher, s'écria Wharton, et l'on verra si un capitaine du 60ᵉ régiment craint plus le danger que qui que ce soit qui porte l'uniforme des gardes.

— Je reconnais mon ami à cette chaleur, dit le colonel d'un ton plus doux ; mais si vous avez quelque chose à nous dire qui puisse être utile pour l'attaque, nous vous écouterons volontiers. Vous connaissez probablement la force des rebelles. Y en a-t-il un plus grand nombre en embuscade?

— Oui, répondit Henry encore échauffé par les sarcasmes du colonel; il y a un détachement d'infanterie derrière la lisière de ces bois, sur notre droite; mais vous voyez toute leur cavalerie.

— Et nous allons la déloger de sa position. — Messieurs, nous allons passer la rivière en colonne, et nous nous déploierons sur l'autre rive, sans quoi ces vaillants Yankees n'oseront s'approcher à portée du mousquet. — Capitaine Wharton, je réclame vos services comme aide-de-camp.

Henry secoua la tête comme pour désapprouver un mouvement dont son jugement lui démontrait l'imprudence et la témérité; mais il se prépara avec promptitude à remplir les fonctions qui venaient de lui être attribuées.

Pendant cette conversation qui avait lieu en pleine vue des Américains et à quelques pas en avant de la colonne anglaise, Dunwoodie réunissait ses troupes éparses, faisait conduire en lieu de sûreté le peu de prisonniers qu'il avait faits, et se retirait sur le terrain qu'il avait occupé lorsque l'ennemi s'était montré. Satisfait du succès qu'il avait déjà obtenu et croyant les Anglais trop prudents pour lui fournir l'occasion d'en remporter un autre, il songeait à rappeler ses guides, à laisser un fort détachement sur le lieu pour surveiller les mouvements des ennemis, et à se retirer à quelques milles dans un endroit convenable pour y passer la nuit. Le capitaine Lawton écoutait à contre-cœur les raisonnements de son commandant, et il se servait de son télescope favori pour chercher à découvrir quelque moyen d'attaquer l'infanterie anglaise avec avantage. Il s'écria tout à coup :

—Que veut dire ceci? un habit bleu au milieu de tous ces messieurs en écarlate! Et employant une seconde fois son télescope :

—Aussi vrai que j'espère revoir la Virginie, c'est mon ami à mascarade, le beau capitaine Wharton du 60° régiment d'infanterie, qui a échappé aux deux meilleurs dragons de ma compagnie !

Il finissait à peine de parler quand celui de ces deux héros qui avait survécu à l'autre arriva, ramenant avec lui son cheval et ses deux Vachers. Il apprit à son capitaine la mort de son camarade et l'évasion du prisonnier. Comme le défunt était celui qui avait été spécialement chargé de veiller sur la personne du prisonnier, et que l'autre n'était pas à blâmer d'avoir défendu les chevaux qui étaient plus particulièrement sous sa garde, Lawton l'écouta avec dépit, mais sans colère.

Cette nouvelle opéra un changement complet dans les idées du major Dunwoodie : il vit sur-le-champ que l'évasion du prisonnier compromettait sa propre réputation. Il contremanda l'ordre qu'il venait de donner de rappeler les guides, et il chercha aussi ardemment que l'impétueux Lawton quelque moyen d'attaquer l'ennemi avec avantage.

Deux heures auparavant Dunwoodie avait regardé comme le plus grand malheur qui lui fût jamais arrivé le hasard qui avait rendu Henry Wharton son prisonnier. Maintenant il brûlait de trouver une occasion de remettre son ami dans les fers au risque de sa propre vie. Toute autre considération disparaissait de son esprit blessé, et il aurait bientôt imité la témérité de Lawton si Wellmere en ce moment n'eût traversé la rivière à la tête de ses troupes pour entrer dans la plaine.

—Le voilà! s'écria le capitaine enchanté, en montrant du doigt le mouvement qui s'opérait; voilà John Bull qui entre dans la souricière les yeux ouverts.

—Il est impossible, dit Dunwoodie, qu'il ait dessein de déployer sa colonne sur cette plaine. Wharton doit lui avoir fait connaître l'embuscade.

—Mais s'il y vient, ajouta Lawton en sautant sur son cheval, nous ne lui laisserons pas douze peaux entières dans tout son bataillon.

On ne resta pas longtemps dans le doute; car les troupes anglaises, après s'être avancées à quelques pas dans la plaine, commencèrent à se déployer avec une régularité qui leur aurait fait beaucoup d'honneur un jour de revue dans Hyde-Park.

— A cheval! à cheval! s'écria Dunwoodie; et cet ordre fut répété par Lawton d'une voix si forte, qu'elle retentit aux oreilles de César qui était à une fenêtre des Sauterelles. Le nègre avait perdu toute sa confiance dans la timidité supposée du capitaine Lawton, et il croyait encore le voir sortir de derrière son rocher en brandissant son sabre sur sa tête.

Tandis que la ligne anglaise avançait lentement dans le plus bel ordre, les guides commencèrent un feu meurtrier dont l'effet se fit cruellement sentir à la portion des troupes royales qui se trouvait de leur côté. Ecoutant les avis du vétéran qui avait le commandement en second de son corps, Wellmere ordonna à deux compagnies de déloger les Américains de leur embuscade. Ce mouvement occasionna une légère confusion, et Dunwoodie saisit cette occasion pour faire une charge. Il aurait été difficile de trouver un terrain plus favorable pour les manœuvres de la cavalerie, et l'attaque des Virginiens fut irrésistible : elle fut dirigée principalement sur le flanc opposé du bois, afin de ne pas exposer les Américains au feu de leurs compagnons qui y étaient cachés. Wellmere était sur la gauche de sa ligne, et il fut renversé par l'impétuosité furieuse des assaillants. Dunwoodie arriva à temps pour lui sauver la vie en parant le coup qu'allait lui porter un de ses dragons, et l'ayant relevé, il le fit placer sur un cheval, et le mit sous la garde d'un sous-officier. L'officier anglais qui avait conseillé une attaque contre les guides avait été chargé de la diriger; mais cette troupe irrégulière n'attendit pas l'exécution de cette menace. Dans le fait, elle avait accompli le service qu'on en attendait, et elle se retira le long de la lisière du bois pour aller reprendre les chevaux qu'on avait laissés sous la garde d'un piquet à l'autre extrémité de la vallée.

Les Américains avaient tourné le flanc gauche de la ligne anglaise, l'avaient attaquée sur son derrière, et avaient rendu complète la déroute de ce côté. Mais l'officier qui commandait en second le corps des troupes royales, voyant ce qui s'y passait, fit un quart de conversion avec son détachement, et commença un feu bien nourri sur les dragons. Henry Wharton, qui l'avait accompagné en qualité de volontaire pour aider à déloger les guides du bois, reçut un coup de feu dans le bras droit, ce qui l'obligea à prendre la bride de la main gauche. Tandis que les dragons passaient en faisant retentir l'air de leurs cris, leurs trompettes sonnant en même temps des airs guerriers, le coursier virginien que montait le jeune capitaine devint ingouvernable : il s'emporta, se cabra, et la blessure qu'il avait reçue empêchant Henry de le maîtriser, il se trouva bien malgré lui, en moins d'une minute, galopant à côté du capitaine Lawton. Celui-ci comprit d'un seul coup d'œil la situation fâcheuse de son nouveau camarade; mais étant à l'instant de fondre sur la ligne anglaise, il n'eut que le temps de s'écrier :

— Le cheval connaît la bonne cause mieux que le cavalier. Capitaine Wharton, vous êtes bienvenu dans les rangs des amis de la liberté.

Cependant, dès que la charge fut terminée, Lawton ne perdit pas un instant pour s'assurer de nouveau de son prisonnier, et voyant qu'il était blessé, il ordonna qu'on le conduisît à l'arrière-garde.

Les cavaliers virginiens ne ménagèrent pas cette partie de l'infanterie royale qui se trouvait en quelque sorte à leur merci. Dunwoodie voyant que ceux des Hessois qui avaient échappé au premier combat venaient de reparaître sur la plaine, les fit attaquer de nouveau, et leurs chevaux fatigués et mal nourris ne pouvant résister au choc de la cavalerie virginienne, les restes de ce corps furent bientôt détruits ou dispersés.

Pendant ce temps, une partie des soldats anglais, profitant de la fumée et de la confusion qui régnait sur le champ de bataille, avaient réussi à passer derrière leurs camarades, et s'étaient rangés en bon ordre sur une ligne parallèle au bois; mais ils n'avaient osé faire feu, de crainte de blesser leurs amis. Ils reçurent ordre d'entrer dans le bois, et de se former en seconde ligne à l'abri des troncs d'arbres. A peine cette manœuvre fut-elle exécutée, que le capitaine Lawton, appelant un jeune homme qui commandait une seconde compagnie restée avec la sienne, lui proposa de charger cette ligne afin de la rompre. Cette proposition fut acceptée avec la même ardeur qu'elle avait été faite, et les ordres pour l'attaque furent donnés à l'instant même. L'impétuosité de leur chef l'empêcha de prendre les précautions nécessaires pour assurer le succès; la cavalerie fut repoussée en désordre, Lawton et son jeune compagnon tombèrent; heureusement pour les Virginiens, le major Dunwoodie arriva de ce côté en ce moment critique. Il vit ses troupes en désordre, le jeune Singleton, officier que ses excellentes qualités lui rendaient cher, étendu à ses pieds et nageant dans son sang, et Lawton renversé de cheval et privé de toute connaissance. Les yeux du jeune guerrier brillèrent d'un feu plus qu'ordinaire; il s'élança entre ses dragons et l'ennemi, et les rappela à leur devoir. Sa présence et ses discours firent miracle : les clameurs cessèrent, la ligne se reforma avec vitesse et précision, la charge sonna; et, conduits par leur commandant, les Virginiens partirent avec une impétuosité à laquelle rien ne put résister. En un instant la plaine fut balayée de tous les Anglais qui s'y trouvaient, et ce qui ne tomba pas sous le sabre du vainqueur chercha un asile dans le bois. Dunwoodie s'en tint à quelque distance pour ne pas exposer sa troupe au feu des Anglais qui s'y étaient réfugiés, et l'on commença à s'occuper du pénible devoir de recueillir les morts et les blessés.

Le sergent chargé de conduire le capitaine Wharton à l'arrière-garde et de lui faire donner des secours s'acquitta de cet ordre avec promptitude, afin de pouvoir retourner le plus promptement possible sur le champ de bataille. Ils n'avaient pas encore parcouru la moitié de la plaine quand le capitaine remarqua un homme dont l'extérieur et l'occupation attirèrent fortement son attention. Sa tête chauve était nue, mais d'un gousset de ses culottes on voyait sortir quelques mèches d'une perruque bien poudrée. Il avait ôté son habit; les manches de sa chemise étaient retroussées jusqu'au coude. Ses mains, ses bras, ses vêtements et même son visage étaient couverts de sang. A sa bouche était un cigare; il tenait de la main droite quelques instruments d'une forme étrange, et de la gauche le reste d'une pomme qui de temps en temps remplaçait le cigare; il était debout, comme en contemplation devant le corps d'un Hessois étendu mort à ses pieds. A quelque distance étaient trois ou quatre guides appuyés sur leurs mousquets, et dont les yeux étaient dirigés du côté des combattants. A son côté était un homme qui, d'après les instruments qu'il tenait en main, le sang dont il était également couvert, paraissait l'aider dans ses travaux.

— Voici le docteur, Monsieur, dit le sergent à Henry avec le plus grand sang-froid. En un clin d'œil il vous aura raccommodé le bras; et faisant signe aux guides de s'approcher, il leur dit quelques mots à voix basse en leur montrant le prisonnier, et partit au grand galop pour aller rejoindre ses compagnons.

Wharton s'approcha de cet étrange personnage, et voyant qu'il ne faisait aucune attention à lui, il allait lui adresser la parole pour le prier de lui panser le bras, quand il l'entendit faire le soliloque suivant :

— Je suis aussi sûr que cet homme a été tué par le capitaine Lawton que si j'avais vu porter le coup moi-même. Et cependant combien de fois lui ai-je indiqué les moyens de mettre un adversaire hors de combat sans détruire le principe de la vie ! C'est une cruauté que d'en agir ainsi avec la race humaine, et d'ailleurs c'est traiter la science avec peu de respect ; c'est vouloir ne lui rien laisser à faire.

— Monsieur, dit Henry, si vous en avez le temps, voulez-vous examiner une légère blessure ?

— Ah ! dit le docteur en l'examinant de la tête aux pieds, vous venez de là-bas ? Eh bien ! comment vont les choses ?

— Je puis vous répondre qu'il y fait chaud, répondit Henry pendant que le chirurgien l'aidait à ôter son habit.

— Chaud ! répéta le docteur, tout en continuant ses opérations, tant mieux ! Tant qu'il y a de la chaleur, il y a de la vie, il y a de l'espoir, comme vous savez. Mais ici mon art est sans utilité. J'ai fait rentrer la cervelle dans la tête d'un patient, mais je crois qu'il était mort sans que j'y touchasse. C'est un cas très curieux, Monsieur, et je vais vous le faire voir. Ce n'est que derrière cette haie où vous voyez tant de corps accumulés. — Ah ! la balle n'a fait que passer dans les chairs ; elle n'a pas touché l'os. Vous êtes heureux d'être tombé dans les mains d'un vieux praticien, sans quoi vous auriez pu perdre le bras.

— Vraiment ! dit Henry avec une légère inquiétude ; je ne croyais pas la blessure si sérieuse.

— Oh ! la blessure n'est rien, répondit le chirurgien fort tranquillement ; mais le plaisir de couper un pareil bras aurait pu tenter un novice.

— Comment diable ! s'écria le capitaine saisi d'horreur ; quel plaisir peut-on trouver à mutiler un de ses semblables ?

— Monsieur, répondit le chirurgien avec beaucoup de gravité, une amputation scientifique est une fort jolie opération ; et sans contredit, dans la presse du moment, un apprenti pourrait fort bien être tenté de ne pas y regarder de très près.

La conversation fut interrompue par l'arrivée des dragons, et plusieurs soldats légèrement blessés vinrent réclamer à leur tour les soins du docteur.

Les guides se chargèrent de la personne de Henry, et le jeune homme, dont le cœur ne battait pas de plaisir, fut reconduit dans la maison de son père.

Les Anglais avaient perdu dans cette affaire environ le tiers de leur infanterie, mais le reste s'était rallié dans le bois, et Dunwoodie, jugeant qu'il serait imprudent de l'y attaquer, avait laissé dans les environs un fort détachement commandé par le capitaine Lawton, avec ordre d'en surveiller les mouvements, et de saisir toutes les occasions de harceler les ennemis avant qu'ils se rembarquassent.

Le major avait appris qu'un autre corps anglais arrivait du côté de l'Hudson, et son devoir exigeait qu'il se tînt prêt à le recevoir, pour en déjouer aussi les intentions. En donnant ses ordres au capitaine Lawton, il lui recommanda fortement de n'attaquer l'ennemi qu'autant qu'il en trouverait une occasion favorable. Cet officier n'avait été qu'étourdi par une balle qui lui avait effleuré le sommet de la tête, et le major, en le quittant, lui ayant dit en riant que, s'il s'oubliait encore, on le croirait blessé dans cette partie importante du corps humain, ils marchèrent chacun de leur côté.

Ce détachement anglais n'avait avec lui aucuns bagages, n'ayant été chargé que de détruire certains approvisionnements qu'on avait appris se faire alors pour l'armée américaine. Il traversa le bois, gagna les hauteurs, et continuant à suivre une route inaccessible à la cavalerie, il se mit en retraite pour rejoindre les barques qui l'avaient amené.

CHAPITRE VIII.

> Tout le pays d'alentour fut dévasté par le fer et le feu; la mère en couches et l'enfant nouveau-né périrent également; mais de pareilles choses arrivent après une illustre victoire. — *Anonyme.*

Le silence avait succédé au dernier bruit du combat, et les habitants des Sauterelles, toujours plongés dans l'inquiétude, n'en connaissaient pas encore le résultat. Frances avait continué à faire tous ses efforts pour empêcher ces sons terribles d'arriver à ses oreilles, et elle cherchait en vain à s'armer de résolution pour entendre les nouvelles qu'elle craignait d'apprendre. Ce terrain sur lequel avait eu lieu la charge contre l'infanterie n'était qu'à un petit mille des Sauterelles, et dans l'intervalle des décharges, les cris des soldats y étaient mêmes parvenus. Après avoir vu son fils s'échapper, M. Wharton était allé rejoindre sa fille aînée et sa sœur dans la retraite qu'elles avaient choisie, et Frances, ne pouvant supporter plus longtemps une incertitude si pénible, s'était bientôt réunie à ce petit groupe. César fut chargé d'aller prendre quelques renseignements sur l'état des choses à l'extérieur, et de s'informer sous quelles bannières la victoire s'était rangée. Le père raconta alors à sa famille étonnée la manière dont Henry s'était échappé, et toutes les circonstances de son évasion. Les trois dames étaient encore plongées dans leur première surprise quand la porte s'ouvrit, et l'on vit paraître le capitaine Wharton, accompagné de deux des guides, suivis par César.

— Henry ! mon fils ! s'écria le père en lui tendant les bras, sans avoir la force de se lever de sa chaise, est-ce vous que je vois ? Etes-vous de nouveau prisonnier ? Courez-vous encore risque de la vie ?

— La fortune a favorisé les rebelles, répondit Henry en s'efforçant de sourire et en prenant la main de ses sœurs affligées : j'ai fait tout ce que j'ai pu pour conserver ma liberté ; mais on dirait que l'esprit de rébellion s'est étendu jusqu'aux animaux ; le malheureux cheval que je montais m'a emporté, bien contre mon gré, au milieu de la troupe de Dunwoodie.

— Et vous êtes une seconde fois prisonnier ! s'écria le père jetant un regard effrayé sur les deux guides armés qui étaient entrés avec son fils.

— C'est la vérité, répondit Henry ; ce M. Lawton, qui a de si bons yeux, m'a encore réduit en captivité.

— Pourquoi vous l'avoir pas tué ? s'écria César sans faire attention aux regards inquiets et aux joues pâles des trois dames.

— Cela est plus aisé à dire qu'à faire, monsieur César, répondit Wharton en souriant ; d'autant plus, ajouta-t-il en jetant un coup d'œil sur les guides, qu'il avait plu à ces messieurs de m'ôter l'usage de mon meilleur bras.

— Il est blessé, s'écrièrent en même temps les deux sœurs remarquant seulement alors l'écharpe qui lui soutenait le bras droit.

— Ce n'est qu'une égratignure, dit Henry en étendant le bras pour prouver qu'il ne cherchait pas à les tromper; mais elle m'a privé de l'usage d'un bras dans le moment le plus critique. César jeta un coup d'œil de ressentiment amer sur les deux guides, qu'il regardait comme la cause immédiate de la blessure de Henry, et sortit de l'appartement. Quelques mots de plus suffirent pour expliquer tout ce que savait le capitaine Wharton de la fortune de cette journée. Il en croyait encore le résultat douteux, car lorsqu'il avait quitté le champ de bataille, les Virginiens se retiraient.

— Ils avaient forcé l'écureuil de monter à l'arbre, dit un des guides, et ils ne l'ont quitté qu'en laissant un bon chien de chasse pour l'attendre quand il en descendra.

— Oui, oui, ajouta son camarade d'un ton sec, et je réponds que le capitaine Lawton comptera les nez de ceux qui restent avant qu'ils revoient leurs barques.

Frances, pendant ce dialogue, n'avait pu se soutenir qu'en s'appuyant sur le dossier d'une chaise, écoutant avec une inquiétude mortelle chaque syllabe qu'on prononçait, changeant de couleur à chaque instant et tremblant de tous ses membres. Enfin, s'armant d'une résolution désespérée, elle demanda :

— Y a-t-il quelque officier de blessé du côté des... d'un côté ou de l'autre?

— Sans contredit, répondit cavalièrement le même guide. Ces jeunes officiers du sud ont tant d'ardeur, qu'il est rare que nous nous battions sans en voir tomber un ou deux. Un blessé qui est arrivé avant les autres m'a dit que le capitaine Singleton avait été tué, et que le major Dunwoodie...

Frances n'en entendit pas davantage, et tomba sur sa chaise privée de sentiment. Les secours qu'on lui prodigua lui rendirent bientôt l'usage de ses sens, et Henry se tournant vers le guide :

— Est-ce que le major a été blessé? lui demanda-t-il.

— Blessé! répondit le guide sans faire attention à l'agitation de toute la famille; non vraiment. Si une balle pouvait le tuer, il y a longtemps qu'il n'existerait plus. Mais comme dit le proverbe, celui qui est né pour être pendu ne peut jamais se noyer. Ce que je voulais dire, c'est que le major est fort chagrin de la mort du capitaine Singleton. Mais si j'avais su l'intérêt qu'y prend la jeune dame, je me serais mieux expliqué.

Frances rougit de nouveau; elle se leva précipitamment avec confusion, et s'appuyant sur sa tante, elle allait se retirer quand

Dunwoodie lui-même arriva. Sa première sensation en le voyant fut un plaisir sans mélange ; mais il fut remplacé par un sentiment d'angoisse quand elle remarqua l'expression inusitée de tous ses traits ; son front brillait encore de toute l'ardeur du combat ; son œil était fixe, perçant et sévère ; le sourire d'affection qui épanouissait sa physionomie quand il était près de sa maîtresse, était remplacé par un air inquiet et soucieux ; toute son âme était en proie à une émotion forte qui bannissait toutes les autres, et il commença par parler du sujet qui l'occupait si vivement. Il se tourna vers M. Wharton.

— Monsieur, lui dit-il, dans un moment comme celui-ci on fait peu d'attention à la cérémonie : un de mes officiers est blessé dangereusement, mortellement peut-être, et, comptant sur votre hospitalité, je l'ai fait transporter ici.

— Et vous avez très-bien fait, Monsieur, répondit Wharton, qui sentait combien il pouvait être important pour son fils de se concilier la bienveillance des troupes américaines ; ma maison est toujours ouverte à ceux de mes concitoyens auxquels je puis être utile, et surtout aux amis du major Dunwoodie.

— Je vous remercie, Monsieur, répondit le major, et pour moi et pour celui qui est en ce moment hors d'état de vous remercier lui-même. Voulez-vous bien m'indiquer une chambre où le chirurgien puisse le voir sans délai et me faire un rapport sur la situation où il se trouve ? On ne pouvait faire aucune objection à cette demande ; mais Frances sentit un froid glacial dans son cœur quand son amant se retira sans même lui avoir adressé un seul regard.

Il existe dans l'amour d'une femme un dévouement qui n'admet aucune espèce de rivalité. C'est pour elle une passion tyrannique, et quand on donne tout, on attend beaucoup en retour. Frances avait passé des heures d'angoisses pour Dunwoodie, et il venait de la voir, de la quitter sans lui adresser un sourire ou le moindre mot ! L'ardeur de ses sentiments n'était nullement refroidie, mais ses espérances s'affaiblissaient. Lorsque ceux qui portaient l'ami du major dans l'appartement qui lui avait été destiné passèrent près d'elle, elle aperçut ce rival qu'elle supposait dans l'affection de son amant. Son visage pâle et hâve, ses yeux enfoncés, sa respiration pénible, lui donnèrent une idée de la mort sous son aspect le plus affreux. Dunwoodie était à son côté, lui tenait une main, ne cessait de recommander à ceux qui le portaient de marcher avec précaution, en un mot montrait toute la sollicitude que pouvait inspirer la plus tendre amitié dans une telle occasion. Frances marcha légèrement devant eux, et détourna la tête en ouvrant la porte de la chambre où on le conduisait. Ce ne fut que lorsque le major toucha ses vêtements en y entrant qu'elle se hasarda à lever sur lui ses yeux bleus pleins de douceur; mais il ne lui rendit pas même ce regard, et Frances soupira sans s'en apercevoir en se retirant dans la solitude de son appartement.

Le capitaine avait volontairement donné sa parole à ceux qui le gardaient de ne pas chercher à s'évader, et par conséquent il put soulager son père dans l'exercice des devoirs de l'hospitalité. Tandis qu'il s'occupait de ces soins, il rencontra le docteur qui lui avait pansé le bras avec tant de dextérité sur le champ de bataille, et qui se rendait dans la chambre de l'officier blessé.

—Ah! s'écria le disciple d'Esculape, je vois avec plaisir que vous allez bien; mais attendez... Avez-vous une épingle?— Non, non; en voici une. Il faut empêcher l'air de frapper sur votre blessure, sans quoi quelqu'un de nos jeunes gens pourrait encore y trouver à s'exercer.

—A Dieu ne plaise! dit le capitaine à demi-voix, tout en arrangeant son écharpe, tandis que Dunwoodie, paraissant à la porte de la chambre du blessé, s'écriait d'un ton d'impatience:

— Sitgreaves! hâtez-vous donc, ou George Singleton mourra d'une perte de sang!

— Quoi! est-ce Singleton? Est-ce ce pauvre George? s'écria le docteur en accélérant sa marche avec une émotion véritable; juste ciel! Au surplus il vit encore, et tant qu'il reste de la vie, il reste de l'espérance. Ce sera la première blessure sérieuse que j'aurai vue aujourd'hui sans que le patient fût déjà mort. Le capitaine Lawton apprend aux soldats à manier le sabre avec si peu de discrétion! Pauvre George! Heureusement on dit que ce n'est qu'une balle qui l'a blessé,

Il entra dans la chambre, et le jeune blessé tourna les yeux sur lui, faisant un effort pour sourire en lui tendant la main. Dans ce regard et dans ce geste il y avait quelque chose qui parlait au cœur du docteur Sitgreaves, et il ôta ses lunettes pour essuyer une larme qui lui obscurcissait la vue.

Il se mit sur-le-champ en fonction; mais tout en faisant ses arrangements préalables, il se livrait à sa loquacité habituelle.

— Quand il ne s'agit que d'une balle, dit-il, j'ai toujours quelque espérance. Il y a une chance qu'elle n'aura touché aucune partie vitale. Mais les soldats du capitaine Lawton frappent à tort et à travers; ils séparent la jugulaire ou mettent le cerveau à découvert, et ces blessures sont fort difficiles à guérir, parce que, pour l'ordinaire, le patient est mort avant que le chirurgien ait le temps d'arriver. Je n'ai jamais réussi qu'une fois à mettre en sa place la cervelle d'un homme, quoique je l'aie essayé sur trois aujourd'hui. Sur le champ de bataille, je ne manque jamais de reconnaître l'endroit où le corps du capitaine Lawton a chargé.

Le groupe qui entourait le lit du blessé était trop accoutumé aux manières du chirurgien en chef pour l'interrompre dans son soliloque, ou pour lui répondre; l'on attendait tranquillement le moment où il commencerait son examen. Il arriva enfin. Dunwoodie, les yeux fixés sur ceux du docteur, tenait en silence entre ses mains une de celles du patient. Enfin, une plainte échappa à Singleton, et le docteur dit tout haut en se levant avec vivacité :

— Ah! il y a du plaisir à suivre dans le corps humain les progrès d'une balle qui semble y avoir circulé de manière à éviter toutes les parties vitales; mais quand le sabre du capitaine Lawton.....

— Eh bien! dit Dunwoodie, d'une voix à peine articulée, parlez donc! Y a-t-il quelque espoir? Pouvez-vous trouver la balle?

— Il n'est pas difficile de trouver ce qu'on tient dans la main, major, répondit le docteur en lui montrant la balle. Et tout en apprêtant l'appareil : Elle a pris une route, ajouta-t-il, que ne prend jamais le sabre du capitaine Lawton, malgré toutes les peines que je me suis données pour lui apprendre à le manier scientifiquement. Croiriez-vous bien que j'ai vu aujourd'hui, sur le champ de bataille, un cheval dont la tête était presque séparée de son corps?

— Ce coup était de ma façon, dit Dunwoodie avec un regard d'espoir renaissant qui rappela le sang sur ses joues; c'est moi qui ai tué ce cheval.

— Vous! s'écria le chirurgien, laissant tomber son appareil de surprise. Vous! mais vous saviez que c'était un cheval?

— J'avoue que j'en avais quelque soupçon, répondit le major en approchant un breuvage des lèvres de son ami.

— De tels coups portés au corps humain sont toujours funestes, continua le docteur, ils déjouent tous les efforts de la science. Ils sont inutiles dans une bataille, car le point important, c'est de mettre son ennemi hors de combat. Combien de fois, major, après une escarmouche commandée par le capitaine Lawton, ai-je parcouru le champ de bataille dans l'espoir de trouver quelque blessure qu'il serait honorable de guérir! Mais non, rien que des égratignures ou des coups mortels! Ah! major Dunwoodie, dans une main sans expérience le sabre est une arme terrible! Que de temps j'ai perdu pour faire sentir cette vérité au capitaine Lawton!

Le major impatient lui montra son ami en silence, et le docteur, mettant un peu plus de vivacité dans ses mouvements, ajouta :

— Ah! le pauvre George! on peut dire qu'il l'a échappé belle, mais...

Il fut interrompu par un exprès qui vint annoncer au major que sa présence était nécessaire sur le champ de bataille. Dunwoodie serra la main de son ami, et fit signe au docteur de le suivre.

— Qu'en pensez-vous? lui demanda-t-il en entrant dans le corridor; croyez-vous qu'il guérisse?

— Il guérira, répondit laconiquement le docteur en tournant sur le talon pour rentrer dans la chambre.

— Dieu soit loué! s'écria Dunwoodie en descendant l'escalier.

Avant de partir, il entra un instant dans le salon où toute la famille était réunie. Le sourire avait reparu sur ses lèvres, et s'il fit ses compliments à la hâte, ce fut avec cordialité. Il ne parla ni de l'évasion de Henry Wharton, ni de l'événement qui l'avait rendu prisonnier une seconde fois, et il eut l'air de croire que le capitaine était resté où il l'avait laissé avant le combat. Ils ne s'étaient pas rencontrés pendant l'action. Le jeune Wharton se retira près d'une croisée en silence et avec un air de hauteur, et laissa le major s'adresser sans interruption au reste de la famille.

L'agitation qu'avaient produite dans les deux sœurs les événements de cette journée avait fait place à une langueur qui les retenait toutes deux en silence, et ce fut miss Peyton qui adressa la parole au major.

— Y a-t-il quelque espoir que votre ami survive à sa blessure, mon cousin? lui demanda cette dame en s'avançant vers lui avec un sourire de bienveillance et d'affection.

— Le plus grand espoir, ma chère dame. Sitgreaves dit qu'il guérira, et Sitgreaves ne m'a jamais trompé.

— Cette nouvelle me fait presque autant de plaisir qu'à vous-même. Il est impossible de ne pas prendre intérêt à un être qui est si cher au major Dunwoodie.

— Et qui mérite si bien d'être aimé, Madame. C'est un génie bienfaisant dans mon corps; il ne s'y trouve pas un officier, pas un soldat qui ne le chérisse. Il a tant de candeur et de générosité! Son caractère est si franc et si égal! Doux comme un agneau, tendre comme une colombe, ce n'est que lorsque l'heure du combat arrive que Singleton est un lion.

— Vous en parlez comme d'une maîtresse, major, dit miss Peyton en souriant et en jetant un coup d'œil sur sa nièce qui, pâle et silencieuse, était assise dans un coin.

— Je l'aime tout autant! s'écria Dunwoodie avec la chaleur de l'amitié. Mais il a besoin de soins, de grands soins; tout dépend à présent des soins qu'il recevra.

— Croyez, Monsieur, dit miss Peyton avec dignité, que votre ami ne manquera de rien dans cette maison.

— Pardon, ma chère dame, ajouta le jeune major, vous êtes la bonté même; mais l'état de Singleton exige des attentions que bien des gens trouveraient pénibles. C'est en de semblables moments, au milieu de pareilles souffrances, que le soldat éprouve le besoin de la tendresse compatissante d'une femme. En parlant ainsi, il fixa ses yeux sur Frances. Elle se leva et lui dit:

— On aura pour votre ami tous les soins que les convenances permettent de donner à un étranger.

— Ah! les convenances! s'écria Dunwoodie en secouant la tête, un mot si froid le tuerait! Il lui faut des soins délicats, affectueux, empressés.

— Ce sont des soins qui conviennent à une épouse ou à une sœur, répondit Frances en rougissant encore davantage.

— Une sœur! répéta le major, le sang lui montant au visage. Une sœur! Il a une sœur, une sœur qui pourrait être ici demain dans la matinée. Il se tut, réfléchit en silence, jeta sur Frances un regard inquiet, et murmura à demi-voix : — La situation de Singleton l'exige, on peut s'en dispenser.

Les trois dames observaient avec surprise le changement qui

s'était opéré sur sa physionomie. — Si le capitaine Singleton a une sœur, dit miss Peyton, mes nièces et moi nous serons très-charmées de la recevoir.

— Il le faut bien, Madame, on ne peut faire autrement, répondit Dunwoodie avec une hésitation qui n'était guère d'accord avec la vivacité qu'il venait de montrer ; ce soir même je l'enverrai chercher par un exprès. Et comme s'il eût voulu changer le sujet de la conversation, il s'approcha du capitaine Wharton, et lui dit d'un ton amical :

— Henry Wharton, mon honneur m'est plus cher que la vie, mais je sais que je puis sans danger le confier au vôtre. Je ne vous donne ni gardes ni surveillants, votre parole me suffit. Restez ici jusqu'à ce que nous quittions ces environs, ce qui n'aura lieu probablement que dans quelques jours.

— Je répondrai à votre confiance, Dunwoodie, répondit Henry en lui offrant la main, et son air de froideur disparaissant tout à coup, quand même j'aurais devant mes yeux le gibet auquel votre Washington a fait attacher André.

— Henry, répliqua le major avec chaleur, vous ne connaissez guère l'homme qui est à la tête de nos armées, ou vous ne lui feriez pas un tel reproche. Mais mon devoir m'appelle. Adieu ; je vous laisse où je voudrais pouvoir rester moi-même, où vous ne pouvez être tout à fait malheureux.

En passant près de Frances, il jeta sur elle un regard d'affection qui lui fit oublier l'impression qu'elle avait éprouvée en le revoyant après le combat.

Le colonel Singleton était du nombre de ces vétérans que les circonstances avaient obligés à renoncer au repos convenable à leur âge pour se dévouer au service de leur patrie. Il était né en Géorgie, et dès sa première jeunesse il avait suivi la profession des armes. Lorsque la lutte pour la liberté avait commencé, il avait offert ses services à son pays, et le respect qu'inspirait sa réputation les avait fait accepter. Mais son âge et sa santé ne permettant pas qu'il fût chargé d'un service actif, on lui avait donné successivement différentes places de confiance dans lesquelles sa patrie pouvait profiter de sa vigilance et de sa fidélité, sans qu'il en résultât aucun inconvénient pour lui-même. Depuis un an, il était chargé de garder les défilés des montagnes, et il était alors avec sa fille à une petite journée de marche de la vallée dans laquelle se trouvait Dunwoodie. Elle était sa fille unique, et il n'avait d'autre fils que l'officier blessé dont nous avons déjà parlé. Ce fut là que le major dépêcha un exprès, porteur de la malheureuse nouvelle de la situation du capitaine, et chargé d'une invitation, qui, comme il n'en doutait pas, amènerait bientôt la sœur affectueuse près du lit d'un frère blessé.

S'étant acquitté de ce devoir, quoique avec une sorte de répugnance qui ne pouvait que rendre ses inquiétudes encore plus vives, Dunwoodie se rendit sur le terrain où ses troupes avaient fait halte. On voyait déjà par-dessus la cime des arbres les restes des Anglais marcher sur les hauteurs; en bon ordre et avec précaution, pour gagner les barques. Le détachement de Lawton était sur leur flanc, les suivant à peu de distance, et attendant avec impatience un moment favorable pour les attaquer. Enfin on perdit de vue les deux partis.

A peu de distance des Sauterelles était un petit village traversé par plusieurs routes, et d'où par conséquent il était facile de marcher de tous côtés dans l'intérieur du pays. C'était une halte favorite pour la cavalerie, et il était souvent occupé par les détachements légers de l'armée américaine pendant leurs excursions. Dunwoodie avait été le premier à reconnaître les avantages de cette position, et comme il était obligé de rester dans cette contrée jusqu'à ce qu'il reçût de nouvelles instructions, on doit bien supposer qu'il ne négligea pas d'en profiter. Il commanda donc à son corps de se mettre en marche pour cet endroit, et y fit transporter les blessés. Déjà on s'était occupé du triste devoir de donner la sépulture aux morts. Tandis qu'il prenait ces arrangements, un nouveau sujet d'embarras se présenta à lui. En marchant de côté et d'autre, il aperçut le colonel Wellmere seul, rêvant tristement au revers qu'il avait éprouvé, auquel personne ne songeait, si ce n'est qu'il recevait une marque de civilité des officiers américains qui passaient près de lui. Ses inquiétudes pour Singleton avaient entièrement banni de son souvenir son prisonnier, et il s'approcha de lui en lui faisant des excuses de sa négligence. L'Anglais reçut ses politesses avec froideur, et se plaignit de souffrir des suites de ce qu'il lui plut d'appeler une chute accidentelle de cheval. Dunwoodie, qui avait vu un de ses dragons le renverser, et certainement avec peu de cérémonie, sourit légèrement et lui offrit les secours d'un chirurgien. Il ne pouvait les lui procurer qu'aux Sauterelles, et en conséquence ils s'y rendirent tous deux.

— Le colonel Wellmere ! s'écria le jeune Wharton fort surpris en les voyant entrer. La fortune de la guerre ne vous a donc pas mieux traité que moi ? Vous êtes le bien venu chez mon père ; mais j'aurais voulu pouvoir vous présenter à lui dans des circonstances plus heureuses.

M. Wharton reçut son nouvel hôte avec la circonspection et la réserve qui ne l'abandonnaient jamais, et Dunwoodie sortit de l'appartement pour se rendre dans la chambre de son ami ; il y trouva la confirmation de ses espérances, et il informa le chirurgien qu'un autre blessé avait besoin de ses secours, et qu'il le trouverait dans le salon. Ce peu de mots suffirent pour mettre le docteur en mouvement, et, saisissant sa trousse, il se hâta d'aller chercher le nouveau personnage qui réclamait ses soins. A la porte du salon il rencontra les dames qui en sortaient. Miss Peyton l'arrêta un instant pour lui demander des nouvelles du capitaine Singleton. Frances ne put retenir le sourire malin qui lui était naturel, en voyant l'extérieur grotesque du praticien à tête chauve ; mais Sara était encore trop agitée par la surprise que lui avait occasionnée l'arrivée inattendue du colonel anglais pour faire attention au costume du docteur. On a déjà dit que le colonel Wellmere était une ancienne connaissance de la famille. Sara avait été si longtemps absente de New-York que son souvenir s'était presque effacé de l'esprit du colonel ; mais l'impression qu'il avait faite sur son cœur avait été plus durable. Il existe dans la vie de chaque femme une époque où l'on peut dire que son âme est plus ouverte à l'amour : c'est l'âge heureux où l'enfant disparaît pour faire place à l'adolescence, où le cœur innocent bat vivement en se formant de la vie des idées de perfection que l'homme ne peut jamais réaliser. C'était à cet âge que Sara avait quitté la ville, et elle en avait rapporté un tableau de l'avenir qui n'était qu'ébauché à la vérité, mais dont les couleurs devinrent plus vives dans la solitude ; Wellmere était toujours l'objet de sa première pensée. La surprise de voir le colonel l'avait presque décontenancée, et après avoir reçu ses premiers compliments, elle s'était levée à un signe que lui avait fait sa tante pour se retirer avec elle et sa sœur.

— Ainsi, Monsieur, dit miss Peyton après avoir écouté le compte que lui rendit le chirurgien de la situation du jeune blessé, nous pouvons nous flatter de l'espoir de sa guérison ?

— Elle est certaine, Madame, répondit le docteur en cherchant, par respect pour les dames, à remettre sa perruque; elle est certaine avec les soins et les attentions convenables.

— Il ne manquera de rien, Monsieur, répliqua miss Peyton avec douceur. Tout ce qui est ici est à son service; et le major Dunwoodie vient d'envoyer un exprès à sa sœur pour la faire venir.

— Sa sœur! répéta le praticien avec un air particulièrement expressif; oh! si le major l'a envoyé chercher, elle viendra.

— On doit croire que la situation dangereuse de son frère l'y déterminera, répliqua miss Peyton.

— Sans doute, Madame, répondit le docteur laconiquement en saluant profondément et en se rangeant de côté pour laisser passer les trois dames. Mais ce qu'il venait de dire et le ton dont il avait parlé ne furent pas perdus pour Frances, en présence de qui le nom de Dunwoodie n'était jamais prononcé sans exciter toute son attention.

— Monsieur, dit le docteur en entrant dans le salon et en s'adressant au seul habit écarlate qu'il y vit, on m'a dit que vous avez besoin de mon aide. Fasse le ciel que vous ne vous soyez pas trouvé en contact avec le capitaine Lawton, car en ce cas j'arriverais probablement trop tard!

— Il y a ici quelque méprise, dit Wellmere avec hauteur: c'était un chirurgien que le major Dunwoodie devait m'envoyer, et non une vieille femme.

— C'est le docteur Sitgreaves, s'écria le capitaine en réprimant non sans peine une envie de rire; la multitude des occupations qu'il a eues aujourd'hui l'a empêché de donner beaucoup d'attention à son costume.

— Pardon, Monsieur, dit le colonel d'un air peu gracieux, et il ôta son habit pour montrer ce qu'il appelait sa blessure.

— Monsieur, dit le docteur d'un ton sec, si mes degrés pris à Edimbourg, ma pratique dans vos hôpitaux de Londres, l'amputation de quelques centaines de membres, la théorie et l'expérience des opérations les plus savantes auxquelles le corps humain puisse être soumis, une bonne conscience et la commission de docteur en chirurgie du congrès américain peuvent faire un chirurgien, j'ai droit de prendre ce titre.

— Pardon, Monsieur, répéta le colonel avec un ton de raideur; le capitaine Wharton vient d'expliquer la cause de ma méprise.

— J'en remercie le capitaine, répondit Sitgreaves en arrangeant sur une table les instruments nécessaires pour une amputation avec un sang-froid qui fit frémir le colonel. Maintenant, Monsieur, où est votre blessure ! Quoi ! est-cette égratignure sur votre épaule ? Qui vous a blessé ainsi ?

— Un dragon du parti des rebelles.

— Impossible ! Monsieur. Je sais comme ils frappent. Le pauvre Singleton lui-même aurait appuyé plus fortement. Au surplus, Monsieur, ajouta-t-il en lui appuyant sur l'épaule un morceau de ce qu'on appelle communément *taffetas d'Angleterre,* voici qui remplira vos désirs : car je suis certain que c'est tout ce que vous souhaitez de moi.

— Que voulez-vous dire, Monsieur ? demanda le colonel avec hauteur.

— Que vous désirez pouvoir vous mettre au nombre des blessés dans votre prochaine dépêche, répondit le docteur. Vous pouvez ajouter que c'est une vieille femme qui vous a pansé ; car si ce n'est pas l'exacte vérité, il est très-certain qu'une vieille femme aurait suffi pour chirurgien.

— Voilà un langage bien extraordinaire ! murmura le colonel anglais.

Le capitaine Wharton intervint de nouveau, et en expliquant que la méprise du colonel Wellmere devait s'attribuer à l'irritation d'esprit et aux souffrances de corps, il réussit à adoucir le praticien insulté, qui consentit à examiner les autres blessures de l'officier anglais. Elles ne consistaient qu'en quelques contusions résultant de sa chute de cheval, et le docteur se retira après y avoir appliqué à la hâte les remèdes convenables.

La cavalerie, après avoir pris les rafraîchissements nécessaires, se prépara à se mettre en marche vers le village dont il a été parlé, et Dunwoodie s'occupa de ses prisonniers. Il résolut de laisser Sitgreaves chez M. Wharton, pour qu'il pût donner des soins assidus au capitaine Singleton. Henry vint lui demander que le colonel Wellmere y restât aussi sur sa parole, jusqu'à ce que les troupes quittassent les environs. Le major y consentit sans difficulté, et comme les autres prisonniers n'étaient que des soldats, il les fit rassembler et les fit conduire sous bonne garde dans l'intérieur du pays. Bientôt après les dragons se mirent en marche, et les guides se séparant en petites troupes, et accompagnés de quelques patrouilles de cavalerie, s'étendirent dans tout le pays de manière à former une ligne de sentinelles depuis la mer jusqu'à l'Hudson.

Dunwoodie, après avoir fait ses adieux, s'était arrêté en face des Sauterelles, éprouvant une répugnance à s'en éloigner, qu'il attribuait à sa sollicitude pour son ami blessé. Le cœur qui n'est pas endurci se dégoûte bientôt d'une gloire achetée au prix du sang. Peyton Dunwoodie, abandonné à lui-même et n'étant plus excité par les visions brillantes que l'ardeur de la jeunesse lui avait présentées toute la journée, commença à sentir qu'il existait d'autres liens que ceux qui enchaînent le soldat aux règles rigides de l'honneur. Il n'hésitait pas à remplir ses devoirs, mais combien était forte la tentation! Son sang ne coulait plus avec la rapidité que lui avait donnée le combat. A l'expression fière de son regard succéda peu à peu un air de douceur, et les réflexions qu'il faisait sur sa victoire ne lui procuraient pas une satisfaction capable de balancer les sacrifices au prix desquels elle avait été achetée. En jetant un dernier coup d'œil sur cette maison à la vue de laquelle il ne pouvait s'arracher, il se souvint seulement qu'elle renfermait tout ce qu'il avait de plus précieux. L'ami de sa jeunesse était prisonnier dans des circonstances qui mettaient en danger sa vie et son honneur; un aimable compagnon d'armes, qui savait embellir les jouissances bruyantes d'un camp par la douceur gracieuse de la paix, était étendu sur un lit de douleur, victime du succès qu'il avait obtenu. Enfin l'image de la jeune fille qui pendant cette journée n'avait exercé sur son cœur qu'une souveraineté disputée, se représenta à son esprit sous des traits si aimables, qu'elle en bannit entièrement sa rivale, la gloire.

Le dernier traîneur de son corps avait déjà disparu derrière les montagnes du nord, et le major, bien à contre-cœur, tourna du même côté la tête de son cheval. Frances, agitée par une inquiétude qui ne lui laissait aucun repos, se hasarda timidement sur la terrasse. Le jour avait été doux et pur, et le soleil brillait de tout son éclat dans un firmament sans nuages. Le tumulte qui avait troublé la vallée si peu de temps auparavant était remplacé par un silence aussi profond que celui de la mort; et la belle scène qui s'offrait à ses yeux semblait n'avoir jamais été une arène pour les passions des hommes. Un seul nuage, formé par la fumée du combat, flottait encore au dessus du champ de bataille, et il se dissipait graduellement comme pour n'en laisser aucune ombre sur les tombes paisibles des victimes de la guerre. Tous les sentiments qui l'avaient agitée, tout le tumulte d'une journée si fertile en événements, lui parurent un moment des illusions. Elle tourna la tête, et vit s'éloigner celui qui avait été le principal acteur de toutes ces scènes. La vérité reparut à son esprit en reconnaissant son amant, d'autres souvenirs la portèrent à se retirer dans sa chambre, le cœur aussi triste que celui de Dunwoodie en sortant de la vallée.

CHAPITRE IX.

> Un instant son œil plongea au fond de la vallée; il aspira l'air chargé d'émanations odorantes, il écouta les aboiements des chiens, qui devenaient plus bruyants à mesure qu'ils approchaient; et quand il vit paraître le plus avancé de ses ennemis, il franchit le taillis d'un bond léger, et s'élançant avec rapidité, il courut vers les bruyères sauvages de Wam-Vor.
> Sir WALTER SCOTT. *La Dame du Lac.*

Le capitaine Lawton, à la tête de sa compagnie, avait suivi l'infanterie anglaise jusque sur le rivage, avec la plus grande vigilance, sans pouvoir trouver une seule occasion de l'inquiéter dans sa retraite. L'officier expérimenté qui avait alors le commandement, connaissait trop bien la force de son ennemi pour hasarder de quitter les hauteurs avant d'être obligé de regagner le rivage de la mer. Avant de faire ce mouvement dangereux, il forma son corps en bataillon carré hérissé de toutes parts de baïonnettes. L'impétueux Lawton savait fort bien que dans cette position des hommes braves ne pouvaient jamais être attaqués avec succès par la cavalerie, et il fut obligé, à son grand regret, de se borner à suivre ses ennemis sans pouvoir mettre obstacle à leur marche aussi ferme qu'elle était lente. Un petit schooner les avait amenés de New-York, et ses canons protégeaient le lieu de l'embarquement. Lawton avait assez de prudence pour voir que ce serait une folie que de vouloir combattre contre une telle combinaison de forces et de discipline, et il vit les Anglais se rembarquer sans chercher à les attaquer. Les dragons restèrent près du rivage jusqu'au dernier moment, et se mirent alors eux-mêmes en retraite, fort à contre-cœur, pour rejoindre le corps principal de Dunwoodie.

Les ombres du soir commençaient à obscurcir la vallée, lorsque ce détachement y rentra du côté du sud, marchant au petit pas sur une ligne étendue. Lawton était en avant avec son lieutenant. Un jeune cornette placé derrière eux fredonnait un air, tout en songeant au plaisir qu'il goûterait bientôt à s'étendre sur une botte de paille, après une journée si fatigante.

— Ainsi donc elle vous a frappé comme moi, dit le capitaine à son lieutenant. Je n'ai eu besoin que de la voir un instant pour la reconnaître : c'est une de ces figures qu'on n'oublie pas. Sur ma foi, Tom, elle fait honneur au goût du major.

— Elle en ferait à tout le corps, dit le lieutenant avec feu. De pareils yeux bleus pourraient aisément engager un homme à suivre des occupations plus douces que le métier que nous faisons; et sur ma foi, moi-même, une si jolie fille me ferait quitter le sabre et la selle pour l'aiguille à faire des reprises et la trousse de paille.

— Mutinerie, Monsieur! mutinerie! s'écria Lawton. Quoi! vous, Tom Mason, vous oseriez vous déclarer le rival du major Dunwoodie, si élégant, si admiré, et qui plus est, si riche! Vous, simple lieutenant de cavalerie, ne possédant qu'un cheval qui n'est pas des meilleurs, vous dont le capitaine est aussi dur qu'un bloc de chêne et a autant de vies qu'un chat!

— Sur ma foi, dit Mason souriant à son tour, nous pourrons bien voir le bloc se fendre et Raminagrobis perdre toutes ses vies, si vous faites souvent des charges pareilles à celle de ce matin. Combien de fois voudriez-vous avoir le crâne frotté comme vous l'avez eu aujourd'hui?

— Ne m'en parlez pas, mon cher Mason; la seule pensée m'en donne mal à la tête, dit le capitaine en remuant les épaules. C'est ce que j'appelle anticiper la nuit.

— La nuit de la mort?

— Non, Monsieur, la nuit qui suit le jour. J'ai vu des milliers d'étoiles qui auraient dû se cacher devant leur maître souverain, le soleil. Je crois que vous ne devez le plaisir de m'avoir avec vous encore pour quelque temps qu'au casque épais que je porte.

— J'ai sans doute une grande obligation au casque, mais j'admets que le casque ou le crâne doivent être d'une heureuse épaisseur.

— Allons, allons, Tom, vous êtes un railleur privilégié, ainsi, je ne me fâcherai pas. Mais je crois que le lieutenant de Singleton se trouvera mieux que vous du service de cette journée.

— J'espère, capitaine, que ni lui ni moi nous n'aurons le chagrin de devoir notre avancement à la mort d'un camarade et d'un ami. On assure que Sitgreaves a fait un rapport favorable de ses blessures.

— Je le désire de toute mon âme, s'écria Lawton; malgré son menton presque imberbe, Singleton a un courage digne d'un vétéran; mais ce qui me surprend, c'est que, quoique nous soyons tombés tous deux au même instant, nos gens se soient si bien comportés.

— Je devrais vous remercier du compliment, mais ma modestie s'y oppose. Au surplus, j'ai fait ce que j'ai pu pour les arrêter, mais je n'ai pu y réussir.

— Comment, pour les arrêter? s'écria le capitaine; arrêter des dragons au milieu d'une charge!

— Il me semblait qu'ils ne la dirigeaient pas du côté convenable, répondit le subalterne un peu sèchement.

— Ah! c'est notre chute qui leur avait fait faire un quart de conversion.

— Que ce soit votre chute ou la crainte d'être exposés à en faire une comme vous, il est certain que nous étions dans un désordre admirable quand le major est arrivé fort à propos pour nous rallier.

— Dunwoodie! comment donc! Il était occupé à tailler des croupières aux Hessois?

— Oui; mais, après les avoir taillées, il arriva au petit galop avec les deux autres compagnies; et se plaçant entre nous et l'ennemi avec cet air impérieux qu'il sait prendre quand il est animé, il nous remit en ligne en un clin d'œil. Ce fut alors, ajouta le lieutenant avec chaleur, que nous envoyâmes John Bull dans les broussailles. Ah! ce fut une belle charge!

— Diable, s'écria Lawton avec dépit, quel spectacle j'ai perdu!

— Vous dormiez pendant tout ce temps, dit Mason ironiquement.

— Oui, répondit le capitaine en soupirant, rien n'était visible pour le pauvre George Singleton ni pour moi. Mais, Tom, que dira la sœur de George à cette jolie fille à cheveux blonds qui est là-bas dans cette maison blanche?

— Elle se pendra avec ses jarretières. J'ai pour mes officiers supérieurs le respect que je leur dois, mais je dis que deux anges

8

semblables, c'est plus qu'il ne faut pour la part d'un seul homme, à moins que ce soit un Turc ou un Indou.

— Sans doute, Tom, sans doute. Le major fait toujours des sermons de morale aux jeunes gens, mais au bout du compte c'est un malin gaillard. Remarquez-vous comme il aime les routes qui se croisent à l'autre bout de cette vallée? Or, si je faisais faire halte à ma compagnie deux fois dans le même endroit, vous jureriez tous qu'il y a en l'air quelque cotillon.

— Vous êtes bien connu dans le corps, répliqua le lieutenant d'un ton sentencieux.

— Votre penchant à la raillerie est incurable, Tom, dit Lawton. Mais, ajouta-t-il en penchant le corps du côté vers lequel ses yeux se dirigeaient, comme pour mieux distinguer les objets dans l'obscurité, quel est l'animal qui traverse la vallée sur notre droite ?

— C'est un homme, répondit Mason après avoir regardé avec attention l'objet suspect.

— A en juger par son dos, c'est un dromadaire, dit le capitaine. Puis quittant tout à coup le grand chemin, il s'écria : — Harvey Birch ! qu'on le saisisse mort ou vif.

Mason et quelques-uns des dragons qui marchaient les premiers furent les seuls qui comprirent ces paroles ; mais le cri fut entendu sur toute la ligne. Une douzaine d'entre eux, ayant le lieutenant à leur tête, suivirent l'impétueux Lawton, et leur rapidité menaçait celui qu'ils poursuivaient de voir bientôt la fin de cette course.

Birch avait prudemment gardé sa position sur le haut du rocher où Henry Wharton l'avait vu en passant, jusqu'à ce que le crépuscule eût commencé à couvrir d'obscurité tout ce qui l'environnait. Du haut de son élévation, il avait vu tous les événements de la journée à mesure qu'ils étaient arrivés. Il avait attendu, le cœur palpitant, le départ des troupes de Dunwoodie, et il avait, non sans peine, réprimé son impatience jusqu'au moment où la nuit mettrait ses mouvements à l'abri de tout danger. Il n'était encore pourtant qu'au quart du chemin qu'il avait à faire pour regagner sa demeure, quand son oreille attentive distingua le bruit de la marche d'une troupe de cavalerie qui approchait. Cependant, se fiant sur l'obscurité qui augmentait, il résolut de continuer sa route, et il se flatta qu'en se courbant et en marchant rapidement il ne serait pas aperçu. Le capitaine Lawton avait été trop occupé de la conversation que nous avons rapportée pour laisser errer ses yeux suivant leur usage, et le colporteur, averti par le son des voix qui s'éloignaient que l'ennemi qu'il redoutait le plus était passé, céda à son impatience et cessa de se courber, afin de pouvoir avancer plus vite. Dès l'instant que son corps s'éleva au-dessus de l'ombre du terrain, il fut découvert et la chasse commença.

Birch resta un instant immobile, son sang se glaçant dans ses veines quand il songeait au danger qui le menaçait ; ses jambes lui refusèrent leur service, si nécessaire en cette circonstance ; mais ce ne fut que pour un moment. Se déchargeant de sa balle qu'il abandonna à l'endroit où il se trouvait, et serrant par instinct le ceinturon qu'il portait, il se mit à fuir. Il savait qu'en gagnant la lisière du bois il se rendrait presque invisible, et il redoublait de vitesse quand plusieurs cavaliers passèrent à peu de distance de lui sur la gauche, et lui enlevèrent ce lieu de refuge. Il s'était jeté ventre à terre en les entendant arriver. Mais le moindre délai était trop dangereux pour qu'il restât long-temps dans cette position. Il se releva donc, et longeant toujours le bois, il courut dans la direction opposée à celle des dragons, qui s'exhortaient à avoir l'œil aux aguets.

Tous les dragons avaient pris part à la chasse, quoique l'ordre donné précipitamment par Lawton n'eût été entendu que de ceux qui étaient près de lui. Les autres ne savaient pas précisément ce qu'ils avaient à faire, et le cornette demandait encore de quoi il s'agissait, quand un homme à peu de distance en arrière franchit la route d'un seul bond. Au même instant, la voix de stentor du capitaine retentit dans la vallée, avec une force qui fit connaître la vérité à toute sa troupe :

— Harvey Birch ! Saisissez-le mort ou vif !

Cinquante coups de pistolet partirent en même temps, et les balles sifflèrent de tous côtés autour de la tête du malheureux colporteur. Le désespoir s'empara de lui, et il s'écria avec amertume :

— Etre chassé comme une bête des forêts ! — Il lui sembla que la vie lui devenait à charge, et il était sur le point de se livrer lui-même à ses ennemis. La nature l'emporta pourtant. Il savait que s'il était pris on ne lui ferait pas même l'honneur de le mettre en jugement, mais que très-probablement il subirait le lendemain matin une mort ignominieuse, car il avait déjà été condamné, et il n'avait échappé à ce destin que par stratagème. Excité par ces réflexions et le bruit de la marche des cavaliers, il se remit à fuir devant eux. Un fragment de mur qui avait résisté aux ravages faits par la guerre aux clôtures voisines se trouva heureusement sur son chemin. A peine franchissait-il cette barrière, qu'une vingtaine de ses ennemis arriva du côté opposé. Les chevaux dans l'obscurité refusèrent de sauter, et Birch parvint au pied d'une montagne sur le haut de laquelle il devait être à l'abri de toute crainte de la cavalerie. Le cœur du colporteur battait vivement et renaissait à l'espérance, quand il entendit encore retentir à ses oreilles la voix de Lawton qui criait à ses soldats de lui faire place. Cet ordre fut promptement exécuté, et l'intrépide capitaine courant vers le mur au grand galop plongea ses éperons dans les flancs de son coursier, qui franchit cet obstacle avec la rapidité de l'éclair et sans aucun accident. Les cris de triomphe des dragons et le bruit de la marche du cheval qui avançait n'annoncèrent que trop clairement au colporteur que son danger était devenu imminent. Il était presque épuisé de fatigue, et son destin ne semblait plus douteux.

— Arrête, ou tu es mort, s'écria le capitaine avec un ton de détermination bien prononcée.

Harvey jeta un regard craintif en arrière, et à la clarté de la lune vit à quelques pas de lui l'homme qu'il craignait le plus dans le monde s'avancer le sabre levé. La frayeur, l'épuisement, le désespoir produisirent un tel effet sur lui qu'il tomba par terre sans mouvement. Le cheval de Lawton heurta contre son corps, et renversa sous lui son cavalier.

Birch se releva avec la promptitude de la pensée et s'empara du sabre de Lawton. La vengeance est une passion qui ne semble que trop naturelle à l'homme. Peu de gens n'ont pas éprouvé le plaisir séduisant de faire retomber une injure sur la tête de celui qui en paraît l'auteur, et cependant il en est quelques-uns qui savent combien il est plus doux de rendre le bien pour le mal. Tout ce qu'avait souffert le colporteur se retraça vivement à son esprit. Le démon prévalut en lui un instant, et Birch fit brandir en l'air l'arme fatale ; mais le moment d'après il la jeta près du capitaine qui reprenait ses sens, mais qui était encore hors d'état de se défendre, et prit la fuite vers la montagne protectrice.

— Aidez le capitaine à se relever, s'écria Mason arrivant avec une douzaine de dragons, et que quelques-uns de vous mettent pied à terre. Il faut gravir cette montagne; le misérable y est caché!

— Arrêtez! s'écria Lawton d'une voix de tonnerre en se relevant avec difficulté. Si quelqu'un de vous descend de cheval, il périra de ma main. Tom, mon brave garçon, aidez-moi à remonter sur Roanoke.

Le lieutenant étonné obéit en silence, tandis que les dragons, non moins surpris, restaient immobiles sur leur selle, comme s'ils eussent fait partie intégrante des animaux qu'ils montaient.

— Je crains que vous ne soyez blessé, dit Mason avec un ton de condoléance quand ils se furent remis en marche et en mordant le bout d'un cigarre, faute de meilleur tabac.

— Très-possible, répondit le capitaine respirant et parlant avec quelque difficulté; je voudrais que notre renoueur fût ici pour qu'il examinât l'état de mes côtes.

— Sitgreaves est resté près du capitaine Singleton, chez M. Wharton.

— En ce cas j'y ferai halte toute la nuit, Tom. Dans un temps comme celui-ci, les cérémonies sont superflues. D'ailleurs vous pouvez vous souvenir que le vieux M. Wharton a montré beaucoup d'égards pour le corps. Oh! je ne puis passer devant la porte d'un si bon ami sans lui rendre une visite.

— Et je conduirai la troupe aux Quatre-Coins, car si nous nous arrêtons tous aux Sauterelles, nous y introduirons la famine.

— Ce que je suis très-loin de désirer, Mason. L'idée des excellents petits pains de cette aimable vieille fille offre à l'imagination une perspective agréable.

— Allons, allons, dit le lieutenant avec gaieté, vous ne mourrez pas de cette chute, puisque vous pensez à manger.

— Je mourrais certainement si je ne mangeais pas, répondit gravement le capitaine.

— Capitaine, dit un maréchal-des-logis en s'approchant de lui, nous voici en face de la maison de cet espion, de ce colporteur: voulez-vous que nous y mettions le feu?

— Non, s'écria Lawton en jurant, et d'un ton qui fit tressaillir le sergent. Etes-vous un incendiaire? Voudriez-vous brûler une maison de sang-froid? Que quelqu'un en approche une étincelle, et il ne mourra que de ma main.

— Diable! s'écria le cornette qui était moitié endormi sur son cheval, et que la voix de Lawton avait éveillé, il y a encore de la vie dans le capitaine, malgré sa chute.

Lawton et Mason firent le reste de la route en silence, le dernier réfléchissant sur le changement merveilleux qu'une chute de cheval pouvait opérer. Ils arrivèrent enfin à la maison de M. Wharton. La troupe continua sa marche; mais son capitaine et son lieutenant mirent pied à terre, et suivis par le domestique du premier, ils avancèrent à pas lents vers la maison.

Le colonel Wellmere s'était retiré de bonne heure dans son appartement pour y cacher sa mortification. M. Wharton était enfermé avec son fils; et le docteur Sitgreaves prenait le thé avec les dames, après avoir fait mettre au lit un de ses malades et avoir vu l'autre jouir des douceurs d'un sommeil paisible. Quelques questions que lui avait faites miss Peyton l'avaient bientôt mis à son aise. Il connaissait toute sa famille en Virginie; il ne pouvait même croire qu'il ne l'y eût jamais vue. Miss Peyton n'avait aucun doute à cet égard, car si elle eût vu une seule fois le docteur, elle n'aurait jamais oublié ses singularités. Cette circonstance dissipa cependant l'embarras de leur situation, et il s'ensuivit une sorte de conversation que les nièces se bornèrent à écouter, et dans laquelle la tante ne prit pas une très-grande part.

— Comme je l'ai dit à monsieur votre frère, dit le docteur, ce sont les vapeurs fétides d'un marécage voisin qui ont rendu son habitation de la plaine malsaine pour l'homme; car les bestiaux.....

— Bon Dieu! qu'est-ce que cela? s'écria miss Peyton pâlissant en entendant le bruit des coups de pistolet qu'on avait tirés sur Birch.

— Cela ressemble prodigieusement, répondit le docteur en buvant une tasse de thé avec le plus grand sang-froid, à un choc produit dans l'atmosphère par une explosion d'armes à feu. Je croirais que c'est la compagnie du capitaine Lawton qui revient, si je ne savais qu'il ne se sert jamais du pistolet, mais qu'il abuse terriblement du sabre.

— Divine Providence! s'écria miss Peyton. Mais bien sûrement il ne voulait blesser personne.

— Blesser! répéta Sitgreaves; les coups du capitaine ne blessent personne, Madame, ils portent la mort, une mort inévitable, malgré tout ce que j'ai pu lui dire.

— Mais le capitaine Lawton est l'officier qui était ici ce matin, et bien certainement il est votre ami, dit Frances en voyant l'effroi peint sur le visage de sa tante.

— Sans doute, il est mon ami. C'est un brave homme, et il ne lui manque que de vouloir apprendre à manier le sabre scientifiquement, de manière à me laisser quelque chance de guérir les blessés. Il faut que chacun vive de son métier, Madame; et que deviendra un chirurgien s'il trouve ses patients morts en arrivant pour les voir?

Il discutait encore la probabilité ou l'improbabilité que les coups de feu qu'on avait entendus eussent été tirés par la troupe du capitaine Lawton, quand de grands coups frappés à la porte alarmèrent sérieusement les trois dames. Il se leva sur-le-champ, et prenant par instinct une petite scie qui avait été sa compagne fidèle toute la journée, dans la vaine attente qu'il trouverait quelque amputation à faire, il les pria de se tranquilliser, les assura qu'il les garantirait de tout danger, et se rendit lui-même vers la porte.

— Le capitaine Lawton! s'écria Sitgreaves en le voyant entrer dans le vestibule, marchant avec peine et appuyé sur le bras de son lieutenant.

— Ah! mon cher renoueur, vous voilà! dit le capitaine avec gaieté, j'en suis ravi, car je désire que vous examiniez ma carcasse; mais avant tout, envoyez au diable cette chienne de scie.

Mason expliqua en peu de mots au chirurgien la nature de l'accident arrivé au capitaine, et miss Peyton consentit de la manière la plus gracieuse à lui donner l'hospitalité. Tandis qu'on lui préparait une chambre, et que le docteur donnait certains ordres d'augure sinistre, le capitaine fut invité à entrer dans la salle à manger. La table était garnie de quelques mets plus substantiels que ceux qu'on sert ordinairement pour le repas du soir, et ils attirèrent les yeux des deux officiers. Miss Peyton, songeant que le déjeuner qu'elle leur avait servi dans la matinée avait été probablement leur seul repas de toute la journée, les invita à la terminer par un autre. Elle n'eut pas besoin de les presser; au bout de quelques instants, ils étaient à table fort à leur aise, mais interrompus de temps en temps par une grimace qu'arrachaient au capitaine les douleurs qu'il éprouvait. Cependant il n'en perdit pas un coup de dent, et il finissait heureusement cette occupation importante quand le docteur rentra pour lui annoncer que la chambre qui lui était destinée était prête.

— Eh quoi! capitaine, s'écria l'Esculape immobile de surprise, vous mangez! Avez-vous donc envie de mourir?

— Pas le moins du monde, répondit Lawton en se levant de table et en saluant les dames; et c'est pourquoi je m'occupe à renouveler en moi les principes de la vie.

Sitgreaves murmura quelques mots de mécontentement et sortit de l'appartement avec le capitaine et son lieutenant.

Il y avait alors en Amérique dans toutes les maisons ce qu'on appelait la *belle chambre*, et la belle chambre des Sauterelles, grâce à l'influence invisible de Sara, avait été donnée au colonel Wellmere. La courte-pointe d'édredon qu'une nuit très-froide devait rendre extrêmement agréable à des membres froissés, couvrait le lit de l'officier anglais. Un vase d'argent, décoré des armes de la famille Wharton, contenait le breuvage qu'il devait prendre pendant la nuit, tandis que les deux capitaines américains n'avaient dans leur chambre que des vases de belle porcelaine. Sara ne s'avouait certainement pas la préférence qu'elle avait accordée à l'officier anglais, mais il est également certain que, sauf la douleur de ses meurtrissures, Lawton se serait fort peu inquiété du lit et des vases, pourvu que le breuvage fût à son goût, car il était habitué à se coucher tout habillé, et même de temps en temps à passer la nuit en selle. Après qu'il eut pris possession d'une petite chambre, où rien ne manquait d'ailleurs de ce qui pouvait la rendre commode, le docteur Sitgreaves lui demanda où était le siége du mal dont il se plaignait, et il commençait déjà à lui passer la main sur le corps, quand le capitaine s'écria d'un ton d'impatience:

— Pour l'amour du ciel, Sitgreaves, jetez de côté cette maudite scie! La vue m'en glace le sang dans les veines.

— Capitaine Lawton, répondit le docteur, il est inconcevable qu'un homme qui a exposé sa vie et ses membres dans tant de combats, soit effrayé de la vue d'un instrument si utile.

— Le ciel me préserve de faire l'épreuve de son utilité! répliqua Lawton en frémissant.

— Sûrement vous ne fermeriez pas les yeux aux lumières de la science, reprit l'opérateur incorrigible; vous ne refuseriez pas le secours du chirurgien parce que cette scie pourrait devenir nécessaire?

— Je le refuserais.

— Vous le refuseriez?

—Oui. Vous ne me dépècerez jamais comme un quartier de bœuf, tant que j'aurai la force de me défendre. Mais voyons ; le sommeil me gagne ; quelqu'une de mes côtes est-elle brisée ?

— Non.

— Tous mes os sont-ils en bon état?

— Oui.

— Mason, avancez-moi cette bouteille. Et ayant bu un grand verre de vin, il tourna le dos à ses deux compagnons d'un air fort délibéré, en leur criant d'un ton de bonne humeur : — Bonsoir, Mason! bonne nuit, Galien.

Le capitaine Lawton avait un profond respect pour les connaissances chirurgicales du docteur Sitgreaves ; mais il était d'un scepticisme complet à l'égard des remèdes médicinaux dont l'effet doit opérer intérieurement. Il disait souvent qu'un homme qui avait l'estomac plein, le cœur ferme et la conscience nette, devait braver le monde et toutes ses vicissitudes. La nature lui avait accordé la fermeté du cœur ; et quant aux deux autres points qui lui paraissaient nécessaires pour compléter la prospérité humaine, la vérité veut que nous ajoutions qu'il tâchait aussi de n'avoir pas de reproche à se faire. Une de ses maximes favorites était que les dernières parties du corps humain que la mort attaquait étaient d'abord la mâchoire et enfin les yeux ; d'où il concluait que la diète était contre nature, et que les yeux devaient veiller à ce qu'il n'entrât dans le sanctuaire de la bouche que ce qui pouvait lui être agréable.

Le chirurgien, qui connaissait parfaitement les opinions du capitaine, jeta sur lui un regard de commisération, tandis que Lawton lui tournait le dos très-cavalièrement ainsi qu'à Mason. Il replaça dans sa boîte officinale quelques fioles qu'il en avait tirées, fit brandir sa scie sur sa tête avec un air de triomphe, et, sans daigner dire un seul mot au capitaine, alla faire une visite à l'officier installé dans la belle chambre. Mason s'apprêtait à souhaiter le bonsoir à son capitaine, mais s'apercevant à sa respiration qu'il était déjà endormi, il se hâta d'aller prendre congé des dames, remonta à cheval et partit au galop pour rejoindre sa troupe.

CHAPITRE X.

> L'âme prête à partir s'arrête sur quelque sein affectueux ; l'œil qui se ferme demande quelques larmes d'affection, la voix de la nature crie du sein même du tombeau, et le feu qui nous a animés vit jusque dans nos cendres. GRAY.

Les possessions de M. Wharton s'étendaient à quelque distance de chaque côté de la maison qu'il habitait ; mais la plupart de ses terres restaient sans culture. On voyait dans différentes parties de ses domaines quelques maisons éparses, mais elles étaient inoccupées et tombaient rapidement en ruine. La proximité des armées belligérantes avait presque banni du pays les travaux de l'agriculture. A quoi bon le cultivateur aurait-il consacré son temps et la sueur de son front à remplir jusqu'au comble des greniers que le premier parti de maraudeurs aurait vidés? Personne ne labourait la terre dans une autre vue que de se procurer de chétifs moyens de subsistance, à l'exception de ceux qui étaient placés assez près de l'un des deux partis ennemis pour ne pas avoir à craindre les incursions des troupes légères de l'autre. La guerre offrait à ces derniers une moisson d'or, surtout à ceux qui se trouvaient dans les environs de l'armée royale. M. Wharton, n'attendant pas de ses terres des moyens de subsistance, s'était volontiers conformé à la politique du jour, et il se bornait à y faire croître les denrées qui pouvaient se consommer promptement dans sa famille, ou qui étaient de nature à pouvoir être aisément cachées aux fourrageurs. Il n'existait donc, dans les environs du terrain sur lequel avait eu lieu l'action que nous avons décrite, qu'une seule maison habitée, appartenant au père d'Harvey Birch. Elle était située entre l'endroit où la cavalerie avait combattu et celui sur lequel les dragons américains avaient chargé le corps d'infanterie de Wellmere.

Cette journée avait été assez fertile en accidents pour fournir à Katy Haynes un sujet de conversation inépuisable pour tout le reste de sa vie. La prudente femme de charge avait maintenu jusqu'alors ses opinions politiques dans un état de neutralité. Ses parents avaient épousé la cause de leur pays, mais elle n'avait jamais perdu de vue le moment où elle deviendrait la femme de

Birch, et elle ne voulait pas charger les liens de l'hymen d'autres entraves que celles dont la nature les a déjà si abondamment pourvus. Katy savait que le lit nuptial est toujours entouré d'assez d'amertume, sans y ajouter encore des altercations politiques ; et cependant la vestale curieuse ne savait trop elle-même pour quel parti elle devait se déclarer, afin d'éviter ce malheur qu'elle redoutait. Il y avait dans la conduite du colporteur tant de mystère et de réserve, qu'elle retenait souvent ses paroles à l'instant où elle aurait voulu manifester une opinion conforme à la sienne. Ses absences prolongées de chez son père n'avaient commencé qu'à l'instant où les armées ennemies avaient paru dans le comté, car avant cette époque il y revenait fréquemment et avec régularité.

La bataille des Plaines avait appris au prudent Washington les avantages que les ennemis possédaient du côté des armes et de la discipline, avantages qu'il ne pouvait surmonter qu'à force de soins et de vigilance. Retirant ses troupes sur les hauteurs dans les parties septentrionales du comté, il brava les attaques de l'armée royale, et sir William Howe retourna jouir de ses conquêtes stériles, qui étaient une ville déserte et les îles adjacentes. Depuis ce temps jamais les armées ennemies ne s'étaient disputé la supériorité dans le comté de West-Chester. Cependant à peine se passait-il un jour qui ne fût marqué par quelque incursion de partisans, et rarement on voyait le soleil se lever sans que les habitants eussent à entendre la relation des excès que la nuit précédente avait servi à cacher. C'était aussi pendant les heures que les autres consacrent au repos que le colporteur faisait la plupart de ses courses dans le comté. Le soleil, en se couchant, le voyait souvent à une extrémité du canton, et il le trouvait à l'autre quand il se levait. Sa balle ne le quittait jamais, et ceux qui l'examinaient de près dans ses opérations de commerce croyaient que toutes ses pensées étaient concentrées dans le désir d'amasser de l'argent. On le voyait fréquemment près des montagnes de l'est, le corps courbé sous le poids dont il était chargé, et bientôt on l'apercevait près de la rivière de Harlaem, se dirigeant d'un pas plus léger vers le soleil couchant. Mais ses apparitions étaient passagères et incertaines ; personne ne pouvait pénétrer ce qu'il faisait pendant l'intervalle qui les séparait. Il était quelquefois absent pendant des mois entiers, sans laisser découvrir aucune de ses traces.

Les hauteurs de Harlaem étaient occupées par de forts détachements de troupes royales ; l'extrémité septentrionale était hérissée de baïonnettes anglaises, et cependant Birch y passait sans qu'on l'inquiétât et presque sans qu'on fît attention à lui. Il ne s'approchait pas moins fréquemment des lignes américaines, mais avec plus de précautions, et en se ménageant les moyens de se soustraire aux poursuites. Plusieurs sentinelles placées dans des gorges de montagnes parlèrent d'une étrange figure qu'ils avaient vue passer à quelque distance dans les ténèbres. Ce bruit vint jusqu'aux oreilles des officiers, et comme nous l'avons dit, Birch tomba deux fois entre les mains des Américains. La première il échappa à Lawton presque à l'instant de son arrestation ; la seconde, il fut condamné à mort. Mais quand on alla le chercher pour le conduire au gibet, on trouva la cage bien fermée, et cependant l'oiseau était envolé. Cette évasion était d'autant plus extraordinaire qu'il était sous la garde d'un officier favori de Washington et de sentinelles qui avaient été jugées dignes de garder la personne du commandant en chef. Des hommes si estimés ne pouvaient être soupçonnés d'avoir trahi la confiance qu'on leur avait accordée, ni de s'être laissé corrompre ; aussi, bien des soldats étaient-ils convaincus que le colporteur était ligué avec le malin esprit. Cependant Katy repoussait toujours cette idée avec indignation, car, dans le secret de son cœur, elle concluait que le malin esprit ne payait pas avec de l'or. Et il en était de même, pensait-elle, de Washington ; car avant l'arrivée des secours de France, le chef de l'armée américaine ne payait qu'en papier et en promesses, et même depuis ce temps, quoique la femme de charge ne laissât jamais échapper l'occasion de sonder la profondeur de la bourse de peau de daim, elle n'avait jamais pu y découvrir l'image de Louis glissée parmi celles de George III.

Les Américains avaient fait surveiller plusieurs fois la maison d'Harvey, afin de l'arrêter quand il paraîtrait, mais toujours sans succès. L'espion prétendu avait de secrets moyens d'intelligence qui déjouaient ce système de contre-espionnage. Une fois qu'un corps de l'armée républicaine avait passé un été entier en cantonnement aux Quatre-Coins, un ordre émané de Washington même avait commandé qu'on surveillât nuit et jour sans interruption la maison de Birch ; on eut grand soin de n'y pas manquer, et pendant tout ce temps Harvey ne parut pas chez son père. Ce corps fut rappelé dans l'intérieur, et dès la nuit suivante il arriva.

Le père de Birch avait été lui-même fort inquiété par suite du caractère suspect de son fils. On prit sur la conduite du vieillard les informations les plus exactes, mais nul fait ne put être allégué contre lui, et ses biens étaient trop modiques pour exciter le zèle de prétendus patriotes qui ne se seraient pas trouvés dédommagés de leurs peines en les faisant confisquer pour les acheter. Au surplus, l'âge et le chagrin s'apprêtaient à le mettre à l'abri de toutes persécutions. La dernière séparation du père et du fils avait été pénible, mais elle avait eu lieu pour obéir à ce que tous deux regardaient comme un devoir. Le vieillard avait fait un secret de sa situation dans tout son voisinage, afin de pouvoir jouir sans interruption de la compagnie de son fils dans ses derniers moments. La confusion qui avait régné pendant toute la journée, et la crainte qu'il avait qu'Harvey n'arrivât trop tard, servirent à accélérer un événement qu'il aurait voulu pouvoir retarder de quelques heures. Aux approches de la nuit sa situation empira à un tel point, que Katy, ne sachant que faire et désirant avoir quelqu'un auprès d'elle en ce moment de crise, envoya aux Sauterelles un enfant qui avait passé toute la journée dans la chaumière du vieux Birch plutôt que de se hasarder à traverser une vallée couverte de combattants. César était le seul individu dont on pût s'y passer, et miss Peyton lui ayant remis un papier rempli de ce qu'elle croyait être le plus utile à un vieillard épuisé par les années, l'avait chargé de cette mission de charité. Mais le moribond n'était plus en état d'en profiter, et le désir de voir son fils semblait le dernier lien qui l'attachât à la vie.

Le bruit de la chasse donnée au malheureux colporteur s'était fait entendre jusque dans cette chaumière, mais on n'en connaissait pas la cause, et comme Katy et le nègre savaient qu'un détachement de cavalerie américaine était à la poursuite de l'infanterie anglaise, la fin de ce tumulte fut aussi celle de leurs appréhensions. Ils entendirent les dragons passer devant la maison; mais, cédant aux injonctions prudentes de César, la femme de charge avait réprimé sa curiosité. Le vieillard avait fermé les yeux, et l'on crut qu'il s'était endormi. La chaumière était composée de quatre pièces, deux grandes et deux petites. L'une des premières servait de cuisine et de salle à manger; dans l'autre était couché le père de Birch. Une des deux petites était le sanctuaire de la vestale; la seconde servait de dépôt pour les provisions. Une immense cheminée en pierre s'élevait au milieu du bâtiment, et servait de séparation entre les deux grandes chambres. Il s'en trouvait de dimensions proportionnées dans les autres appartements. Un bon feu brillait dans la cuisine, et c'était sous son énorme manteau que César et Katy étaient assis dans le moment dont nous parlons. L'Africain circonspect tâchait de faire sentir à sa compagne la nécessité de réprimer une curiosité dangereuse.

— Falloir jamais tenter Satan, disait César en roulant d'un air expressif des yeux dont le blanc brillait de l'éclat de la flamme qui pétillait dans la cheminée ; moi avoir manqué de perdre une oreille seulement pour avoir porté un petit bout de lettre. Mais moi bien vouloir qu'Harvey être ici.

— C'est une honte à lui d'être absent en un pareil moment, dit Katy d'un air imposant. Supposez que son père voulût faire son testament sur sa bible, qui pourrait l'écrire pour lui? Harvey est un homme insouciant et négligent.

— Peut-être lui l'avoir déjà fait, dit César du ton dont on fait une question.

— Il n'y aurait rien d'étonnant, reprit vivement la femme de charge; il a sa Bible entre les mains des journées entières.

— Lui lire un bon livre, dit le nègre d'un ton solennel. Miss Fanny lire souvent la bible à Dina.

— Mais il ne la lirait pas si souvent, continua Katy, s'il ne s'y trouvait que ce qu'on voit dans toutes les autres.

Elle se leva, entra sur la pointe des pieds dans la chambre où était le moribond, ouvrit le tiroir d'une commode, y prit une grande Bible, garnie de fermoirs de cuivre, et alla retrouver l'Africain qui l'attendait. Le volume fut ouvert, et elle se mit sur-le-champ à l'examiner. Il s'en fallait de beaucoup qu'elle fût habile dans la science de la lecture, et César ne connaissait pas une seule lettre. Elle passa quelque temps à épeler le mot Matthieu qu'elle vit au haut d'une des pages en grands caractères romains, et elle annonça sur-le-champ sa découverte à César, qui était tout attention.

— Fort bien, à présent vous lire tout, dit le nègre, regardant par-dessus l'épaule de la femme de charge en tenant une longue et mince chandelle de suif jaune, de manière à ce qu'elle jetât sa faible clarté sur le volume.

— Oui, mais il faut regarder au commencement du livre, répondit Katy en tournant négligemment les pages deux à deux ; et enfin elle en trouva une qui avait été blanche, mais qu'une plume avait couverte de son travail. M'y voici, s'écria-t-elle en secouant le livre avec toute l'ardeur d'une curiosité impatiente ; je donnerais tout au monde pour savoir à qui il laisse ses grandes boucles de souliers en argent.

— Vous lire, dit laconiquement César.

— Et la commode en bois de noyer, car jamais Harvey n'en aura besoin.

— Pourquoi pas lui en avoir besoin comme son père? demanda le nègre d'un ton sec.

— Et les six grandes cuillers d'argent : car Harvey ne se sert jamais que de celles de fer.

— Lui le dire, sans doute, dit l'Africain en lui montrant l'écriture tout en écoutant l'inventaire que faisait Katy des richesses du vieux Birch.

Ainsi pressée par le nègre et ne l'étant pas moins par sa curiosité, Katy commença sa tâche, et pour en venir plus vite à ce qui l'intéressait davantage, elle passa la moitié de la page et lut lentement :

« Chester Birch, née le 1er septembre 1755. »

— Elle avoir sans doute les cuillers, ajouta le nègre à la hâte.

— « 1er juin 1760. En ce jour terrible, le jugement d'un Dieu offensé tomba sur ma famille...» Un gémissement profond partant de la chambre voisine interrompit la lecture. La femme de charge ferma le livre par instinct, et César trembla un instant de frayeur. Ni l'un ni l'autre n'eut assez de résolution pour entrer dans la chambre du moribond, qu'on entendait respirer péniblement. Katy n'osa pourtant pas rouvrir la bible, et en attachant les fermoirs avec soin, elle la plaça sur la table. César se tourna sur sa chaise, comme s'il se fût trouvé mal à l'aise, et dit, après avoir jeté un regard timide tout autour de la chambre :

— Moi croire lui s'en aller.

— Non, répondit Katy d'un ton solennel, il vivra jusqu'à ce que la marée s'en aille, ou que le coq chante pour annoncer le matin.

— Pauvre homme ! dit le nègre en s'enfonçant encore plus sous la cheminée ; moi espérer que lui rester bien tranquille après être mort.

— Je n'en répondrais pas, répondit Katy en regardant autour d'elle et en baissant la voix. On dit que pour être tranquille après sa mort il faut l'avoir été pendant sa vie.

— John Birch être un fort brave homme.

— Ah! César! on n'est brave homme que quand on se conduit en brave homme. Pouvez-vous me dire, César, pourquoi on cacherait dans les entrailles de la terre de l'argent honnêtement gagné.

— Si lui savoir où être cet argent, pourquoi ne pas le déterrer?

— Il peut y avoir des raisons que vous ne comprenez pas, répondit Katy en arrangeant sa chaise de manière que ses jupons couvraient entièrement la pierre sous laquelle était caché le trésor secret du colporteur. Ne pouvant s'empêcher de parler de ce qu'elle aurait été bien fâchée de révéler, elle ajouta : — Il ne faut pas toujours juger de l'oiseau par la cage. César ouvrait de grands yeux qu'il tournait tout autour de la chambre, incapable de comprendre le sens caché de cette parabole, quand tout à coup son regard devint fixe, ses dents claquèrent d'effroi, et Katy, qui s'aperçut du changement de sa physionomie, ayant tourné la tête, vit le colporteur lui-même sur le seuil de la porte.

— Vit-il encore? demanda Harvey d'une voix tremblante, et paraissant craindre d'entendre la réponse à cette question.

— Sans doute, répondit Katy en se levant à la hâte et en lui offrant officieusement sa chaise, il faut bien qu'il vive jusqu'au départ de la marée ou jusqu'au chant du coq.

— N'écoutant que l'assurance qu'elle lui donnait que son père vivait encore, le colporteur entra doucement dans la chambre du mourant. Le lien qui unissait ensemble ce père et ce fils n'était pas d'une nature ordinaire : ils étaient tout au monde l'un pour l'autre. Si Katy avait lu quelques lignes de plus, elle aurait vu le triste récit de leurs infortunes. Une catastrophe subite leur avait enlevé tout d'un coup leur aisance et leur famille, et depuis ce moment la détresse et la persécution s'étaient attachées à leurs pas errants. S'approchant du chevet du lit, Harvey se pencha et dit d'une voix entrecoupée :

— Mon père, me connaissez-vous?

Le vieillard ouvrit les yeux lentement, et un sourire de satisfaction parut sur ses traits pâles, pour y laisser ensuite l'impression de la mort plus fortement tracée par ce contraste. Harvey approcha des lèvres desséchés du vieillard une potion cordiale qu'il lui avait apportée, et qui parut ranimer un instant ses forces. Il parla à son fils, mais avec lenteur et difficulté. La curiosité imposait silence à Katy, et l'effroi produisait le même effet sur

César. Harvey semblait à peine respirer en écoutant les dernières paroles de son père expirant.

— Mon fils, lui dit celui-ci d'une voix cassée, Dieu est aussi miséricordieux que juste. Il a châtié les erreurs de ma jeunesse; mais je sens qu'il ne refuse pas la coupe du salut à mon repentir dans ma vieillesse: il châtie pour purifier. Je vais rejoindre les âmes de notre malheureuse famille. Vous allez vous trouver seul dans le monde, Harvey, et je vous connais assez pour prévoir que vous continuerez à y vivre seul. Le roseau brisé peut conserver un reste d'existence, mais il ne relève jamais la tête. Vous avez en vous ce qui vous guidera dans les sentiers de la justice. Persévérez dans ce que vous avez commencé; car il ne faut jamais négliger les devoirs de la vie, et...

Un bruit soudain dans l'autre chambre interrompit le mourant, et le colporteur impatient y courut pour en apprendre la cause. Un seul coup d'œil jeté sur l'individu qui était à la porte ne lui apprit que trop clairement quel était le motif de cette visite, et quel destin l'attendait probablement. L'intrus était un homme encore jeune, mais dont les traits annonçaient un esprit agité depuis longtemps par les passions. Ses vêtements grossiers, malpropres et en lambeaux, lui donnaient un air de pauvreté étudiée. Ses cheveux commençaient déjà à se couvrir d'une blancheur prématurée, et son œil enfoncé et hagard évitait le regard franc et hardi de l'innocence. Il y avait dans ses manières et ses mouvements une sorte d'agitation inquiète, suite de l'esprit pervers qui l'animait, et qui était aussi désagréable pour les autres qu'incommode pour lui-même. C'était le chef bien connu d'une de ces bandes de maraudeurs[1], qui, sous le masque du patriotisme, infestaient le pays et se rendaient coupables de tous les crimes, depuis le vol jusqu'au meurtre. Derrière lui étaient plusieurs individus vêtus à peu près de la même manière, mais dont les traits n'exprimaient que l'indifférence d'une insensibilité brutale. Tous étaient armés de fusils à baïonnette et portaient en général toutes les armes ordinaires de l'infanterie. Harvey savait que toute résistance serait inutile, et il se soumit tranquillement à tout ce qu'ils exigèrent de lui. En un clin d'œil, César et lui furent dépouillés de leurs vêtements, en place desquels on leur donna les haillons des deux hommes les plus déguenillés de la

---

[1]. Connues sous le nom de *Skinners*, c'est-à-dire écorcheurs, comme on l'a déjà dit.

bande. On les plaça ensuite chacun dans un coin de la chambre, et dirigeant le bout d'un mousquet sur leur poitrine, on leur ordonna de répondre catégoriquement aux questions qui leur seraient faites.

— Où est ta balle? demanda le chef au colporteur.

— Ecoutez-moi, répondit Birch tremblant d'émotion : mon père est à l'agonie dans la chambre voisine; laissez-moi aller recevoir sa bénédiction et lui fermer les yeux, et vous aurez tout; oui, tout.

— Réponds à ma question, ou ce mousquet t'enverra tenir compagnie au vieux radoteur. Où est ta balle?

— Je ne vous dirai rien avant d'avoir vu mon père, dit Harvey avec résolution.

Son persécuteur leva le bras avec un sourire diabolique, et il allait exécuter la menace, quand un de ses compagnons l'arrêta en s'écriant :

— Qu'allez-vous faire? vous oubliez sûrement la récompense.

— Allons, dis-nous où sont tes marchandises, et nous t'enverrons voir ton père.

Harvey leur indiqua où il avait laissé sa balle en fuyant. Un des brigands alla la chercher, et étant bientôt de retour, il la jeta par terre en jurant qu'elle était aussi légère que si elle n'était remplie que de plumes.

— Oui, s'écria le chef, mais il doit y avoir quelque part de l'argent pour prix de ce qu'elle contenait. Donne-nous ton argent, Harvey Birch; nous savons que tu en as; car tu ne te soucies pas du papier du congrès.

— Vous ne tenez pas votre parole, dit Harvey d'un air sombre.

— Donne-nous ton argent! répéta le chef d'un ton furieux en faisant sentir au colporteur le fer de sa baïonnette, au point que quelques gouttes de sang rougirent ses vêtements. En cet instant un léger mouvement se fit entendre dans la chambre voisine, et Harvey s'écria d'un ton suppliant :

— Laissez-moi, laissez-moi aller voir mon père, et vous aurez tout.

— Je te jure que tu iras le voir ensuite.

— Eh bien! prenez ce métal maudit, répondit Birch en lui jetant sa bourse qu'il avait eu l'adresse de dérober à leurs yeux en changeant d'habits.

Le brigand la ramassa, et lui dit avec un sourire infernal :

— Oui, oui, tu iras voir ton père, mais ce sera ton père qui est dans le ciel.

— Monstre! s'écria Birch, n'avez-vous donc ni sentiments, ni foi, ni honneur?

— Ecoutez-le! on dirait à l'entendre qu'il n'a pas déjà la corde autour du cou. — Sois bien tranquille, Birch : si le bonhomme prend les devants sur toi de quelques heures, tu es sûr de le rejoindre avant midi.

Cette annonce faite avec une méchanceté brutale ne produisit aucun effet sur le colporteur, qui écoutait en respirant à peine les moindres sons qui partaient de la chambre de son père. Enfin il entendit une voix faible et sépulcrale prononcer son nom, et ne pouvant résister davantage à son impatience, il s'écria :

— Paix! mon père! paix, je viens, je viens. Il fit en même temps un mouvement rapide pour s'échapper, mais il se trouva cloué à la muraille par la baïonnette du Skinner. Heureusement la promptitude avec laquelle il était parti lui avait fait éviter le coup qui menaçait sa vie, et il ne fut retenu que par ses habits.

— Non, Birch, non. Nous savons trop combien tu es glissant pour te perdre de vue un instant. Ton argent, ton argent, dis-je.

— Vous l'avez déjà, s'écria Birch dans l'agonie du désespoir.

— Oui, nous avons la bourse, mais tu dois en avoir d'autre. Le roi George est bon payeur, et tu lui as rendu bien des services. Où est ton magot? Dépêche-toi, si tu veux revoir ton père.

— Levez la pierre qui est sous cette femme, s'écria Harvey avec vivacité.

— Il déraisonne, il extravague, s'écria Katy en se plaçant rapidement sur la pierre voisine. En un instant la pierre fut soulevée, et l'on ne vit en dessous que la terre.

— Il extravague, répéta la femme de charge en tremblant; vous lui avez fait perdre l'esprit. Quel homme de bon sens songerait à placer son argent sous une pierre du foyer?

— Silence, bavarde, dit Harvey. Levez la pierre qui est dans le coin, vous deviendrez riches, et je ne serai plus qu'un mendiant.

— Et un méprisable mendiant, s'écria Katy; qu'est-ce qu'un colporteur sans balle et sans argent? chacun vous méprisera, rien n'est plus sûr!

— Il aura toujours de quoi payer une corde, dit le Skinner en apercevant une quantité raisonnable de guinées anglaises. On les fit promptement tomber dans un petit sac de cuir malgré les protestations de la femme de charge, qui déclara que ses gages lui étaient dus, et que dix de ces guinées lui appartenaient de droit.

Enchantés d'une prise qui dépassait de beaucoup leur attente, les bandits se préparèrent à partir et à emmener avec eux le colporteur, dans le dessein de le livrer au premier corps américain, et de réclamer la récompense qui avait été promise pour son arrestation. Birch refusant opiniâtrément de marcher, ils allaient l'emporter de vive force, quand on vit entrer dans la chambre une espèce de fantôme qui glaça d'effroi tous les spectateurs. Son corps était entouré d'un drap du lit dont il venait de se lever, et son œil fixe, sa figure livide, lui donnaient l'air d'un être appartenant à un autre monde. Katy et César crurent eux-mêmes que c'était l'esprit du vieux Birch, et ils s'enfuirent précipitamment de la maison, suivis de toute la bande des Skinners non moins alarmés.

Les forces qu'une vive émotion avait rendues au moribond disparurent aussi promptement, et son fils le prenant dans ses bras, le porta sur son lit. La fin de cette scène ne pouvait tarder.

L'œil à demi éteint du père était fixé sur le fils; ses lèvres remuaient, mais sa voix ne pouvait se faire entendre. Harvey se courba sur lui, et reçut en même temps la bénédiction et le dernier soupir de son père.

Des privations, des soucis, des injustices remplirent une grande partie du reste de la vie d'Harvey Birch. Mais ni les souffrances, ni les malheurs, ni les calomnies, n'effacèrent jamais de son esprit le souvenir de l'instant où il avait reçu la dernière bénédiction de son père. Il y puisait une consolation du passé, un adoucissement au présent, des espérances pour l'avenir. Il savait qu'un esprit bienheureux priait pour lui au pied du trône de la Divinité, et l'assurance qu'il avait fidèlement rempli tous les devoirs de la pitié filiale lui donnait de la confiance en la miséricorde céleste.

La fuite de César et de Katy avait été trop précipitée pour qu'ils pussent y mettre beaucoup de calcul. Cependant ils avaient pris par instinct un autre chemin que les brigands. Après avoir couru quelques minutes, ils s'arrêtèrent de lassitude.

— Ah! César, s'écria Katy d'un ton solennel, voir un mort revenir ainsi, avant même qu'il ait été mis dans le tombeau! il faut que ce soit l'argent qui l'ait troublé. On dit que l'esprit du capitaine Kidd se promène toutes les nuits près de l'endroit où il avait enterré son or pendant la dernière guerre.

— Moi avoir jamais cru que John Birch avoir si grands yeux, dit César dont les dents claquaient encore de frayeur.

— Après tout, continua Katy, pourquoi un mort ne serait-il pas fâché comme un vivant de perdre tant d'argent? Mais songez à Harvey. Qui voudrait l'épouser à présent?

— Mais peut-être l'esprit l'avoir emporté, dit César.

Ce mot *emporté* fit naître une nouvelle idée dans l'imagination de Katy. N'était-il pas possible que les brigands, dans l'effroi du moment, eussent oublié d'emporter l'argent? Cette réflexion fit disparaître la peur, et en ayant fait part à César, ils résolurent, après une mûre délibération, de retourner vers la chaumière, de s'assurer de ce fait important, et, s'il était possible, du sort de Birch. Ils perdirent beaucoup de temps en s'approchant avec précaution de cet endroit redouté, et comme Katy avait eu soin de suivre la ligne de retraite des Skinners, elle examinait chaque pierre, chemin faisant, pour voir si ce n'était pas une pièce d'or. Mais quoique l'alarme soudaine et les cris de César eussent déterminé les maraudeurs à une fuite précipitée, ils avaient emporté l'or en le serrant d'une telle force que la mort même n'aurait pu le leur faire lâcher. Voyant que tout était tranquille dans la chaumière, Katy s'arma d'assez de résolution pour y entrer. Ils y trouvèrent Harvey tristement occupé à rendre les derniers devoirs à son père. Il ne fallut que quelques mots pour faire reconnaître à Katy sa méprise; mais César continua jusqu'à son dernier jour à épouvanter les noirs habitants de la cuisine de M. Wharton, en leur faisant de savantes dissertations sur les esprits, et en leur racontant combien avait été terrible l'apparition de John Birch.

Le danger qu'il courait força Harvey à abréger le court espace que l'usage laisse passer en Amérique entre la mort et la sépulture, et aidé par le nègre et par Katy, sa tâche fut bientôt terminée. César se chargea sur-le-champ d'aller commander un cercueil dans le village voisin, et le corps fut enveloppé dans un drap blanc, en attendant son retour.

Cependant les Skinners avaient couru sans s'arrêter jusqu'au bois qui n'était qu'à peu de distance de la chaumière de Birch. Là ils firent halte, et leur chef mécontent s'écria d'une voix de tonnerre :

— Mort et sang! qu'avez-vous donc à fuir ainsi, misérables poltrons?

— On pourrait vous faire la même question, lui répondit avec humeur un de ses gens.

— A votre frayeur, je croyais qu'un détachement de la compagnie de Delancey était à nos trousses. Oh! vous êtes d'excellents coureurs.

— Nous suivons notre capitaine.

— Eh bien! suivez-moi donc à la chaumière, et allons nous emparer de ce chien de colporteur, afin de recevoir la récompense.

— Oui, pour que ce vieux coquin de noiraud nous mette sur les bras cet enragé Virginien. Sur mon âme, je le crains plus que cinquante Vachers.

— Imbécile, s'écria le chef avec colère, ne sais-tu pas que Dunwoodie est aux Quatre-Coins, à deux grands milles d'ici?

— Je ne parle pas de Dunwoodie; mais je suis sûr que le capitaine Lawton est dans la maison du vieux Wharton. Je l'y ai vu entrer pendant que j'épiais une occasion pour tirer de l'écurie le cheval de ce colonel anglais.

— Et quand Lawton viendrait nous attaquer, la peau d'un dragon américain est-elle plus impénétrable à la balle que celle d'un cavalier anglais?

— Non; mais je ne me soucie pas de me fourrer la tête dans un guêpier. Si nous ameutons contre nous ces enragés Virginiens, nous n'aurons plus une nuit tranquille pour fourrager.

— Eh bien! murmura le chef tandis qu'ils se remettaient en chemin pour s'enfoncer dans le bois, cet imbécile de colporteur voudra rester pour enterrer son vieux coquin de père. Nous ne devons pas le toucher pendant l'enterrement; mais il passera ici la journée de demain pour veiller à son mobilier, et la nuit suivante nous lui paierons nos dettes.

Après cette menace ils se retirèrent dans un de leurs rendez-vous ordinaires pour y rester jusqu'à ce qu'une nouvelle nuit leur fournît l'occasion de commettre sans danger de nouvelles déprédations.

CHAPITRE XI.

> O malheur! ô jour trois fois malheureux! jour le plus lamentable que j'aie jamais vu! O jour, jour haïssable! Vit-on jamais un jour aussi affreux que celui-ci! O jour malheureux! malheureux jour!
> SHAKSPEARE.

La famille Wharton avait dormi ou veillé, pendant les événements que nous venons de rapporter, dans une ignorance complète de ce qui se passait dans la chaumière de Birch. Les attaques des Skinners se conduisaient toujours avec tant de secret, que non seulement leurs victimes ne pouvaient espérer aucun secours, mais que souvent même elles étaient privées de la commisération de leurs voisins qui auraient craint que leur pitié ne les exposât à de semblables déprédations. Les dames, à qui la présence de nouveaux hôtes occasionnait quelques embarras additionnels, étaient descendues de meilleure heure que de coutume. Le capitaine Lawton, malgré les douleurs qu'il souffrait encore, s'était levé de très-grand matin, conformément à la règle qu'il s'était prescrite de ne jamais rester plus de six heures au lit. C'était presque le seul article de régime sur lequel le docteur et lui se fussent jamais trouvés d'accord. Sitgreaves ne s'était pas couché de toute la nuit; il était resté au chevet du lit du capitaine Singleton. De temps en temps il allait faire une visite au colonel Wellmere, qui, étant plus malade d'esprit que de corps, ne lui savait pas beaucoup, de gré de venir ainsi troubler son sommeil. Une seule fois il se hasarda à entrer dans la chambre de Lawton, et il était sur le point de lui tâter le pouls quand le capitaine, faisant un mouvement sans s'éveiller et jurant tout en rêvant, fit tressaillir le prudent chirurgien, et lui rappela un dicton qui courait dans le corps «—que le capitaine Lawton ne dormait jamais que d'un œil.»

Ce groupe était réuni dans une des salles du rez-de-chaussée quand le soleil se montra au-dessus des montagnes de l'est et dispersa les colonnes de brouillard qui couvraient toute la vallée. Miss Peyton, debout devant une fenêtre, regardait du côté de la maison du colporteur, et témoignait le désir de savoir comment se trouvait le vieillard malade qu'elle supposait l'habiter encore, quand elle vit sortir Katy Haynes du milieu d'un épais brouillard qui se dissipait sous les rayons bienfaisants du soleil. La femme de charge marchait à grands pas en se dirigeant vers les Sauterelles, et il y avait dans son air quelque chose qui annonçait une détresse extraordinaire. La bonne miss Peyton ouvrit la porte de l'appartement dans l'intention charitable d'adoucir un chagrin qui paraissait si accablant. En la voyant de plus près elle reconnut à ses traits altérés qu'elle ne s'était pas trompée, et éprouvant le choc dont un bon cœur ne manque jamais d'être frappé à l'instant d'une séparation subite et éternelle, fût-ce du plus humble individu de sa connaissance, elle lui dit sur-le-champ :

— Eh bien! Katy, le pauvre homme est donc parti?

— Non, Madame, reprit la pauvre fille avec amertume, mais il peut partir maintenant quand il lui plaira. Tout ce qu'il y a de pire lui est arrivé; je crois vraiment, miss Peyton, qu'ils ne lui ont pas laissé de quoi acheter un autre habit pour cacher sa nudité; car celui qui lui reste n'est pas des meilleurs, je vous l'assure.

— Comment, Katy! et qui peut avoir eu le cœur de piller un malheureux dans un tel moment de détresse?

— Le cœur? de pareils hommes n'ont ni cœur ni entrailles. Oui, miss Peyton, il y avait dans le pot de fer cinquante-quatre bonnes guinées de bon et bel or. Combien y en avait-il en dessous! C'est plus que je ne saurais dire; car, pour le savoir, il aurait fallu les compter, et je n'ai pas voulu y toucher, car on dit que l'argent des autres s'attache facilement aux doigts. Cependant, d'après les apparences, il devait bien s'y trouver deux cents guinées, sans parler de ce qu'il y avait dans le petit sac de cuir. Mais avec tout cela, qu'est Harvey aujourd'hui? rien qu'un mendiant, et vous savez que tout le monde méprise un mendiant!

— On doit plaindre l'indigent et non le mépriser, dit miss Peyton qui ne pouvait encore se figurer toute l'étendue des malheurs de ses voisins; mais comment va le pauvre vieillard? Cette perte dont vous parlez l'affecte-t-elle beaucoup?

La physionomie de Katy changea tout à coup : elle perdit l'expression du chagrin naturel pour prendre celle d'une mélancolie étudiée.

— Heureusement pour lui, répondit-elle, il est à l'abri des soucis de ce monde. Le son des guinées l'a fait sortir de son lit, et sa pauvre âme n'a pu résister à ce coup : il est mort deux heures dix minutes avant que le coq chantât, autant que j'en puis juger, et...

Ici elle fut interrompue par le docteur qui, s'approchant d'elle, lui demanda avec intérêt quelle était la nature de la maladie du défunt.

Katy jeta les yeux sur celui qui lui faisait cette question, et elle lui répondit en arrangeant son tablier par instinct.

— C'est le malheur du temps, c'est le chagrin de la perte de sa fortune qui l'ont conduit au tombeau. Il déclinait de jour en jour, malgré tous les soins que je prenais de lui. Et maintenant qu'Harvey n'est autre chose qu'un mendiant, qui me paiera de toutes mes peines?

— Dieu vous récompensera de vos bonnes œuvres, dit miss Peyton avec douceur.

— C'est tout mon espoir, répondit Katy avec un air de respect que remplaça sur-le-champ une expression qui annonçait plus de sollicitude pour les biens de ce monde ; car j'ai laissé mes gages entre les mains d'Harvey depuis trois ans, et maintenant qui me les paiera? Bien des fois mes frères m'avaient conseillé de demander mon argent ; mais il me semblait que les comptes étaient toujours faciles à régler entre personnes qui se tenaient de si près.

— Est-ce que vous êtes parente d'Harvey Birch? demanda miss Peyton.

— Mais... non, répondit Katy en hésitant, et cependant, dans la situation où sont les choses, je ne sais trop si je n'ai pas quelques droits à faire valoir sur la maison et le jardin ; car à présent que c'est la propriété d'Harvey, je ne doute pas que la confiscation n'en soit prononcée. Et se tournant vers Lawton dont les yeux perçants étaient fixés sur elle : — Je voudrais bien, ajouta-t-elle, savoir quelle est l'opinion à ce sujet de ce digne Monsieur qui paraît prendre tant d'intérêt à ce que je vous dis.

— Madame, dit le capitaine en la saluant ironiquement, rien n'est plus intéressant que vous et votre histoire, mais mes humbles connaissances se bornent à savoir ranger un escadron en bataille, et charger l'ennemi quand le moment en est venu. Je vous invite à vous adresser au docteur Archibald Sitgreaves, dont la science est universelle et la philanthropie sans bornes.

Le chirurgien se redressa avec une fierté dédaigneuse, et se mit à siffler à voix basse, en regardant quelques fioles placées sur une table ; mais la femme de charge se tournant vers lui continua après lui avoir fait une révérence :

— Je suppose, Monsieur, dit-elle, qu'une femme n'a pas de

douaire à prétendre sur les biens de son mari, à moins que le mariage n'ait effectivement été célébré?

C'était une maxime du docteur Sitgreaves qu'aucune espèce de science n'était à mépriser, et il en résultait qu'il était empirique en tout, si ce n'est dans sa profession. D'abord l'indignation que lui avait inspirée l'ironie du capitaine lui avait fait garder le silence; mais changeant de dessein tout à coup, il répondit en souriant :

— C'est mon opinion. Si la mort a prévenu le mariage, je crains qu'il n'y ait pas de recours contre ses décrets rigoureux.

Katy entendit fort bien ces paroles, mais les mots *mort* et *mariage* furent les seuls qu'elle y comprit. Ce fut donc à cette partie de la phrase du docteur qu'elle adressa sa réponse.

— Je croyais, dit-elle les yeux baissés sur le tapis, qu'il n'attendait que la mort de son vieux père pour se marier; mais à présent que ce n'est plus qu'un homme méprisable, ou, ce qui est la même chose, un colporteur sans balle, sans maison, sans argent, il lui serait difficile de trouver une femme qui voulût de lui. — Qu'en pensez-vous, miss Peyton?

— Mes pensées se portent rarement sur de pareils sujets, répondit gravement miss Peyton tout en s'occupant des préparatifs du déjeuner.

Pendant ce dialogue, le capitaine Lawton avait étudié les manières et la physionomie de la femme de charge avec une gravité comique, et craignant que la conversation ne tombât, il lui demanda avec l'air d'un grand intérêt :

— Ainsi vous croyez que c'est le grand âge et la débilité qui ont amené la fin des jours du vieillard?

— Et le malheur des temps, ajouta vivement Katy. L'inquiétude est une mauvaise compagne de lit pour un malade. Mais je suppose que son heure était arrivée, et quand elle est une fois venue, nul remède ne peut nous sauver.

— Doucement, dit le docteur; vous êtes dans l'erreur à cet égard. Il est indubitable que nous devons tous mourir, mais il nous est permis de recourir aux lumières de la science pour obvier aux dangers qui nous menacent, jusqu'à ce que...

— Jusqu'à ce que nous mourions *secundum artem*, dit Lawton.

Sitgreaves ne daigna pas répondre à ce sarcasme; mais, jugeant nécessaire pour soutenir sa dignité que la conversation continuât, il ajouta :

— Dans le cas dont il s'agit, il est possible qu'un traitement judicieux eût prolongé la vie du malade. Qui a été chargé de l'administration de cette affaire?

— Personne encore, répondit Katy avec vivacité; mais je crois qu'il a écrit son testament sur sa bible.

Le chirurgien ne prit pas garde au sourire des dames, et il continua son enquête en disant :

— Il est prudent d'être toujours préparé à la mort; mais je vous demande qui lui a donné des soins pendant sa maladie?

— Moi, répondit Katy en prenant un air d'importance, et je puis dire que ce sont des soins perdus; car Harvey est trop méprisable pour m'en tenir compte à présent.

Les deux interlocuteurs ne s'entendaient nullement, mais chacun d'eux abondant dans son sens croyait comprendre l'autre, et la conversation n'en continuait pas moins.

— Et comment l'avez-vous traité? demanda le docteur.

— Qu'est-ce à dire, comment je l'ai traité? s'écria Katy avec un peu d'aigreur. Je l'ai toujours traité avec la plus grande douceur, vous pouvez en être sûr.

— Le docteur veut vous demander quels médicaments vous lui avez fait prendre, dit Lawton avec une figure allongée qui n'eût pas été déplacée à l'enterrement du défunt.

— Ah! n'est-ce que cela? dit Katy en souriant de sa méprise; je lui ai fait prendre des bouillons d'herbes.

— Des décoctions de simples, dit Sitgreaves; ces remèdes sont moins dangereux dans la main de l'ignorance que des médicaments plus puissants. Mais pourquoi n'avez-vous pas appelé près de lui un officier de santé?

— Un officier! s'écria Katy; Dieu me préserve! les officiers ont fait assez de mal au fils : pourquoi en aurais-je fait venir un près du père?

— C'est d'un médecin que le docteur Sitgreaves vous parle, Madame, et non d'un officier militaire, dit Lawton avec une gravité imperturbable.

— Oh! s'écria la vestale reconnaissant encore sa méprise, si je n'ai pas fait venir de médecin, c'est que je ne savais où en trouver, et c'est la meilleure raison possible. C'est pour cela que j'ai pris soin moi-même du malade. Si j'avais eu un médecin sous la main, je l'aurais consulté bien volontiers; car, quant à moi, je suis pour la médecine, quoique Harvey prétende que je me tue à force de drogues; mais que je vive ou que je meure, cela ne fera guère de différence pour lui à présent.

— Vous montrez en cela votre bon sens, dit le docteur en s'approchant de Katy qui, assise près du feu, se chauffait les mains et les pieds et se mettait le plus à l'aise possible au milieu de tous ses chagrins: vous paraissez une femme sensée et discrète, et des gens qui ont eu plus d'occasions que vous de se faire des idées correctes pourraient vous envier votre respect pour le plus beau des arts, pour la reine des sciences.

Sans bien comprendre cette phrase, Katy sentit qu'elle contenait un compliment en son honneur, et, enchantée de l'observation du chirurgien, elle prit un nouveau courage.

— On m'a toujours dit, répliqua-t-elle, qu'il ne me manquait que l'occasion pour devenir médecin. Bien avant que je demeurasse avec le père d'Harvey, on me nommait déjà le docteur femelle.

— Plus vrai que poli¹, dit le docteur, très-porté à oublier l'humble rang de Katy, par suite de l'admiration que lui inspirait le respect qu'elle montrait pour l'art de guérir. Il est certain qu'à défaut de guides plus éclairés, l'expérience d'une matrone discrète peut être d'une grande utilité pour arrêter les progrès du mal dans le système du corps humain. En de telles circonstances, Madame, il est cruel d'avoir à lutter contre l'ignorance et l'obstination.

— Sans doute, sans doute; et je n'en ai que trop fait l'expérience, s'écria Katy avec un air de triomphe, Harvey est sur ce point aussi entêté qu'une mule. On croirait que tous les soins que j'ai pris de son père malade devraient lui avoir appris à ne pas mépriser une femme entendue. Il viendra peut-être un jour où il saura ce que c'est que de ne pas en avoir une dans sa maison. Mais méprisable comme il est à présent, comment aurait-il jamais une maison?

— Je comprends aisément la mortification que vous avez dû éprouver en ayant affaire à un homme si opiniâtre, reprit le docteur en jetant un coup d'œil de reproche sur le capitaine; mais vous devez vous élever au-dessus de pareilles opinions, et mépriser l'ignorance qui les produit.

Katy hésita un instant: elle ne comprenait pas très-exacte-

---

1. Il y a dans le texte *bitch-doctor*. On sait combien en Angleterre et aux Etats-Unis le mot *bitch* (chienne) est dur pour une oreille féminine. Voilà pourquoi le docteur se récrie sur l'impolitesse du terme.

ment ce que le docteur venait de dire, mais sentant qu'il s'y trouvait encore un compliment, elle réprima un peu sa volubilité ordinaire, et reprit simplement :

—J'ai souvent dit à Harvey que sa conduite est méprisable, et la nuit dernière il a prouvé que je n'avais pas tort. Mais l'opinion de tels incrédules n'est pas bien importante. Cependant il est terrible de réfléchir à la manière dont il se comporte quelquefois. Par exemple, quand il jeta au feu l'aiguille.....

— Quoi! s'écria le chirurgien, l'interrompant, affecte-t-il de mépriser l'aiguille¹? Mais c'est mon destin de rencontrer tous les jours des hommes dont l'esprit également pervers montre une indifférence encore plus coupable pour les connaissances dont on est redevable aux lumières des sciences.

Le docteur se tourna vers Lawton en parlant ainsi; mais l'élévation de sa tête l'empêcha de fixer ses yeux sur la physionomie grave du capitaine. Katy l'écoutait avec la plus grande attention, et elle ajouta :

—Ensuite Harvey ne croit point aux marées.

—Ne pas croire aux marées, s'écria Sitgreaves au comble de la surprise; mais c'est peut-être sur l'influence de la lune qu'il a des doutes !

—C'est cela même, dit Katy transportée de joie en trouvant un savant qui soutenait ses opinions favorites. Si vous l'entendiez parler, vous vous imagineriez qu'il ne croit pas même qu'il existe une lune dans le monde.

— C'est le malheur de l'ignorance et de l'incrédulité d'aller toujours en augmentant, Madame, dit gravement le docteur. L'esprit qui rejette une fois les connaissances utiles s'abandonne à la superstition, et tire de l'ordre de la nature des conclusions aussi préjudiciables à la cause de la vérité qu'elles sont contraires aux premiers principes de toutes les sciences humaines.

Ce discours parut trop imposant à Katy pour qu'elle se hasardât à y répondre au hasard, et le docteur, après avoir gardé le silence un instant avec une sorte de dédain philosophique, ajouta:

— Qu'un homme de bon sens puisse avoir du doute sur les marées, c'est ce que je n'aurais jamais cru possible; mais l'obstination est un défaut auquel il est dangereux de se livrer, et qui peut conduire aux erreurs les plus grossières.

1. Le mot *needle* signifie une aiguille à coudre, et l'aiguille aimantée, l'aiguille de la boussole. Katy l'emploie dans le premier sens, et le docteur le prend dans le second.

— Vous croyez donc qu'elles ont effet sur le flux ? demanda la femme de charge.

Miss Peyton se leva avec un léger sourire, et fit signe à ses nièces de venir l'aider dans quelque occupation domestique, tandis que Lawton mourait d'une envie d'éclater de rire qu'il ne réprima que par un effort aussi violent et aussi soudain que le motif qui y avait donné lieu.

Après avoir réfléchi s'il comprenait bien ce que venait de dire la femme de charge, le chirurgien songea qu'il fallait avoir quelque égard pour l'amour de la science se faisant sentir en dépit du manque d'éducation, et il répondit :

— Vous voulez parler de la lune. Bien des philosophes ont douté qu'elle agisse sur les marées ; mais je crois que c'est fermer volontairement les yeux aux lumières des sciences que de ne pas croire qu'elle occasionne le flux et le reflux.

Comme le reflux était une maladie que Katy ne connaissait pas, elle jugea à propos de garder le silence un instant. Cependant, brûlant de curiosité de savoir quelles étaient ces lumières dont il parlait si souvent, elle se hasarda à lui demander :

— Ces lumières sont-elles ce que nous appelons dans ce pays *les lumières du nord*[1] ?

Par charité pour son ignorance, le docteur allait entrer dans une explication scientifique de ce qu'il avait voulu dire, s'il n'eût été interrompu par les éclats de rire de Lawton. Le capitaine avait écouté jusqu'alors avec beaucoup de sang-froid, mais il ne put y tenir plus longtemps, et il rit aux larmes, au point de renouveler toutes les douleurs de ses meurtrissures. Enfin le chirurgien offensé profita d'un intervalle pour dire :

— Ce peut être une source de triomphe pour vous, capitaine Lawton, de voir une femme sans éducation faire une méprise sur un sujet sur lequel les hommes les plus savants ont été si longtemps sans être d'accord. Et cependant vous voyez que cette respectable matrone ne rejette pas les lumières ; les lumières, Monsieur, les instruments qui peuvent être utiles à l'homme, soit pour réparer les injures que le corps peut recevoir, soit pour s'élever à la hauteur des sciences. Vous vous rappelez l'allusion qu'elle a faite à l'aiguille ?

— Oui, s'écria Lawton avec un nouvel éclat de rire, pour raccommoder les culottes du colporteur.

[1] Traduction littérale des mots *northern lights*, qui signifient l'aurore boréale.

Katy se redressa, évidemment choquée de se voir attribuer des relations si familières avec cette partie des vêtements d'Harvey Birch ; mais, voulant prouver qu'elle était en état de se livrer à des occupations d'un genre relevé, elle se hâta de dire :

— Vraiment, Monsieur, ce n'était pas à un usage si commun que j'employais cette aiguille : il s'agissait d'un objet bien plus important.

— Expliquez-vous, dit Sitgreaves avec un peu d'impatience ; prouvez à monsieur qu'il n'a pas sujet de triompher ainsi.

Sollicitée de cette manière, Katy se recueillit un instant pour faire une provision d'éloquence suffisante pour orner sa narration. Le fait était qu'un enfant confié aux soins d'Harvey par l'administration des pauvres s'était enfoncé une grosse aiguille dans le pied en l'absence de son maître. Elle avait retiré l'instrument malfaisant, l'avait graissé avec soin, et l'enveloppant dans un morceau de drap, l'avait placé dans un coin de la cheminée sans appliquer aucun remède au pied blessé, de peur d'affaiblir la force du charme. Le retour du colporteur avait dérangé cette admirable combinaison, et elle en exprima les conséquences en terminant son récit par ces mots :

— Il n'est donc pas bien étonnant que l'enfant soit mort du tétanos [1].

Le docteur Sitgreaves s'approcha d'une croisée, admira la beauté de la matinée, fit tout ce qu'il put pour éviter l'œil de basilic de Lawton, mais inutilement. Une force irrésistible le porta à le regarder en face. Le capitaine avait donné à tous ses traits un air de pitié pour le sort du malheureux enfant ; mais quand ses yeux rencontrèrent ceux du docteur, ils prirent un air de triomphe dont celui-ci fut tellement déconcerté que prétextant le besoin que ses malades pouvaient avoir de ses soins, il se retira précipitamment.

Miss Peyton demanda ensuite des renseignements plus détaillés sur la situation dans laquelle se trouvaient alors les choses chez Harvey Birch, et elle écouta patiemment et avec tout l'intérêt d'un excellent cœur la narration circonstanciée que lui fit Katy de tout ce qui s'y était passé la nuit précédente. Celle-ci ne manqua pas d'appuyer sur la grandeur de la perte qu'avait faite le colporteur, à qui elle n'épargna pas les invectives pour avoir découvert un secret qu'il eût été si facile de garder.

---

[1]. En anglais *locked-jaw*, tétanos de la mâchoire, appelé plus généralement *trismus*.

— Quant à moi, miss Peyton, ajouta-t-elle après avoir repris haleine un moment, j'aurais perdu la vie plutôt que d'en dire un seul mot. Le pire qu'ils pouvaient lui faire, c'était de le tuer ; et l'on pourrait dire qu'ils l'ont tué corps et âme, puisqu'ils en ont fait un vagabond méprisable. Qui voudrait être sa femme ou tenir sa maison à présent ? Quant à moi, je suis trop jalouse de ma réputation pour rester chez un garçon, quoique dans le fait il ne soit jamais chez lui. Je suis donc bien résolue à l'avertir aujourd'hui, que n'étant pas marié, je ne resterai pas chez lui une heure après l'enterrement ; et quant à l'épouser je ne crois pas que j'y songe, à moins qu'il ne veuille mener une vie moins errante et plus régulière !

La bonne miss Peyton laissa s'épuiser l'éloquence verbeuse de la femme de charge ; et par deux ou trois questions judicieuses qui prouvaient qu'elle avait une connaissance plus intime qu'on n'aurait pu le supposer des voies secrètes et tortueuses de Cupidon dans le cœur humain, elle tira de Katy des détails suffisants pour s'assurer qu'il n'était nullement probable que le colporteur, même dans l'état de délabrement de sa fortune, songeât à offrir sa main à miss Catherine Haynes. Elle lui dit alors qu'elle avait besoin d'une femme entendue pour l'aider dans les soins domestiques, et lui proposa d'entrer à son service si Harvey Birch ne la conservait pas au sien. Après quelques conditions préliminaires que fit la prudente femme de charge, l'arrangement fut conclu, et faisant encore quelques lamentations piteuses sur les pertes qu'elle avait faites et sur la stupidité d'Harvey, elle retourna chez le colporteur, tant par curiosité de savoir ce qu'il deviendrait que pour veiller aux apprêts des funérailles qui devaient avoir lieu le même jour.

Pendant cette conversation Lawton s'était retiré par délicatesse, et son empressement de savoir comment se trouvait Singleton le conduisit dans la chambre de son camarade. On a déjà vu que le caractère de ce jeune officier lui avait acquis l'affection particulière de tout son corps. Sa douceur presque féminine et ses manières pleines d'urbanité n'empêchaient pas qu'il ne fût doué d'une résolution mâle dont il avait donné des preuves, et qui lui avait assuré le respect d'une troupe de partisans belliqueux. Le major le chérissait comme un frère, et la docilité avec laquelle il se soumettait aux ordonnances de Sitgreaves en avait fait aussi le favori du docteur. L'intrépidité avec laquelle ce corps se comportait sur le champ de bataille en avait placé successivement tous les officiers sous les soins de son chirurgien, et celui-ci les classant d'après leur soumission aux doctrines d'Hippocrate, mettait Singleton au plus haut de l'échelle ; et laissait Lawton tout en bas. Il disait souvent avec une naïveté aussi franche que plaisante, en présence de tous les officiers, qu'il avait beaucoup plus de plaisir à se voir amener Singleton blessé qu'aucun autre de ses camarades, mais qu'il n'en éprouvait aucun quand c'était le tour de Lawton ; compliment qui était reçu par le premier en souriant d'un air doux et tranquille, et par le second en le saluant gravement.

En cette occasion le chirurgien mortifié et le capitaine triomphant se rencontrèrent dans la chambre de Singleton, qui était pour eux comme un terrain neutre. Ils y passèrent quelque temps près de leur compagnon blessé, après quoi le docteur se retira dans l'appartement qu'il occupait. Il n'y était que depuis quelques minutes quand, à sa grande surprise, il y vit entrer Lawton. Le capitaine avait remporté une victoire si complète qu'il sentait qu'il pouvait être généreux. Commençant donc par ôter son habit, il s'écria avec nonchalance :

— Allons, Sitgreaves, que les lumières de la science viennent au secours de mon corps, s'il vous plaît.

Les lumières de la science étaient un sujet d'entretien insupportable au docteur en ce moment. Mais, se hasardant à jeter un regard sur le capitaine, il vit les préparatifs qu'il faisait, et remarqua en lui un air de sincérité sérieuse qui ne lui était pas ordinaire. Tout son ressentiment s'évanouit à l'instant, et il lui dit avec politesse :

— Mes soins peuvent-ils être utiles au capitaine Lawton ?

— C'est à vous à en juger, mon cher Monsieur, répondit le capitaine avec douceur. Tenez, ne voyez-vous pas sur cette épaule toutes les couleurs de l'arc-en-ciel ?

— Sans doute, et vous ne vous trompez pas, répliqua l'Esculape en passant légèrement la main sur la partie souffrante. Mais heureusement il n'y a rien de cassé. C'est un miracle que vous vous en soyez tiré à si bon marché.

— Oh ! dès mon enfance je savais faire le saut périlleux, et je m'inquiète peu de quelques chutes de cheval. Mais, Sitgreaves, ajouta le dragon en montrant une cicatrice sur son corps, vous souvenez-vous de cette bagatelle ?

— Parfaitement, Jack, répondit le docteur en souriant; la blessure avait été reçue courageusement, et l'extraction de la balle fut habilement faite. Mais ne pensez-vous pas qu'il serait bon d'appliquer un peu d'huile à ces meurtrissures?

— Certainement, dit Lawton avec une soumission inattendue.

— Maintenant, mon cher ami, reprit le docteur tout en se mettant en besogne, ne croyez-vous pas qu'il eût mieux valu faire cette fomentation hier soir?

—Très-probablement, répondit le capitaine avec la même complaisance.

— Très-certainement, Jack, continua le chirurgien, et si vous m'aviez laissé faire l'opération de la phlébotomie à l'instant de votre arrivée, elle vous aurait été de la plus grande utilité.

— Point de phlébotomie! s'écria Lawton d'un ton positif.

— A présent il est trop tard, répondit le docteur déconcerté. Mais une dose d'huile prise intérieurement détergerait les humeurs admirablement.

Lawton ne répondit à cette proposition qu'en grinçant les dents et en les serrant de manière à prouver que sa bouche était une forteresse qu'on n'emporterait pas sans une vigoureuse résistance. Aussi le docteur, qui le connaissait bien, changea-t-il de sujet de conversation.

— C'est bien dommage, dit-il, qu'après vous être donné tant de peines et avoir couru un tel danger vous n'ayez pu saisir ce coquin de colporteur.

Le capitaine ne répondit rien; et tout en plaçant quelques bandages pour assujettir des compresses, le chirurgien ajouta:

—Si j'ai quelque désir qui soit contraire à la prolongation de la vie humaine, c'est de voir ce drôle pendu.

— Je croyais que votre métier était de guérir et non de tuer, dit le capitaine de dragons d'un ton sec.

— D'accord; mais cet espion nous a fait tant de mal par ses rapports, que je me trouve quelquefois à son égard dans des dispositions peu chrétiennes.

—Vous ne devriez nourrir de tels sentiments d'animosité contre aucun de vos semblables, dit le capitaine d'un ton qui surprit tellement le docteur qu'il laissa tomber une épingle dont il allait se servir pour attacher un bandage. Il regarda en face l'être qu'il pansait, comme pour bien se convaincre de son identité; et ne pouvant douter que ce ne fût son ancien camarade, le capitaine

John Lawton, qui lui tenait un tel langage, il chercha à maîtriser sa surprise et lui dit :

— Votre doctrine est juste, et j'y souscris en thèse générale; mais... Le bandage ne vous gêne-t-il pas, mon cher Lawton?

— Nullement.

— Oui, en thèse générale, je suis d'accord avec vous. Mais comme la matière est divisible à l'infini, de même il n'y a pas de règle sans exception, et...Vous sentez-vous bien à l'aise, Lawton?

— Parfaitement.

— C'est un acte de cruauté à l'égard de celui qui souffre et quelquefois même d'injustice envers les autres, que de priver un homme de la vie quand une punition moindre pourrait produire le même effet. Or, Jack, si vous vouliez... — Remuez un peu le bras. — Si vous vouliez seulement... — J'espère que vous avez les mouvements bien libres, mon cher ami ?

— On ne peut davantage.

— Si vous vouliez, disais-je, mon cher Jack, apprendre à vos soldats à manier le sabre avec plus de discrétion, vous atteindriez le même but, et vous me feriez grand plaisir.

Le docteur poussa un profond soupir, car c'était un sujet qui lui tenait fort au cœur, et le dragon ayant remis son habit, lui répondit avec le plus grand sang-froid en se retirant :

— Je ne connais pas un soldat qui manie le sabre plus judicieusement que les miens. D'un seul coup ils vous fendent ordinairement la tête depuis le crâne jusqu'à la mâchoire.

Le docteur soupira, rangea ses instruments, et se disposa à aller faire une visite au colonel Wellmere.

CHAPITRE XII.

> Ce corps, semblable à celui d'une fée, contient une âme aussi forte que celle d'un géant. Ces membres si délicats, qui tremblent comme la feuille du saule qu'agite la brise du soir, sont mus par un esprit qui, lorsqu'il est excité, peut s'élever à la hauteur du ciel, et prêter à ces yeux brillants un éclat presque comparable à celui du firmament étoilé. *Duo.*

Le nombre et la qualité des étrangers qui se trouvaient aux Sauterelles avaient considérablement augmenté les détails de soins domestiques dont était chargée miss Peyton. Cependant le jeune capitaine de dragons auquel Dunwoodie prenait tant d'intérêt était le seul d'entre eux dont l'état pût encore le lendemain matin donner quelque inquiétude, quoique le docteur Sitgreaves eût déclaré qu'il répondait de ses jours. Nous avons vu que le capitaine Lawton s'était levé de bonne heure. Henry Wharton n'avait eu le sommeil troublé que par un rêve dans lequel il avait cru voir un apprenti chirurgien s'apprêter à lui amputer le bras ; mais comme ce n'était qu'un rêve, quelques heures de repos lui avaient fait grand bien, et le docteur calma les appréhensions de sa famille, en assurant qu'avant quinze jours il ne se ressentirait plus de sa blessure.

Pendant tout ce temps le colonel Wellmere n'avait pas encore paru. Il avait déjeuné dans son lit, prétendant être trop souffrant pour pouvoir se lever, malgré le sourire un peu moqueur du disciple d'Esculape. Sitgreaves le laissant donc ronger son frein dans la solitude de sa chambre, alla faire une visite plus agréable pour lui au chevet du lit du capitaine Singleton. Il remarqua sur son visage une légère rougeur en entrant dans sa chambre ; et s'avançant vers lui promptement, il lui saisit la main pour s'assurer de l'état de son pouls, et lui faisant signe de garder le silence, il se chargea de remplir le vide de la conversation.

— L'œil est bon, dit le docteur, la peau a même une certaine moiteur ; mais le pouls est élevé ; c'est un symptôme de fièvre ; il vous faut du repos et de la tranquillité.

— Non, mon cher Sitgreaves, répondit Singleton en lui prenant la main, je n'ai pas de fièvre. Voyez, y a-t-il sur ma langue ce que Jack Lawton appelle une gelée blanche ?

— Non vraiment, dit le chirurgien en lui introduisant une cuiller dans la bouche pour la tenir ouverte, et lui regardant dans le gosier comme s'il eût voulu y faire une visite domiciliaire ; vous avez la langue bonne, et le pouls commence à se ralentir. Ah ! cette saignée vous a fait grand bien. La phlébotomie est un spécifique souverain pour les constitutions du sud ; et cependant ce fou de Lawton a refusé de se laisser saigner, après une chute de cheval qu'il a faite hier soir. — Sur ma foi, George, votre cas devient singulier, continua le docteur en repoussant sa perruque de côté sans y songer. Votre pouls est égal et modéré, votre peau est moite, mais votre œil est ardent, vos joues sont presque enflammées. Il faut que j'examine de plus près tous ces symptômes.

— Doucement, mon cher ami, doucement, dit le jeune homme en se laissant retomber sur son oreiller et en perdant quelque chose de ces vives couleurs qui alarmaient son ami. En faisant l'extraction de cette balle, vous avez fait tout ce qui m'était nécessaire ; je vous assure que mon seul mal à présent est une grande faiblesse.

— Capitaine Singleton, dit le chirurgien avec chaleur, c'est une présomption que de vouloir apprendre à votre médecin quand vous ne souffrez pas. A quoi servent les lumières de la science, si ce n'est à nous mettre en état de prononcer sur ce point? Fi! George, fi! Lawton lui-même, le mécréant Lawton, ne montrerait pas plus d'obstination.

Singleton sourit en repoussant doucement la main du docteur qui cherchait à détacher ses bandages, et lui demanda, tandis que de nouvelles couleurs renaissaient sur ses joues :

— Je vous en prie, Archibald, nom d'affection qui manquait rarement d'attendrir le docteur,—dites-moi quel est l'esprit descendu du ciel qui est entré dans mon appartement quelques minutes avant vous, pendant que je faisais semblant de dormir?

— Dans votre appartement! s'écria le docteur. Et qui ose aller ainsi sur mes brisées! Esprit ou non, je lui apprendrai à se mêler des affaires des autres!

— Vous prenez le change, docteur ; il n'y a nulle rivalité. Examinez l'appareil que vous avez mis sur ma blessure ; personne n'y a touché. Mais quel est cet être enchanteur qui joignait la légèreté d'une fée à l'air de douceur d'un ange?

Sitgreaves, avant de lui répondre, commença par vérifier si personne ne s'était ingéré de donner en son absence des soins au blessé ; et rassuré sur ce point, il rajusta sa perruque, s'assit près du lit, et lui demanda avec un laconisme digne du lieutenant Mason : — Cet esprit portait-il des jupons, George?

— Je n'ai vu que des yeux célestes, des joues vermeilles, une démarche majestueuse et pleine de grâce, des...

— Chut! chut! vous parlez trop pour votre état de faiblesse, dit le docteur en lui mettant la main sur la bouche ; il faut que ce soit miss Jeannette Peyton. C'est une dame accomplie dont la démarche est pleine de dignité et a..... oui, a quelque chose de gracieux. Ses yeux... respirent la bienveillance ; et son teint, quand il est animé par la charité, peut le disputer à celui de ses jeunes nièces.

— De ses nièces! a-t-elle donc des nièces? L'ange que j'ai vu peut être une fille, une sœur, une nièce, mais il est impossible que ce soit une tante.

— Silence! George, silence! vous parlez tant, que votre pouls recommence à battre avec violence. Il faut vous tranquilliser, et vous préparer à voir votre sœur qui sera ici dans une heure.

— Quoi! Isabelle. Qui l'a envoyé chercher?

— Le major, répondit le docteur d'un ton sec.

— Ce bon, cet excellent Dunwoodie! murmura le jeune homme épuisé, en retombant de nouveau sur son oreiller. Et les ordres réitérés de Sitgreaves l'obligèrent à y rester en silence.

Le capitaine Lawton lui-même, quand il était arrivé pour le déjeuner, avait été accueilli avec la plus grande politesse par tous les membres de la famille qui s'étaient empressés de lui demander des nouvelles de sa santé; mais un esprit invisible veillait à ce que rien ne manquât au colonel anglais. La délicatesse de Sara ne lui avait pas permis de mettre le pied dans son appartement, mais elle connaissait la position exacte de tout ce qu'elle faisait porter dans sa chambre, et tout ce qui y entrait avait été préparé par ses mains.

A l'époque dont nous parlons, nous formions une nation divisée, et Sara croyait ne faire que son devoir en restant religieusement attachée au pays qui avait été le berceau de ses ancêtres: mais d'autres raisons, et bien plus fortes encore, motivaient la préférence silencieuse que Sara accordait au colonel anglais. Il avait le premier rempli le vide de sa jeune imagination, et son image était ornée de ces attraits qui font impression sur le cœur d'une femme. Il est vrai qu'il n'avait pas la taille élevée et l'air gracieux de Dunwoodie, son regard imposant, son œil éloquent et son accent mâle, quoique plein de sensibilité; mais il avait le plus beau teint, les joues vermeilles, les dents superbes, et aussi bien rangées que celles que faisait apercevoir le sourire du major virginien. Sara, avant le déjeuner, avait parcouru plusieurs fois toute la maison, jetant souvent un regard inquiet sur la porte de la chambre du colonel Wellmere, mourant d'envie d'avoir des nouvelles de sa santé, mais n'osant en demander, de crainte de trahir l'intérêt qu'elle y prenait. Enfin sa sœur, avec toute la franchise de l'innocence, adressa au docteur Sitgreaves la question si désirée.

— Le colonel Wellmere, répondit le chirurgien, est dans ce que j'appelle un état de libre arbitre, malade ou bien portant, suivant son bon plaisir. Sa maladie n'est pas du nombre de celles que les lumières de la science peuvent guérir. Je crois que sir Henry Clinton est le meilleur médecin qu'il puisse consulter. Mais le major Dunwoodie a mis obstacle à ce qu'il puisse y avoir communication entre eux.

Frances sourit malignement en détournant la tête, et Sara, prenant l'air hautain de Junon offensée, sortit sur-le-champ de l'appartement. La solitude du sien ne lui offrit pourtant pas une ressource contre ses propres pensées ; elle le quitta bientôt, et en passant par une longue galerie qui communiquait à toutes les chambres de la maison, elle vit que la porte de celle de Singleton était ouverte. Le jeune capitaine était seul, et semblait dormir : Sara entra légèrement, et y passa quelques instants à arranger les tables et à mettre de l'ordre dans les divers objets qui avaient été préparés pour le malade, sachant à peine ce qu'elle faisait, et rêvant peut-être qu'elle s'occupait ainsi pour un autre. Ses couleurs naturelles étaient rehaussées par l'indignation que lui avait inspirée ce que venait de dire le docteur, et la même cause n'avait pas terni l'éclat de ses yeux. Le bruit des pas de Sitgreaves lui avait fait faire une retraite accélérée par une autre porte, et descendant par un escalier dérobé, elle alla rejoindre sa sœur. Toutes deux allèrent chercher un air frais sur la terrasse, et elles s'y promenèrent en se tenant par le bras.

— Il y a dans ce chirurgien que Dunwoodie nous a fait l'honneur de nous laisser, dit Sara, quelque chose de désagréable qui fait que je voudrais de tout mon cœur le voir partir.

Frances regarda sa sœur avec un sourire malin ; et Sara, rougissant, ajouta d'un ton un peu sec :

— Mais j'oublie qu'il fait partie de cette fameuse cavalerie de Virginie, et que par conséquent on ne doit en parler qu'avec respect.

— Avec autant de respect qu'il vous plaira, ma sœur, répondit Frances en souriant ; on n'a pas à craindre que vous lui accordiez trop d'éloges.

— A ce que vous pensez, répliqua Sara avec un peu de chaleur ; mais je crois que M. Dunwoodie a pris une liberté qui excède les droits que la parenté pouvait lui donner, en faisant de la maison de mon père un hôpital pour les blessés.

— Nous devons remercier le ciel, dit Frances en baissant la voix, de ce qu'il ne s'en trouve parmi eux aucun qui doive nous inspirer plus d'intérêt.

— Votre frère en est un, dit Sara d'un ton de reproche.

— C'est la vérité, répondit Frances en rougissant et en baissant les yeux ; mais il n'est pas obligé de garder la chambre, et il ne regrette pas une blessure qui lui procure le plaisir de rester avec ses parents. Si l'on pouvait bannir les terribles soupçons auxquels sa visite a donné lieu, je songerais à peine à sa blessure.

— Tels sont les fruits de la rébellion, dit Sara en marchant avec plus de vitesse, et vous commencez à les goûter : un frère blessé, prisonnier, peut-être victime ; un père désolé, obligé de recevoir chez lui des étrangers, et dont les biens seront probablement confisqués à cause de sa fidélité pour son roi.

Frances continua sa promenade en silence. Lorsqu'elle arrivait au bout de la terrasse du côté du nord, ses yeux ne manquaient jamais de s'arrêter sur le point où la route était cachée à la vue par une montagne, et à chaque tour qu'elle y faisait avec sa sœur, elle s'arrêtait dans cet endroit jusqu'à ce qu'un mouvement d'impatience de Sara l'obligeât à prendre le même pas. Enfin on vit une chaise attelée d'un seul cheval s'avancer avec précaution à travers les pierres qui étaient éparses le long de la route conduisant aux Sauterelles à travers la vallée. Frances perdit l'éclat de ses belles couleurs à mesure que cette voiture approchait, et lorsqu'elle put y distinguer une femme assise à côté d'un nègre en livrée qui tenait les rênes, ses membres tremblèrent d'une agitation qui l'obligea à s'appuyer sur le bras de sa sœur pour pouvoir se soutenir. Au bout de quelques minutes les voyageurs arrivèrent à la porte, qui fut ouverte par un dragon : celui-ci avait été le messager envoyé de Dunwoodie au colonel Singleton, et avait escorté la voiture. Miss Peyton s'avança pour recevoir l'étrangère, et ses deux nièces s'unirent à elle pour lui faire le meilleur accueil. Les yeux curieux de Frances étudiaient la physionomie de la sœur du capitaine blessé, et ne pouvaient s'en détacher. Elle était jeune, avait la taille svelte et l'air délicat, mais c'était dans ses yeux qu'existait le plus puissant de ses charmes ; ils étaient grands, noirs, perçants et quelquefois un peu égarés. Ses cheveux longs et épais n'étaient pas couverts de poudre, quoique ce fût encore la mode d'en porter, et étaient aussi noirs et plus brillants que l'aile du corbeau. Quelques boucles tombant sur sa joue en relevaient encore la blancheur, et ce contraste donnait à son visage l'air glacial du marbre. Le docteur Sitgreaves l'aida à descendre de voiture, et quand elle fut sur la terrasse, elle fixa ses yeux expressifs sur ceux du chirurgien, sans lui dire un seul mot ; mais ce regard exprimait suffisamment ce qu'elle voulait dire, et le docteur y répondit sur-le-champ.

— Votre frère est hors de danger, miss Singleton, lui dit-il, et il désire vous voir.

Elle joignit les mains avec ferveur, leva ses yeux noirs vers le ciel ; une légère rougeur semblable à la dernière teinte réfléchie du soleil couchant se peignit sur ses traits, et elle céda à sa sensibilité en versant un torrent de larmes. Frances avait contemplé les traits d'Isabelle et en avait suivi tous les mouvements avec une sorte d'admiration inquiète ; mais en ce moment elle courut à elle avec toute l'ardeur d'une sœur, et lui passant un bras sous le sien, elle l'entraîna dans un appartement séparé. Elle montrait en agissant ainsi tant d'empressement, de délicatesse et d'ingénuité, que miss Peyton elle-même jugea à propos d'abandonner miss Singleton aux soins de sa bonne nièce, et se borna à suivre des yeux avec un sourire de complaisance les jeunes personnes qui se retiraient. Isabelle céda à la douce violence de Frances, et étant arrivée dans la chambre où celle-ci la conduisit, elle pleura en silence, la tête appuyée sur l'épaule de sa campagne qui l'observait avec attention, tout en cherchant à la consoler. Frances pensa enfin que les larmes de miss Singleton coulaient avec plus d'abondance que l'occasion ne l'exigeait, car ce ne fut qu'après de violents efforts sur elle-même, et lorsque Frances eut presque épuisé tous ses moyens de consolation, que ses sanglots s'arrêtèrent enfin. Levant alors sur sa jeune compagne des yeux dont l'éclat était embelli par un sourire, elle lui fit à la hâte quelques excuses sur l'excès de son émotion, et la pria de la conduire dans la chambre de son frère.

L'entrevue du frère et de la sœur fut touchante, mais Isabelle réussit à paraître plus calme qu'on n'aurait pu le croire d'après son agitation précédente. Elle trouva son frère beaucoup mieux que son imagination susceptible ne l'avait portée à le supposer. Reprenant des forces en proportion, elle passa de l'accablement à une sorte de gaieté ; ses beaux yeux brillèrent d'un nouvel éclat, et ses lèvres étaient embellies par un sourire si séduisant que Frances, qui à son instante prière l'avait accompagnée dans la chambre de son frère, restait les yeux fixés sur des traits doués d'une versatilité si merveilleuse, comme si elle eût été sous l'influence d'un charme irrésistible. Sa sœur s'était jetée entre les bras du jeune blessé; dès qu'elle s'était relevée, il avait dirigé un regard empressé du côté de Frances, et ce fut peut-être le premier coup d'œil jeté sur les traits de cette jeune personne charmante qui s'en détourna sans une satisfaction complète. Après un moment de silence pendant lequel ses yeux demeurèrent fixés sur la porte restée ouverte, Singleton prit la main de sa sœur, et lui dit avec affection :

— Et où est Dunwoodie, Isabelle? jamais il ne se lasse de donner des preuves d'amitié. Après une journée de fatigues comme celle d'hier, il a passé la nuit à m'aller chercher une garde dont la présence suffira seule pour me mettre en état de quitter ce lit de douleur.

L'expression de la physionomie de sa sœur changea à l'instant; ses yeux se portèrent tout autour de l'appartement avec un air d'égarement qui parut à Frances, observatrice attentive de tous ses mouvements, donner à ses traits un caractère aussi repoussant que celui qu'ils offraient l'instant d'auparavant lui avait semblé plein de charmes. Isabelle répondit d'une voix tremblante :

— Dunwoodie! n'est-il donc pas ici? Je ne l'ai pas vu. Je croyais le trouver près du lit de mon frère.

— Il a des devoirs qui le retiennent ailleurs, dit le capitaine d'un air pensif. Oui, on dit que les Anglais s'avancent du côté de l'Hudson, et ils laissent peu de relâche à la cavalerie légère. Cette raison seule a pu l'empêcher de venir voir un ami blessé. — Mais, Isabelle, cette entrevue était au-dessus de vos forces, vous êtes agitée comme la feuille du tremble.

Sa sœur ne lui répondit rien, mais elle avança la main vers la table sur laquelle était placé tout ce dont le capitaine avait besoin. Frances, toujours attentive, comprit à l'instant ce qu'elle désirait, et lui présenta un verre d'eau qui calma l'agitation d'Isabelle et lui permit de dire en souriant faiblement :

— Sans doute c'est son devoir qui le retient. Avant de partir, j'avais entendu dire qu'un détachement de troupes royales remontait le fleuve, et je n'en ai passé qu'à deux petits milles. La dernière partie de cette phrase fut prononcée d'une voix si faible qu'à peine pouvait-on l'entendre, et qu'elle semblait ne l'adresser qu'à elle-même.

— Les troupes étaient-elles en marche, Isabelle? lui demanda son frère avec empressement.

— Non, répondit-elle avec le même air de distraction. Les cavaliers avaient mis pied à terre, et semblaient se reposer.

Le frère étonné tourna ses regards sur la physionomie de sa sœur, dont les yeux noirs restaient fixés sur le tapis avec un air toujours abstrait, mais n'y trouva aucune explication. Il les dirigea ensuite sur Frances, qui tressaillit en voyant l'expression animée de ses traits, se leva à la hâte, et lui demanda s'il avait besoin de quelques secours.

— Si vous daignez me pardonner cette impolitesse, répondit Singleton en faisant un effort pour se soulever, je désirerais voir un instant le capitaine Lawton.

Frances se hâta d'aller communiquer au capitaine le désir de son camarade, et cédant à un intérêt auquel elle ne pouvait résister, elle revint s'asseoir à côté de miss Singleton.

— Lawton, s'écria le jeune homme avec vivacité dès qu'il vit entrer son ami, avez-vous des nouvelles du major?

— Il a déjà envoyé deux ordonnances pour savoir comment nous nous trouvons tous dans le lazaret.

— Et pourquoi n'est-il pas venu lui-même?

— Ah! c'est une question à laquelle le major seul peut répondre, répliqua Lawton d'un ton sec. Mais vous savez que les habits rouges sont en campagne, et Dunwoodie ayant le commandement de ce côté, il faut qu'il surveille ces Anglais.

— Sans contredit, répondit lentement Singleton comme s'il eût été frappé des motifs allégués par son camarade pour justifier l'absence du major. Mais comment se fait-il que vous soyez ici les bras croisés quand il y a de la besogne à faire?

— Mon bras droit n'est pas dans le meilleur état possible, dit Lawton en se frottant l'épaule, et Roanoke est encore presque boiteux de sa chute. D'ailleurs j'en ai une autre raison que je pourrais vous donner, si je ne craignais pas que miss Wharton ne me le pardonnât jamais.

— Parlez, je vous prie, sans craindre mon déplaisir, Monsieur, dit Frances détournant un instant ses yeux de la physionomie de miss Singleton en rendant le sourire de bonne humeur du capitaine avec la gaieté maligne qui lui était naturelle.

— Eh bien! s'écria Lawton dont la figure s'épanouissait en parlant ainsi, l'odeur qui sort de votre cuisine, miss Wharton, me défend de partir avant que je sois en état de parler avec plus de certitude des ressources du canton...

— Oh! ma tante Peyton fait ses efforts pour faire honneur à l'hospitalité de mon père, dit Frances en souriant, et il faut que j'aille partager ses travaux si je veux avoir part à ses bonnes grâces.

Priant alors Isabelle de vouloir bien l'excuser, elle alla rejoindre sa tante, en réfléchissant sur le caractère et l'extrême sensibilité de la nouvelle connaissance que les circonstances avaient amenée chez son père.

L'officier blessé la suivit des yeux tandis qu'elle se retirait avec une grâce qui avait encore quelque chose d'enfantin; et quand elle fut sortie, il dit en s'adressant à son camarade :

— On ne trouve pas souvent une tante et une nièce semblables, Jack ; celle-ci semble une fée, mais la tante est un ange.

— Ah! George! je vois que vous vous portez mieux ; vous retrouvez votre enthousiasme.

— Je serais aussi ingrat qu'insensible si je ne rendais justice à l'amabilité de miss Peyton.

— C'est une matrone de bonne mine, dit le capitaine sèchement. Quant à l'amabilité, George, vous savez que c'est une affaire de goût. Pour moi, avec tout le respect possible pour le beau sexe, ajouta-t-il en saluant miss Singleton, j'avoue que quelques années de moins me conviendraient mieux.

— Elle n'a certainement pas vingt ans ! s'écria vivement Singleton.

— Sans contredit. Supposons-lui-en dix-neuf, dit Lawton avec une extrême gravité. Cependant elle paraît quelque chose de plus.

— Vous avez pris la sœur aînée pour la tante, dit Isabelle en lui fermant la bouche avec sa jolie main. Mais il faut que vous gardiez le silence; une conversation si animée nuirait à votre guérison.

L'arrivée du docteur Sitgreaves, qui remarqua avec alarme une augmentation de symptômes fébriles dans son malade, fit mettre à exécution cette ordonnance prudente, et Lawton alla rendre une visite de condoléance à Roanoke, qui avait été aussi froissé que son maître par sa chute de la veille. Il reconnut à sa grande joie que son coursier était comme lui-même en pleine convalescence. A force de frotter les membres de l'animal pendant plusieurs heures sans intermission, on lui avait rendu ce que le capitaine appelait le mouvement systématique des jambes. Il donna donc ses ordres pour qu'on le sellât et bridât en temps convenable pour qu'il pût aller rejoindre son corps aux Quatre-Coins, après le dîner dont l'heure approchait.

Pendant ce temps, Henry Wharton était entré dans l'appartement de Wellmere, et comme une heureuse sympathie les unissait tous deux dans l'opinion qu'ils s'étaient formée d'une affaire dans laquelle ils avaient été également malheureux, le colonel se rendit bientôt ses bonnes grâces à lui-même, et se trouva par conséquent en état de se lever et de voir en face un ennemi dont il avait parlé si légèrement, et comme l'événement l'avait prouvé, avec si peu de raison. Wharton savait que cette infortune, comme ils nommaient tous deux leur défaite, avait été causée par la témérité du colonel; mais il s'abstint de parler d'autre chose que du malheureux accident qui avait privé les Anglais de leur chef, et de l'échec qui en avait été la suite.

— En un mot, Wharton, dit le colonel en se préparant à se lever, et en avançant une jambe hors du lit, cette journée est le résultat d'une combinaison d'événements malencontreux. Votre cheval en devenant rétif vous a empêché de porter au major mes ordres pour attaquer les rebelles en flanc.

— C'est la vérité, répondit Henry en lui poussant avec le pied une pantoufle vers le lit; si nous avions réussi à faire quelques bonnes décharges de mousqueterie sur leur flanc, nous aurions fait faire volte-face à ces braves Virginiens.

— Et au pas redoublé, ajouta Wellmere en plaçant sa seconde jambe près de la première; mais vous savez qu'il était nécessaire de débusquer les guides, et ce mouvement leur a donné une belle occasion pour une charge.

— Et ce Dunwoodie ne manque jamais l'occasion de profiter d'un avantage qui se présente, dit le capitaine en envoyant la seconde pantoufle rejoindre la première.

— Je crois que si c'était à recommencer, reprit le colonel en se mettant debout, les choses se passeraient tout différemment. Au surplus, ils n'ont à se vanter que de m'avoir fait prisonnier, car vous avez pu voir qu'ils ont été repoussés ensuite dans leur tentative pour nous débusquer du bois.

— Du moins ils l'auraient été s'ils avaient osé nous y attaquer, répondit Wharton en mettant les habits du colonel à sa portée.

— C'est la même chose, dit Wellmere en continuant sa toilette; prendre une attitude capable d'intimider l'ennemi, c'est en quoi consiste principalement l'art de la guerre.

— Sans doute, répondit Wharton prenant lui-même un peu des sentiments de fierté d'un soldat, et vous pouvez vous souvenir qu'une de nos charges les avait mis en déroute.

— Cela est vrai, parfaitement vrai, s'écria le colonel d'un ton animé. Si j'avais été là pour profiter de cet avantage, les Yankees s'en seraient mal trouvés. En parlant ainsi il finissait sa toilette, et il se trouva prêt à se montrer, ayant repris toute sa confiance en lui-même, et bien persuadé que s'il se trouvait prisonnier c'était par suite d'un caprice de la fortune qui était au-dessus de toute la prudence humaine.

La nouvelle que le colonel serait un des convives ne diminua nullement les préparatifs qui se faisaient pour le festin; et Sara, après avoir reçu les compliments de l'officier anglais et lui avoir demandé en rougissant s'il souffrait moins de ses blessures, alla donner ses soins à ce qui devait prêter un nouvel intérêt à la scène.

CHAPITRE XIII.

Je tiendrai bon, et je mangerai, quand ce devrait être mon dernier repas, puisque je sens que mon bon temps est passé. — Mon frère, Milord duc, allons, faites comme moi. — SHAKSPEARE.

L'ODEUR des préparatifs du dîner que le capitaine Lawton avait déjà remarquée s'élevait de plus en plus du royaume souterrain de César. Le capitaine de dragons en concluait que ses nerfs olfactifs, dont le jugement en pareilles occasions était aussi infaillible que celui de ses yeux l'était en d'autres, avaient fidèlement rempli leur devoir. Pour reconnaître encore mieux ce parfum au passage, il se mit à une fenêtre du bâtiment, heureusement placée au-dessus de la cuisine. Cependant Lawton ne songea à se procurer cette jouissance qu'après s'être mis en état de faire honneur au festin par une toilette aussi complète que le permettait sa chétive garde-robe. L'uniforme de son corps était un passeport pour les premières tables; le sien se ressentait un peu de ses longs et fidèles services; mais il le brossa et le nettoya avec un grand soin. Sa chevelure, à laquelle la nature avait donné la noirceur du corbeau, prit, grâce à la poudre, la blancheur sans tache de la colombe. Sa main, qui convenait si bien par sa taille et sa force au sabre qu'il maniait avec si peu de discrétion, ne se montrait qu'à demi et avec la modestie d'une vierge sous une manchette de dentelle. Là se borna tout l'extraordinaire de la toilette du dragon, si ce n'est que ses bottes luisaient avec une splendeur digne d'un jour de fête, et que ses éperons brillaient aux rayons du soleil avec un éclat qui prouvait qu'ils étaient dignes d'être sortis des mines du Potose.

César parcourait tous les appartements avec un air encore bien plus important que celui qu'il avait pris le matin pour sa mission lugubre. Après avoir commandé un cercueil pour le père du colporteur, obéissant aux ordres de sa maîtresse, il était revenu pour s'acquitter de ses devoirs chez elle. Sa besogne devenait en ce moment si sérieuse, que ce ne fut qu'à bâtons rompus qu'il put donner à son frère noir, qui avait accompagné miss Singleton aux Sauterelles, quelques détails sur les incidents merveilleux de la nuit terrible qui venait de se passer. Cependant, en mettant à profit les instants qu'il pouvait regarder comme lui appartenant, il en apprit assez à son concitoyen pour lui faire dresser la laine sur la tête. Enfin le couple noir faisant céder toute autre considération à leur goût pour le merveilleux, miss Peyton fut obligée d'interposer son autorité pour que le reste de l'histoire fût ajourné à un moment plus convenable.

— Ah! miss Peyton, dit César en secouant la tête et en ayant l'air de sentir profondément ce qu'il exprimait; avoir été un terrible spectacle que de voir John Birch marcher sur ses pieds, tandis que lui être étendu mort dans son lit!

Ainsi se termina pour le présent cette conversation; mais César se promit bien de revenir ensuite sur ce sujet solennel, et cette résolution ne fut pas oubliée.

L'esprit ayant été ainsi heureusement conjuré, les opérations préparatoires au dîner se continuèrent avec une nouvelle activité, et à l'instant où le soleil faisait une course de deux heures en partant du méridien, un cortége nombreux partit de la cuisine pour se rendre dans la salle à manger sous les auspices de César, formant l'avant-garde et soutenant des deux mains un dindon avec une dextérité qui aurait fait honneur à un danseur de corde.

Après lui marchait d'un pas lourd et pesant, les jambes écartées comme s'il eût été à cheval, un dragon qui servait de domestique au capitaine Lawton, portant un vrai jambon de Virginie, présent envoyé à miss Peyton par son frère, riche propriétaire d'Accomac.

Au troisième rang marchait le valet de chambre du colonel Wellmere, tenant d'une main une fricassée de poulets et de l'autre un pâté chaud aux huîtres.

Venait ensuite un apprenti du docteur Sitgreaves, qui s'était saisi par instinct d'une énorme terrine de soupe bouillante, comme contenant une matière plus analogue à sa profession. La vapeur qui s'en élevait avait tellement terni les verres des lunettes qu'il portait comme emblème de son métier, qu'en arrivant sur la scène de l'action il fut obligé de déposer par terre son fardeau, et de remettre ses conserves dans sa poche pour pouvoir trouver son chemin à travers les piles d'assiettes de porcelaines placées devant la cheminée pour les échauffer.

Un autre dragon, au service du capitaine Singleton, proportionnant sans doute ses efforts à l'état de faiblesse de son maître, ne s'était chargé que d'une partie de canards rôtis dont l'odeur séduisante lui faisait regretter d'avoir avalé si tard, indépendamment du déjeuner qui lui avait été servi, celui qui avait été préparé ensuite pour la sœur de son maître.

La marche était fermée par le jeune domestique blanc de miss Peyton, gémissant sous le poids de plusieurs plats de légumes que la cuisinière avait accumulés les uns sur les autres, sans calculer ses forces.

Mais il s'en fallait de beaucoup que ces mets composassent tout ce qui devait paraître sur la table. César n'y eut pas plus tôt placé le malheureux oiseau qui, huit jours auparavant, volait sur les montagnes sans se douter qu'il était destiné à figurer si tôt en bonne compagnie, que faisant machinalement un tour sur ses talons, il se remit en marche pour la cuisine, évolution qu'imitèrent successivement ses compagnons. Le même cortége revint bientôt dans le même ordre dans la salle à manger, et des troupes de pigeons, des compagnies de cailles, des vols de bécasses et des bancs de poissons de toute espèce prirent leur place sur la table.

Une troisième visite à la cuisine fut suivie de l'arrivée d'une quantité raisonnable de pommes de terre, d'ognons, de betteraves, et de tous les accompagnements subalternes d'un bon dîner, ce qui compléta le premier service.

La table se trouva alors servie avec une profusion vraiment américaine, et César jetant un regard de satisfaction sur l'ordonnance du service, après avoir placé à son gré quelques plats qu'il n'avait pas lui-même posés sur la table, partit pour aller informer la maîtresse des cérémonies que sa tâche était heureusement terminée.

Environ une demi-heure avant la procession martiale que nous venons de décrire, toutes les dames avaient disparu d'une manière à peu près aussi inexplicable que le départ des hirondelles aux approches de l'hiver. Mais le printemps de leur retour ne se fit pas longtemps attendre, et toute la compagnie ne tarda pas à se réunir dans l'appartement auquel on donnait le nom de salon, parce qu'on n'y voyait pas de table à manger, et qu'il s'y trouvait un sofa couvert en indienne.

La bonne miss Peyton avait jugé que l'occasion exigeait non seulement des apprêts extraordinaires dans le département de la cuisine, mais quelques soins de parure dignes des hôtes qu'elle avait le bonheur de recevoir.

Elle avait sur sa tête un bonnet du plus beau linon, orné d'une large dentelle placée de manière à laisser apercevoir la guirlande de fleurs artificielles qui le garnissait. Ses cheveux étaient tellement couverts de poudre qu'il était impossible d'en distinguer la couleur ; mais leur extrémité légèrement bouclée adoucissait la raideur de ce genre de coiffure, et donnait à ses traits un air de douceur féminine.

Son costume était une robe de soie violette à long corsage, garnie d'une pièce d'estomac semblable ; cette robe lui serrait la taille et en dessinait toutes les proportions élégantes. Un ample jupon prouvait que la mode du jour ne cherchait pas à économiser l'étoffe. De petits paniers faisaient paraître cette parure avec avantage, et donnaient un air de majesté à celle qui la portait.

Sa haute taille était encore relevée par des souliers de même étoffe que sa robe, et dont les talons lui prêtaient plus d'un pouce.

Ses manches courtes et étroites se terminaient au coude par des manchettes à trois rangs de dentelle de Dresde, d'inégale hauteur, et décoraient un bras et une main qui conservaient encore leur rondeur et leur blancheur. Un triple rang de grosses perles lui entourait le cou, et un fichu de dentelle couvrait cette partie de sa personne que la coupe de sa robe avait laissée exposée à la vue, mais qu'une expérience de près de quarante ans lui avait appris qu'elle devait voiler.

Ainsi parée, et se redressant avec cet air de noblesse gracieuse qui faisait partie des manières du jour, la tante aurait aisément éclipsé tout un essaim de beautés modernes.

Le costume de Sara avait beaucoup d'analogie avec celui de sa tante, et une robe qui ne différait de celle que nous venons de décrire que par l'étoffe et la couleur faisait également valoir sa taille imposante : elle était de satin d'un rose pâle. Cependant comme vingt ans ne demandaient pas le même voile que la prudence exigeait à quarante, ce n'était qu'une envieuse collerette de dentelle qui cachait en partie ce que le satin laissait exposé aux yeux. La partie supérieure de son buste et la belle chute de ses épaules brillaient de toute leur beauté naturelle, et, de même que sa tante, elle avait le cou orné d'un triple rang de perles, et elle portait des boucles d'oreilles assorties. Sa chevelure était relevée sur son front aussi blanc que la neige. Quelques tresses tombaient avec grâce sur son cou, et sa tête était ornée d'une guirlande de fleurs artificielles en forme de couronne.

Miss Singleton avait quitté le chevet du lit de son frère, d'après l'avis du docteur Sitgreaves qui avait réussi à procurer à son malade un profond sommeil, après avoir calmé quelques symptômes fébriles, suite de l'agitation occasionnée par l'entrevue dont nous avons rendu compte. La maîtresse de la maison l'avait déterminée à joindre la compagnie rassemblée dans le salon où elle était assise à côté de Sara, portant à peu près le même costume, si ce n'est que ses cheveux noirs étaient sans poudre. Son front très-élevé et ses yeux grands et brillants donnaient à tous ses traits un air pensif qu'augmentait peut-être encore la pâleur de ses joues.

La dernière par son âge sur cette liste de beautés, mais non la moins intéressante, était la plus jeune des deux filles de M. Wharton. Frances, comme nous l'avons déjà dit, avait quitté New-York avant d'avoir atteint l'âge auquel la mode fait entrer les jeunes personnes dans le monde. Quelques esprits hardis avaient déjà commencé à secouer les entraves dont d'anciens usages avaient si longtemps embarrassé le beau sexe, et Frances ne voulait pas que son soulier ajoutât rien à sa taille. Cette innovation était peu de chose; mais ce peu de chose laissait voir un chef-d'œuvre. Plusieurs fois, dans le cours de cette matinée, elle avait résolu de donner à sa parure un soin plus qu'ordinaire. Chaque fois qu'elle formait cette résolution, elle passait quelques minutes à regarder avec empressement du côté du nord, et ensuite elle finissait par en changer.

A l'heure convenable elle parut dans le salon vêtue d'une robe de soie bleu de ciel, ressemblant beaucoup par la coupe à celle que portait sa sœur. Ses cheveux n'avaient d'autre apprêt que les boucles formées par la nature, et ils étaient retenus sur sa tête par un peigne d'écaille dont la couleur se distinguait à peine de celle de sa chevelure blonde. Sa robe n'avait ni plis, ni garnitures : mais elle lui dessinait la taille avec une exactitude qui aurait pu faire croire que la jeune espiègle faisait plus que soupçonner les beautés qu'elle cachait. Un tour de gorge de belle dentelle de Dresde ornait les contours de son buste. Sa tête n'avait aucun ornement ; mais elle portait un collier d'or auquel était suspendue une superbe cornaline.

La minéralogie était une des sciences que le docteur Sitgreaves avait particulièrement étudiées, et il hasarda une observation sur la beauté de cette pierre. L'ingénu chirurgien chercha longtemps en vain pourquoi une remarque si simple avait appelé tout le sang de Frances sur ses joues, et sa surprise aurait pu durer jusqu'à l'heure de sa mort, si Lawton n'eût eu la bonté de lui dire à voix basse que c'était l'indignation de ce qu'il ne réservait pas son admiration pour le plus bel objet sur lequel ce bijou reposait. Les gants de peau de chevreau qui lui couvraient les mains et une partie du bras, dont ils laissaient pourtant voir assez pour qu'on pût en apprécier les belles proportions, annonçaient qu'il ne se trouvait dans la compagnie personne qui pût la tenter peut-être à son insu de déployer tous ses charmes.

Une fois, une fois seulement, tandis qu'on passait du salon dans la salle à manger pour prendre place autour de la table que César venait de servir avec tant de soin et de jugement, Lawton vit sortir de dessous la robe de Frances un charmant petit pied couvert d'un soulier de soie bleue attaché par une boucle de diamants. Le capitaine de dragons fut tout surpris de se surprendre à soupirer. Ce pied ne signifierait pourtant rien sur un étrier, pensa-t-il, mais qu'il aurait de grâce, qu'il serait enchanteur dans un menuet !

Lorsque César parut à la porte du salon, faisant une humble révérence qui depuis bien des siècles s'interprète par les mots — le dîner est servi, — M. Wharton, en habit de drap garni de grands boutons, s'avança cérémonieusement vers miss Singleton, et baissant presque à niveau de sa main une tête parfaitement poudrée, lui offrit la sienne pour la conduire.

Le docteur Sitgreaves s'acquitta du même cérémonial envers miss Peyton, qui pourtant, avant de lui donner la main, le fit attendre un instant pour mettre ses gants avec une grâce majestueuse.

Le colonel Wellmere fut honoré d'un sourire de Sara en remplissant près d'elle le même devoir, et le capitaine Lawton s'étant avancé vers Frances, elle lui présenta ses jolis doigts de manière à prouver que l'individu à qui elle accordait cette faveur la devait moins à lui-même qu'au corps dont il faisait partie.

Il se passa quelque temps et l'on éprouva plusieurs embarras avant que tous les convives, à la grande joie de César, fussent placés autour de la table avec tous les égards conformes à l'étiquette et à la préséance. Le nègre savait que le dîner se refroidissait, et il craignait que son honneur n'en fût compromis.

Pendant les premières dix minutes chacun parut satisfait, à l'exception du capitaine Lawton. Il était étourdi des questions et des offres sans fin que lui faisait M. Wharton, dont la politesse avait certainement pour but d'augmenter les jouissances de son hôte, mais produisait un effet tout opposé. Le capitaine de dragons ne pouvait parler et manger en même temps; la nécessité de répondre interrompait souvent une occupation à laquelle il aurait voulu se livrer exclusivement.

Vint ensuite la cérémonie de boire avec les dames[1]. Mais comme le vin était excellent et les verres d'une grandeur tolérable, le capitaine supporta cette nouvelle interruption avec une patience exemplaire. Il craignait même tellement d'en offenser quelqu'une et de manquer sur ce sujet à la moindre formalité d'étiquette, qu'ayant commencé par boire avec la dame près de laquelle il était assis, il s'adressa ensuite tour à tour à toutes les autres, pour qu'aucune ne pût avec justice l'accuser de partialité.

Il y avait si longtemps qu'il n'avait bu rien qui ressemblât à du bon vin, que cette circonstance pouvait être une excuse pour lui, surtout quand il était exposé à une tentation aussi forte que celle qui l'assaillait en ce moment. M. Wharton avait été membre d'une coterie de politiques à New-York, dont les principaux ex-

---

[1]. Usage anglais conservé en Amérique. On n'offre pas de vin au commencement du dîner; mais chaque convive peut en inviter un autre, et le plus souvent une dame, à en boire un verre avec lui. L'usage ne permet pas de refuser cette invitation; mais si, quand on la reçoit, on n'a pas envie de boire, on peut se borner à se mouiller les lèvres dans son verre, en adressant une inclination de tête à celui qui l'a faite, comme pour boire à sa santé.

ploits avant la guerre avaient été de se réunir pour se communiquer leurs sages réflexions sur les signes du temps, sous l'inspiration d'une certaine liqueur faite avec du raisin croissant à l'extrémité méridionale de l'île de Madère, et qui, passant par les îles des Indes occidentales et séjournant quelque temps dans l'Archipel de l'ouest pour essayer la vertu du climat, finissait par arriver dans les colonies du nord de l'Amérique. Il avait tiré de ses caves de New-York une ample provision de ce cordial qui brillait dans une carafe placée devant le capitaine, et qui prenait un nouvel éclat sous les rayons du soleil qui la traversaient en ligne oblique.

Le départ du premier service ne se fit pas distinguer par l'ordre et la régularité qui en avaient marqué l'arrivée. Le point essentiel était de desservir la table, et on le fit à peu près comme dans la fable des harpyes. Enfin, à force de tirer un plat et d'en pousser un autre, de renverser des saucières et de casser des assiettes et des verres, les restes du premier service disparurent, et l'on vit commencer une nouvelle série de marches et de contremarches qui se terminèrent par couvrir la table de tartres, de poudings et de tout ce qui compose ordinairement le second service.

M. Wharton versa un verre de vin à la dame qui était assise près de lui, passa la carafe à son voisin, et dit en saluant profondément la sœur du capitaine blessé :

— Miss Singleton nous fera l'honneur de proposer un toast.

Quoique cette proposition ne fût que ce qui a lieu tous les jours en pareille occasion, Isabelle trembla, rougit, pâlit, parut s'efforcer de rallier ses idées, et attira sur elle les yeux de toute la compagnie. Enfin, faisant un effort, et comme si elle eût inutilement cherché à trouver un autre nom, elle dit d'une voix faible :

— Le major Dunwoodie.

Tous les convives portèrent cette santé avec enthousiasme, à l'exception du colonel Wellmere qui ne fit que mouiller ses lèvres dans son verre, et qui s'amusa à tracer des lignes sur la table avec quelques gouttes de vin qu'il avait renversées, tandis que Frances réfléchissait profondément sur la manière dont Isabelle avait proposé un toast qui, en lui-même, n'aurait pu donner lieu à aucun soupçon.

Enfin, le colonel Wellmere rompit le silence en disant tout haut au capitaine Lawton :

— Je suppose, Monsieur, que ce M. Dunwoodie obtiendra de l'avancement dans l'armée des rebelles par suite de l'avantage que mon infortune lui a fait remporter sur le corps qui est sous mes ordres?

Le dragon avait satisfait aux besoins de la nature à son parfait contentement, et à l'exception de Washington et de son major, il n'existait peut-être pas un seul être sur la terre dont le déplaisir ne lui fût parfaitement indifférent. Il était prêt à riposter à coups de langue ou à coups de sabre, n'importe à qui. Il remplit donc son verre de sa liqueur favorite, et répondit avec un sang-froid admirable:

— Pardon, colonel Wellmere. Le major Dunwoodie doit fidélité aux États confédérés de l'Amérique septentrionale; il n'y a jamais manqué: ce n'est donc pas un rebelle. J'espère qu'il obtiendra de l'avancement, d'abord parce qu'il le mérite, et ensuite parce que je suis le premier en rang après lui. Quant à l'infortune dont vous parlez, je ne sais ce que vous voulez dire, à moins que vous ne regardiez comme une infortune d'avoir eu à combattre la cavalerie de Virginie.

— Je n'ai pas envie de quereller sur des mots, Monsieur, dit le colonel avec un air de dédain. J'ai parlé comme me l'a inspiré mon devoir envers mon souverain. Mais ne regardez-vous pas comme une infortune pour un corps la perte de son commandant?

— Il peut quelquefois arriver que c'en soit une, répondit Lawton avec une emphase bien prononcée.

— Miss Peyton, proposez-nous donc une santé! s'écria M. Wharton inquiet de la tournure que prenait la conversation, et craignant qu'on ne lui demandât son opinion.

Sa belle-sœur inclina la tête avec un air de dignité, et Henry ne put s'empêcher de sourire en entendant sa tante prononcer le nom du général Montrose, tandis que des couleurs longtemps absentes de ses joues s'y glissaient furtivement.

— Il n'y a pas de terme plus équivoque que celui d'infortune, dit le docteur sans faire attention à la manœuvre adroite à laquelle son hôte avait eu recours pour changer de conversation. Les uns appellent une chose infortune, et les autres donnent le même nom à ce qui lui est diamétralement opposé. Une infortune en engendre une autre. La vie est une infortune, puisqu'elle nous expose à en éprouver; et la mort en est également une, puisqu'elle met fin aux jouissances de la vie.

— Une véritable infortune, dit Lawton en emplissant de nouveau son verre, c'est que la cantine du corps ne soit pas remplie d'un vin semblable à celui-ci.

— Je suis ravi que vous le trouviez bon, dit M. Wharton, ne sachant trop encore où se termineraient toutes ces infortunes, et j'en boirai un verre avec vous, si vous voulez proposer un toast.

— En voici un, répliqua le capitaine en remplissant son verre jusqu'au bord, et les yeux fixés sur Wellmere : — un champ de bataille, égalité de nombre, et victoire au courage.

— De tout mon cœur, capitaine, dit le docteur en prenant aussi son verre, pourvu que vous me laissiez quelque chose à faire, et que votre compagnie n'approche jamais l'ennemi de plus près qu'à portée de pistolet.

— Monsieur Archibald Sitgreaves, s'écria Lawton avec vivacité, savez-vous bien que voilà le plus diabolique souhait que vous puissiez faire.

Miss Peyton crut qu'il était temps que les dames se retirassent de table; elle leur fit un signe, et toutes se levèrent à l'instant. Lawton reconnaissant qu'un mouvement de chaleur involontaire l'avait emporté au-delà des bornes prescrites dans la société, fit sur-le-champ d'humbles excuses à Frances qui se trouvait près de lui, et qui les reçut avec un air de bonté par égard pour l'uniforme qu'il portait, quoiqu'elle sût fort bien que ce serait pour Sara un sujet de triomphe pendant plus d'un mois. Mais il était trop tard, et les dames se retirèrent avec beaucoup de dignité, au milieu des saluts respectueux de toute la compagnie, à l'exception du capitaine de dragons décontenancé, et dont toutes les idées se trouvaient dans un état de stagnation. M. Wharton, faisant une profusion d'excuses à ses hôtes, se leva aussi de table au même instant, et sortit de l'appartement avec son fils.

Dès que les dames furent parties, le docteur prit un cigare, et le plaça au coin de ses lèvres de manière à ne gêner en rien les organes de la prononciation.

— Si quelque chose peut adoucir la captivité et les souffrances, c'est le bonheur d'avoir à supporter ses malheurs dans la société des dames qui viennent de nous quitter, dit le colonel d'un ton de galanterie, soit qu'il fût sensible à l'hospitalité qu'il recevait, soit qu'il éprouvât un sentiment encore plus doux.

Sitgreaves jeta un coup d'œil sur la cravate de soie noire qui entourait le cou du colonel anglais, et secouant avec le petit doigt les cendres de son cigare, en véritable adepte :

— Sans contredit, colonel, dit-il, une tendre commisération, une bonté bienveillante, ont une influence naturelle sur le système de l'humanité. Il existe une connexion intime entre le moral et le physique. Mais pour accomplir une cure, pour rendre à la nature ce ton de santé que la maladie ou un accident lui a fait perdre, il faut autre chose que de la commisération et de la bonté. Les lumières de...

Le docteur rencontra en ce moment le regard moqueur du capitaine Lawton, qui commençait à se remettre de l'embarras que lui avait occasionné son *lapsus linguæ*, et il perdit le fil de son discours. Il voulut pourtant le continuer.

— Car en pareil cas, les..... oui, les lumières de la science..... c'est-à-dire les connaissances..... qui découlent des lumières.....

— Vous disiez, Monsieur? dit Wellmere en buvant son vin à petites gorgées.

— Oui, Monsieur, dit Sitgreaves en tournant brusquement le dos à Lawton, je dis qu'un cataplasme de mie de pain et de lait ne guérira pas une jambe cassée.

— Tant pis, morbleu! tant pis! dit Lawton, recouvrant enfin l'usage de la parole.

— C'est à vous que j'en appelle, colonel Wellmere, continua le docteur avec un grand sérieux, à vous qui avez reçu une éducation distinguée.

Le colonel inclina la tête avec un sourire de complaisance.

— Vous devez avoir remarqué le ravage qu'ont fait dans vos rangs les soldats de la compagnie dont monsieur est le capitaine.

Le colonel prit un air plus grave.

— Vous devez avoir remarqué qu'à chaque coup qu'ils portaient, la vie de leur adversaire se trouvait immédiatement et irrévocablement éteinte, éteinte sans laisser la moindre ressource à toutes les lumières de la science; que les blessures qui résultaient de ces coups offraient de telles solutions de continuité, que l'art du praticien le plus expérimenté n'aurait pu y remédier. Maintenant, Monsieur, je m'en rapporte à vous, et votre décision va me faire triompher. Répondez-moi; votre corps n'aurait-il pas été également défait si l'on se fût contenté, par exemple, d'abattre le bras droit à vos soldats au lieu de leur fendre la tête?

— Votre triomphe est un peu prématuré, Monsieur, répondit le colonel offensé de la manière dont la question était posée.

— Une conduite si peu judicieuse sur le champ de bataille fait-elle avancer d'un pas la cause de la liberté? continua Sitgreaves sans faire attention à l'embarras du colonel, et ne songeant qu'à soutenir son principe favori.

— Il me reste encore à apprendre, répliqua Wellmere avec vivacité, en quoi la conduite de ceux qui se trouvent dans les rangs des rebelles peut être utile à la cause de la liberté.

— A la cause de la liberté! répéta le docteur avec le ton de la plus grande surprise; juste Ciel! et pour quoi donc combattons-nous?

— Pour l'esclavage, répondit l'Anglais avec un air de confiance en son infaillibilité; pour substituer la tyrannie de la populace au pouvoir légitime d'un monarque plein de bonté. Tâchez d'être du moins un peu d'accord avec vous-mêmes.

— D'accord avec nous-mêmes! dit le docteur étourdi d'entendre parler ainsi d'une cause qu'il était habitué à regarder comme sacrée.

— Oui, Monsieur, d'accord avec vous-mêmes. Votre congrès de sages a publié un manifeste où il proclame l'égalité des droits politiques.

— Et un manifeste supérieurement rédigé.

— Je n'en attaque pas la rédaction. Mais si vos déclamations en faveur de l'égalité sont sincères, que ne rendez-vous la liberté à vos esclaves? s'écria Wellmere d'un ton qui montrait clairement qu'il avait ramené la victoire sous ses bannières.

Tout Américain se trouve humilié quand il est obligé de justifier son pays d'un tel reproche. Ses émotions ressemblent à celles d'un homme forcé de répondre à une accusation honteuse, quoiqu'il sache qu'elle n'est pas fondée. Au fond le docteur avait beaucoup de bon sens, et, se trouvant ainsi interpellé, il prit l'argument au sérieux.

— La liberté consiste pour nous, répondit-il, à avoir une voix dans les conseils par lesquels nous sommes gouvernés. Nous regardons comme insupportable d'être soumis à un peuple qui vit à mille lieues de nous, et qui n'a ni ne peut avoir un seul intérêt politique commun avec les nôtres. Je ne parle pas de l'oppression; l'enfant était majeur et avait droit aux priviléges de la majorité. Il n'existe qu'un seul tribunal auquel les nations puissent en appeler en pareil cas, celui de la force, et c'est celui auquel nous en appelons.

— Une telle doctrine peut convenir à vos projets, dit Wellmere en souriant dédaigneusement, mais est contraire aux opinions et aux principes de toutes les nations civilisées.

— Elle est conforme à leur pratique, répliqua avec force le docteur encouragé par un coup d'œil de Lawton, qui rendait justice au bon sens et au jugement de son camarade, tout en riant de ce qu'il appelait son jargon de médecin. Qui voudrait être esclave quand il peut être libre? Le seul point raisonnable d'où l'on doive partir, c'est que toute société a le droit de se gouverner elle-même, pourvu qu'elle ne viole pas les lois de Dieu.

— Et vous croyez vous conformer à ces lois en retenant vos semblables en esclavage?

Sitgreaves but un verre de vin, toussa, et revint à la charge.

— Monsieur, dit-il, l'esclavage a une origine bien ancienne, et il est universellement répandu. Toutes les religions et toutes les formes de gouvernement passées ou présentes l'ont admis, et il n'existe pas une seule nation dans l'Europe civilisée qui n'en ait reconnu ou n'en reconnaisse encore le principe.

— J'espère que vous en excepterez la Grande-Bretagne, Monsieur?

— Non certainement, je ne l'en excepterai pas, répondit le docteur avec force, sentant qu'il allait porter la guerre sur le territoire ennemi. Ce sont ses enfants, ses navires, ses lois qui ont introduit et naturalisé l'esclavage dans ce pays. C'est donc sur elle que la faute doit en retomber; c'est elle seule qu'il faut en accuser. Nous ne faisons que suivre la route qu'elle nous a tracée. Mais pourquoi continuons-nous à la suivre? C'est qu'on ne peut remédier aux abus que graduellement, de peur de faire naître des maux encore plus grands que ceux qu'ils causent. Avec le temps, nous affranchirons nos esclaves, et l'on ne trouvera plus dans cette belle contrée une seule image du Créateur réduite à cet état avilissant qui lui permet à peine de reconnaître ses célestes bienfaits.

On se rappellera qu'il y a quarante ans que le docteur Sitgreaves parlait ainsi, et par conséquent Wellmere ne pouvait s'inscrire en faux contre sa prophétie.

Trouvant le combat au-dessus de ses forces, le colonel anglais quitta la table et alla rejoindre les dames dans le salon. Là, assis entre miss Peyton et Sara, il se trouva plus agréablement occupé à leur rappeler tous les plaisirs qu'ils avaient goûtés à New-York, et mille petites anecdotes relatives à leur ancienne liaison. Miss Peyton écoutait avec plaisir ces détails, tout en préparant le thé avec sa grâce ordinaire, et Sara, les yeux baissés sur son ouvrage, rougissait et tressaillait en entendant les compliments flatteurs qu'il lui adressait dans le cours de l'entretien.

Le dialogue que nous avons rapporté avait rétabli la paix et l'harmonie entre le docteur et Lawton. Ils allèrent faire une visite à Singleton, revinrent faire leurs adieux aux dames, montèrent tous deux à cheval, et partirent ensemble pour le village des Quatre-Coins, le capitaine pour rejoindre son corps, et Sitgreaves pour aller visiter les blessés. Mais ils furent arrêtés à la porte par une circonstance dont nous rendrons compte dans le chapitre suivant.

CHAPITRE XIV.

> Je ne vois plus ces cheveux blancs si clairsemés sur cette tête chauve si respectable. — Je ne vois plus cet air doux, ce regard suppliant quand il était en prière, et cette foi pure qui lui prêtait sa force. — Mais il est au sein du bonheur, et je ne regrette plus le sage vertueux qui vivait content dans sa pauvreté. — CRABBE.

Nous avons déjà dit qu'en Amérique l'usage laisse écouler fort peu de temps entre la mort et les obsèques, et la nécessité de pourvoir à sa sûreté avait obligé Harvey à abréger encore ce court intervalle pour celles de son père. Au milieu de la confusion et de l'agitation produites par les événements que nous avons rapportés, la mort du vieux Birch n'avait pas attiré l'attention. Cependant quelques-uns de ses plus proches voisins s'étaient réunis à la hâte pour rendre les derniers devoirs au défunt. Ce cortège funèbre passait devant la porte des Sauterelles à l'instant où Lawton et Sitgreaves se disposaient à en sortir, et ce fut ce qui arrêta leur marche. Quatre hommes portaient le cercueil dans lequel reposait le corps de John Birch, et quatre autres les accompagnaient pour se charger à leur tour de ce fardeau, en relevant les premiers. Le colporteur marchait derrière eux, et à son côté on voyait Katy Haynes dont l'aspect exprimait le deuil le plus triste. M. Wharton et son fils les suivaient. Deux ou trois vieillards, pareil nombre de femmes et quelques enfants fermaient la marche.

Le capitaine resta en silence, ferme sur sa selle, attendant que le cortége fût passé et Harvey levant les yeux pour la première fois depuis qu'il était parti de sa chaumière, reconnut l'ennemi qu'il redoutait le plus. Son premier mouvement fut bien certainement de prendre la fuite, mais un instant de réflexion le rappela à lui; il jeta les yeux sur le cercueil de son père, et passa devant le capitaine d'un pas ferme, quoique le cœur lui battît vivement. Lawton se découvrit lentement la tête, et resta ainsi jusqu'à ce que M. Wharton et son fils fussent passés. Alors, accompagné du chirurgien, il marcha au pas en arrière du cortége, en gardant un profond silence.

César sortit des régions souterraines de sa cuisine, et d'un air solennellement mélancolique il se joignit à la procession funèbre, quoique avec humilité, attendu la couleur de sa peau, et à une distance très-respectueuse du capitaine de dragons; car une certaine sensation de crainte s'emparait du cœur du nègre toutes les fois que Lawton empêchait sa vue de se fixer sur des objets plus agréables. Il avait placé autour de son bras, un peu au-dessus du coude, une serviette d'une blancheur étincelante : car depuis qu'il avait quitté la ville, c'était la première fois que le nègre avait eu occasion de prendre les signes extérieurs du deuil parmi les esclaves. Il tenait beaucoup au décorum, et ce qui l'avait un peu stimulé à cette démarche, c'était le désir de prouver à son ami noir de la Géorgie la décence qu'on observait à New-York dans les funérailles. L'effervescence de son zèle se passa fort bien, et n'eut d'autre résultat qu'une remontrance que miss Peyton lui fit avec douceur à son retour. Elle trouvait fort bien qu'il eût suivi le cortège funèbre, mais elle jugeait que la serviette était un cérémonial superflu pour les funérailles d'un homme de la condition du défunt.

Le cimetière était un enclos situé sur les domaines de M. Wharton, qui l'avait destiné à cet usage, et qui l'avait fait entourer de pierres quelques années auparavant. Ce n'était pourtant pas dans le dessein d'en faire le lieu de sépulture de sa famille. Jusqu'à l'incendie qui eut lieu lorsque les troupes anglaises s'emparèrent de New-York, et qui réduisit en cendres la Trinité, on voyait sur les murs de cette église une inscription en lettres dorées et gravées sur le marbre, rappelant les vertus de ses ancêtres dont les restes reposaient avec toute la dignité convenable sous de grandes pierres en marbre dans une des ailes. Le capitaine Lawton fit un mouvement comme pour suivre le cortége à l'instant où il quitta la grande route près du champ qui servait à de plus humbles sépultures. Mais il fut tiré de sa distraction par l'observation que lui fit son compagnon qu'il se trompait de sentier.

— De toutes les méthodes que l'homme a adoptées pour disposer de ses dépouilles mortelles, laquelle préférez-vous, capitaine Lawton ? lui demanda gravement le docteur quand ils se furent séparés du cortége. En certains pays on laisse le corps sur la terre exposé à être dévoré par les animaux sauvages; en d'autres on le suspend en l'air pour qu'il y exhale sa substance en forme de décomposition; ici on le consume sur un bûcher; là on l'inhume dans les entrailles de la terre. Chaque peuple a son usage à cet égard. Auquel donnez-vous la préférence?

— Tous sont fort agréables sans doute, répondit le capitaine sans accorder une grande attention à la harangue de son compagnon, et suivant encore des yeux la marche du convoi; mais vous-même qu'en pensez-vous?

— Le dernier mode, celui que nous avons adopté, est sans contredit le plus sage, répondit le docteur sans hésiter, car les trois autres ne laissent aucune ressource pour la dissection; au lieu que, tandis que le cercueil reste décemment et paisiblement dans le sein de la terre, on peut en tirer le corps pour le faire servir à propager d'une manière utile les lumières de la science. Ah! capitaine Lawton, je ne jouis que bien rarement de ce plaisir en comparaison de ce que j'espérais en entrant dans l'armée.

— Et ce plaisir, combien de fois à peu près le goûtez-vous par an? demanda Lawton d'un ton sec en cessant de porter ses regards du côté du cimetière.

— Douze fois tout au plus, répondit Sitgreaves en soupirant; ma meilleure récolte est quand la troupe marche en détachement, car lorsque le corps d'armée, donne, il y a tant de jeunes gens à satisfaire qu'il est bien rare que je puisse me procurer un sujet, un bon sujet. Ce sont des vampires; ils sont affamés de cadavres comme des vautours.

— Douze fois ! répéta le capitaine d'un ton de surprise. Quoi! moi seul je vous en fournis davantage.

— Ah! Jack, dit le docteur revenant avec intérêt à son sujet favori, il est bien rare que je puisse faire quelque chose de vos patients! vous les défigurez si horriblement. Croyez-moi, c'est en ami que je vous parle; votre système est essentiellement vicieux. Non seulement vous détruisez sans nécessité le principe de la vie, mais vous êtes cause que, même après la mort, le corps ne peut plus servir au seul usage pour lequel il puisse encore être utile.

Lawton ne répondit rien, parce qu'il savait que, lorsque le docteur entamait ce sujet, le silence était le seul moyen de maintenir la paix entre eux. Sitgreaves jetant un dernier regard sur le convoi funèbre, avant de tourner une éminence qui allait le cacher à leurs yeux, et poussant un profond soupir : — On pourrait, dit-il, si l'on en avait le temps, se procurer cette nuit dans ce cimetière un sujet décédé de mort naturelle. Le défunt était sans doute le père de la dame que nous avons vue ce matin?

— Quoi! du docteur femelle, de cette femme qui a un teint bleu de ciel? s'écria Lawton avec un sourire malin qui commença à mettre son compagnon mal à l'aise. Non, non, elle n'était que son officier de santé en jupons, et Harvey, dont le nom servait de refrain à toutes les chansons, est ce fameux colporteur, cet espion.

— Comment! s'écria le chirurgien surpris, celui qui vous a désarçonné?

— Jamais personne ne m'a désarçonné, docteur Sitgreaves, dit le dragon avec beaucoup de gravité. Je suis tombé de cheval, parce que Roanoke a fait un faux pas, et nous avons baisé la terre ensemble.

— Baiser plein de feu, dit le docteur en prenant à son tour un air de sarcasme, car votre peau en porte encore des échauboulures. Mais c'est bien dommage que vous ne puissiez découvrir où est caché ce maudit espion.

— Il suivait le corps de son père, dit le capitaine d'un ton fort calme.

— Quoi! et vous l'avez laissé passer? s'écria vivement Sitgreaves en arrêtant son cheval. Retournons sur nos pas et emparons-nous de lui. Vous le ferez pendre ce soir, et demain matin j'en ferai la dissection.

— Fi donc! mon cher Archibald! dit Lawton avec douceur; voudriez-vous arrêter un homme pendant qu'il rend les derniers devoirs à son père? Fiez-vous à moi ; je lui paierai mes dettes quelque jour.

Sitgreaves n'avait pas l'air très-content de ce qu'il appelait ce délai de justice; mais il fut obligé d'y consentir pour ne pas compromettre la réputation qu'il avait d'être rigide observateur des convenances, et ils continuèrent leur marche pour rejoindre leur corps, en s'entretenant de divers objets relatifs à l'économie du corps humain.

Birch maintenait l'air grave et réfléchi qu'on jugeait convenable à un homme en pareille circonstance, et c'était de Katy qu'on attendait des preuves de cette sensibilité qui est particulière au beau sexe. Il y a des gens que la nature a constitués de telle sorte qu'ils ne peuvent pleurer qu'en compagnie, et la femme de charge était douée de ces qualités amies du grand jour. Après avoir jeté un regard sur le petit nombre de femmes qui se trouvaient au convoi, voyant qu'elles avaient toutes les yeux fixés sur elle avec un air d'attente solennelle, à l'instant même elle versa un torrent de larmes; et l'abondance en fut telle que tous les spectateurs lui firent l'honneur de lui supposer le cœur le plus tendre et le plus sensible. Lorsqu'on commença à couvrir de terre le cercueil qui rendit ce son creux, sourd et terrible, qui proclame si éloquemment le néant de l'homme, on vit se contracter tous les muscles du visage d'Harvey; son corps fut comme agité de convulsions; sa taille se courba comme par suite d'une souffrance subite; ses bras tombèrent à ses côtés comme paralysés, tandis que tous ses doigts remuaient involontairement; en un mot tout son extérieur annonçait que son âme était déchirée par l'angoisse la plus cruelle. Mais il résista à son émotion, et elle ne fut que momentanée. Il se redressa, reprit haleine avec force, et regarda autour de lui la tête levée, en paraissant s'applaudir d'avoir remporté la victoire. La fosse fut bientôt remplie. Une pierre brute placée à l'une des extrémités en marqua la place, et un gazon fané, symbole de la fortune du défunt, couvrit avec une apparence de décence le tertre funéraire. Les voisins qui l'avaient aidé à rendre les derniers devoirs à son père se tournèrent vers Harvey en ôtant leur chapeau, et le colporteur, qui se sentait alors véritablement seul au monde, se découvrit la tête à son tour, et leur dit, après avoir pris un moment pour recueillir ses forces :

— Mes amis, mes voisins, je vous remercie de m'avoir aidé à ensevelir mon père et à me séparer de lui.

Une pause solennelle succéda à ces paroles d'usage, et le groupe se dispersa en silence. Quelques-uns accompagnèrent Harvey jusqu'à sa chaumière, mais ils eurent la discrétion de le quitter quand il arriva. Il entra avec Katy, et ils y furent suivis par un homme bien connu dans tous les environs, et qu'on avait surnommé le Spéculateur. Le cœur de Katy s'émut de funestes pressentiments en le voyant entrer; mais Harvey s'attendait évidemment à cette visite, et il lui présenta civilement une chaise.

Le colporteur alla à la porte, jeta un regard inquiet de tous côtés dans la vallée, rentra à la hâte, et commença le dialogue suivant :

— Le soleil n'éclaire déjà plus le haut des montagnes de l'orient; le temps me presse; voici le contrat de vente de la maison et du jardin; il est en bonne forme, suivant les lois.

L'étranger prit le papier et en examina le contenu avec une lenteur qui venait, soit de l'attention qu'il voulait y donner, soit de ce que son éducation avait été malheureusement négligée dans sa jeunesse. Le temps qu'occupa ce long examen fut employé par Harvey à rassembler divers objets qu'il avait dessein d'emporter en quittant pour toujours son habitation. Katy lui avait déjà demandé si le défunt avait laissé un testament, et elle l'avait vu placer la grande Bible au fond d'une nouvelle balle qu'elle lui avait préparée elle-même; mais voyant que les six cuillers d'argent restaient à côté de la balle, elle ne put supporter une telle négligence, et elle rompit le silence en s'écriant :

— Quand vous vous marierez, Harvey, vous regretterez ces cuillers.

— Je ne me marierai jamais, répondit-il laconiquement.

— Vous en êtes bien le maître, Harvey; mais il n'est pas besoin de prendre un pareil ton pour le dire. A coup sûr personne ne songe à vous épouser. Je voudrais bien savoir pourtant quel besoin peut avoir un homme seul de tant de cuillers; quant à moi, je pense qu'un homme si bien pourvu doit en conscience avoir une femme et une famille.

A l'époque où Katy parlait ainsi, la fortune d'une femme de sa classe consistait en une vache, un lit, des draps, des serviettes et autre linge, ouvrage de ses propres mains, et quand la fortune l'avait particulièrement favorisée, une demi-douzaine de cuillers d'argent. L'industrie et la prudence de la femme de charge l'avaient déjà pourvue de tous les premiers objets; mais le dernier article lui manquait encore; et l'on peut s'imaginer que ce fut avec un sentiment de regret fort naturel qu'elle vit tomber dans la balle des cuillers qu'elle avait si longtemps regardées comme devant lui appartenir un jour, regret que ne contribuait pas à adoucir la déclaration laconique d'Harvey. Celui-ci, sans s'inquiéter de ce qu'elle pouvait penser, n'en continuait pas moins à remplir sa balle, qui atteignit bientôt ses dimensions ordinaires.

— Je ne suis pas sans inquiétude sur cette acquisition, dit enfin le Spéculateur en terminant sa lecture.

— Et pourquoi? demanda vivement Harvey.

— Je crains qu'elle ne soit pas valable en justice. Je sais que deux voisins se proposent d'aller demander demain la confiscation de cette maison, et si je vous en donnais quarante livres sterling et que je vinsse à les perdre, j'aurais fait un beau marché.

— On ne peut confisquer ce qui m'appartient, répondit froidement le colporteur. Donnez-moi deux cents dollars, et la maison est à vous. Vous êtes un patriote bien connu, vous, et il n'y a pas de danger qu'on vous inquiète. Et tandis qu'il parlait ainsi, un ton étrange d'amertume se mêlait au désir qu'il montrait de se défaire de sa propriété.

— Dites cent dollars, et c'est une affaire conclue, reprit le Spéculateur avec une grimace qu'il voulait faire passer pour un sourire de bonté d'âme.

— Conclue? répéta le colporteur avec surprise; je croyais que tout avait été conclu ce matin.

— Il n'y a rien de conclu jusqu'à la remise de l'acte et le paiement du prix, répondit l'autre en se félicitant intérieurement de son adresse.

— Je vous ai remis le papier, s'écria Harvey.

— Oui, et je le garderai si vous voulez me dispenser de payer le prix, dit le Spéculateur en ricanant. Mais allons, je ne veux pas être trop dur à la desserre: dites cent cinquante dollars; tenez, les voici.

Harvey s'avança vers la fenêtre, et vit avec consternation que le soleil était déjà descendu sous l'horizon. Il savait qu'il courait les plus grands dangers en restant davantage chez lui, et cependant il ne pouvait supporter l'idée d'être trompé de cette manière sur un marché qui avait été discuté et arrêté. Il hésita.

— Eh bien! dit le Spéculateur en se levant, vous trouverez

peut-être un autre acquéreur d'ici à demain matin; mais dans le cas contraire, vos titres ne vaudront plus la centième partie d'un dollar.

— Acceptez, Harvey, acceptez! dit Katy, qui sentait son cœur s'attendrir à la vue de l'argent comptant.

Sa voix mit fin à l'indécision du colporteur, et une nouvelle idée parut se présenter à son esprit. — C'en est fait, dit-il, j'accepte vos offres; et se tournant vers Katy, il lui remit une partie de cet argent, lui disant en même temps : — Si j'avais eu quelque autre moyen de vous payer, j'aurais tout perdu plutôt que de me laisser voler ainsi.

— Vous pourriez bien encore tout perdre, dit le Spéculateur avec un sourire infernal en sortant de la chaumière.

— Il a raison, dit Katy en le suivant des yeux; il vous connaît, Harvey, et il pense comme moi qu'à présent que votre vieux père n'existe plus, vous avez besoin de quelqu'un de soigneux pour prendre garde à vos affaires.

Le colporteur, occupé à tout préparer pour son départ, n'ayant pas fait attention à cette insinuation, Katy revint à la charge. Elle avait passé tant d'années dans l'attente d'un événement si différent de celui qui allait arriver, que l'idée de se séparer d'Harvey Birch même après toutes les pertes qu'elle venait d'essuyer, lui causait un serrement de cœur dont elle-même était étonnée.

— Où trouverez-vous une autre maison à présent? lui demanda-t-elle avec une émotion peu ordinaire en elle.

— Le ciel y pourvoira.

— Peut-être. Mais peut-être aussi ne sera-t-elle pas à votre goût.

— Le pauvre ne doit pas être difficile.

— Il s'en faut beaucoup que je le sois, Harvey; mais j'aime à voir les choses bien rangées et à leur place; et quant à moi, je ne tiens pas beaucoup à cette vallée ni à ceux qui l'habitent.

— La vallée est agréable, et ceux qui l'habitent sont de braves gens. Mais que m'importe! toute habitation m'est égale à présent; je ne verrai plus que des visages étrangers!

Et en parlant ainsi, une bagatelle qu'il allait mettre dans sa balle lui échappa des mains, et il se laissa tomber sur une chaise avec un air d'anéantissement.

— Et non, Harvey, non, dit Katy en approchant sans y penser sa chaise de l'endroit où il était assis; ne me connaissez-vous pas, moi? Ma figure ne vous est pas étrangère.

Birch tourna lentement les yeux sur elle, et remarqua dans ses traits une expression pénible, tandis qu'il lui dit avec un ton de douceur:

— Non, bonne femme, non; vous n'êtes pas une étrangère pour moi. Tandis que tant d'autres m'accableront d'insultes et me calomnieront, peut-être me rendrez-vous justice, et direz-vous quelques mots pour me défendre.

— Je le ferai! je le ferai! s'écria Katy avec une énergie toujours croissante. Oui, Harvey, je vous défendrai jusqu'à la dernière goutte... Que j'entende quelqu'un dire un mot contre vous! Oui, Harvey, vous avez raison, je vous rendrai justice. Qu'importe que vous aimiez le roi? J'ai entendu dire que c'est un brave homme au fond; mais il n'y a pas de religion dans l'ancien pays, car chacun convient que ses ministres sont des diables incarnés.

Le colporteur se promenait à grands pas dans une agitation inexprimable. Ses yeux avaient un air d'égarement que Katy n'y avait jamais aperçu, et sa démarche avait une dignité dont elle était presque effrayée.

— Tandis qu'il a vécu, s'écria Harvey ne pouvant renfermer dans son cœur les sentiments qui l'agitaient, il existait quelqu'un qui lisait dans mon cœur! Après mes courses secrètes et dangereuses, après avoir souffert des injures et des injustices, quelle consolation c'était pour moi à mon retour de recevoir ses éloges et sa bénédiction! Mais il n'existe plus, ajouta-t-il en tournant ses yeux égarés vers un coin de la chambre, place ordinaire de son père; et qui me rendra justice à présent?

— Harvey! Harvey! s'écria Katy d'un ton presque suppliant; mais il ne l'écoutait pas. Cependant un sourire de satisfaction effleura ses traits décomposés, quand il ajouta:

— Oui, il existe quelqu'un qui me la rendra, qui doit me connaître avant que je meure. Oh! il est terrible de mourir et de laisser après soi une telle réputation!

— Ne parlez pas de mort ici, Harvey! s'écria Katy en jetant les yeux autour de la chambre et en ajoutant du bois au feu pour augmenter la clarté.

Mais le moment d'effervescence était passé. Elle avait été occasionnée par le souvenir des événements de la veille et par la vive idée de ses souffrances. Les passions ne conservaient pas longtemps leur ascendant sur l'esprit d'Harvey; et voyant que la nuit couvrait déjà de son ombre les objets extérieurs, il mit à la hâte sa balle sur ses épaules, et prenant la main de Katy affectueusement, il lui fit ses adieux en ces termes :

— Il m'est pénible de me séparer même de vous, bonne femme; mais l'heure est arrivée, et il faut que je parte. Je vous donne tous les meubles qui restent dans la maison; ils ne peuvent plus me servir, et ils pourront vous être utiles. Adieu, nous nous reverrons un jour.

— Oui, dans le royaume des ombres, dit une voix qui porta le désespoir dans l'âme du colporteur, et qui le fit retomber sur la caisse d'où il venait de se lever.

— Quoi! déjà une nouvelle balle! ajouta la même voix, et bien remplie, sur ma foi!

— N'avez-vous pas déjà fait assez de mal? s'écria le colporteur retrouvant sa fermeté et se relevant avec énergie. N'est-ce pas assez pour vous d'avoir accéléré les derniers moments d'un vieillard mourant, de m'avoir ruiné? que voulez-vous de plus?

— Ton sang, répondit le Skinner avec une méchanceté froide.

— Et pour en recevoir le prix, dit Harvey avec amertume. Comme Juda, autrefois, vous voulez vous enrichir avec le prix du sang.

— Et un joli prix, sur ma foi! mon brave homme. Cinquante guinées; presque le poids en or de ta carcasse.

— Tenez, s'écria vivement Katy, voici quinze guinées. Ce lit, cette commode, ces chaises, tout le mobilier de cette maison est à moi, et je vous donne tout si vous accordez à Harvey une heure d'avance pour s'échapper.

— Une heure! dit le Skinner en montrant les dents, et en couvant l'argent des yeux.

— Oui, pas davantage. Tenez, voilà l'argent.

— Arrêtez! s'écria Harvey, n'ayez pas de confiance en ce mécréant.

— Qu'elle fasse de sa confiance ce qu'elle voudra, dit le Skinner, mais pour l'argent, je le tiens. Quant à toi, Birch, je supporterai ton insolence par égard pour les cinquante guinées que doit me valoir ton gibet.

— Soit! dit le colporteur avec fierté; conduisez-moi au major Dunwoodie; il peut être sévère, mais du moins il n'insulte pas au malheur.

— Je ferai mieux que cela, répliqua le Skinner; car je n'ai pas envie de faire un aussi long voyage en si mauvaise compagnie. La troupe du capitaine Lawton est à un demi-mille plus près, et son reçu de ta personne me fera payer la récompense promise tout aussi bien que celui du major. Qu'en dis-tu? ne serais-tu pas charmé de souper ce soir avec le capitaine Lawton?

— Rendez-moi mon argent, ou laissez Harvey en liberté, s'écria Katy alarmée.

— Votre argent était trop peu de chose, bonne femme, à moins que vous n'en ayez caché dans ce lit, dit le Skinner; et déchirant à coups de baïonnette le matelas et la paillasse, il sembla prendre un malin plaisir à en éparpiller la laine et la paille dans toute la chambre.

— S'il y a des lois dans le pays, s'écria Katy, à qui l'intérêt qu'elle prenait à sa propriété nouvellement acquise faisait oublier le danger personnel auquel elle s'exposait, j'obtiendrai justice d'un pareil vol.

— La loi du territoire neutre est celle du plus fort, dit le Skinner avec un sourire moqueur. Mais faites attention que ma baïonnette est plus longue que votre langue, et que les coups de l'une sont plus dangereux que ceux de l'autre.

Il y avait près de la porte un individu qui semblait vouloir se cacher dans le groupe des Skinners; mais une flamme que firent naître tout à coup quelques effets mobiliers jetés dans le feu par son persécuteur, fit reconnaître au colporteur les traits du Spéculateur qui avait acheté sa maison. Il parlait à voix basse et avec un air de mystère à celui de ces brigands qui était le plus près de lui, et Harvey commença à soupçonner qu'il était victime d'un complot dont ce traître avait été complice. Les reproches seraient venus trop tard : il suivit donc la bande d'un pas ferme et tranquille, comme si on l'eût conduit au triomphe et non à l'échafaud. En traversant la cour, le chef heurta contre une souche de bois, tomba, et, se relevant un peu froissé de sa chute, il s'écria avec colère :

— Maudite soit cette souche infernale! La nuit est trop obscure pour que nous puissions marcher ici. Holà, vous autres! jetez un tison au milieu de ce tas de laine, afin de nous éclairer.

— Arrêtez! s'écria le Spéculateur consterné, vous mettrez le feu à la maison.

— Et nous y verrons mieux, répondit un Skinner en jetant au

milieu des matières combustibles répandues dans la chambre tout le bois enflammé qui brûlait dans la cheminée; en un instant tout le bâtiment fut en feu. Allons, allons, dit le chef, maintenant profitons de cette clarté pour gagner les hauteurs.

— Misérable, s'écria l'acquéreur courroucé; est-ce là votre amitié? Est-ce ainsi que vous me récompensez de vous avoir livré cet espion?

— Tu ferais bien de te mettre à l'ombre, si tu as dessein de me parler sur ce ton, dit le chef de la bande, car j'y vois trop clair maintenant pour te manquer. L'instant d'après il exécuta sa menace; mais heureusement la balle n'atteignit ni le Spéculateur effrayé, ni la femme de charge non moins épouvantée qui, après avoir possédé quelques instants ce qui lui paraissait une fortune, se trouvait réduite à une pauvreté complète. La prudence les engagea tous deux à faire une prompte retraite, et le lendemain matin il ne restait de la maison du colporteur que la grande cheminée dont nous avons parlé.

CHAPITRE XV.

>Des indices légers comme l'air sont pour les jaloux des preuves aussi fortes que si elles étaient tirées de la Sainte-Ecriture. —SHAKSPEARE.

Le temps, qui avait été doux et beau depuis l'orage, changea alors avec la rapidité ordinaire du climat de l'Amérique. Vers le soir un vent froid descendit des montagnes, et la neige annonça que novembre était arrivé, saison qui fait succéder sans transition les glaces de l'hiver aux ardeurs de l'été. Frances, d'une fenêtre de son appartement, regardait défiler lentement le convoi funéraire avec une mélancolie trop profonde pour n'être causée que par ce spectacle. Il y avait dans le triste devoir que remplissaient son père et son frère quelque chose qui s'accordait avec les idées qui l'occupaient. Tandis que ses regards erraient autour d'elle, elle vit les arbres se courber sous la violence de l'ouragan, et les bâtiments qui ne pouvaient lui offrir une forte résistance en étaient ébranlés. La forêt, que le soleil faisait briller naguère des teintes variées de l'automne, perdait une grande partie de sa beauté, le vent dépouillant les arbres de leurs feuilles qu'il chassait au loin devant lui. On pouvait distinguer à quelque distance sur les hauteurs des patrouilles de dragons de la Virginie gardant tous les défilés. Penchés sur le pommeau de leur selle, à cause du vent glacial qui venait de traverser les grands lacs d'eau douce, ils serraient contre leurs membres leurs manteaux pour s'en garantir.

Elle vit disparaître à ses yeux le cercueil, dernière demeure du défunt, lorsqu'on le descendit lentement dans la fosse, et cette vue prêta une nouvelle tristesse au spectacle que lui offrait la nature. Le capitaine Singleton dormait, et le dragon qui le servait veillait avec soin près de son lit. On avait réussi à persuader à sa sœur d'aller prendre possession de la chambre qui lui avait été préparée, et de chercher à y goûter le repos dont l'avait privée le voyage qu'elle avait fait la nuit précédente. La porte de cette chambre donnait sur la galerie dont il a déjà été parlé, mais elle en avait une autre qui communiquait à l'appartement qu'occupaient les deux sœurs. Cette porte était entr'ouverte, et Frances s'en approcha dans l'intention charitable de voir comment se trouvait sa nouvelle compagne. A sa grande surprise, elle vit celle qu'elle croyait assoupie non seulement éveillée, mais occupée d'une manière qui ne permettait pas de supposer qu'elle songeât à se livrer au sommeil. Les tresses de cheveux noirs qui pendant le dîner étaient serrées autour de sa tête et attachées sur le sommet, tombaient avec profusion sur son sein et sur ses épaules, et donnaient un air presque égaré à sa physionomie expressive; ses yeux noirs étaient fixés avec la plus vive attention sur un portrait qu'elle tenait en main. Frances put à peine respirer quand un mouvement d'Isabelle lui permit de voir que c'était celui d'un homme portant l'uniforme bien connu des dragons de Virginie; mais elle appuya la main sur son cœur comme pour en calmer l'agitation quand elle crut reconnaître des traits toujours présents à son imagination. Elle sentit que les convenances ne lui permettaient pas de surprendre le secret d'une autre, mais son émotion était trop forte pour qu'il lui fût possible de parler, et reculant d'un pas, elle s'assit sur une chaise d'où elle pouvait encore voir Isabelle, sur qui ses yeux restaient attachés comme en dépit d'elle-même.

Miss Singleton était trop exclusivement occupée de ses propres idées pour apercevoir la jeune fille tremblante, témoin de ses moindres mouvements, et elle appuya ses lèvres sur ce portrait inanimé avec l'ardeur de la plus violente passion. L'expression de la physionomie de la belle étrangère était mobile. L'admiration et le chagrin étaient pourtant les deux passions qui semblaient avoir l'ascendant, et la dernière était indiquée par de grosses larmes qui tombaient de ses yeux sur le portrait à des intervalles inégaux. Chaque mouvement d'Isabelle était marqué par un enthousiasme qui était particulier à son caractère, et chaque passion triomphait à son tour dans son cœur. La fureur du vent qui sifflait autour des angles du bâtiment était en accord parfait avec ses sentiments, et elle se leva pour s'approcher d'une fenêtre de son appartement. Elle était alors entièrement cachée aux yeux de Frances, qui allait se lever pour s'approcher d'elle, quand des sons dont la mélodie allait au cœur l'enchaînèrent sur sa chaise. L'air avait quelque chose d'étrange ; la voix n'avait pas beaucoup d'étendue, mais l'exécution surpassait tout ce que Frances avait jamais ouï, et elle resta immobile, cherchant à étouffer le faible bruit de son haleine jusqu'à ce qu'Isabelle eût fini de chanter les paroles suivantes :

«Le vent souffle sur le sommet de la montagne ; les chênes qui la couvrent sont dépouillés de leur feuillage ; les vapeurs s'élèvent lentement de la fontaine ; la glace brille sur les bords du ruisseau, toute la nature cherche le calme de cette saison de l'année : mais le repos a abandonné mon sein.»

«La tempête a longtemps versé ses fureurs sur mon pays : longtemps ses guerriers en ont supporté le choc ; notre chef, boulevart élevé sur le rocher de la liberté, a longtemps ennobli son poste, l'ambition démesurée se relâche de ses prétentions, et cependant une tendresse malheureuse bannit le sourire de mes lèvres.»

«Au dehors on entend mugir la fureur sauvage de l'hiver ; on voit l'arbre aride dépouillé de ses feuilles ; mais le soleil vertical du sud paraît pour faire tomber sur moi sa chaleur dévorante. Au dehors on voit se montrer tous les signes d'une saison glaciale ; mais au dedans le feu de la passion me consume.»

Frances abandonna son âme tout entière aux charmes de la mélodie, quoique les paroles de la chanson exprimassent un sens qui, réuni aux événements de cette journée et de celle qui l'avait précédée, faisait naître dans son sein un sentiment d'inquiétude qu'elle n'avait jamais éprouvé auparavant. Isabelle se retira de la fenêtre à l'instant où le dernier son de sa voix venait de se faire entendre à l'oreille de celle qui l'écoutait, et pour la première fois elle aperçut la figure pâle de sa compagne. Un feu soudain anima en même temps les joues des deux jeunes filles ; l'œil bleu de Frances rencontra un instant l'œil noir d'Isabelle, et leurs regards se baissèrent sur-le-champ vers le tapis. Elles s'avancèrent pourtant l'une vers l'autre, et elles s'étaient donné la main avant qu'aucune d'elles eût osé regarder sa compagne en face.

— Ce changement soudain de temps et peut-être la situation de mon frère ont contribué à m'inspirer de la mélancolie, miss Wharton, dit Isabelle d'un ton fort bas et d'une voix tremblante.

— On pense que vous n'avez rien à craindre pour votre frère, répondit Frances avec le même air d'embarras; si vous l'aviez vu quand le major Dunwoodie l'a amené ici...

Elle s'interrompit; elle se cachait honteuse sans trop savoir pourquoi. Levant les yeux sur Isabelle, elle la vit étudier sa physionomie avec la plus vive attention, et elle rougit de nouveau.

—Vous parliez du major Dunwoodie, dit miss Singleton d'une voix faible.

—C'est lui qui a conduit ici votre frère.

—Connaissez-vous Dunwoodie? L'avez-vous vu souvent? s'écria Isabelle d'une voix qui fit tressaillir sa compagne. Frances se hasarda une seconde fois à la regarder en face, et elle vit encore ses yeux perçans fixés sur elle comme si elle eût voulu pénétrer dans ses plus secrètes pensées. Parlez, miss Wharton; le major Dunwoodie vous est-il connu?

—Il est mon parent, répondit Frances presque effrayée de l'état dans lequel elle voyait sa compagne.

—Votre parent! répéta miss Singleton. A quel degré? Répondez, miss Wharton! je vous en supplie, répondez-moi!

— Le père de ma mère était cousin du sien, répondit Frances avec une confusion occasionnée par la véhémence d'Isabelle.

—Et il doit vous épouser? s'écria miss Singleton avec vivacité.

La fierté de Frances se révolta contre une attaque si directe, et elle leva les yeux avec quelque hauteur sur celle qui l'interrogeait ainsi : mais la vue des joues pâles et des lèvres tremblantes d'Isabelle désarma à l'instant même tout son ressentiment.

— C'est donc la vérité : ma conjecture était juste. Parlez, miss Wharton; par compassion, répondez-moi, je vous en conjure! Aimez-vous Dunwoodie. Il y avait dans la voix de miss Singleton un accent plaintif qui fit disparaître tout le mécontentement de Frances; et pour toute réponse elle couvrit son visage brûlant de ses deux mains en se laissant tomber sur une chaise.

Isabelle se promena quelques instants en silence dans la chambre jusqu'à ce qu'elle eût pu maîtriser la violence de son agitation. S'approchant alors de sa compagne, en cherchant à déguiser à ses yeux la honte qu'elle éprouvait, elle lui prit la main en lui disant avec un effort évident pour montrer du calme :

— Pardon, miss Wharton, si un sentiment irrésistible m'a fait oublier les convenances ; le puissant motif, la cruelle raison.......
Elle hésita, Frances leva la tête ; les yeux des deux jeunes filles se rencontrèrent encore une fois ; elles se jetèrent dans les bras l'une de l'autre, et leurs joues brûlantes se touchèrent. Cet embrassement fut long, sincère ; mais aucune d'elles ne parla, et lorsqu'elles se séparèrent, Frances se retira dans sa chambre sans autre explication.

Tandis que cette scène extraordinaire se passait dans l'appartement de miss Singleton, d'autres objets de grande importance se discutaient dans le salon. La tâche de disposer ces restes d'un aussi grand dîner que celui qui venait d'avoir lieu n'exigeait pas peu de calcul et de réflexion. Quoique plusieurs oiseaux sauvages se fussent familiarisés avec les poches du dragon au service du capitaine Lawton, et que l'aide du docteur Sitgreaves se fût lui-même mis en garde contre la possibilité de quitter bientôt de si bons quartiers, il restait encore tant de provisions que la prudente miss Peyton ne savait trop comment s'y prendre pour en tirer le parti le plus avantageux. Une longue conférence confidentielle eut lieu à ce sujet entre César et sa maîtresse, et le résultat en fut que le colonel Wellmere fut abandonné à l'hospitalité de Sara. Tous les sujets ordinaires de conversation étaient épuisés quand le colonel, avec un peu de ce malaise qu'éprouve toujours jusqu'à un certain point celui qui sent qu'il a une erreur à se reprocher, fit allusion aux événements de la journée précédente.

— Je ne pensais guère, miss Wharton, quand je vis pour la première fois ce M. Dunwoodie chez vous, dans Queen-Street, que je trouverais en lui un guerrier si renommé, dit Wellmere avec un sourire méprisant.

— Renommé, si l'on prend en considération l'ennemi qu'il a vaincu, répondit Sara entrant dans les sentiments de son compagnon. L'accident qui vous est arrivé a été malheureux sous tous les rapports ; car sans cette circonstance les armes de notre roi auraient triomphé comme à l'ordinaire.

— Et cependant le plaisir de la société dans laquelle cet accident m'a conduit, m'a plus que dédommagé de la mortification et des blessures dont il a été cause, dit le colonel d'un ton des plus doucereux.

— J'espère que ces blessures sont peu de chose, répliqua Sara, cherchant à cacher sa rougeur en se baissant pour couper avec les dents un fil de l'ouvrage attaché sur ses genoux.

—Les blessures du corps sont en effet peu de chose en comparaison des autres, dit le colonel sur le même ton ; ah ! miss Wharton ! c'est en de pareils moments qu'on apprécie toute la valeur de l'amitié et de la compassion.

On peut difficilement se figurer sans en avoir fait l'épreuve quels progrès rapides le cœur d'une femme peut faire en amour dans le court espace d'une demi-heure. Lorsque la conversation commença à rouler sur l'amitié et la compassion, Sara trouva le sujet trop intéressant pour oser se fier à sa voix. Elle leva pourtant les yeux sur le colonel, et vit qu'il contemplait ses beaux traits avec un air d'admiration si manifeste, que les paroles n'étaient pas nécessaires pour l'exprimer.

Leur tête-à-tête dura une heure sans interruption, et quoique le colonel n'eût pas prononcé ce qu'une matrone expérimentée aurait appelé un mot décisif, il dit une foule de choses qui enchantèrent sa compagne, et elle se retira dans son appartement, le cœur plus léger qu'il ne l'avait été depuis que son frère était prisonnier des Américains.

CHAPITRE XVI.

Laissez-moi caresser le flacon Un soldat est un homme; la vie n'est qu'un instant; n'empêchez donc pas un soldat de boire.—Yago.

La position occupée par le corps des dragons était, comme nous l'avons déjà dit, une halte favorite de leur commandant. Un groupe de cinq ou six chaumières, en fort mauvais état, formait ce qu'on appelait le village des Quatre-Coins, qui devait son nom aux deux routes qui le coupaient à angles droits. Au-dessus de la porte du plus considérable et du moins dilapidé de ces édifices, on voyait attaché à un poteau, ressemblant à une potence, une enseigne, sur laquelle on lisait en grosses lettres : *Bon logis à pied et à cheval;* et quelques beaux esprits faisant partie du corps des dragons de Virginie avaient écrit par-dessous avec de la craie rouge : *Hôtel de Betty Flanagan.*

La matrone à qui l'on faisait tant d'honneur était vivandière, blanchisseuse, et, pour nous servir de l'expression de Katy Haynes, docteur femelle du corps. Elle était veuve d'un soldat qui avait été tué au service, et qui, né comme elle dans une des Antilles, était venu chercher fortune dans les colonies. Elle suivait constamment le corps de Dunwoodie qui était rarement stationnaire plus de deux jours dans le même endroit, mais elle l'accompagnait dans une petite charrette chargée d'objets propres à rendre sa présence agréable. Elle arrivait toujours la première à l'endroit où l'on devait camper, et avait soin d'y choisir un local favorable à ses opérations. Sa célérité en pareil cas était presque surnaturelle. Tantôt sa charrette lui servait de boutique, tantôt les soldats lui construisaient un abri avec les matériaux qu'ils trouvaient sous la main. En cette occasion elle s'était emparée d'un bâtiment abandonné. Ayant remplacé les carreaux de vitre qui manquaient par une partie du linge sale qu'elle avait à blanchir, elle avait réussi à écarter la rigueur du froid qui commençait à être sévère, et à se former ce qu'on appelait un *logement élégant*. Les soldats étaient placés dans les granges du village, et les officiers s'étaient réunis à l'*Hôtel Flanagan,* qu'ils appelaient en plaisantant le quartier-général.

Il n'existait pas un seul cavalier dans tout le corps que Betty ne connût, et dont elle ne sût le nom de baptême, le nom de famille et le nom de guerre, et quoiqu'elle parût insupportable à tous ceux à qui l'habitude n'avait pas rendu ses vertus familières, elle était la favorite déclarée de tout le corps. Ses défauts étaient un penchant irrésistible pour la boisson, une malpropreté sans égale et une licence sans bornes dans ses expressions; mais ils étaient rachetés par quelques bonnes qualités; un amour ardent pour sa patrie adoptive, un excellent cœur et des principes d'honnêteté à sa façon dans son trafic avec les soldats. Elle avait, en outre, le mérite d'avoir inventé ce breuvage si connu aujourd'hui de tous ceux qui voyagent pendant l'hiver entre les capitales commerciales et politiques de ce grand pays, et auquel on a donné le nom de *cock-tail*. L'éducation et les circonstances avaient concouru à mettre Élisabeth Flanagan en état de faire un si grand pas dans la composition des liqueurs : car dès son enfance elle avait fait connaissance avec ce qui était le principal ingrédient de celle-ci, et ses pratiques de Virginie lui avaient appris à rendre justice à la saveur de la menthe, depuis un humble julep jusqu'à la boisson plus parfaite dont il s'agit. Telle était Betty Flanagan, qui, en dépit d'un vent glacial du nord, montra son visage rubicond à la porte de son hôtel pour recevoir son favori, le capitaine Lawton, arrivant avec le docteur Sitgreaves.

— Par toutes mes espérances d'avancement, Betty, s'écria-t-il, je suis ravi de vous voir! Cette maudite bise venant du Canada m'a glacé jusqu'à la moelle des os; mais la vue de votre rouge trogne me réchauffe comme une bûche de Noël.

— Je sais bien, capitaine Jack, dit la vivandière en tenant la bride de son cheval, que vous avez toujours le gosier plein de compliments; mais dépêchez-vous d'entrer, les haies ne sont pas si solides dans ce canton que dans les montagnes, et vous trouverez dans la maison de quoi vous réchauffer le corps et l'âme.

— Ainsi vous avez mis les haies à contribution pour faire du feu, dit le capitaine; cela peut être utile pour le corps; mais quant au surplus, je viens de caresser une bouteille de cristal taillé, placée sur un plateau d'argent, et je crois que d'ici à un mois votre whiskey ne me tentera point.

— Si c'est à l'or et à l'argent que vous pensez, je n'en ai guère, quoique je ne sois pas tout à fait sans papier des Etats; mais, dit Betty avec un coup d'œil expressif, ce que j'ai à vous offrir mériterait d'être servi dans des vases de diamant.

— Que veut-elle dire, Archibald? demanda vivement Lawton au docteur. La pie borgne semble vouloir nous donner à entendre plus qu'elle n'en dit.

— C'est sans doute une aberration des facultés de la raison, occasionnée par l'usage trop fréquent des liqueurs fortes, répondit le docteur en passant lentement la jambe gauche par-dessus sa selle pour descendre du côté droit.

— Bien, mon bijou de docteur, dit Betty en faisant un signe d'intelligence au capitaine; je vous attendais de ce côté, quoique tous les dragons descendent de l'autre. Mais j'ai eu bien soin de vos blessés en votre absence, je les nourris comme des rois.

— Stupidité barbare! s'écria le docteur, donner de la nourriture à des gens dévorés par une fièvre brûlante! Femme, vous mettriez en défaut Hippocrate lui-même.

— Voilà bien du bruit pour quelques goutes de whiskey, répliqua Betty sans se déconcerter. Je ne leur en ai donné qu'un galon, et ils sont au moins une vingtaine. C'était pour les faire dormir, en guise de *suppuratif*, comme vous dites.

Lawton et le docteur entrèrent dans l'*hôtel Flanagan*, et les premiers objets qu'ils aperçurent leur expliquèrent le sens caché des agréables promesses de la vivandière. Une longue table, formée par des planches arrachées d'une cloison, occupait le milieu du plus grand appartement de la maison, et l'on y voyait étalé le peu de vaisselle de faïence que possédait la maîtresse du logis. Un fumet agréable sortait d'une pièce voisine servant de cuisine; mais ce qui attirait surtout l'attention, c'était une dame-jeanne de belles dimensions que Betty avait placée avec ostentation sur un escabeau au milieu de la table, comme étant l'objet qui méritait de fixer les regards. Lawton apprit bientôt que la liqueur qui s'y trouvait était le véritable jus de la grappe, et que c'était une offrande envoyée des Sauterelles au major Dunwoodie, par son ami Wharton, capitaine de l'armée royale.

— Et c'est un présent vraiment royal, ajouta le sous-officier qui lui donnait ces détails. Le major nous régale en l'honneur de la victoire que nous avons remportée, et vous voyez que, comme de raison, c'est l'ennemi qui en fait les principaux frais. Mille dieux! s'écria-t-il en se frappant l'estomac, quand nous aurons là quelques cartouches de cette munition, je crois que nous serions en état d'aller enlever sir Henry dans son quartier-général.

Lawton ne fut nullement fâché de trouver l'occasion de finir la journée aussi agréablement qu'il l'avait commencée. Il fut bientôt entouré de ses camarades, avec lesquels il entra en conversation, tandis que le docteur faisait sa ronde pour visiter les blessés. Le feu qui brûlait dans une immense cheminée était si brillant, et jetait une flamme si vive qu'on n'avait pas eu besoin d'allumer de chandelles. Les militaires rassemblés dans cette salle étaient, pour la plupart, des jeunes gens, tous d'une bravoure éprouvée, au nombre de douze ou quinze, et leurs manières ainsi que leurs discours offraient un singulier mélange du savoir-vivre d'une ville et de la rudesse d'un camp. Leur costume était propre quoique simple, et le sujet intarissable de leur conversation était les qualités et les exploits de leurs chevaux. Les uns cherchaient à dormir, étendus sur des bancs placés le long des murs; d'autres se promenaient dans les appartements; plusieurs discutaient vivement des questions relatives à leur profession. De temps en temps la porte de la cuisine s'ouvrait, on entendait le bruit de la friture qui criait dans la poêle, et un nuage de vapeurs odoriférantes se répandait dans le salon. Alors toutes les conversations étaient interrompues, tous les regards se dirigeaient vers le sanctuaire, et les dormeurs même entr'ouvraient les yeux pour reconnaître l'état des préparatifs.

Dunwoodie, assis au coin du feu, semblait se livrer à ses réflexions, et aucun de ses officiers n'osait chercher à l'en distraire. Dès que Sitgreaves était entré, il lui avait fait un grand nombre de questions sur l'état de la santé du capitaine Singleton. Pendant ce temps, un silence respectueux avait régné dans toute la salle ; mais dès qu'il eut été reprendre la place qu'il occupait auparavant, on vit renaître le ton d'aisance et de liberté qui avait régné jusqu'alors.

L'arrangement de la table ne donna pas grand embarras à mistress Flanagan, et César aurait été étrangement scandalisé, s'il avait vu des mets ayant une ressemblance frappante les uns aux autres, servis sans cérémonie devant tant de personnages de considération. Cependant en prenant place à table, chacun eut soin de ne se mettre qu'au rang auquel son grade lui donnait droit; car malgré la liberté qui régnait dans un festin de réjouissance, les règles de l'étiquette militaire étaient toujours observées avec un respect presque religieux.

La plupart des convives avaient jeûné trop longtemps pour être bien difficiles; mais il n'en était pas de même du capitaine Lawton. Les mets préparés par les mains de Betty lui causèrent un dégoût invincible ; il ne put s'empêcher de faire une remarque en passant sur la rouille qui rongeait les couteaux et sur la poussière qui couvrait les assiettes. Le bon caractère de Betty et l'affection naturelle qu'elle portait au coupable lui firent pourtant supporter quelque temps cette mortification en silence. Mais enfin Lawton, en baillant, se hasarda de prendre une tranche d'une viande noirâtre qui était placée devant lui, et après en avoir fait tourner un morceau dans sa bouche pendant une minute ou deux en faisant de vains efforts pour le broyer, il s'écria avec un ton d'humeur :

— Mistress Flanagan, quel nom portait pendant sa vie l'animal dont voici les tristes restes?

— Hélas! capitaine, c'était ma pauvre vache! répondit la vivandière avec une émotion causée partie par le mécontentement des plaintes de son favori, partie par le chagrin d'avoir perdu cet animal utile.

— Quoi! la vieille Jenny! s'écria le capitaine d'une voix de tonnerre, s'arrêtant à l'instant où il s'apprêtait à avaler comme une pilule le morceau qu'il désespérait de pouvoir diviser.

— Du diable! s'écria un autre officier en laissant tomber son couteau et sa fourchette, celle qui a fait la campagne avec nous dans le Jersey.

— Elle-même, répondit la maîtresse de l'hôtel avec un air lamentable. Hélas! Messieurs, il est bien dur d'avoir à manger une si vieille amie!

— *Très-dur*, répéta Lawton. Et voilà où elle en est venue! ajouta-t-il en dirigeant vers le plat la pointe de son couteau.

— J'en ai vendu deux quartiers aux soldats de votre compagnie, capitaine, ajouta Betty; mais du diable si je leur ai dit que c'était leur vieille amie; j'aurais eu peur de leur ôter l'appétit.

— Mille diables, s'écria le capitaine avec une colère affectée, que ferai-je de mes dragons si vous les habituez à une nourriture si friande? Ils auront peur d'un Anglais comme un esclave nègre craint son inspecteur.

— Eh bien! dit le lieutenant Mason en laissant tomber son couteau et sa fourchette avec une sorte de désespoir, ma mâchoire a plus de sensibilité que le cœur de bien des gens. Elle se refuse absolument à broyer les restes d'une si ancienne connaissance.

— Essayez une goutte du présent, dit Betty en emplissant une tasse du vin contenu dans la dame-jeanne et en la buvant, comme si elle eût été chargée de s'acquitter des fonctions de dégustateur. Sur ma foi, dit-elle ensuite, ce n'est pas grand'chose après tout; ça n'a pas plus d'âme que de la petite bière.

La glace étant rompue, on présenta un verre du même vin au major Dunwoodie, qui le but en saluant son compagnon au milieu d'un profond silence. On observa ensuite tout le cérémonial d'usage pour porter des toasts politiques. Cependant le vin produisit son effet ordinaire, et avant que la seconde sentinelle en faction à la porte eût été relevée, personne ne songeait plus ni au dîner qui avait précédé ni aux soucis qu'il pouvait avoir. Le docteur Sitgreaves n'était pas revenu à temps pour goûter des mets préparés aux dépens de la pauvre Jenny, mais il n'était pas trop tard pour qu'il eût sa part du présent du capitaine Wharton.

— Une chanson, capitaine Lawton! une chanson, s'écrièrent en même temps deux ou trois officiers remarquant que leur camarade ne paraissait pas en humeur aussi joyeuse que de coutume; silence! le capitaine Lawton va chanter.

— Messieurs, dit le capitaine animé par les rasades qu'il avait bues quoique sa tête fût ferme comme un roc, je ne suis nullement un rossignol; mais puisque vous le désirez, je chanterai bien volontiers.

— Jack! s'écria Sitgreaves en se balançant sur sa chaise, chantez l'air que je vous ai appris, et... attendez, j'ai dans ma poche une copie des paroles.

— Ne vous donnez pas la peine de la chercher, mon cher docteur, dit le capitaine en remplissant son verre avec beaucoup de sang-froid : je ne pourrais jamais faire un tour de conversion autour des noms barbares qui s'y trouvent. Messieurs, je vais vous donner un humble échantillon de mon savoir-faire.

— Silence, Messieurs! écoutez le capitaine Lawton! s'écrièrent à la fois cinq ou six voix. Et le dragon d'une voix belle et sonore chanta les couplets suivants sur un air à boire bien connu, la plupart de ses camarades en répétant le refrain avec une ardeur qui faisait trembler l'édifice délabré :

«Passez la bouteille, joyeux camarades, et vivons tandis que nous le pouvons. Le jour de demain peut amener la fin de vos plaisirs, car la vie de l'homme est courte, et celui qui combat l'ennemi avec bravoure peut voir s'accélérer la fin du bail de sa vie.

« Vieille mère Flanagan, viens remplir nos verres; car tu peux les remplir comme nous pouvons les vider, bonne Betty Flanagan.

«Si l'amour de la vie s'est emparé de votre cœur, si l'amour de vos aises occupe votre corps, quittez le chemin de l'honneur, et goûtez un repos paisible, en portant le nom de lâche; car tôt ou tard nous connaissons le danger, nous qui nous tenons fermes sur la selle.

«Vieille mère Flanagan, etc.

«Quand des ennemis étrangers envahissent notre pays, et que nos femmes et nos maîtresses nous appellent à les défendre, nous soutiendrons bravement la cause de la liberté, ou nous succomberons aussi bravement. Nous vivrons maîtres du beau pays que le ciel nous a donné, ou nous irons vivre dans le ciel.

«Vieille mère Flanagan, etc.»

Chaque fois qu'on chantait le refrain, Betty ne manquait pas de s'avancer et d'obéir littéralement à l'injonction qu'il contenait, à la grande satisfaction de tous les chanteurs, et peut-être aussi à la sienne. L'hôtesse se servait d'un breuvage mieux assorti à un palais qu'elle avait accoutumé aux liqueurs fortes, et par ce moyen elle avait marché assez facilement d'un pas égal vers la gaieté un peu bruyante à laquelle étaient arrivés la plupart des convives. Tous couvrirent d'applaudissements prolongés la chanson du capitaine, à l'exception pourtant du chirurgien qui s'était levé pendant le premier chorus et qui se promenait en long et en large dans un transport d'indignation classique. Les bravo! bravissimo! étouffèrent quelque temps tout autre bruit; mais dès que le tumulte commença à cesser, le docteur se tourna vers le chanteur et lui dit avec chaleur:

— Capitaine Lawton, je suis surpris qu'un homme bien né, un brave officier, ne puisse dans ce temps d'épreuve trouver pour sa muse un sujet plus convenable que d'indignes invocations à une coureuse de corps-de-gardes, à cette Betty Flanagan. Il me semble que la déesse de la liberté pourrait fournir des inspirations plus nobles, et l'oppression de notre patrie un thème plus heureux.

— Sur ma foi! s'écria l'hôtesse en s'avançant vers lui les poings appuyés sur les côtes, et qui est-ce qui m'insulte? Est-ce vous, Maître-Emplâtre, Maître-Seringue, Maître...

— Paix! dit Dunwoodie d'une voix qui ne s'élevait guère au-dessus de son ton ordinaire, mais qui fut suivie par un silence semblable à celui de la mort. Femme, sortez de cette chambre; docteur Sitgreaves, reprenez votre place à table, et ne troublez pas le cours de nos plaisirs.

— Soit! soit! dit le chirurgien en se redressant avec une dignité calme. Je me flatte, major Dunwoodie, que je connais un peu les règles du décorum et que je n'ignore pas tout à fait ce qu'on peut se permettre dans une réunion d'amis.

Betty fit une prompte retraite, quoique non en ligne directe, dans les domaines de sa cuisine, n'étant pas habituée à répliquer à un ordre de l'officier commandant.

— Le major Dunwoodie nous fera-t-il l'honneur de chanter une chanson sentimentale? dit Lawton en saluant son chef avec la politesse d'un homme bien né et avec cet air de sang-froid qu'il savait si bien prendre.

Dunwoodie hésita un instant, et chanta ensuite avec une exécution parfaite les couplets suivants:

«Les uns aiment la chaleur des climats méridionaux, où un sang ardent circule avec rapidité dans les veines; moi je préfère la clarté douteuse que réfléchissent en tremblant les rayons plus doux de la lune.

«D'autres aiment les couleurs éclatantes de la tulipe, où l'or le dispute à l'azur avec un éclat splendide; mais plus heureux celui dont la guirlande nuptiale, tressée par les mains de l'amour, exhale le doux parfum de la rose.»

La voix de Dunwoodie ne perdait jamais en aucune occasion son autorité sur ses officiers subalternes, et les applaudissements qui suivirent sa chanson, quoique moins bruyants que ceux qu'avait obtenus le capitaine, furent beaucoup plus flatteurs.

— Monsieur, dit le docteur après avoir joint ses applaudissements à ceux de ses compagnons, si vous vouliez seulement apprendre à joindre quelques allusions classiques à votre imagination, vous deviendriez un très-joli poëte-amateur.

— Celui qui critique doit être en état d'exécuter, dit le major en souriant : je somme le docteur Sitgreaves de nous donner un échantillon du style qu'il admire.

— Oui, oui, s'écrièrent tous les convives avec transports ; il faut que le docteur chante ! Une ode classique du docteur Sitgreaves !

Le docteur signifia son consentement en saluant ses compagnons à la ronde, et après avoir toussé deux ou trois fois par forme de préliminaire, au grand plaisir des jeunes cornettes qui étaient au bas bout de la table, il chanta d'une voix fêlée, en détonnant à chaque note, le couplet ci-après :

«La flèche de l'amour t'a-t-elle jamais blessée, ma chère? as-tu exhalé son soupir tremblant? as-tu songé à celui qui était bien loin, et qui était toujours présent à tes yeux brillants? Alors tu sais ce que c'est que d'éprouver un mal que l'art de Galien ne peut guérir. »

— Hourra ! s'écria Lawton avec un transport affecté, Archibald éclipse les muses mêmes. Ses vers coulent avec la même douceur que le ruisseau qui serpente dans un bois à minuit, et sa voix est une race croisée du rossignol et du hibou.

— Capitaine Lawton, s'écria le chirurgien courroucé, c'est une chose ridicule de mépriser les lumières des connaissances classiques, et c'en est une autre de se faire mépriser par son ignorance.

De grands coups frappés à la porte firent cesser tout à coup le tumulte, et les officiers prirent leurs armes à la hâte pour être prêts à tout événement. La porte s'ouvrit, et les Skinners entrèrent en amenant avec eux le colporteur courbé sous le poids de sa balle.

— Lequel de vous est le capitaine Lawton? demanda le chef de la bande en regardant avec quelque surprise les officiers réunis.

— Le voici, attendant votre bon plaisir, dit le capitaine d'un ton sec, mais avec un calme parfait.

— En ce cas, c'est entre vos mains que je remets un traître déjà condamné. Voici Harvey Birch, le colporteur, l'espion.

Lawton tressaillit en voyant en face son ancienne connaissance, et se tournant vers le Skinner en fronçant les sourcils, il s'écria :

— Et qui êtes-vous, Monsieur, pour parler si librement de votre prochain? — Mais pardon, ajouta-t-il en saluant Dunwoodie, voici l'officier-commandant; c'est à lui que vous devez vous adresser.

— Non, répondit le Skinner d'un ton bourru. C'est à vous que je livre l'espion, et c'est de vous que j'attends la récompense promise.

— Etes-vous Harvey Birch? demanda Dunwoodie au colporteur, en s'avançant avec un air d'autorité qui fit reculer le Skinner dans un coin de l'appartement.

— C'est mon nom, répondit Birch avec un air de fierté.

— Vous êtes coupable de trahison envers votre pays, reprit Dunwoodie d'un ton ferme. Savez-vous que j'ai le droit de faire exécuter la sentence prononcée contre vous?

— Ce n'est pas la volonté de Dieu qu'une âme soit envoyée si précipitamment en sa présence, répondit le colporteur d'un ton solennel.

— C'est la vérité, dit Dunwoodie; aussi quelques heures seront-elles ajoutées à votre vie. Mais comme l'espionnage est un crime impardonnable d'après les lois de la guerre, préparez-vous à mourir demain à neuf heures du matin.

— Que la volonté de Dieu s'accomplisse! répondit Harvey avec la plus grande impassibilité.

— J'ai passé bien du temps à guetter le coquin, dit le Skinner en s'approchant du major, et j'espère que vous allez me donner un certificat pour toucher la récompense. Elle a été promise en or.

— Major Dunwoodie, dit l'officier qui était de garde ce jour-là, en entrant dans la chambre, une patrouille vient de faire rapport qu'une maison a été brûlée la nuit dernière dans la vallée, presque en face de l'endroit où le combat a été livré.

— C'est la hutte du colporteur, dit le Skinner à demi-voix; nous ne lui avons pas laissé l'abri d'une seule latte. Il y a, ma foi! longtemps que je l'aurais brûlée, mais il fallait d'abord m'en servir comme d'une trappe pour prendre le renard.

— Vous paraissez un patriote fort ingénieux, dit Lawton avec beaucoup de gravité. — Major Dunwoodie, voulez-vous me permettre d'appuyer la demande de ce digne personnage, et me charger de lui payer la récompense qui lui est due ainsi qu'à ses compagnons?

— Chargez-vous-en, dit le major. Et vous, malheureux, préparez-vous à la mort que vous subirez bien certainement demain avant le coucher du soleil.

— La vie a peu de chose qui puisse me tenter, dit Harvey en levant lentement les yeux, et en regardant d'un air égaré les figures qui l'entouraient.

— Allons, dignes enfants de l'Amérique, dit Lawton au Skinner, suivez-moi; venez recevoir la récompense qui vous est due.

La bande ne se fit pas prier, et elle suivit le capitaine vers l'endroit où était cantonnée sa compagnie.

Dunwoodie garda le silence un instant, n'aimant pas à triompher d'un ennemi abattu. Enfin, se tournant vers le colporteur, il lui dit gravement :

— Vous avez déjà été jugé, Harvey Birch, et il a été prouvé que vous êtes un ennemi trop dangereux pour la liberté de l'Amérique pour qu'on puisse vous laisser la vie.

— Prouvé! répéta le colporteur en tressaillant et en se redressant avec fierté, de manière à montrer que le poids de sa balle n'était rien pour lui.

— Oui, prouvé. Vous avez été convaincu d'épier les mouvements de l'armée continentale, d'en donner avis à nos ennemis, et de lui fournir ainsi les moyens de déjouer les projets de Washington.

— Croyez-vous que Washington en dirait autant? demanda Birch en pâlissant.

— Sans contredit : c'est Washington lui-même qui prononce votre sentence par ma bouche.

— Non, non, non! s'écria Harvey avec une vivacité qui fit tressaillir Dunwoodie. Washington a la vue plus perçante que tant de prétendus patriotes. N'a-t-il pas joué lui-même sa fortune sur un dé? Si l'on prépare un gibet pour moi, n'en a-t-on pas préparé un pour lui? — Non, non, non! Washington ne prononcerait jamais pour moi ces paroles : « Qu'on le conduise au gibet! »

— Avez-vous quelque motif à faire valoir pour recourir à la clémence du général en chef? lui demanda Dunwoodie, quand il fut remis de la surprise que lui avait causée l'énergie du colporteur.

Harvey trembla de tous ses membres, tant était violente la lutte intérieure de ses réflexions, et tous ses traits se couvrirent de la pâleur de la mort. Il tira de son sein une petite boîte d'étain, l'ouvrit, et y prit un petit papier. Ses yeux s'y fixèrent un instant; il allongeait déjà le bras vers Dunwoodie pour le lui présenter ; mais tout à coup il retira sa main, et s'écria :

— Non! ce secret mourra avec moi. Je sais quel est mon devoir, et je n'achèterai pas la vie en y manquant. Il mourra avec moi.

— Donnez-moi ce papier, et il est possible que vous obteniez votre grâce, dit le major s'attendant à quelque découverte importante.

— Le secret mourra avec moi! répéta Birch, dont la pâleur avait fait place à la plus vive rougeur.

— Qu'on saisisse ce traître! s'écria Dunwoodie, et qu'on lui arrache ce papier!

Cet ordre fut exécuté à l'instant; mais le mouvement du colporteur avait été encore plus prompt, et le papier fut avalé avant qu'on eût le temps de s'en emparer. Tous les officiers restèrent immobiles en voyant cet acte d'audace et de dextérité.

— Tenez-le, s'écria le docteur, tenez-le bien : je vais lui administrer quelques grains d'émétique.

— Non, dit Dunwoodie en lui faisant signe de reculer; si son crime est grand, son châtiment sera exemplaire.

— Qu'on me conduise donc, dit le colporteur en jetant sa balle par terre, et en faisant quelques pas vers la porte avec une dignité inconcevable.

— Où? demanda Dunwoodie avec surprise.

— Au gibet.

— Pas encore, dit le major, frémissant de ce que la justice exigeait de lui. Mon devoir m'oblige à ordonner votre exécution, mais non à y mettre tant de précipitation. Vous aurez jusqu'à demain matin à neuf heures pour vous préparer au changement terrible qui va s'opérer en vous.

Dunwoodie donna ses ordres à voix basse à un officier subalterne, et fit signe au colporteur de se retirer. L'interruption que cet incident avait apportée aux plaisirs de cette réunion fit qu'on ne songea pas à prolonger la séance. Les officiers se retirèrent dans leurs quartiers respectifs, et bientôt on n'entendit plus d'autre bruit que celui du pas lourd du factionnaire qui montait sa garde sur la terre gelée devant la porte de l'hôtel Flanagan.

CHAPITRE XVII.

> Il y a des gens dont les traits variables expriment toutes les passions innocentes du cœur; sur le front desquels l'Amour, l'Espérance et la Pitié au cœur tendre se réfléchissent comme sur la surface d'un miroir; mais la froide expérience peut voiler ces teintes sous un coloris apprêté pour faire réussir les vils projets d'une astuce maligne.
>
> *Duo.*

L'OFFICIER à qui Dunwoodie avait confié le soin de garder le prisonnier se débarrassa de cette charge en faveur du sergent de garde. Le présent du capitaine Wharton n'avait pas été perdu pour le jeune lieutenant; il lui semblait que tous les objets qu'il avait sous les yeux étaient saisis d'une envie de danser inexplicable, et il se sentait hors d'état de résister à la nature qui lui prescrivait le repos. Après avoir recommandé au sous-officier de veiller sur le prisonnier avec la plus grande exactitude, il s'enveloppa dans son manteau, s'étendit sur un banc devant le feu, et ne tarda pas à jouir du sommeil dont il avait besoin. Un hangar grossièrement construit s'étendait sur toute la longueur du derrière des bâtiments, et à l'une des extrémités on avait pratiqué une petite chambre qui servait principalement de dépôt pour les outils du labourage. Le désordre du temps en avait fait disparaître tous les objets qui pouvaient avoir quelque valeur, et lorsque Betty Flanagan s'était installée dans la maison, elle avait choisi ce réduit pour en faire sa chambre à coucher et le magasin de toutes ses richesses. Les bagages et le superflu des armes avaient aussi été placés sous ce hangar, et un factionnaire veillait nuit et jour à la sûreté de ces trésors réunis. Une autre sentinelle, chargée de veiller sur les chevaux, pouvait aussi voir l'extérieur de cet édifice grossier; et comme il ne se trouvait dans la chambre dont nous avons parlé qu'une seule porte et aucune fenêtre, le sergent prudent crut qu'il n'était pas de meilleur local pour y déposer son prisonnier jusqu'au moment de l'exécution.

Plusieurs autres raisons avaient décidé le sergent Hollister à cette résolution. La première était l'absence de Betty Flanagan, étendue devant le feu de la cuisine, rêvant que le corps attaquait un détachement ennemi, et prenant la musique nasale qu'elle produisait elle-même pour les trompettes virginiennes qui sonnaient la charge. Un autre motif était puisé dans les opinions particulières du vétéran sur la vie et la mort, opinions qui lui avaient valu dans tout le corps une réputation de piété exemplaire et de sainteté de vie. Hollister avait plus de cinquante ans, et il y en avait près de trente qu'il avait embrassé la profession des armes. La mort, après s'être montrée à ses yeux si souvent et sous tant de formes, avait produit sur lui un effet tout différent de celui qui est fréquemment la conséquence de semblables scènes. Il était devenu non-seulement le soldat le plus brave de tout le corps, mais le plus digne de confiance; et le capitaine Lawton l'avait récompensé de sa bonne conduite en le choisissant pour son sergent d'ordonnance.

Il précéda Birch en silence vers la chambre qu'il lui destinait pour prison. En ouvrant la porte d'une main, tandis qu'il tenait une lanterne de l'autre, il éclaira le colporteur qui y entrait. S'étant assis sur un baril qui contenait le breuvage favori de la vivandière, il fit signe à Birch de se placer sur un autre, et mit sa lanterne par terre. Regardant alors gravement son prisonnier, il lui dit :

— Vous avez l'air d'être disposé à faire face à la mort en homme, et je vous ai amené en un lieu où vous pourrez vous livrer aux réflexions convenables, tranquillement et sans être troublé.

— Grand Dieu! dit Birch en jetant les yeux sur les murs de son cachot, quel lieu pour se préparer à entrer dans l'éternité!

— Quant à cela, reprit Hollister, peu importe en quelle place on se dispose à passer la dernière revue, pourvu qu'on se mette en état de ne pas avoir à craindre la justice sévère de l'officier commandant. J'ai ici un livre dont je ne manque jamais de lire quelques chapitres quand nous sommes à la veille d'avoir un engagement : j'y puise du courage dans le moment du besoin.

A ces mots il tira de sa poche une petite Bible, et la présenta à son prisonnier; Birch la reçut avec un respect habituel en lui; mais ses yeux égarés et son air de distraction firent croire au sergent que la crainte de la mort était le seul objet qui l'occupât, et il crut devoir tâcher de le rappeler à des sentiments religieux.

— S'il y a quelque chose qui vous pèse sur la conscience, voici le moment d'y songer. Si vous avez commis quelques fautes, et qu'il soit possible de les réparer, je vous promets sur la parole d'un honnête dragon de vous aider à le faire si j'en suis capable.

— Qui peut se flatter d'avoir vécu sans commettre de fautes? dit Harvey en jetant un coup d'œil distrait sur son gardien.

— C'est la vérité. L'homme est naturellement faible; il fait quelquefois ce qu'il voudrait ensuite n'avoir pas fait. Mais au bout du compte on n'aime pas à mourir avec une conscience trop chargée.

Harvey, pendant ce temps, avait bien examiné le local dans lequel il devait passer la nuit, et il ne vit aucun moyen de s'échapper. Mais l'espérance est le dernier sentiment qui meure dans le cœur de l'homme; il donna alors toute son attention au sergent qui lui parlait. Fixant sur lui un regard si perçant qu'Hollister en baissa les yeux : — On m'a appris, lui répondit-il, à déposer le fardeau de mes fautes aux pieds de mon Sauveur.

— C'est assez bien, mais il faut aussi rendre justice à qui de droit si cela se peut. Il s'est passé bien des choses dans ce pays depuis la guerre; bien des gens ont été dépouillés de ce qui leur appartenait légitimement. Moi-même j'ai quelquefois des scrupules sur ce que je me suis approprié dans des occasions où le pillage nous était permis.

— Ces mains, dit Birch en étendant ses doigts maigres avec une sorte d'orgueil, ont consacré bien des années au travail, mais elles n'ont jamais donné un instant au pillage.

— C'est encore bien, et ce doit être pour vous une grande consolation. Il y a trois péchés principaux, et celui qui a la conscience nette à cet égard peut espérer, avec la grâce du ciel, d'être un jour passé en revue avec les saints du ciel : ce sont le vol, le meurtre et la désertion.

— Grâce au ciel! dit Birch avec fureur, je n'ai jamais ôté la vie à un de mes semblables.

— Oh! tuer un homme en bataille rangée, ce n'est pas un péché; ce n'est que faire son devoir, répliqua Hollister qui sur le champ de bataille était un imitateur zélé de son capitaine; et si la cause de la guerre est injuste, la faute, comme vous devez le savoir, retombe sur la nation, et un homme reçoit sa punition ici-bas avec le reste du peuple. Mais le meurtre commis de sang-froid est le plus grand crime aux yeux de Dieu après la désertion.

— Je n'ai jamais servi, et par conséquent je n'ai pu déserter, dit le colporteur, appuyant sa tête sur une main, dans une attitude mélancolique.

— Mais on peut déserter sans abandonner ses drapeaux, quoique cette désertion soit sans contredit la plus criminelle de toutes. Par exemple, on peut... déserter la cause de son pays à l'heure du besoin, ajouta-t-il en hésitant, mais en appuyant sur ces derniers mots.

Harvey appuya la tête sur ses deux mains, et tout son corps trembla d'émotion. Le sergent le considéra à son tour avec attention. Il avait une antipathie naturelle pour un homme qu'il regardait comme traître à son pays; mais le zèle religieux l'emporta.

— Et cependant, ajouta-t-il d'un ton plus doux, c'est un crime dont le repentir peut obtenir le pardon. Qu'importe la manière dont un homme meurt et l'époque de sa mort, pourvu qu'il meure en homme et en chrétien? Passez quelque temps en prières, et tâchez ensuite de prendre quelque repos, afin de pouvoir montrer l'un et l'autre. Ne vous flattez pas d'obtenir votre grâce, car le colonel Singleton a donné des ordres formels pour que la sentence rendue contre vous fût exécutée à l'instant où vous seriez pris. Je vous le répète, ne vous flattez pas, rien ne peut vous sauver.

— Je le sais, s'écria Birch; mais il est trop tard. J'ai anéanti mon unique sauvegarde.

— Quelle sauvegarde?

— Rien, répondit le colporteur reprenant sa manière naturelle, et baissant la tête pour éviter les regards perçants de son compagnon : mais du moins il rendra justice à ma mémoire.

— Qui, Il?

— Personne, dit Harvey paraissant évidemment ne pas vouloir en dire davantage.

— Rien, et personne. Cela ne vous sera pas d'une grande utilité, dit le sergent en se levant pour s'en aller : allons, tâchez de vous tranquilliser; je viendrai vous revoir quand il fera jour. Je voudrais de toute mon âme pouvoir vous être utile. Je n'aime pas à voir pendre un homme comme un chien.

— Eh bien! vous pouvez m'épargner cette mort ignominieuse, s'écria Birch en se levant avec vivacité et en saisissant le bras du sergent. Oh! que ne vous donnerais-je pas pour vous en récompenser!

— Et comment cela? demanda Hollister d'un air surpris.

— Voyez, dit le colporteur en lui montrant plusieurs guinées, ceci n'est rien auprès de ce que je vous donnerai si vous voulez favoriser mon évasion.

— Quand vous seriez l'homme dont on voit l'image sur ces pièces d'or, vous ne pourriez me déterminer à commettre un pareil crime, répondit le dragon en jetant les guinées par terre avec mépris. Allez, allez, pauvre misérable, faites votre paix avec Dieu, car ce n'est qu'à lui que vous pouvez avoir recours à présent.

Le sergent reprit sa lanterne avec une sorte d'indignation, et laissa le colporteur libre de méditer tristement sur sa fin prochaine. Birch se laissa tomber de désespoir sur le grabat de Betty, tandis que le sergent donnait au factionnaire l'ordre de le garder avec soin, et il termina ses injonctions en lui disant :

— Ne laissez approcher personne de votre prisonnier, et songez que s'il s'échappe votre vie en répond.

— Mais ma consigne est de laisser entrer et sortir Betty Flanagan quand bon lui semble, répondit le factionnaire.

— A la bonne heure, répliqua Hollister; mais ayez soin que ce rusé colporteur n'en sorte pas caché dans les plis de ses jupons. Et se mettant en marche, il alla donner des instructions semblables aux autres sentinelles qui étaient de garde près de cet endroit.

Pendant quelque temps après le départ du sergent, le silence régna dans la prison solitaire du colporteur; enfin le dragon qui veillait à sa porte y entendit le bruit d'une respiration forte qui se changea bientôt en ronflements très-sonores, et il continua à faire sa faction en réfléchissant sur l'indifférence que devait avoir pour la vie un homme qui dormait à la veille d'être pendu. Au surplus le nom d'Harvey Birch était depuis trop longtemps en horreur à tout le corps pour qu'il s'élevât dans le sein du dragon quelque sentiment de commisération, et il ne s'y trouvait peut-être pas un autre individu qui lui eût parlé avec autant de bonté qu'Hollister, et qui n'eût imité la conduite du vétéran en refusant les offres les plus séduisantes, quoique probablement par des motifs moins méritoires. Le soldat qui le gardait éprouvait même un sentiment secret de dépit en entendant son prisonnier jouir d'un sommeil dont il était privé lui-même, et faire preuve ainsi de tant d'indifférence pour le châtiment le plus sévère que les lois de la guerre pouvaient infliger aux traîtres. Plus d'une fois il fut tenté de troubler ce repos extraordinaire du colporteur en l'accablant de reproches et d'injures; mais la discipline à laquelle il était soumis et une honte involontaire de sa brutalité le retinrent dans les bornes de la modération.

La vivandière interrompit ces réflexions. Elle arriva par une porte communiquant à la cuisine, en proférant des malédictions contre les domestiques des officiers, qui, par leurs espiègleries, avaient troublé le sommeil qu'elle goûtait près du feu. Le factionnaire comprit assez ses imprécations pour savoir ce dont il s'agissait, mais tous ses efforts pour entrer en conversation avec cette femme courroucée furent inutiles, et il la laissa entrer dans sa chambre sans lui expliquer qu'elle était déjà occupée. Elle tomba lourdement sur son lit; mais bientôt, après un moment de silence, le factionnaire entendit de nouveau la respiration bruyante du colporteur. On vint en ce moment relever la garde, et le factionnaire, toujours excessivement piqué de l'indifférence de son prisonnier, après avoir transmis sa consigne au dragon qui allait le remplacer, lui dit, en retournant au corps-de-garde :

—Tu peux te réchauffer les pieds en dansant, John. L'espion a accordé son violon; ne l'entends-tu pas? et avant qu'il soit longtemps Betty fera un duo avec lui.

Le caporal et les dragons qui l'accompagnaient répondirent à cette plaisanterie par de grands éclats de rire, et ils partirent pour continuer leur ronde. Quelques instants après la porte de la chambre s'ouvrit, et Betty en sortant reprit le chemin de la cuisine.

—Halte là! s'écria le factionnaire en la retenant par la robe; êtes-vous bien sûre que l'espion n'est pas caché dans vos poches?

—Est-ce que vous ne l'entendez pas ronfler dans ma chambre, canaille que vous êtes? s'écria Betty tremblant de rage. Et c'est ainsi que vous traitez une femme honnête? Faire coucher un homme dans ma chambre, chien de vaurien!

—Bah! bah! dit le dragon; le grand malheur! un homme qui

sera pendu demain matin! Vous entendez qu'il dort déjà ; mais demain il commencera un plus long somme.

— A bas les mains, drôle ! s'écria la vivandière, abandonnant une petite bouteille que le dragon avait réussi à lui arracher. Je vais aller trouver le capitaine Jack, et je saurai si c'est par son ordre qu'on a mis un gibier de potence d'espion dans ma chambre, dans le lit d'une veuve, brigand que vous êtes !

— Silence! vieille Jézabel, cria le factionnaire en retirant de sa bouche le goulcau de la bouteille pour reprendre haleine, ou vous éveillerez le prisonnier. Voudriez-vous troubler le dernier sommeil d'un homme?

— J'éveillerai le capitaine Jack, scélérat de réprouvé, et je l'amènerai ici pour me rendre justice. Il vous punira tous pour avoir insulté une veuve décente, chien de maraudeur !

A ces mots, dont le dragon ne fit que rire, Betty fit le tour du bâtiment, et se dirigea vers le quartier de son favori, le capitaine Lawton, pour invoquer sa justice. Cependant, ni l'officier ni la vivandière ne reparurent de toute la nuit, chacun d'eux étant différemment occupé, et il n'arriva aucun incident capable de troubler le repos du colporteur qui, à la grande surprise de la sentinelle, prouvait, en continuant de ronfler, que l'idée de la potence n'avait pas le pouvoir d'interrompre son sommeil.

CHAPITRE XVIII.

> C'est un Daniel qui est venu pour juger ! Oui, un Daniel ! — O jeune et sage magistrat, combien je l'honore ! — SHAKSPEARE. *Le Marchand de Venise.*

Les Skinners suivirent avec empressement le capitaine Lawton vers le quartier qui avait été assigné à la compagnie de cet officier.

Le capitaine de dragons avait montré en toute occasion tant de zèle pour la cause qu'il avait embrassée, il méprisait tellement le danger, quand il s'agissait de combattre l'ennemi, sa haute taille et son regard sévère contribuaient tellement à le rendre terrible en de pareils moments, que bien des gens lui supposaient un esprit tout différent de celui du corps dans lequel il servait, et donnaient à sa bravoure le nom de férocité, à son zèle impétueux celui de soif du sang. Au contraire, quelques actes de clémence, ou pour mieux dire de justice impartiale, avaient valu à Dunwoodie, dans l'esprit de ceux qui le connaissaient mal, une réputation de tolérance coupable. C'est ainsi qu'il arrive souvent que l'opinion publique se trompe dans ses jugements en distribuant l'éloge ou le blâme.

Tant qu'il avait été en présence du major, le chef des Skinners avait éprouvé cette contrainte dont un homme souillé de tous les vices ne peut se défendre quand il se trouve dans la compagnie d'un être vertueux. Il se sentit plus à l'aise près de Lawton, dont il croyait l'âme à peu près semblable à la sienne. Dans le fait, à moins qu'il ne fût avec ses amis intimes, Lawton avait un air grave et austère qui trompait tous les autres, et c'était un proverbe dans sa compagnie, que le capitaine ne riait que lorsqu'il allait punir. S'approchant donc de lui avec un sentiment intérieur de satisfaction, le Skinner entama la conversation ainsi qu'il suit :

— Il est toujours bon de savoir distinguer ses amis de ses ennemis.

A cette sentence servant de préface, le capitaine ne répondit que par un son inarticulé qui semblait en reconnaître la justesse.

— Je suppose que le major Dunwoodie est dans les bonnes grâces de Washington? continua le Skinner d'un ton qui semblait exprimer un doute plutôt que faire une question.

— Il y a des gens qui le pensent, répondit Lawton avec un air d'insouciance.

— Les vrais amis du congrès et du pays, reprit le Skinner, voudraient que le commandement de la cavalerie fût confié à un autre officier. Quant à ce qui me concerne, si j'étais couvert au besoin par une troupe de bons cavaliers, je pourrais rendre des services bien plus importans que la capture d'un espion.

— Vraiment! dit le capitaine en prenant un ton de familiarité, et quels services?

— Quant à cela, l'affaire serait aussi bonne pour l'officier que pour nous-mêmes, ajouta le Skinner, en jetant sur Lawton un regard expressif.

— Mais encore, quels services? demanda le capitaine avec un peu d'impatience, en pressant le pas pour que les autres ne pussent entendre cet entretien.

— Tout près des lignes de l'armée royale, presque sous le canon de ses batteries, il y aurait d'excellents coups à faire si j'avais une troupe de cavalerie pour nous protéger contre celle de Delancey, et pour empêcher qu'on ne nous coupât la retraite par Kings-Bridge.

— Je croyais que les Vachers ne laissaient rien à faire aux autres.

— Ils ne s'oublient pas, ma foi; mais ils sont obligés de ménager un peu les gens de leur parti, dit le drôle avec toute confiance. Deux fois je suis entré en arrangement avec eux : la première ils ont agi honorablement, mais la seconde ils nous ont trahis, sont tombés sur nous et se sont emparés de tout le butin.

— Les infâmes brigands! s'écria Lawton avec gravité. Je suis surpris que vous entriez en arrangement avec de tels coquins.

— Il faut bien pour notre sûreté que nous nous entendions avec quelques-uns d'entre eux; cependant un homme sans honneur est pire qu'une brute. Pensez-vous qu'on puisse se fier au major Dunwoodie?

— Vous voulez dire d'après les principes d'honneur? dit Lawton.

— Sans contredit. Vous savez qu'Arnold jouissait d'une bonne réputation jusqu'à la capture de certain major de l'armée royale.

— Ma foi, je ne crois pas que Dunwoodie voulût vendre son pays comme Arnold était disposé à le faire; et je ne crois pas qu'on puisse avoir en lui une entière confiance dans une affaire aussi délicate que celle dont vous parlez.

— C'est précisément ce que je pensais, répliqua le Skinner d'un air satisfait de lui-même, et content de sa pénétration.

Ils arrivaient alors à une grande ferme dont les bâtiments étaient en assez bon état, vu les circonstances du temps. Les dragons, tout habillés, étaient couchés dans les granges, et les chevaux, sellés, bridés, en un mot, prêts à être montés au premier signal, mangeaient tranquillement leur fourrage sous un grand hangar qui les mettait à l'abri du vent piquant du nord. Lawton, priant les Skinners de l'attendre un instant, entra dans son logement. Il en revint bientôt tenant en main une grande lanterne d'écurie, et il les conduisit vers un grand verger qui entourait les bâtiments de trois côtés. La bande suivit son chef en silence; celui-ci s'imaginant que le dessein du capitaine était de le conduire dans un endroit où ils pussent causer de cet objet intéressant, sans courir le risque d'être entendus.

Se rapprochant du capitaine, et voulant tâcher de gagner la confiance de Lawton, en lui donnant une opinion plus favorable de son intelligence, le chef des maraudeurs s'empressa de renouer la conversation.

— Croyez-vous que les colonies l'emporteront sur le roi? demanda-t-il avec l'air d'importance d'un politique de profession.

— Si je le crois! s'écria Lawton avec impétuosité; mais reprenant aussitôt son sang-froid, sans doute je le crois, dit-il. Si la France nous donne de l'argent et des armes, nous chasserons les troupes royales en six mois de temps.

— Je l'espère aussi, dit le Skinner, qui se souvenait pourtant qu'il avait plus d'une fois formé le projet de joindre les Vachers; alors nous aurons un gouvernement libre, et nous qui combattons pour lui, nous en serons récompensés.

— Vous y aurez des droits incontestables, et ces gens qui vivent paisiblement chez eux seront couverts du mépris qu'ils méritent. Etes-vous propriétaire de quelque ferme?

— Pas encore; mais j'aurai bien du malheur si je n'en attrape pas quelqu'une avant que la paix se fasse.

— C'est bien : songer à vos intérêts, c'est songer à ceux de votre pays. Faites valoir vos services, criez contre les tories, et je gage mes éperons d'argent contre un clou rouillé que vous finirez par devenir tout au moins un clerc de comté.

— Ne croyez-vous pas que les gens de Paulding aient fait une sottise en refusant de laisser échapper l'adjudant-général de l'armée du roi? dit le brigand mis hors de garde par le ton que prenait le capitaine en lui parlant.

— Une sottise! s'écria Lawton en souriant avec amertume; oui sans doute, le roi George les aurait mieux payés, parce qu'il est plus riche. Il les aurait enrichis pour toute leur vie. Mais, Dieu merci, il règne dans le pays un esprit qui semble miraculeux. Des gens qui n'ont rien agissent comme si toutes les richesses des Indes devaient être le prix de leur fidélité. Nous serions encore bien des années esclaves de l'Angleterre, si tous nos concitoyens étaient des misérables comme vous.

— Comment! s'écria le Skinner en faisant un pas en arrière, et en portant la main à son fusil pour coucher en joue le capitaine; suis-je trahi? Etes-vous mon ennemi?

— Scélérat! s'écria Lawton en détournant le fusil d'un coup de son sabre, dont la lame résonna dans son fourreau d'acier; fais encore un mouvement pour diriger vers moi ton fusil, et je te fends le crâne jusqu'aux épaules.

—Ainsi donc vous ne nous paierez pas, capitaine Lawton? dit le drôle tremblant, en voyant un détachement de dragons entourer sa troupe en silence.

—Vous payer? si vraiment. Je compte bien vous payer tout ce qui vous est dû. Tenez, dit le capitaine, en jetant par terre un sac de guinées; voici l'argent envoyé par le colonel Singleton pour ceux qui arrêteraient l'espion. Mais bas les armes, coquins, et vérifiez si la somme est bien comptée.

La troupe intimidée obéit à cet ordre, et tandis que les Skinners étaient agréablement occupés à voir leur chef compter les pièces d'or, quelques dragons arrachèrent secrètement les pierres de leurs mousquets.

— Eh bien! demanda Lawton, le compte y est-il? Avez-vous la récompense promise?

—Il n'y manque rien, répondit le chef, et maintenant, avec votre permission, nous allons nous retirer.

— Un moment! répliqua Lawton avec sa gravité ordinaire. Nous avons été fidèles à nos promesses; maintenant il s'agit d'être justes. Nous vous payons pour avoir arrêté un espion, mais nous vous punissons comme voleurs, meurtriers et incendiaires. Saisissez-les, mes braves, et traitez-les conformément à la loi de Moïse : quarante coups d'étrivières moins un.

Un tel ordre était une fête pour les dragons. En un clin d'œil les Skinners furent dépouillés de leurs habits, et attachés avec des courroies chacun à un pommier. Une cinquantaine de branches furent coupées à l'instant à coups de sabre, et les dragons eurent soin de choisir les plus souples pour s'en servir. Lawton donna le signal pour qu'ils se missent à l'ouvrage, leur recommandant de nouveau avec humanité de ne pas excéder le nombre de coups prescrits par la loi de Moïse; l'on entendit s'élever dans le verger des cris comparables au tumulte de la tour de Babel. La voix du chef s'élevait par-dessus toutes les autres, et il y avait de bonnes raisons pour cela : le capitaine avait averti le dragon chargé de lui administrer cette correction, qu'il avait affaire à un officier supérieur, et qu'il devait songer à lui rendre les honneurs convenables. La flagellation fut infligée avec beaucoup d'ordre et de célérité; la seule irrégularité qui s'y glissa, fut que les dragons ne commencèrent à compter leurs coups qu'après avoir fait l'essai de leurs baguettes, afin, comme ils le dirent, de reconnaître les endroits où ils devaient frapper. Cette opération sommaire étant terminée à la satisfaction du capitaine, il ordonna aux dragons de laisser les Skinners remettre leurs habits, et de monter à cheval, attendu qu'ils formaient un détachement qui devait s'avancer plus loin dans le comté.

— Vous voyez, mon cher ami, dit le capitaine au chef de la bande, quand celui-ci fut prêt à partir, que je suis en état de vous couvrir au besoin ; et si nous nous rencontrons souvent, je vous promets que vous serez couvert de cicatrices qui, si elles ne sont pas très-honorables, seront du moins bien méritées.

Le brigand ne répondit rien, et, ramassant son fusil, il pressa ses compagnons de partir. Dès que tous furent prêts ils se mirent en marche en silence, se dirigeant vers quelques rochers à très-peu de distance, et près desquels était un bois épais. La lune se levait en ce moment, et il était facile de distinguer les dragons qui étaient encore au même endroit. Tout à coup les Skinners firent volte-face, les couchèrent en joue et lâchèrent leur coup. Ce mouvement fut aperçu ; on entendit le bruit des chiens frappant contre les platines ; les soldats y répondirent par de grands éclats de rire, et le capitaine s'écria :

— Ah ! scélérats, je vous connais, et j'ai fait retirer les pierres de vos fusils.

— Il fallait donc aussi prendre celle qui est dans ma poche ! s'écria le chef, et presque au même instant il fit feu. La balle siffla aux oreilles de Lawton, qui secoua la tête, et dit en souriant qu'il n'avait été manqué que d'un pouce. Un dragon avait vu les préparatifs que faisait, pour tirer un second coup, le chef des Skinners, resté seul, toute sa bande ayant pris la fuite après avoir vu échouer un projet inspiré par la rage et la vengeance. Le soldat venait de faire sentir l'éperon à son cheval à l'instant où le Skinner avait fait feu. La distance jusqu'aux rochers n'était pas grande ; mais la nécessité d'éviter la vitesse supérieure du cavalier fit que le brigand, dans sa précipitation, laissa tomber son fusil et même le sac de guinées. Le dragon s'en saisit et voulut remettre l'argent au capitaine. Mais Lawton refusa de le reprendre, et lui dit de le garder jusqu'à ce que le Skinner vînt le réclamer en personne. Il aurait été assez difficile à aucun des tribunaux existant alors dans les Etats de faire mettre à exécution une ordonnance de restitution de cette somme, car elle fut peu de temps après très-équitablement distribuée par le sergent Hollister entre tous les soldats de la compagnie. Le détachement se mit en marche pour sa destination, et le capitaine retourna lentement vers son logement, dans l'intention de se coucher. En ce moment son œil vigilant aperçut sur la lisière du bois, du côté où les Skinners avaient disparu, une figure marchant d'un pas rapide parmi les arbres. Tournant aussitôt sur le talon, le capitaine s'en approcha avec quelque précaution, et à son grand étonnement il vit la vivandière en cet endroit solitaire à une pareille heure.

— Eh quoi! Betty, s'écria-t-il, vous êtes somnambule, ou rêvez-vous tout éveillée? Ne craignez-vous pas de rencontrer le spectre de la vieille Jenny dans son pâturage favori?

— Ah! capitaine Jack, répondit-elle avec son accent ordinaire et en se dandinant d'une manière qui lui rendait difficile de lever la tête, ce n'est ni Jenny ni son spectre que je cherche, ce sont des herbes pour les blessés, et elles ont plus de vertu quand on les cueille au lever de la lune. J'en trouverai derrière ces rochers, et il faut que j'y aille bien vite, ou le charme perdra son pouvoir.

— Folle que vous êtes, dit Lawton, vous feriez mieux d'être dans votre lit que de courir ces rochers où une chute vous briserait les os. D'ailleurs les Skinners se sont enfuis sur ces hauteurs, et ils pourraient vouloir se venger sur vous d'une discipline que je viens de leur faire administrer. Croyez-moi, bonne femme, rentrez et reposez-vous : j'ai entendu dire que nous nous mettons en marche demain matin.

Betty n'écouta pas ses avis et continua à s'avancer de biais sur les rochers. Lorsque Lawton avait parlé des Skinners, elle s'était arrêtée un instant; mais elle s'était remise en marche sur-le-champ, et elle disparut bientôt au milieu des arbres.

Lorsque le capitaine arriva à l'hôtel Flanagan, le factionnaire qui était à la porte lui demanda s'il avait rencontré Betty, et ajouta qu'elle venait de sortir en vomissant des menaces contre des insolents qui l'avaient tourmentée, et en disant qu'elle allait chercher le capitaine pour en demander justice. Lawton entendit ce récit avec surprise, parut frappé d'une nouvelle idée, retourna en arrière du côté du verger, revint sur ses pas, et pendant plusieurs minutes se promena rapidement devant la porte de la maison. Enfin il se décida à y entrer, se jeta sur son lit sans se déshabiller, et ne tarda pas à s'endormir.

Pendant ce temps les maraudeurs avaient gagné le haut des rochers, et s'étaient dispersés de tous côtés dans l'épaisseur du bois. Voyant pourtant qu'on ne les poursuivait pas; et dans le fait la poursuite aurait été impossible à de la cavalerie, le chef se hasarda à rappeler sa bande par un coup de sifflet, et en très-peu de temps il réussit à la rassembler dans un endroit où ils n'avaient rien à craindre de leurs nouveaux ennemis.

— Eh bien! dit un de ces brigands pendant que ses camarades allumaient un grand feu pour se défendre contre le froid glacial de la nuit, après cela il n'y a plus rien à faire pour nous dans le West-Chester. Il y fera trop chaud à présent que nous aurons à nos trousses cette cavalerie de Virginie.

— J'aurai son sang, s'écria le chef, quand je devrais périr l'instant d'après.

— Oh! vous êtes vaillant, caché au milieu d'un bois, reprit l'autre en ricanant; vous qui vous vantez d'être si bon tireur, comment avez-vous manqué votre homme à quarante pas?

— Sans ce cavalier qui me poursuivait, j'aurais étendu le capitaine Lawton sur la place. D'ailleurs le froid me faisait trembler, et je n'avais pas la main ferme.

— Dites que vous aviez peur, et vous ne mentirez pas. Froid! je crois qu'il se passera du temps avant que je m'en plaigne. Le dos me brûle comme si j'étais sur le gril.

— Et cependant vous ne songez pas à vous venger. Vous baiseriez volontiers la verge qui a servi à vous battre.

— La baiser! cela serait difficile, car je crois qu'on l'a usée jusqu'au dernier brin sur mes épaules, et qu'il n'en reste pas un fragment assez grand pour le baiser. Au surplus j'aime mieux avoir perdu quelques lambeaux de ma peau que de l'y avoir laissée tout entière, et peut-être mes deux oreilles. Et c'est ce qui nous arrivera si nous nous mettons encore à dos cet enragé Virginien. Je lui donnerais volontiers de quoi faire une paire de bottes de mon cuir, pour sauver le reste. Si vous aviez su profiter de l'occasion, vous vous seriez adressé au major Dunwoodie qui ne connaît pas à moitié si bien toutes nos œuvres.

— Silence, bavard! s'écria le chef avec fureur; il y a de quoi devenir fou de vous entendre déraisonner ainsi. N'est-ce pas assez d'avoir été volés et battus sans que nous soyons encore étourdis de vos sottises? Allons! qu'on fouille dans les havre-sacs et qu'on voie ce qu'il y reste de provisions. Le moyen de vous fermer la bouche c'est de la remplir.

On obéit à cet ordre, et tous les Skinners, au milieu des plaintes et des contorsions occasionnées par leurs dos entamés jusqu'au vif, se préparèrent à prendre leur repas. Un grand feu de bois sec brûlait dans une fente de rochers, et enfin ils commencèrent à se remettre de la confusion de leur fuite, et à recouvrer leurs sens égarés. Leur appétit apaisé, ils se dépouillèrent d'une partie de leurs vêtements pour panser leurs blessures, et ils commencèrent en même temps à se livrer à des projets de vengeance. Ils passèrent une heure de cette manière, proposant divers moyens de représailles ; mais, comme il fallait que chacun payât de sa personne pour les exécuter, et que tous exposaient à de grands périls, tous furent successivement rejetés. Il était impossible d'attaquer les dragons par surprise, car leur vigilance n'était jamais en défaut, et il y avait encore moins de probabilité de rencontrer le capitaine Lawton seul ; car il était toujours occupé de ses devoirs militaires, et ses mouvements étaient si rapides que le hasard pouvait le faire croiser leur chemin. D'ailleurs il n'était nullement certain que le résultat de cette rencontre dût être à leur avantage. La dextérité du capitaine était bien connue, et quoique le West-Chester fût un territoire inégal et montueux, l'intrépide partisan avait appris à son coursier à faire des bonds extraordinaires, et des murs de pierre n'offraient que de légers obstacles à une charge de la cavalerie virginienne. Peu à peu la conversation prit une autre direction, et la bande finit par adopter un plan qui semblait devoir assurer en même temps vengeance et profit. L'affaire fut discutée avec soin ; le temps et le mode de l'exécution furent fixés ; il ne manquait plus rien aux arrangements préalables de ce nouvel acte de scélératesse, quand ils tressaillirent en entendant quelqu'un s'écrier à voix haute :

—Par ici, capitaine Lawton ! par ici ! voilà ces coquins qui soupent tranquillement assis près du feu. Par ici ! Tuons les brigands avant qu'ils aient le temps de changer de place ! Vite ! descendez de cheval et armez vos pistolets.

Ces paroles effrayantes mirent en déroute la philosophie de toute la bande. Ils se levèrent précipitamment, s'enfoncèrent plus avant dans le bois, et comme ils étaient déjà convenus d'un lieu de rendez-vous pour leur expédition projetée, ils se dispersèrent vers les quatre points cardinaux. Ils entendirent certains sons et différentes voix de personnes qui s'appelaient les unes les autres ; mais comme les maraudeurs avaient le pied léger, ils furent bientôt à une assez grande distance pour ne plus rien entendre.

Il ne se passa pas longtemps avant que Betty Flanagan sortît du sein des ténèbres, et elle prit possession fort tranquillement de ce que les Skinners avaient abandonné dans leur retraite, leurs provisions et les vêtements qu'ils avaient quittés. La vivandière s'assit avec le plus grand sang-froid, et commença par faire un repas dont elle eut l'air satisfaite. Elle resta ensuite pendant une heure la tête appuyée sur sa main, livrée à de profondes réflexions, puis elle choisit dans les vêtements des Skinners tout ce qui pouvait lui convenir, et enfin elle s'enfonça dans le bois, laissant le feu jeter sa clarté sur les rochers voisins, jusqu'à ce qu'enfin la dernière étincelle se fût éteinte et eût laissé ces lieux livrés à la solitude et à l'obscurité.

CHAPITRE XIX.

> O soleil levant, dont les joyeux rayons invitent ma belle à des jeux champêtres ! dissipe le brouillard, rends au ciel tout son azur, et ramène mon Orra devant mes yeux.
>
> Bannis donc cette irrésolution qui te tourmente ; quand les pensées sont un supplice, les premières sont les meilleures. C'est une folie de partir ; mais c'est une mort de rester. Allons vite, allons trouver Orra. —*Chanson lapone.*

Tandis que le sommeil faisait oublier à ses camarades les fatigues et les dangers de leur profession, Dunwoodie n'avait goûté qu'un repos souvent interrompu par l'agitation de son esprit. Dès que les premiers rayons de l'aurore commencèrent à succéder à la douce clarté de la lune, il quitta le lit sur lequel il s'était jeté tout habillé et se leva plus fatigué que lorsqu'il s'était couché. Le vent était tombé, et le brouillard se dissipant, tout promettait un de ces beaux jours d'automne qui dans ce climat si variable succèdent à une tempête avec une rapidité magique. L'heure à laquelle il avait dessein de faire changer de position à son corps n'était pas encore arrivée, et voulant laisser à ses soldats autant de repos que les circonstances le permettaient, il s'avança vers le lieu qui avait été témoin du châtiment des Skinners, réfléchissant sur tous les embarras de sa situation, et ne sachant trop comment concilier sa délicatesse et son amour. Une autre de ses inquiétudes était la situation dangereuse de Henry Wharton. Il n'avait pas le moindre doute que les intentions de son ami n'eussent été parfaitement pures, mais il n'était pas également sûr qu'un conseil de guerre partageât la même opinion, et indépendamment de son amitié pour Henry, il sentait que si le frère venait à périr, il fallait renoncer à tout espoir d'union avec la sœur. La soirée précédente, il avait envoyé un officier au colonel Singleton qui commandait les avant-postes, pour lui faire part de l'arrestation du capitaine Wharton, l'informer de l'opinion qu'il avait lui-même de son innocence, et lui demander ce qu'il devait faire de son prisonnier. Les ordres du colonel pouvaient arriver à chaque instant, et plus il voyait approcher le moment où Henry ne serait plus sous sa protection, plus ses inquiétudes redoublaient.

L'esprit troublé par de semblables réflexions, il avait traversé le verger et était arrivé jusqu'au pied des rochers qui avaient protégé la fuite des Skinners la nuit précédente, sans savoir où sa promenade l'avait conduit. Il allait retourner sur ses pas pour rentrer à l'hôtel Flanagan, quand il entendit une voix s'écrier :

— Arrêtez, ou vous êtes mort !

Dunwoodie se retourna avec surprise, et vit sur la pointe d'un rocher à peu de distance de lui un homme tenant un mousquet et le couchant en joue. Il ne faisait pas encore assez grand jour pour distinguer parfaitement les objets au milieu de l'obscurité produite par les arbres, et il lui fallut un second coup d'œil pour s'assurer, à son grand étonnement, que c'était le colporteur qui était devant lui. Comprenant sur-le-champ le danger de sa position et ne voulant ni demander merci ni prendre la fuite, quand même elle eût été possible, il s'écria avec fermeté :

— Si vous voulez m'assassiner, faites feu, car je ne me rendrai jamais prisonnier.

— Non, major Dunwoodie, répondit Birch ; je n'ai dessein d'attenter ni à votre vie ni à votre liberté.

— Que voulez-vous donc, être mystérieux ? demanda Dunwoodie pouvant à peine se persuader que ce qu'il voyait ne fût pas un jeu de son imagination.

— Votre bonne opinion, répondit Birch avec émotion. Je voudrais que les honnêtes gens me jugeassent avec indulgence.

— L'opinion des hommes doit vous être fort indifférente, dit le major en continuant à le regarder avec l'air de la plus grande surprise, car vous semblez posséder les moyens de vous mettre à l'abri de leurs jugements.

—Dieu sauve ses serviteurs quand il le juge convenable, dit le colporteur d'un ton solennel. Hier, vous me menaciez de la potence, vous étiez maître de ma vie ; aujourd'hui la vôtre est à ma disposition ; je n'en abuserai pas ; vous êtes libre, major Dunwoodie ; mais à peu de distance sont des gens qui vous traiteraient tout différemment. A quoi vous servirait ce sabre contre un mousquet et une main bien assurée ? Ecoutez l'avis d'un homme qui ne vous a jamais fait de mal, et qui ne vous en fera jamais : ne vous promenez jamais sur les lisières d'aucun bois, à moins que vous ne soyez en compagnie et bien monté.

—Avez-vous donc quelques camarades qui ont facilité votre évasion, et qui sont moins généreux?

—Non, non, s'écria Harvey d'un ton plein d'amertume et en roulant les yeux d'un air égaré, je suis seul, complétement seul, personne ne me connaît que Dieu et LUI.

—Qui, LUI? demanda le major avec un intérêt dont il n'était pas le maître.

—Personne, répondit le colporteur avec tout son sang-froid ; mais il n'en est pas de même de vous, major Dunwoodie ; vous êtes jeune, vous êtes heureux, il existe des personnes que vous chérissez, et elles ne sont pas bien loin d'ici. Redoublez de vigilance ; un danger imminent menace ce que vous aimez le plus au monde ; ne négligez aucune précaution ; doublez vos patrouilles, et gardez le silence sur cet avis ; avec l'opinion que vous avez de moi, si je vous en disais davantage, vous craindriez quelques embûches ; mais encore une fois veillez à la sûreté de ce que vous avez de plus cher.

En finissant ces mots il déchargea son mousquet en l'air et le jeta aux pieds de Dunwoodie. Et quand le major, immobile de surprise, leva les yeux sur l'endroit où il avait vu le colporteur, il avait disparu.

Cette scène étrange avait jeté le jeune major dans une sorte de stupeur dont il sortit en entendant le son des trompettes et le bruit de la marche d'un détachement de cavalerie. Le coup de feu avait attiré une patrouille de ce côté, et l'alarme régnait déjà dans le corps. Sans entrer dans aucune explication, Dunwoodie retourna sur-le-champ à ce qu'on appelait le quartier-général, et y trouva toute sa troupe sous les armes, à cheval, et attendant son chef avec impatience. L'officier dont le devoir était de s'occuper de pareils détails avait déjà fait retirer l'enseigne de l'hôtel Flanagan, et le poteau qui la soutenait était arrangé de manière à servir de gibet pour l'espion. Le major, qui avait appris le châtiment que Lawton avait fait subir aux Skinners, mais qui ne voulait pas faire connaître l'entrevue qu'il avait eue avec Birch, dit à ses officiers qu'il avait trouvé un mousquet que ces misérables avait probablement abandonné en fuyant, et que c'était lui-même qui l'avait déchargé. On lui demanda si l'on ne ferait pas exécuter le prisonnier avant de se mettre en marche, et Dunwoodie pouvant à peine se résoudre à croire que ce qu'il venait de voir n'était pas un rêve, se rendit, accompagné de plusieurs officiers, et précédé par le sergent Hollister, à l'endroit où l'on avait placé ce colporteur mystérieux.

—Vous avez sans doute bien gardé votre prisonnier, Monsieur? dit-il au factionnaire qui était devant la porte.

— Il dort encore, répondit le dragon, et fait un tel bruit que c'est tout au plus si j'ai pu entendre les trompettes sonner l'alarme.

—Ouvrez la porte et amenez-le-moi, dit le major à Hollister.

Le sergent obéit sur-le-champ à la première partie de cet ordre ; mais, à sa grande surprise, l'honnête vétéran trouva l'appartement fort en désordre. L'habit du colporteur occupait la place où il aurait dû être lui-même, et une partie de la garde-robe de Betty était étalée en désordre par terre. La vivandière était étendue sur sa couche, tout habillée, et il ne lui manquait que le chapeau de paille noire qu'elle portait si constamment, et dont la forme était si brisée que bien des gens prétendaient qu'il lui servait la nuit comme le jour. Elle dormait encore profondément quand Hollister entra dans sa chambre ; mais le bruit de ses exclamations l'éveilla sur-le-champ.

—Qu'est-ce? dit-elle en se jetant en bas de son lit, est-ce qu'on veut déjeuner? Vous me regardez comme si vous vouliez m'avaler ! Patience, bijou, patience ; je vais vous faire une friture comme vous n'en avez jamais vu.

— Mille tonnerres ! s'écria le sergent, oubliant en ce moment sa philosophie religieuse et la présence de ses officiers, il s'agit bien de friture ! Nous vous ferons rôtir, drôlesse ; c'est vous qui avez favorisé l'évasion de ce maudit colporteur !

— Drôlesse vous-même, monsieur le sergent, ainsi que votre

chien de colporteur! s'écria Betty dont l'humeur s'aigrissait aisément. Qu'ai-je de commun avec vos colporteurs et vos évasions? Oui, sans doute, j'aurais pu être la femme d'un colporteur et porter des robes de soie si j'avais eu le bon sens d'épouser Sawny-Mac-Twill, au lieu de courir sur les talons d'un tas de chenapans de dragons qui ne savent ce que c'est de traiter décemment une honnête veuve.

— Le drôle a laissé ma Bible, dit Hollister en la ramassant par terre. Au lieu de passer son temps à la lire pour se préparer en chrétien à faire une bonne fin, il ne s'est occupé qu'à chercher les moyens de s'évader.

— Et qui voudrait rester pour être pendu comme un chien? s'écria Betty, qui commençait enfin à comprendre de quoi il s'agissait. Tout le monde n'est pas né, comme vous, pour faire une pareille fin, monsieur Hollister.

— Silence! dit Dunwoodie. Messieurs, cette affaire demande à être éclaircie. Il n'existe dans cette chambre aucune autre issue que la porte, et le prisonnier n'a pu en sortir sans que la sentinelle se soit laissée corrompre ou se soit endormie à son poste. Qu'on fasse venir tous ceux qui ont été de garde à cette porte pendant la nuit.

Ils étaient tous dans le corps-de-garde, et on les fit venir à l'instant. Tous soutinrent que personne n'était sorti de cette chambre pendant leur faction. Un seul déclara que Betty en était sortie, mais sa consigne était de la laisser passer.

— Tu mens! s'écria la vivandière qui avait écouté avec impatience sa justification; tu mens, brigand que tu es. As-tu envie de perdre de réputation une honnête femme, en disant qu'elle court le guilledou pendant la nuit? J'ai dormi ici toute la nuit aussi innocemment que le veau qui tette sa mère.

— Monsieur, dit Hollister en se tournant respectueusement vers Dunwoodie, il y a sur ma Bible quelque chose de griffonné qui n'y était pas auparavant; car, n'ayant pas de famille[1], je n'ai jamais souffert qu'on écrivît quoi que ce soit sur ce saint livre.

Un officier lut tout haut ce qui suit :

« Ceci est pour certifier que, si je parviens à m'échapper, ce ne sera que par l'aide de Dieu, au secours duquel je me recom-

---

[1]. Un usage anglais, conservé en Amérique, est d'inscrire sur une page blanche de la Bible la date des mariages, naissances, décès et autres événements qui arrivent dans une famille.

mande. Je suis forcé de prendre quelques vêtements à la femme qui est couchée ici, mais elle en trouvera une indemnité dans sa poche. En foi de quoi j'ai signé.   HARVEY BIRCH. »

— Comment! comment! s'écria Betty; le brigand a-t-il volé à une pauvre veuve tout ce qu'elle possède? Il faut le poursuivre, major Dunwoodie; il faut qu'il soit pendu, s'il y a de la justice dans le pays.

— Fouille dans ta poche, Betty, dit un jeune cornette qui s'amusait de cette scène sans s'inquiéter beaucoup de l'évasion du prisonnier.

— Sur ma foi, s'écria la vivandière en y trouvant une guinée, c'est un bijou que ce colporteur. Puisse-t-il vivre longtemps et prospérer dans son commerce! Il est le bien-venu à se servir de mes haillons. S'il est jamais pendu, il y a de plus grands coquins qui échapperont à la potence.

Dunwoodie se retourna pour sortir de l'appartement, et vit le capitaine Lawton, debout, les bras croisés, contemplant cette scène dans un profond silence. Cette manière d'être, si différente de son zèle et de son impétuosité ordinaires, frappa le major par sa singularité. Leurs yeux se rencontrèrent; ils sortirent ensemble, et se promenèrent quelques minutes en causant avec vivacité. Dunwoodie revint alors, et envoya tous les dragons rejoindre leurs camarades. Le sergent Hollister resta pourtant tête à tête avec Betty, qui, s'étant assurée que les vêtements qui avaient disparu étaient plus que payés par la guinée qui lui avait été laissée, était alors d'une humeur charmante. Depuis longtemps la vivandière regardait le sergent avec des yeux d'affection, et avait résolu *in petto* de se mettre à l'abri des dangers du veuvage en le donnant pour successeur à son premier mari. Elle croyait avoir remarqué qu'il répondait à sa préférence, et craignant que la colère à laquelle elle s'était emportée ne changeât ses dispositions favorables, elle voulut chercher à l'amadouer. Remplissant donc un verre de sa liqueur favorite, elle le lui présenta en disant :

— Quelques mots prononcés dans la chaleur de la conversation ne sont rien entre amis, comme vous le savez, sergent; combien de fois n'ai-je pas cherché noise à mon pauvre défunt Michel Flanagan! Et cependant il n'y avait personne que j'aimasse tant au monde.

—Michel était un bon soldat et un brave homme, dit le vétéran après avoir vidé son verre. Notre compagnie couvrait le flanc de son régiment quand il tomba, et je lui passai deux fois sur le corps pendant l'action. Le pauvre diable! il était étendu sur le dos, et il avait l'air aussi tranquille que s'il fût mort dans son lit après une consomption de deux ans.

— Oui, dit la veuve, Michel était un terrible consommateur. Avec deux personnes comme lui et moi, on trouve un fier déchet dans les provisions! mais vous, monsieur Hollister, vous êtes un homme sobre et discret, et vous feriez un excellent mari.

— Mistress Flanagan, dit le sergent d'un ton solennel, je suis resté ici pour vous parler d'un objet important auquel je ne puis cesser de penser, et je vous ouvrirai mon cœur si vous avez le loisir de m'écouter.

— De vous écouter? monsieur Hollister, j'en aurai le loisir, quand les officiers devraient se passer de déjeuner. Mais encore un verre. Cela vous encouragera à parler librement.

— Non, Betty, non, je ne manque pas de courage dans une si bonne cause. Dites-moi, croyez-vous que ce soit bien véritablement cet espion de colporteur que j'aie enfermé ici hier soir?

— Et qui voulez-vous que ce soit, bijou?

— Le malin esprit.

— Quoi! le diable?

— Oui, Lucifer lui-même déguisé en colporteur, et ceux qui l'ont amené ici et que nous avons pris pour des Skinners, étaient des démons à ses ordres.

— Si vous vous trompez sur le poids, sergent, ce n'est que de quelques onces : car s'il y a des diables dans le comté de West-Chester, à coup sûr ce sont les Skinners.

— Mais j'entends de véritables esprits infernaux, mistress Flanagan. Le diable savait que nous ne garderions personne avec tant de précaution que l'espion Birch, et il a pris sa figure pour s'introduire dans votre chambre.

— Est-ce qu'il n'y a pas assez de diables dans le corps, sans qu'il en vienne du fond des enfers pour tourmenter une pauvre veuve? Et qu'est-ce que le diable voulait faire de moi, s'il vous plaît?

—C'est une merci pour vous qu'il soit venu, Betty. Vous voyez qu'il a pris votre forme pour s'en aller, et c'est un symbole du sort qui vous attend, si vous ne changez de vie. Si vous aviez

vu comme il tremblait quand je lui ai mis en main le livre saint!
Et d'ailleurs, ma chère Betty, un chrétien se serait-il permis
d'écrire sur une bible, à moins que ce ne fût pour y inscrire des
naissances, des mariages, des décès ou d'autres choses semblables?

La vivandière fut charmée du ton de douceur avec lequel son amant lui parlait, mais fortement scandalisée de son insinuation. Cependant elle conserva sa bonne humeur, et lui répondit avec la vivacité des gens de son pays :

— Et croyez-vous que le diable m'aurait payé mes vêtements? oui, et plus que payé?

— C'est sans doute de la fausse monnaie, dit le sergent un peu ébranlé par cette preuve d'honnêteté dans un être dont il avait si mauvaise opinion. Il a voulu me tenter par ce métal brillant; mais le Seigneur m'a donné la force de résister à la tentation.

— Cette pièce m'a l'air bon, répondit la vivandière; mais, quoi qu'il en soit, je prierai le capitaine Jack de me la changer aujourd'hui; car pour lui il n'y a pas un diable dont il ait peur.

— Betty, Betty, ne parlez pas si légèrement du malin esprit; il rôde toujours auprès de nous, et il aura de la rancune de votre langage.

— Bah! bah! pour peu qu'il ait d'entrailles, il ne se fâchera pas pour un moment de vivacité d'une pauvre veuve; je suis sûre qu'aucun autre chrétien ne s'en fâcherait.

— Mais l'esprit de ténèbres n'a d'entrailles que pour dévorer les enfants des hommes, reprit Hollister en regardant autour de lui avec horreur; et il est bon de se faire des amis partout, vu que nous ne savons ce qui peut nous arriver. Mais, Betty, aucun homme n'aurait pu sortir de cette chambre et passer devant toutes les sentinelles sans être reconnu : profitez donc de....

Le dialogue fut interrompu par un dragon qui vint avertir Betty que les officiers demandaient leur déjeuner, et les interloteurs furent obligés de se séparer, la vivandière se flattant secrètement que l'intérêt que prenait à elle Hollister avait quelque chose de plus terrestre qu'il ne se l'imaginait, et le sergent résolu à ne rien négliger pour sauver une âme des griffes d'un malin esprit qui rôdait dans le camp pour y chercher des victimes.

Pendant le déjeuner plusieurs ordonnances arrivèrent successivement. Un message contenait des détails des forces et de la destination des troupes anglaises qui étaient sur les bords de l'Hudson; un autre chargeait le major d'envoyer le capitaine Wharton au poste le plus voisin sous une escorte de dragons. Ces dernières instructions ou plutôt cet ordre, car il était impossible de ne pas l'exécuter à la lettre, mit le comble aux tourments de Dunwoodie. Le chagrin et le désespoir de Frances étaient constamment devant ses yeux, et cinquante fois il fut tenté de sauter sur son cheval et de courir au galop jusqu'aux Sauterelles; mais un sentiment irrésistible de délicatesse l'en empêcha. Obéissant aux ordres qui lui avaient été transmis, il y envoya donc un officier et quelques dragons pour conduire Henry Wharton au lieu qui avait été désigné, et remit au lieutenant chargé de cette mission une lettre pour son ami, lui donnant les assurances les plus consolantes qu'il n'avait rien à craindre, et qu'il allait faire les plus grands efforts et employer tout son crédit en sa faveur. Il laissa Lawton avec une partie de sa compagnie pour garder les blessés, et dès que les soldats eurent déjeuné, le camp fut levé, et tout le corps se mit en marche vers l'Hudson. Dunwoodie répéta mainte et mainte fois ses injonctions au capitaine Lawton, appuya sur tous les mots qu'avait laissé échapper le colporteur, et se livra à toutes les conjectures que son imagination put lui fournir pour deviner le sens secret de ses avis mystérieux. Enfin il ne lui resta aucun prétexte pour rester plus longtemps, et il partit. Cependant, se rappelant tout à coup qu'il n'avait donné aucun ordre relativement au colonel Wellmere, le major, au lieu de suivre la marche de sa colonne, céda à sa passion, et prit le chemin qui conduisait aux Sauterelles, suivi de son domestique. Le cheval de Dunwoodie était léger comme le vent, et il lui sembla qu'il n'y avait qu'une minute qu'il était en route, quand du sommet d'une hauteur il aperçut la vallée solitaire; et tandis qu'il en descendait pour y entrer, il entrevit à quelque distance Henry Wharton avec son escorte dans un défilé conduisant au poste qui était sa destination. Cette vue le fit encore redoubler de vitesse, et après avoir tourné une autre montagne, il rencontra tout à coup l'objet qu'il cherchait.

Frances avait suivi de loin le détachement qui emmenait son frère, et, en le perdant de vue, il lui sembla qu'elle était abandonnée par tout ce qu'elle avait de plus cher au monde. L'absence inconcevable de Dunwoodie, le chagrin de voir partir son frère dans de telles circonstances, avaient totalement abattu son courage; elle s'était assise sur une grosse pierre sur le bord de la route, et elle pleurait comme si son cœur eût voulu se briser. Dunwoodie sauta à bas de son cheval, dit à son domestique de marcher en avant, et fut, le moment d'après, à côté de la jeune fille tout en larmes.

— Frances! ma chère Frances! s'écria-t-il, pourquoi cette désolation? que la situation de votre frère ne vous alarme pas. Dès que je me serai acquitté du devoir qui m'occupe en ce moment, j'irai me jeter aux pieds de Washington, et je lui demanderai la liberté de Henry. Le père de son pays ne peut refuser une telle faveur à un de ses élèves favoris.

— Major Dunwoodie, répondit Frances à la hâte, en se levant avec un air de dignité et en s'essuyant les yeux, je vous remercie de l'intérêt que vous prenez à mon frère; mais certainement il n'est pas convenable que ce soit à moi que vous adressiez un tel langage.

— Comment? il n'est pas convenable! répéta le major avec surprise; n'êtes-vous pas à moi du consentement de votre père, de votre tante, de votre frère, de votre propre consentement, ma chère Frances?

— Je ne veux pas être un obstacle aux droits que quelque autre dame peut avoir à votre attention, major Dunwoodie, répondit Frances en reprenant le chemin de la maison de son père.

— Nulle autre que vous n'a aucun droit sur mon cœur, s'écria Dunwoodie avec chaleur; je jure par le ciel que votre image seule le remplit entièrement.

— Vous avez tant d'expérience, et vous avez obtenu de tels succès, major Dunwoodie, qu'il n'est pas étonnant que vous réussissiez si bien à tromper la crédulité de mon sexe, répliqua Frances avec amertume, en essayant, mais en vain, de fixer un sourire sur ses lèvres.

— Que suis-je donc à vos yeux, miss Wharton, pour que vous m'adressiez un tel langage? quand vous ai-je jamais trompée? qui a pu abuser ainsi de votre cœur?

— Pourquoi le major Dunwoodie depuis quelques jours n'a-t-il pas honoré de sa présence la maison de celui qu'il devait nommer son beau-père? Avait-il oublié qu'il s'y trouvait un ami blessé et un autre dans un profond chagrin? Sa mémoire ne lui rappelait-elle pas que cette demeure contenait celle dont il devait faire son épouse? Craignait-il d'y rencontrer plus d'une personne qui eût des prétentions à ce titre? Oh! Peyton! Peyton! combien vous m'avez trompée! Avec la folle crédulité de la jeunesse je vous regardais comme tout ce qu'il y a au monde de plus brave, de plus noble, de plus généreux et de plus loyal.

— Je vois ce qui vous a trompée, Frances, s'écria Dunwoodie le visage en feu, mais vous ne me rendez pas justice; je vous jure par tout ce qui m'est le plus cher que vous êtes injuste à mon égard.

— Ne faites pas de serments, major Dunwoodie, répliqua Frances avec une fierté qui l'embellissait encore; le temps de croire aux serments est passé pour moi.

— Miss Wharton, s'écria Dunwoodie, voudriez-vous faire de moi un fat, me rendre méprisable à mes propres yeux, m'entendre me vanter de ce qui pourrait me rendre votre estime?

— Ne vous flattez pas que cette tâche soit si facile, Monsieur, répondit Frances en continuant à s'avancer vers la maison. Nous conversons tête à tête pour la dernière fois, mais mon père sera sûrement charmé de recevoir un parent de ma mère.

— Non, miss Wharton, je ne puis maintenant entrer chez lui, je me conduirais d'une manière indigne de moi. Vous me mettez au désespoir, Frances, je pars pour une expédition dangereuse, et il est possible que je n'en revienne pas. Si la fortune m'est contraire, du moins rendez justice à ma mémoire, et souvenez-vous que mon dernier soupir aura été un vœu pour votre bonheur.

En finissant ces paroles il avait déjà le pied sur l'étrier; mais il s'arrêta en voyant sa maîtresse tourner vers lui un visage pâle d'émotion, avec un regard qui pénétra jusqu'au fond de son âme.

— Peyton, major Dunwoodie, lui dit-elle, pouvez-vous jamais oublier la cause sacrée que vous défendez? Votre devoir envers Dieu et envers votre pays vous défend tout acte de témérité. Votre patrie a besoin de vos services; d'ailleurs... La voix lui manqua, et elle ne put finir sa phrase.

— D'ailleurs? répéta le major en retournant près d'elle avec vivacité et en cherchant à lui prendre la main. Mais Frances avait repris son sang-froid, et, le repoussant avec froideur, elle se remit en marche vers les Sauterelles.

— Miss Wharton! est-ce ainsi que nous nous séparons? s'écria Dunwoodie avec l'accent du désespoir. Suis-je un misérable pour que vous me traitiez avec tant de cruauté? Vous ne m'avez jamais aimé, et vous cherchez à cacher votre propre légèreté en me faisant des reproches dont vous me refusez l'explication.

Frances s'arrêta tout à coup, et il y avait dans ses yeux tant de candeur et de sensibilité, que le major repentant au fond du cœur était sur le point de se jeter à ses pieds et d'implorer son pardon; mais prenant encore la parole elle-même, elle lui dit en lui faisant signe de garder le silence :

— Ecoutez-moi pour la dernière fois, major Dunwoodie. Quand on commence à découvrir sa propre infériorité on acquiert une connaissance bien cruelle; mais c'est une vérité que je n'ai apprise que tout récemment. Je ne vous accuse pas, je ne vous reproche rien, non, pas même volontairement en pensée. Quand j'aurais de justes droits à votre cœur, je ne suis pas digne de vous. Ce n'est pas une jeune fille faible et timide comme moi qui pourrait vous rendre heureux. Non, Peyton, vous êtes formé pour de grandes actions, pour des entreprises hardies, pour des exploits glorieux, et vous devez être uni à une âme semblable à la vôtre, à une âme capable de s'élever au-dessus de la faiblesse de son sexe. Je vous attacherais trop à la terre; mais avec une compagne douée d'un esprit différent, vous pouvez prendre votre essor et vous élever jusqu'au faîte de la gloire. C'est en faveur d'une telle compagne que je renonce à vous librement, sinon avec plaisir, et je prie... ah! combien je prie ardemment que vous soyez heureux avec elle !

— Aimable enthousiaste, dit Dunwoodie, vous ne me connaissez pas, et vous ne vous connaissez pas mieux vous-même... Ce n'est qu'une femme douce, sensible, faible comme vous l'êtes, qu'il m'est possible d'aimer. Ne vous laissez pas abuser par des visions de générosité qui ne pourraient que me rendre malheureux.

— Adieu, major Dunwoodie, dit Frances. Oubliez que vous m'ayez jamais connue, songez aux droits qu'a sur vous votre patrie déchirée, et soyez heureux.

— Heureux! répéta le major avec amertume en la voyant entrer dans le jardin de son père, où elle disparut bientôt dans les bosquets; oh! sans doute je suis au comble du bonheur!

Il se jeta sur son cheval, piqua des deux, et eut bientôt rejoint son corps qui marchait au pas sur les routes montueuses du comté en s'avançant vers les bords de l'Hudson.

Mais quelque pénibles que fussent les sensations de Dunwoodie en voyant se terminer d'une manière si peu attendue son entrevue avec sa maîtresse, ce n'était rien auprès de ce qu'elle éprouvait elle-même. Frances, avec l'œil clairvoyant de l'amour jaloux, avait aisément découvert l'attachement d'Isabelle Singleton pour Dunwoodie. Douée d'autant de réserve et de délicatesse que les romanciers en ont jamais prêté à leurs héroïnes imaginaires, il était impossible qu'elle crût un instant qu'il possédât cet amour sans avoir cherché à l'obtenir. Ardente dans ses affections, et ne connaissant pas l'art de les cacher, elle avait attiré de bonne heure les yeux du jeune soldat; mais il avait fallu la mâle franchise de Dunwoodie pour courtiser ses bonnes grâces, et son dévouement sincère pour les obtenir. Ce point une fois emporté, son pouvoir sur elle était durable et absolu. Mais les incidents extraordinaires des quelques jours qui venaient de s'écouler, le changement qu'elle avait remarqué pendant ce temps dans la physionomie de son amant, l'indifférence inusitée qu'il lui avait témoignée, et surtout la passion romanesque que nourrissait pour lui miss Singleton, avaient éveillé dans son sein de nouvelles sensations. La crainte que son amant ne manquât de sincérité à son égard avait fait naître en elle ce sentiment qui accompagne toujours une affection pure, la défiance de son propre mérite. Dans un moment d'enthousiasme elle avait regardé comme facile la tâche de céder son amant à une autre qui pouvait en être plus digne; mais c'est en vain que l'imagination cherche à tromper le cœur. Dunwoodie n'eut pas plus tôt disparu que Frances sentit toute la misère de sa situation, et si son jeune amant trouva quelque soulagement à ses soucis dans les soins qu'exigeait de lui le commandement d'un corps militaire, elle ne fut pas aussi heureuse en s'acquittant des devoirs que lui imposait sa tendresse filiale. Le départ de Henry avait privé M. Wharton du peu d'énergie qu'il possédait, et il fallut toute l'affection des deux filles qui lui restaient pour le convaincre qu'il était encore en état de remplir les fonctions ordinaires de la vie.

CHAPITRE XX.

> Flattez, louez, vantez, exaltez leurs grâces; eussent-elles la peau d'un nègre, dites qu'elles ont la figure d'un ange. L'homme qui a une langue n'est pas un homme, vous dis-je, si avec son secours il ne sait gagner une femme.
>
> SHAKSPEARE.

En faisant l'arrangement par lequel le capitaine Lawton avait été laissé aux Quatre-Coins avec le sergent Hollister et douze hommes de sa compagnie pour garder les blessés et la plus grande partie des bagages, Dunwoodie avait eu égard, non seulement aux informations contenues dans la lettre qu'il avait reçue du colonel Singleton, mais encore aux meurtrissures, suite de la chute du capitaine, et dont le major le supposait encore souffrant. Ce fut en vain que Lawton lui protesta qu'il était en état de faire un service actif aussi bien qu'aucun officier du corps, et lui déclara même assez clairement que ses dragons ne feraient jamais une charge sous les ordres du lieutenant Mason avec la même ardeur et la même confiance que s'il était à leur tête, le major fut inflexible, et le capitaine fut obligé de céder d'aussi bonne grâce qu'il lui fut possible de le faire. Avant de partir, Dunwoodie lui recommanda de nouveau de veiller avec attention à la sûreté des habitants des Sauterelles, et lui enjoignit même spécialement de changer de position et de s'établir dans les domaines de M. Wharton, s'il survenait dans les environs quelques mouvements d'une nature suspecte. Les discours du colporteur avaient fait naître dans son esprit une crainte vague de quelque danger menaçant une famille à laquelle il était si attaché, quoiqu'il ne conçût pas quel pouvait être ce danger ni pourquoi on en aurait à craindre.

Quelque temps après le départ du corps, le capitaine se promenait en long et en large devant l'hôtel Flanagan, maudissant intérieurement son destin, qui le condamnait à l'inaction et qui le privait de la gloire qu'il aurait pu obtenir dans un moment où l'on devait s'attendre à une rencontre avec l'ennemi. Il répondait de temps en temps aux questions que la vivandière lui faisait en criant, sans quitter l'intérieur de la maison, sur divers détails de l'évasion du colporteur, qu'elle ne comprenait pas encore bien.

En ce moment il fut joint par le chirurgien, qui avait été occupé à visiter et à panser les blessés réunis dans un bâtiment assez éloigné, et qui ignorait complètement tout ce qui était arrivé, et même le départ du corps.

— Où sont donc les sentinelles, Jack? demanda-t-il en regardant de tous côtés; pourquoi êtes-vous seul ici?

— Tout est parti..., parti avec Dunwoodie..., on est en marche vers l'Hudson. On n'a laissé ici que vous et moi en qualité de garde-malades.

— Quoi qu'il en soit, je suis charmé que le major ait eu assez de considération pour ne pas ordonner le transport des blessés. Allons, mistress Elisabeth Flanagan, dépêchez-vous de me servir de quoi déjeuner, car j'ai bon appétit, et je suis pressé; j'ai un corps à disséquer ce matin.

— Et vous, monsieur le docteur Archibald Sitgreaves, répondit Betty en montrant son visage rubicond par le vide que laissait un carreau de vitre cassé à la fenêtre de la cuisine, vous arrivez toujours trop tard. Il n'y a plus rien à manger ici, si ce n'est la peau de Jenny ou le corps dont vous parlez.

— Femme! s'écria le docteur courroucé; je vous demande une nourriture propre à corroborer un estomac à jeun. Me prenez-vous pour un cannibale, pour me tenir de si mauvais propos?

— Je vous prendrais pour une canule plutôt que pour un canon à balles, dit Betty en regardant le capitaine du coin de l'œil, et je vous dis que c'est jour de jeûne pour vous, à moins que vous ne vouliez que je vous fasse griller une tranche de la peau de Jenny. Les dragons m'ont dévorée jusqu'aux os avant de partir.

Lawton interrompit la conversation pour conserver la paix, et assura le docteur qu'il avait déjà pris des mesures pour se procurer les vivres nécessaires à sa petite troupe. Un peu appaisé par cette explication, le chirurgien oublia bientôt son appétit, et déclara qu'en attendant il commencerait par faire sa dissection.

— Et où est votre sujet? demanda gravement le capitaine.

— C'est le colporteur, répondit Sitgreaves en examinant le poteau qu'on avait arrangé pour servir de potence. Vous voyez qu'Hollister s'est conformé aux instructions que je lui avais données pour que le gibet fût construit de manière que la chute ne disloquât point les vertèbres du cou. Je prétends en faire le plus beau squelette qui soit dans les États de l'Amérique septentrionale.

Le drôle était assez bien bâti, et j'en ferai un miracle de beauté..
Il y a longtemps que je cherchais l'occasion d'envoyer quelque joli cadeau à ma vieille tante, qui a eu tant de bontés pour moi pendant mon enfance.

— Comment diable, docteur Archibald! vous enverriez un squelette à une vieille femme!

— Pourquoi non? L'homme est ce qu'il y a de plus noble dans la nature, et les os en forment les parties élémentaires. Mais où a-t-on mis le corps?

— Parti aussi.

— Comment? parti! s'écria le docteur consterné. Et qui a osé s'en emparer sans ma permission?

— Le diable, répondit Betty; et il vous emportera de même quelque jour sans plus de cérémonie.

— Silence! s'écria Lawton, triomphant avec peine d'une envie de rire; osez-vous parler ainsi à un officier, vieille sorcière?

— Ne m'a-t-il pas appelée salope? dit la vivandière en faisant craquer ses doigts d'un air de mépris. Je me souviens d'un ami pendant un an, et il me faut un mois pour oublier un ennemi.

L'amitié ou l'inimitié de mistress Flanagan était ce dont le docteur s'inquiétait fort peu en ce moment, car il ne pouvait songer qu'à la perte qu'il avait faite. Lawton fut obligé de donner à son ami tous les détails de cet événement.

— Et vous pouvez vous vanter de l'avoir échappé belle, mon bijou de docteur, dit Betty quand le capitaine eut terminé son explication. Le sergent Hollister, qui l'a vu face à face, comme on pourrait dire, prétend que c'était Belzébut en personne et non un colporteur, sauf son petit trafic en mensonges, en vols et autres marchandises de son métier. Or vous auriez fait une belle figure en *dissectant* Belzébut. Je voudrais bien savoir si votre *scarpel* aurait trouvé facile de lui entamer la peau.

Trompé dans sa double attente d'un déjeuner et d'une dissection, Sitgreaves annonça tout à coup son intention d'aller faire une visite aux Sauterelles pour voir comment se trouvait le capitaine Singleton. Lawton se décida à l'accompagner dans cette excursion, et montant à cheval, ils furent bientôt en route; cependant le docteur fut obligé d'entendre encore quelques quolibets de la vivandière avant d'être hors de la portée de sa voix. Pendant quelque temps ils marchèrent en silence. Enfin Lawton, remarquant que son compagnon avait de l'humeur par suite de son désappointement et des sarcasmes de Betty, fit un effort pour lui rendre le calme, en lui disant :

— C'était une charmante chanson, Archibald, que celle que vous aviez commencée l'autre soir, quand nous fûmes interrompus par les honnêtes gens qui nous amenaient le colporteur. L'allusion à Galien était délicieuse.

— Je savais qu'elle vous plairait, Jack, quand vos yeux se seraient ouverts sur ses beautés, répondit le chirurgien, souffrant que ses muscles se relâchassent au point de sourire. Mais vers la fin d'un repas il arrive quelquefois que les fumées du vin, se portant de l'estomac au cerveau, introduisent une sorte de confusion dans les idées, et ne permettent plus à l'esprit de bien juger en matière de goût et de science.

— Et votre ode était aussi savante que spirituelle, dit Lawton, dont on ne pouvait apercevoir le sourire que dans ses yeux.

— Ode n'est pas le nom qui convient pour cette sorte de composition. Je lui donnerais plutôt le nom de ballade classique.

— Très-probablement. N'en ayant entendu que le premier couplet, il m'était difficile de lui donner un nom convenable.

Le docteur toussa deux ou trois fois, comme pour se débarrasser le gosier des humeurs qui pourraient nuire à sa voix, quoique sans penser lui-même à quoi tendaient ces préparatifs. Mais le capitaine, tournant vers lui ses grands yeux noirs, et voyant qu'il éprouvait sur sa selle une sorte de malaise, lui dit :

— Nous sommes ici loin du bruit et des importuns, pourquoi ne m'en chanteriez-vous pas le reste ? cela servirait peut-être à rectifier le mauvais goût que vous me reprochez.

— Ah ! mon cher Jack, si je croyais que cela pût corriger les erreurs dans lesquelles vous entraînent l'habitude et le trop de confiance en vous-même, rien ne me ferait plus de plaisir.

— Essayez. Nous approchons de quelques rochers sur la gauche ; il doit s'y trouver des échos délicieux.

Pressé de cette manière, et convaincu d'ailleurs qu'il composait des vers et qu'il chantait avec un goût exquis, Sitgreaves se prépara sérieusement à satisfaire à la demande de son ami. Après avoir ôté ses lunettes et en avoir essuyé les verres avec soin, il les replaça avec exactitude et précision, ajusta sa perruque sur sa tête avec une symétrie mathématique, et après plusieurs hem ! il préluda jusqu'à ce que la délicatesse de son oreille ne trouvât rien à critiquer dans la mélodie de sa voix ; après quoi, au grand plaisir du capitaine, il commença sa chanson. Mais soit que son coursier fût excité par le son de sa voix, soit que sa monture voulût imiter le trot de celle de Lawton, il arriva qu'avant qu'il eût fini le second couplet, la voix du docteur formait des cadences qui suivaient régulièrement les mouvements de bascule de son corps.

Malgré cette circonstance peu favorable à l'harmonie, Sitgreaves n'en continua pas moins sa chanson, et il chanta sans interruption les trois couplets suivants :

«La flèche de l'Amour t'a-t-elle jamais blessée, ma chère? As-tu exhalé son soupir tremblant? As-tu songé à celui qui était bien loin et qui était toujours présent à tes yeux brillants? Alors tu sais ce que c'est que d'éprouver un mal que l'art de Galien ne peut guérir.

«Ton front s'est-il jamais couvert d'une rougeur pudique, ma chère? As-tu jamais senti une chaleur soudaine se répandre sur tes joues blanches comme le marbre, quand Damond lisait dans ton cœur? En ce cas, jeune insensée, tu as rougi d'éprouver un mal dont Harvey lui-même a été attaqué.

«Mais à chacun de tes maux, ma chère, à chaque douleur causée par les flèches de l'Amour, follette, à tout ce que tu peux craindre, en un mot, il existe un antidote. L'art tout-puissant de l'hymen peut guérir les blessures des jeunes amants.

«As-tu jamais....»

— Chut! s'écria Lawton. Quel bruit entends-je sur ces rochers?

— C'est l'écho.

«As-tu jamais....»

— Ecoutez! dit Lawton en faisant arrêter son cheval. A peine avait-il prononcé ce mot, qu'une pierre tomba à ses pieds, et roula près de lui sans lui faire aucun mal.

— C'est un coup de feu tiré en ami, ajouta le capitaine; ni la balle, ni la main qui l'a fait partir ne paraissent avoir des intentions bien hostiles contre nous.

— Le coup d'une pierre ne peut guère produire qu'une contusion, dit le docteur en regardant inutilement de tous côtés pour chercher celui qui voulait les lapider ainsi. Il n'y a pas un seul être vivant dans les environs, il faut que ce soit un aérolithe.

— Un régiment tout entier se cacherait aisément derrière ces rochers, répondit le capitaine en mettant pied à terre pour ramasser la pierre. Oh! oh! ajouta-t-il, voici l'explication du mystère. Et en même temps prenant un papier ingénieusement attaché au petit fragment de rocher qui venait de tomber à ses pieds si singulièrement, et l'ayant déplié, il lut les mots suivants, dont l'écriture était à peine lisible :

« Une balle de mousquet fait plus de chemin qu'une pierre, et les rochers de West-Chester cachent des choses plus dangereuses que les herbes pour les blessés. Le cheval peut être bon, mais est-il en état d'escalader un rocher? »

— Tu dis la vérité, homme étrange, s'écria Lawton. Dans un endroit comme celui-ci le courage et l'activité sont une faible ressource contre l'assassinat. Remontant à cheval, il cria à haute voix.

— Grand merci, mon ami inconnu; je me souviendrai de votre avis, et je n'oublierai jamais que tous mes ennemis ne sont pas sans pitié.

Une main maigre s'éleva un instant au-dessus des broussailles qui couvraient les rochers, s'agita en l'air, et les deux amis ne virent ni n'entendirent plus rien.

— Voilà une aventure tout à fait extraordinaire, dit le chirurgien étonné, et le sens de ce billet est tout à fait mystérieux.

— Bon! dit le capitaine en mettant le billet dans sa poche, c'est quelque mauvais plaisant qui s'imagine effrayer ainsi deux officiers des dragons de Virginie. Mais à propos, monsieur le docteur Archibald Sitgreaves, permettez-moi de vous dire que vous aviez formé le projet de disséquer un bien honnête garçon.

— Quoi! le colporteur! un espion au service de l'ennemi! Je crois que j'aurais fait trop d'honneur à un pareil homme en faisant servir ses restes à propager les lumières de la science.

— Il peut être espion, il l'est sans doute, dit Lawton d'un air distrait; mais il a un cœur élevé au-dessus de tout ressentiment, une âme qui ferait honneur à un brave soldat.

Sitgreaves, pendant que son compagnon faisait ce soliloque, le regardait d'un air qui semblait lui en demander l'explication, mais les yeux du capitaine étaient fixés sur un autre rocher qui s'avançant considérablement dans la vallée, semblait obstruer la route qui tournait autour de sa base.

— Ce que le cheval ne peut escalader, le pied de l'homme peut le gravir, s'écria le prudent partisan. Se jetant de nouveau à bas de son cheval, et sautant par-dessus un petit mur de pierres, il commença à gravir le rocher pour arriver à un endroit d'où il aurait pu découvrir à vol d'oiseau toutes les hauteurs de la vallée et voir toutes les fentes et toutes les crevasses des montagnes. A peine avait-il fait ce mouvement qu'il vit un homme fuir rapidement devant lui et disparaître de l'autre côté du rocher.

— Au galop! Sitgreaves, au galop! s'écria-t-il en poursuivant le fuyard et en sautant légèrement par-dessus tous les obstacles qui s'opposaient à sa course; sabrez ce brigand s'il fuit de votre côté.

Le docteur piqua des deux, et au bout de quelques instants il aperçut un homme armé d'un mousquet, traversant la route et cherchant évidemment à gagner un bois épais qui était de l'autre côté.

— Arrêtez! mon ami, arrêtez! attendez que le capitaine Lawton soit arrivé! s'écria Sitgreaves en le voyant fuir avec une rapidité qui lui laissait peu d'espoir de l'atteindre. Mais le piéton, comme si cette invitation lui eût inspiré une nouvelle terreur, redoubla d'efforts et ne s'arrêta même pour respirer qu'après être arrivé au bout de sa course. Se retournant alors tout à coup il tira son coup de fusil du côté du docteur et disparut dans le bois en un instant. Il ne fallut qu'un moment à Lawton pour regagner la route et remonter à cheval, et il arriva près de son compagnon justement comme le fugitif n'était plus visible.

— De quel côté s'est-il enfui? s'écria-t-il.

— John, dit le docteur, ne suis-je pas un officier non combattant?

— De quel côté s'est enfui le misérable? répéta Lawton avec impatience.

— Où vous ne pouvez le suivre, dans le bois, répondit le chirurgien. Mais, je vous le demande encore, John, ne suis-je pas un officier non combattant?

Le capitaine désappointé, voyant que son ennemi était hors d'atteinte, tourna ses yeux encore animés de colère de dessous ses sourcils froncés vers son compagnon, et ses muscles perdirent peu à peu leur rigidité, les plis de son front s'effacèrent, et ses yeux perdant leur expression courroucée, prirent cet air de sourire ironique qu'ils exprimaient si bien et si souvent. Le docteur était en selle avec un air de dignité calme, sa taille maigre bien redressée, la tête levée et comme indigné qu'on ne lui rendit pas plus de justice; la rapidité de sa course avait fait avancer ses lunettes jusqu'à l'extrémité du long membre qui les soutenait, et le rayon visuel qui passait par-dessus brillait d'indignation.

Un léger effort remit à leur place tous les muscles de la face du capitaine, et il rompit le silence en disant:

—Pourquoi avez-vous laissé échapper ce bandit? Si vous l'aviez amené à portée de mon sabre, je vous aurais fourni un remplaçant pour le colporteur.

—Comment pouvais-je l'empêcher de fuir? répondit Sitgreaves en lui montrant la barricade devant laquelle il s'était arrêté. Il a franchi cette barrière et m'a laissé où vous me trouvez. Il n'a pas même daigné faire attention à l'invitation que je lui ai faite de vous attendre, ni à l'avis que je lui ai donné que vous désiriez lui parler.

— En vérité! s'écria Lawton en affectant un ton de surprise; c'est un drôle bien peu poli! Mais pourquoi n'avez-vous pas vous-même franchi cette barricade pour le forcer à s'arrêter? Vous voyez qu'elle n'a que trois barres. Betty Flanagan montée sur sa vache aurait sauté par-dessus.

Pour la première fois les yeux du docteur s'éloignèrent de l'endroit où il avait vu le fuyard disparaître, et se tournèrent vers le capitaine; mais sa tête ne baissa pas d'une ligne.

— Capitaine Lawton, dit-il, il me semble que mistress Flanagan et sa vache ne sont pas des modèles à citer au docteur Archibald Sitgreaves. Que dirait-on d'un docteur en chirurgie qui se serait fracturé les deux jambes en les frappant indiscrètement contre une pièce de bois formant la partie supérieure d'une barricade?

Tout en parlant ainsi, le chirurgien étendit les membres en question dans une position presque horizontale, d'une manière qui lui aurait véritablement rendu plus que difficile de faire ce saut périlleux. Mais le capitaine, sans faire attention à l'impossibilité de ce mouvement, s'écria sur-le-champ:

—Une telle barrière ne pouvait vous arrêter; je la ferais sauter par un escadron tout entier de cavalerie. J'ai, ma foi, rencontré bien souvent de plus grandes difficultés en chargeant une infanterie hérissée de baïonnettes.

—Capitaine John Lawton, dit le docteur avec un air de dignité offensée, il vous plaira de vous souvenir que je ne suis ni le maître d'équitation du régiment, ni le sergent chargé de montrer l'exercice, ni un jeune cornette sans cervelle, ni (et je le dis avec tout le respect dû à une commission émanée du congrès) un capitaine qui ne fait pas plus de cas de sa vie que de celle de ses ennemis. Je ne suis, Monsieur, qu'un pauvre homme de lettres, un simple docteur en chirurgie, un humble gradué de l'université d'Édimbourg, un chirurgien-major d'un régiment de dragons; rien de plus, je vous l'assure. A ces mots il tourna la tête de son cheval du côté des Sauterelles et se remit en marche.

— Et c'est bien la vérité, murmura Lawton à voix basse; si j'avais eu avec moi le moins brave de mes dragons, le coquin aurait reçu le châtiment qu'il mérite, et j'aurais du moins donné une victime aux lois offensées de mon pays. Mais, Archibald, on ne peut prétendre savoir monter à cheval en s'y tenant ainsi les jambes écartées comme le colosse de Rhodes. Il faut moins appuyer sur les étriers, et serrer davantage les genoux contre les flancs du coursier.

— Avec toute la déférence possible pour votre expérience, capitaine Lawton, je crois que je suis juge assez compétent de l'action des muscles du genou et de toutes les autres parties du corps humain; et quoique je n'aie reçu qu'une éducation bien ordinaire, je sais pourtant fort bien que plus la base a d'étendue, plus l'édifice a de solidité.

— Mais, que diable! en suivant de tels principes vous occuperez avec deux jambes l'espace qui suffirait pour une demi-douzaine. Vos jambes ressemblent aux faux dont les chevaux des anciens étaient armés.

Cette allusion classique adoucit un peu l'indignation du docteur, et il répondit avec moins de hauteur :

— Il faut toujours parler avec respect des usages adoptés par ceux qui ont vécu avant nous; car quoiqu'ils ne fussent pas éclairés par les lumières de la science et notamment de la chirurgie, on y trouve des exceptions brillantes aux superstitions de nos jours. Je ne doute pourtant pas que Galien n'ait eu à traiter des blessures occasionnées par les faux dont vous parlez, quoique aucun des auteurs contemporains n'en ait fait mention, et je ne doute pas qu'il n'en soit résulté des accidents très-graves qui devaient cruellement embarrasser les praticiens de ce temps.

— Il n'y avait pas en cela beaucoup de science, dit Lawton avec le plus grand sérieux; ces malheureuses faux pouvaient d'un seul coup trancher le corps d'un homme, après quoi il ne s'agissait plus que de réunir les deux parties; et je ne doute point que ces messieurs n'en vinssent à bout.

— Quoi! s'écria Sitgreaves, réunir deux parties du corps humain séparées par un instrument tranchant, et les rendre susceptibles de remplir les fonctions de la vie animale!

— Oui, dit Lawton, réunir deux parties séparées par une faux, et les mettre en état de s'acquitter de leurs devoirs militaires.

— Impossible, mon cher capitaine! tout à fait impossible! Tous les efforts de l'art ne peuvent l'emporter sur la nature. Songez donc qu'en pareil cas vous opérez une solution de continuité dans les artères, dans les nerfs, dans les muscles, dans les intestins, et ce qui est encore de plus grande conséquence, vous...

— Assez! assez! docteur Sitgreaves; je suis convaincu. Je vous assure que je n'ai pas la moindre envie d'éprouver cette solution de continuité qui, d'après ce que vous me dites, met en défaut l'art de la chirurgie.

— C'est la vérité, mon cher Lawton; et quel plaisir peut-on trouver à panser une blessure, quand on voit que toutes les lumières de la science sont insuffisantes pour la guérir?

— Aucun, sans doute.

— Que regardez-vous comme le plus grand plaisir de la vie? demanda tout à coup le docteur, dont cette nouvelle discussion avait complètement dissipé le mécontentement.

— C'est une question à laquelle il peut être difficile de répondre.

— Point du tout. C'est de voir... non; c'est de sentir les ravages occasionnés par une blessure, réparés par les lumières de la science agissant de concert avec la nature. Je me suis une fois cassé le petit doigt de la main gauche avec intention, afin de réduire la fracture et d'en suivre la guérison. C'était une expérience faite en petit; et cependant, mon cher Lawton, je me souviens encore avec transport de la sensation délicieuse que j'éprouvai quand les deux os se rejoignirent, et que je contemplai les effets admirables de l'art aidant ainsi la nature. Jamais, dans toute ma vie, je ne goûtai un si grand plaisir. Il aurait donc été encore bien plus vif s'il se fût agi d'un membre plus important, comme par exemple le bras ou la jambe.

— Ou le cou! ajouta le capitaine; et comme ils arrivaient chez M. Wharton, la conversation en resta là. Personne ne se présentant pour les annoncer, le capitaine prit le chemin du salon, en ouvrit la porte, et s'arrêta surpris de la scène qui s'offrit à ses yeux. Le colonel Wellmere était penché vers Sara, dont les joues étaient couvertes de rougeur, et il lui parlait avec un feu qui fit que ni l'un ni l'autre ne s'aperçurent de l'arrivée des deux étrangers. Certains signes significatifs qui n'échappèrent pas à l'œil clairvoyant du capitaine le rendirent maître de leur secret, et il allait sortir de l'appartement aussi silencieusement qu'il y était entré, quand son compagnon, qui le suivait, avança brusquement, s'approcha de la chaise du colonel, lui saisit le bras comme par instinct, et s'écria :

— Juste ciel! un pouls vif et irrégulier... des joues pourpres... des yeux enflammés... ce sont de graves symptômes de fièvre, et l'on ne peut trop se hâter d'y porter remède. Et tout en parlant ainsi, le docteur, habitué à une manière sommaire d'opérer, prenait sa lancette, et faisait d'autres préparatifs qui annonçaient des intentions très-sérieuses. Mais le colonel Wellmere, se remettant de sa confusion et de sa surprise, se leva sur-le-champ, et lui dit avec un peu de hauteur :

— Monsieur, c'est la chaleur de cet appartement qui m'a donné ces couleurs, et j'ai déjà trop d'obligation à vos talents pour vous causer un nouvel embarras. Miss Wharton sait que je me porte bien. Jamais je ne me suis trouvé si bien portant, jamais si heureux.

Il prononça ces derniers mots d'un ton qui put être satisfaisant pour Sara, mais qui ajouta encore à l'incarnat de ses joues; et Sitgreaves, dont les yeux suivirent la même direction que ceux de son malade, ne manqua pas de s'en apercevoir.

— Votre bras, s'il vous plaît, miss Wharton, lui dit-il en s'avançant vers elle à la hâte, avec un salut respectueux; les inquiétudes et les veilles ont produit leur effet sur votre santé délicate, et je remarque en vous des symptômes qu'il ne faut pas négliger.

— Pardon, Monsieur, répondit Sara en se levant à son tour avec un air de dignité, la chaleur de cette chambre est étouffante; je vais me retirer, et avertir miss Peyton de votre présence.

Il n'était pas très-difficile d'en imposer à la simplicité du docteur; mais Sara fut obligée de lever les yeux pour rendre à Lawton le salut qu'il lui fit en baissant la tête jusqu'au niveau de la main dont il tenait la porte ouverte pour la laisser passer. Ce seul regard lui suffit : elle put conserver assez d'empire sur elle-même pour se retirer avec dignité; mais dès qu'elle se trouva à l'abri de tous les yeux observateurs, elle se laissa tomber sur une chaise, et s'abandonna à une émotion mêlée de honte et de plaisir.

Un peu mécontent de l'humeur opiniâtre du colonel anglais, le docteur, après lui avoir de nouveau offert ses services et avoir essuyé encore un refus, monta dans la chambre du capitaine Singleton, où Lawton l'avait déjà précédé.

CHAPITRE XXI.

>O Henry, quand tu daignes me demander mon cœur, puis-je te refuser ta demande? Et quand tu as gagné mon cœur, amant chéri, puis-je te refuser ma main? — *L'Ermite de Warkworth.*

Le gradué de l'université d'Edimbourg trouva que la santé de son malade s'affermissait rapidement, et que la fièvre l'avait entièrement quitté. Sa sœur, dont les joues étaient, s'il est possible, encore plus pâles que lorsqu'elle était arrivée, veillait sur lui avec le soin le plus attentif ; et les dames de la maison, au milieu de leurs chagrins et de leurs inquiétudes, n'avaient négligé aucun des devoirs de l'hospitalité. Frances se trouvait attirée vers sa compagne inconsolable par un intérêt dont elle ne pouvait s'expliquer la force irrésistible. Elle avait uni dans son imagination le destin de Dunwoodie à celui d'Isabelle, et avec toute l'ardeur romanesque d'un cœur généreux, elle croyait ne pouvoir mieux servir son ancien amant qu'en accordant son affection à celle qu'il lui préférait. Isabelle recevait ses attentions avec une sorte de reconnaissance distraite; mais ni l'une ni l'autre ne faisait la moindre allusion à la source cachée de leurs chagrins. Les observations de miss Peyton pénétraient rarement au-delà de la superficie des choses, et la situation dans laquelle se trouvait Henry Wharton lui paraissait une cause bien suffisante pour que les joues de Frances fussent pâles et ses yeux humides. Si Sara paraissait moins accablée de soucis que sa sœur, la bonne tante n'était pas embarrassée pour en deviner la raison. L'amour est une sorte de sentiment saint pour le cœur encore pur d'une femme, et il semble consacrer tout ce qui ressent son influence. Quoique miss Peyton fût sincèrement affligée du danger qui menaçait son neveu, sa bonté presque maternelle faisait qu'elle trouvait bon que l'aînée de ses nièces jouît des circonstances favorables à son premier attachement, que le hasard avait amenées. Elle savait fort bien que la guerre était une ennemie cruelle de l'amour, et que par conséquent il ne fallait pas perdre le peu de moments dont elle permettait de disposer.

Plusieurs jours se passèrent sans aucun événement remarquable soit aux Sauterelles, soit aux Quatre-Coins. La certitude de l'innocence de Henry et une entière confiance dans les démarches de Dunwoodie en sa faveur soutenaient la famille Wharton. D'une autre part le capitaine Lawton attendait de sang-froid la nouvelle d'un engagement qu'il croyait recevoir de moment en moment avec des ordres pour partir. Cependant ni cette nouvelle, ni ces ordres n'arrivaient. Une lettre du major lui annonça que l'ennemi ayant appris qu'un détachement de troupes avec lequel il devait faire sa jonction avait été défait, s'était retranché en arrière des fortifications du fort Washington, et y restait dans l'inaction, mais en menaçant de temps en temps de frapper un coup pour se venger de cet échec. Il lui recommandait la vigilance, et finissait sa lettre par quelques compliments adressés à son honneur, à son zèle et à sa bravoure reconnue.

— Extrêmement flatteur, major, murmura le capitaine en jetant cette épître sur une table, et se promenant dans sa chambre pour calmer son impatience, vous m'avez vraiment chargé d'un joli service ! Voyons sur quels objets doit s'exercer ma vigilance : un vieillard craintif et irrésolu, qui ne sait pas encore s'il doit nous regarder comme amis ou comme ennemis ; quatre femmes, dont trois sont assez bien en elles-mêmes, mais ne paraissent pas se soucier beaucoup de ma compagnie, et dont la quatrième, toute bonne qu'elle est, a passé la quarantaine ; deux ou trois nègres ; une femme de charge bavarde, qui ne fait que parler d'or et d'argent, de pauvreté méprisable, de signes et d'augures. Oui, mais le pauvre George Singleton ? Ah ! un camarade souffrant a le premier droit sur le cœur d'un homme après son honneur et sa maîtresse ; ainsi donc il faut prendre son parti.

En terminant ce soliloque, il s'assit et se mit à siffler pour se convaincre de son indifférence sur la situation où on le laissait. En voulant étendre ses jambes il renversa la cantine qui contenait sa provision d'eau-de-vie. Cet accident fut bientôt réparé ; mais en la relevant, il aperçut un papier qui avait été déposé sur le banc. Le dépliant sur-le-champ, il lut ce qui suit : La lune ne se lèvera qu'après minuit : c'est un temps favorable pour les œuvres de ténèbres.

Il n'y avait pas à se tromper sur l'écriture : c'était évidemment la même que celle qui lui avait donné avis si à propos d'un projet d'assassinat, et le capitaine continua à réfléchir longtemps sur la nature de ces deux billets, et sur les motifs que pouvait avoir ce colporteur mystérieux pour prendre tant d'intérêt à un homme qui avait été son ennemi implacable. Lawton savait qu'il était espion au service de l'ennemi ; car, lorsqu'il avait été mis en jugement devant un conseil de guerre, il avait été prouvé qu'il avait donné avis au général anglais du mouvement que devait faire un corps américain ; et si cette trahison n'avait pas eu de suites fatales, c'était parce qu'un ordre de Washington avait heureusement contremandé ce mouvement à l'instant où les forces anglaises s'apprêtaient à couper le régiment chargé de l'effectuer : mais cette circonstance ne diminuait rien de son crime.

Peut-être veut-il se faire un ami de moi, pensa Lawton, dans le cas où il viendrait encore à tomber entre nos mains. Quoi qu'il en soit, il a épargné ma vie dans une occasion, il l'a sauvée dans une autre, je tâcherai d'être aussi généreux que lui; et fasse le ciel que mon devoir ne se trouve pas en opposition avec ce désir ! Le capitaine ne savait trop si le danger dont il était question dans ce dernier billet menaçait les habitants des Sauterelles ou son détachement; il penchait assez pour cette dernière opinion, et il se promit de ne pas sortir sans précaution pendant l'obscurité. Un homme vivant dans un pays tranquille, au milieu de l'ordre et de la sécurité, regarderait comme inconcevable l'insouciance avec laquelle Lawton songeait au péril qui le menaçait. Il était plus occupé des moyens d'attirer ses ennemis dans quelque piége que de ceux de déjouer leurs complots.

Ses réflexions furent interrompues par l'arrivée du chirurgien qui avait été faire sa visite journalière aux Sauterelles. Sitgreaves lui apportait un billet de miss Peyton, qui priait le capitaine Lawton d'honorer ce soir les Sauterelles de sa présence et d'arriver de bonne heure.

— Quoi ! s'écria le capitaine, y a-t-on aussi reçu une lettre?

— Rien n'est plus vraisemblable, répondit le docteur ; il y est arrivé un aumônier de l'armée royale pour l'échange des blessés anglais que nous avons ici, et il est porteur d'un ordre du colonel Singleton, pour que la remise lui en soit faite. Mais jamais on n'a conçu un projet plus fou que celui de les faire évacuer de notre hôpital dans l'état où ils sont encore.

— Un aumônier ! est-ce un fainéant, un ivrogne, un vrai pilier de camp; un homme capable de mettre la famine dans un régiment, ou un de ces hommes qui font honneur à leur profession?

— Un homme fort respectable, à en juger sur les apparences, et qui ne semble nullement livré à l'intempérance. Il a dit le *benedicite* avant le dîner, de la manière la plus décente et la plus gracieuse.

— Et doit-il y rester cette nuit?

— Certainement ; il attend son cartel d'échange. Mais il faut nous hâter, Lawton, nous n'avons pas de temps à perdre. Je vais saigner deux ou trois Anglais du nombre de ceux qui doivent partir demain, et je suis à vous dans un instant.

Lawton eut bientôt revêtu ses habits de gala, et, son compagnon étant prêt, ils partirent pour les Sauterelles. Quelques jours de repos avaient été aussi utiles à Roanoke qu'à son maître, et Lawton, en modérant l'ardeur de son coursier lorsqu'il passa près des rochers qu'il n'avait point oubliés, aurait désiré que son perfide ennemi se fût présenté devant lui armé et monté comme il l'était lui-même. Mais nul ennemi, nul obstacle n'arrêtèrent leur marche, et ils arrivèrent aux Sauterelles à l'instant où le soleil jetait ses derniers rayons sur la vallée, et dorait la cime des arbres dépouillés de leurs feuilles.

Le capitaine de dragons n'avait jamais besoin que d'un seul regard pour pénétrer tout ce qui n'était pas voilé avec un soin tout particulier, et son premier coup d'œil en entrant dans la maison lui apprit plus de choses que le docteur Sitgreaves n'avait pu en apprendre par ses observations de toute la journée. Miss Peyton le reçut avec un sourire obligeant qui excédait les bornes de sa politesse ordinaire, et qui prenait évidemment sa source dans un sentiment secret du cœur. Frances allait et venait avec agitation, et les yeux humides. M. Wharton, debout pour les recevoir, portait un habit de velours qui aurait pu figurer dans les cours les plus brillantes du continent. Le colonel Wellmere était en uniforme d'officier des gardes-du-corps de son souverain, et Isabelle Singleton avec une parure qui annonçait la joie d'une fête, offrait des traits qui n'y étaient nullement d'accord. Son frère, assis à côté d'elle, regardait tout ce qui se passait avec un air d'intérêt, et à voir son œil brillant et les couleurs qui venaient de temps en temps animer ses joues, on ne l'aurait jamais pris pour un convalescent. Comme c'était le troisième jour qu'il avait quitté sa chambre, le docteur Sitgreaves, qui commençait à regarder autour de lui avec un air d'étonnement stupide, ne songea pas à l'accuser d'avoir commis une imprudence en descendant au salon.

Lawton examinait cette scène avec le calme et le sang-froid d'un homme qui ne se laisse pas facilement émouvoir par un spectacle imprévu. Ses compliments furent faits et reçus de bonne grâce, et après avoir adressé quelques mots à chaque personne de la compagnie, il s'approcha du chirurgien qui s'était retiré dans un coin pour tâcher de se remettre de sa surprise et de sa confusion.

— John, lui demanda-t-il à voix basse avec curiosité, que pensez-vous de tout ceci?

— Que votre perruque et ma chevelure noire auraient eu besoin d'un peu de la farine de Betty Flanagan : mais il est trop tard pour y songer, et il faut que nous soutenions le choc, armés comme nous le sommes. Savez-vous bien, Archibald, que vous et moi nous avons l'air de deux miliciens à côté de ces élégans Français qui sont venus nous joindre?

— Voyez! dit Sitgreaves avec une nouvelle surprise, voici l'aumônier de l'armée royale, qui arrive en grand costume, vêtu en *doctor divinitatis*[1]. Que signifie cela?

— C'est un cartel d'échange, répondit le capitaine. Les blessés de l'armée de Cupidon vont se présenter pour régler les comptes avec ce petit dieu, et donner leur parole de ne plus s'exposer à ses flèches.

— Oh! dit le docteur en appuyant un doigt le long de son nez, et commençant pour la première fois à comprendre ce dont il s'agissait.

— Oui, oh! murmura Lawton en imitant son compagnon. Et se tournant vers lui en fronçant les sourcils, il ajouta vivement, mais toujours à voix basse : — N'est-ce pas une honte qu'un héros de papier mâché, un de nos ennemis, vienne dérober ainsi une des plus belles plantes de notre pays... une fleur que chacun serait fier de placer sur son cœur?

— C'est la vérité, John, et s'il n'est pas meilleur mari qu'il n'est bon malade, je crains que la femme qui l'aura choisi pour époux ne soit pas très-heureuse avec lui.

— Qu'importe? dit le dragon avec indignation. Elle l'a choisi parmi les ennemis de son pays ; elle peut bien trouver dans l'objet de son choix les vertus d'un étranger.

Miss Peyton interrompit cette conversation en s'approchant d'eux pour leur annoncer que le motif de son invitation était le

---

[1]. D. D. est l'abréviation d'usage pour désigner un docteur en théologie, un *divine*, comme disent les Anglais.

mariage de l'aînée de ses nièces avec le colonel Wellmere. Ils la saluèrent en apprenant ainsi ce qu'ils avaient déjà deviné, et la bonne dame, par égard pour les convenances, ajouta que les futurs époux se connaissaient depuis longtemps, et que leur attachement réciproque n'était pas de fraîche date. Lawton la salua une seconde fois en silence; mais le docteur, qui aimait à converser avec la tante, lui répondit:

— Le cœur humain, Madame, n'est pas constitué de la même manière dans tous les individus. Dans quelques-uns, les impressions sont vives et passagères; dans d'autres, elles sont profondes et durables. Certains philosophes croient trouver une connexion entre les pouvoirs physiques et les facultés morales de l'animal; quant à moi, je crois que les uns sont le résultat de l'habitude et de l'éducation, et que les autres sont assujetties aux lois et aux lumières de la science.

Miss Peyton le salua à son tour en silence, et se retira pour aller chercher sa nièce, l'heure approchant où, d'après les usages américains, la cérémonie nuptiale devait avoir lieu. Sara, couverte d'une rougeur modeste, ne tarda pas à entrer dans le salon avec sa tante, et Wellmere, s'avançant vers elle avec empressement, saisit une main qu'elle lui présenta en baissant les yeux, et pour la première fois le colonel anglais parut songer au rôle important qu'il avait à jouer dans la cérémonie. Jusqu'alors il avait paru distrait, et ses manières avaient eu quelque chose de gêné; mais tous ces symptômes disparurent quand il vit arriver sa maîtresse dans tout l'éclat de sa beauté, et il ne lui resta que la certitude de son bonheur. Chacun se leva, et le révérend aumônier ouvrait déjà le livre qu'il tenait en main, quand on s'aperçut que Frances était absente. Miss Peyton sortit une seconde fois pour aller la chercher, et elle la trouva dans sa chambre, seule et les yeux baignés de larmes.

— Allons, ma chère nièce, lui dit sa tante en lui prenant le bras avec affection, venez; on n'attend plus que nous pour la cérémonie. Tâchez de vous calmer afin de faire honneur, comme cela convient, au choix de votre sœur.

— Mais est-il digne d'elle? est-il possible qu'il en soit digne? s'écria Frances, cédant à son émotion et se jetant dans les bras de sa tante.

— Cela peut-il être autrement? répondit miss Peyton. N'est-ce pas un homme bien né, un brave militaire, quoiqu'il ait éprouvé un malheur; un homme qui paraît certainement avoir toutes les qualités nécessaires pour rendre une femme heureuse?

Frances s'était soulagée en manifestant ses sentiments, et, faisant un effort sur elle-même, elle s'arma d'assez de résolution pour aller joindre la compagnie. Pendant ce temps, et pour distraire les parties de l'espèce d'embarras occasionné par ce délai, l'aumônier avait fait diverses questions au futur époux, et notamment une à laquelle il n'avait pas obtenu une réponse satisfaisante. Wellmere avait été obligé d'avouer qu'il n'avait pas songé à se pourvoir d'un anneau nuptial. L'aumônier déclara qu'il ne pouvait sans cela procéder à la cérémonie, et en appela à M. Wharton pour confirmer cette décision. Le père répondit affirmativement, comme il aurait répondu négativement si la question lui eût été faite de manière à amener un pareil résultat. Le départ de son fils avait été un coup qui lui avait fait perdre le peu d'énergie qu'il possédait, et il avait appuyé de son approbation la remarque du chapelain, aussi facilement qu'il avait donné son consentement au mariage précipité de sa fille avec le colonel anglais.

Ce fut en ce moment que miss Peyton rentra dans le salon, accompagnée de Frances. Sitgreaves, qui était près de la porte, lui offrit la main, et la conduisit à un fauteuil.

—Madame, lui dit-il, il paraît que les circonstances n'ont pas permis au colonel Wellmere de se pourvoir de toutes les décorations que l'antiquité, l'usage et les canons de l'Eglise rendent indispensables pour la célébration d'un mariage.

Miss Peyton jeta les yeux sur le colonel qui était sur les épines, et ne voyant pas qu'il manquât rien à sa toilette, en prenant en considération les circonstances du temps et la promptitude avec laquelle le mariage avait été convenu, elle se retourna vers le docteur avec un air de surprise qui exigeait une explication.

Sitgreaves comprit ce qu'elle désirait, et se disposa à la satisfaire.

— Une opinion assez générale, lui dit-il, est que le cœur est situé dans la partie gauche du corps humain, et qu'il existe une connexion plus intime entre les membres placés de ce côté et ce qu'on peut appeler le siége de la vie qu'entre les organes situés sur la droite, erreur causée par l'ignorance de l'arrangement scientifique des parties constituantes de la machine humaine. Par suite de cette opinion, on pense que le quatrième doigt de la main gauche contient une vertu qui n'appartient à aucun autre, et c'est pour cela que, pendant la cérémonie nuptiale, il est entouré d'une ceinture, d'un anneau, comme pour enchaîner à l'état de mariage cette affection, qui est encore mieux assurée par les grâces de la femme. En parlant ainsi le docteur avait une main appuyée sur son cœur, et il termina son discours en s'inclinant presque jusqu'à terre.

— Je crois, Monsieur, que je ne vous comprends pas bien, dit miss Peyton avec dignité, mais en laissant reparaître un léger vermillon sur des joues qui avaient perdu depuis longtemps ce charme particulier à la jeunesse.

— Une bague, madame. Il manque une bague pour la cérémonie.

Dès que Sitgreaves eut prononcé ces mots, la tante comprit la situation désagréable dans laquelle on se trouvait. Elle leva les yeux sur ses nièces, et elle remarqua dans la plus jeune un air de satisfaction secrète qui ne lui plut pas tout à fait; mais elle sut fort bien expliquer la rougeur dont le visage de Sara était couvert. Pour rien au monde elle n'aurait voulu violer aucune des règles de l'étiquette féminine. Elle et ses deux nièces songèrent au même instant que la bague de mariage de leur belle-sœur, de leur mère, reposait paisiblement avec le reste de ses joyaux dans une cachette qui avait été pratiquée dès le commencement des troubles d'Amérique, pour mettre les objets les plus précieux à l'abri des déprédations des maraudeurs qui infestaient le pays. La vaisselle d'argent et tous les effets de quelque valeur étaient avec ce dépôt secret, et là se trouvait la bague en question, oubliée jusqu'à ce moment. Mais de temps immémorial c'était l'affaire du futur époux de fournir cet objet indispensable à la célébration du mariage, et en cette occasion solennelle miss Peyton n'aurait voulu à aucun prix s'avancer au-delà de ce que pouvait prescrire la politesse ordinaire de son sexe, du moins jusqu'à ce que l'offense eût été expiée par une dose suffisante d'embarras et d'inquiétude. La tante garda donc le secret par égard pour le décorum; Sara en fit autant par délicatesse, et Frances les imita par ces deux motifs réunis et parce que ce mariage ne lui plaisait pas. Il était réservé au docteur Sitgreaves de mettre fin à l'embarras général.

— Madame, dit-il, si un anneau... un anneau fort simple qui a autrefois appartenu à une de mes sœurs... Le chirurgien s'interrompit un instant pour tousser une ou deux fois. Si un anneau semblable pouvait être jugé digne de cet honneur, il serait fort aisé de l'envoyer chercher aux Quatre-Coins, et je ne doute pas qu'il ne convint parfaitement au doigt pour lequel il en manque un. Il y a une forte ressemblance entre.... hem !.... entre feu ma sœur et miss Wharton pour la taille et toute la structure anatomique, et les proportions sont ordinairement observées dans tout le système de l'économie animale.

Un coup d'œil de miss Peyton rappela le colonel Wellmere au sentiment de son devoir. Il s'empressa de se lever, s'avança vers le docteur, et l'assura qu'il ne pouvait acquérir plus de droits à sa reconnaissance qu'en envoyant chercher cette bague. Sitgreaves le salua avec un peu de hauteur, et se retira pour accomplir sa promesse en dépêchant un messager pour cette mission. Miss Peyton le laissa sortir ; mais ne se souciant pas qu'un étranger fût admis dans la confidence de ces arrangements domestiques, elle se détermina à le suivre et à lui offrir les services de César pour ce message au lieu du domestique du capitaine Singleton qu'Isabelle avait proposé pour s'en acquitter, son frère, probablement par son état de faiblesse, ayant gardé le silence pendant toute la soirée. Katy Haynes fut donc chargée d'avertir le nègre de se rendre dans un autre appartement où miss Peyton et le docteur allèrent lui donner leurs instructions.

Les motifs qui avaient déterminé M. Wharton à consentir à ce mariage si soudain entre sa fille aînée et le colonel Wellmere, surtout dans un moment où la vie d'un membre de la famille courait un si grand danger, étaient la conviction que les troubles qui régnaient dans le pays ne permettraient probablement pas de longtemps aux deux amants de se réunir, et une crainte secrète que la mort de son fils, en accélérant la sienne, ne laissât ses deux filles sans protecteur. Mais, quoique miss Peyton eût cédé au désir de son beau-frère pour profiter de l'arrivée inopinée d'un ministre de l'Eglise, elle n'avait pas jugé à propos d'ébruiter le mariage futur de sa nièce dans tous les environs, et elle n'en aurait rien fait quand même le temps l'eût permis. Elle crut donc qu'elle allait apprendre un grand secret à César et à la femme de charge.

— César, lui dit-elle en souriant, il est bon que vous sachiez que votre jeune maîtresse, miss Sara, va épouser ce soir le colonel Wellmere.

— Oh ! oh ! moi m'en être bien douté, répondit César en riant, et en branlant la tête d'un air satisfait de sa pénétration. Quand jeune fille et jeune homme parler toujours tête à tête, vieux noir savoir bien deviner le reste.

— En vérité, César, dit gravement miss Peyton, je ne vous croyais pas moitié si bon observateur. Mais comme vous savez déjà quelle est l'occasion qui fait qu'on a besoin de vos services, écoutez les ordres que Monsieur va vous donner, et ayez soin de les exécuter ponctuellement.

Le nègre se tourna d'un air tranquille et soumis vers le chirurgien, qui lui parla ainsi qu'il suit :

— César, votre maîtresse vous a déjà informé de la cérémonie importante qui va être célébrée dans cette habitation ; mais il manque encore une bague, et en vous rendant au village des Quatre-Coins, et en délivrant ce billet soit au sergent Hollister, soit à mistress Elisabeth Flanagan, on vous en remettra une sur-le-champ. Dès que vous l'aurez, revenez ici ; et ne manquez pas de faire grande diligence tant en allant qu'en revenant, car ma présence sera bientôt nécessaire près de mes malades dans l'hôpital, et le capitaine Singleton souffre déjà du manque de repos.

En finissant ces mots, le docteur avait déjà banni de son esprit toute idée qui n'avait pas rapport aux devoirs de sa profession, et il sortit de l'appartement avec fort peu de cérémonie. La curiosité, ou peut-être un sentiment tout différent, la délicatesse, porta miss Peyton à jeter un coup d'œil sur le billet non cacheté que Sitgreaves avait remis au nègre et qui était adressé à son aide, et elle y lut ce qui suit :

« Si la fièvre a quitté Kinder, faites-lui prendre un peu de nourriture. Tirez encore trois onces de sang à Watson. Veillez à ce que cette femme, Betty Flanagan, n'introduise pas dans l'hôpital quelque cruche de son alcool. Levez l'appareil de Johnson. Faites sortir Smith de l'hôpital : il est en état de reprendre son service. Envoyez-moi par le porteur l'anneau attaché à la chaîne de la montre que je vous ai laissée pour régler les intervalles à observer entre les doses que j'ai prescrites.

« Archibald Sitgreaves,

« *Chirurgien-major.* »

Miss Peyton remit cette singulière épître à César, et retourna dans le salon, laissant Katy et César prendre les arrangements nécessaires pour le départ de celui-ci.

—César, dit Katy d'un air solennel, quand on vous aura donné cette bague, ayez soin de la placer dans votre poche gauche; c'est celle qui est le plus près du cœur, et ne vous avisez pas de la mettre à un de vos doigts, car cela porte malheur.

— Pas le mettre à mon doigt! Ah! ah! ah! s'écria le nègre en ouvrant sa large main noire, vous croire que bague à miss Sally pouvoir aller au doigt du vieux César?

—Peu importe qu'elle y aille ou non, reprit la femme de charge. C'est un mauvais augure de mettre une bague de mariage au doigt d'un autre après le mariage; et par conséquent il peut être dangereux de l'y mettre auparavant.

—Moi vous dire, Katy, s'écria César avec quelque indignation, que moi aller chercher une bague, mais pas penser à la mettre à mon doigt.

—Partez donc, César, partez, dit Katy se rappelant tout à coup que divers préparatifs pour le souper exigeaient son attention; revenez bien vite, et ne vous arrêtez pour âme qui vive.

César se retira avec cette injonction, et il se trouva bientôt solidement assis sur sa selle.

Il descendit à l'écurie, monta sur un cheval qu'on lui avait préparé, et partit à l'instant. Comme la plupart des nègres, il avait été excellent écuyer dans sa jeunesse; mais le poids de soixante années accumulées sur sa tête avait un peu ralenti la circulation rapide de son sang africain, et il marcha d'abord avec une gravité convenable au message important dont il était chargé. La nuit était obscure et le vent sifflait dans la vallée avec le froid glacial que lui donnent les longues nuits de novembre. Lorsqu'il arriva en face du cimetière qui avait reçu si récemment les dépouilles mortelles de John Birch, il éprouva un tremblement involontaire, et jeta les yeux autour de lui avec effroi pour voir s'il n'apercevrait pas quelque apparition. Il restait encore assez de clarté pour qu'il pût distinguer un être, en apparence humain, qui sortait du milieu des tombeaux et qui s'avançait vers la grande route. C'est en vain que la philosophie et la raison combattent nos craintes et nos premières impressions; mais ni l'une ni l'autre n'offrait son frêle appui à César. Cependant, il était bien monté sur un des chevaux de la voiture de M. Wharton; et s'accrochant à la crinière de son coursier avec adresse ou par instinct, il lui jeta la bride sur le cou. Les montagnes, les bois, les rochers, les haies, les maisons, semblaient voler des deux côtés avec la rapidité de l'éclair, et le nègre commençait à oublier presque où il allait et pourquoi il courait avec cette précipitation, quand il arriva à l'endroit où les deux routes se croisaient, et l'hôtel Flanagan s'offrit à ses yeux dans toute la simplicité de sa dégradation. La vue d'un bon feu à travers les croisées lui donna d'abord l'assurance qu'il était arrivé à une habitation humaine; mais cette idée fut accompagnée de toute la crainte que lui inspiraient les redoutables dragons de Virginie. Il fallait pourtant qu'il s'acquittât de son message, et ayant mis pied à terre, il attacha à une haie son cheval écumant, et s'approcha d'une fenêtre, d'un pas circonspect, pour écouter et faire une reconnaissance.

Le sergent Hollister et Betty Flanagan, assis près d'un feu pétillant, faisaient leur conversation, n'ayant en tiers qu'un grand pot que la vivandière avait libéralement rempli de sa liqueur favorite.

— Je vous répète, mon cher sergent, disait Betty en remettant sur la table le pot qu'elle venait de porter à sa bouche, qu'il n'est pas raisonnable de croire que ce fût autre chose que le colporteur en personne ; où étaient l'odeur du soufre, la queue, les griffes et le pied fourchu? D'ailleurs, sergent, il n'est pas décent de dire à une honnête veuve qu'elle a eu Belzébut pour compagnon de chambre.

—Peu importe, mistress Flanagan; tout ce que je désire, c'est que vous échappiez toujours de même à ses piéges et à ses embûches, répondit le vétéran. Et il finit son discours par une attaque vigoureuse contre le pot de whiskey.

César en avait assez entendu pour se convaincre qu'il n'y avait pas grand danger à appréhender de ce couple. Le froid, joint à la frayeur, commençait déjà à faire battre ses dents les unes contre les autres, et la vue d'un bon feu et d'un pot de whiskey l'engageait fortement à risquer l'aventure. Il s'approcha avec toutes les précautions convenables, et frappa à la porte le couple plus humble qu'il fût possible. L'arrivée de Hollister, le sabre à la main et criant qui va là? d'un ton brusque, ne contribua pas à lui rendre sa présence d'esprit ; mais l'excès de la crainte fut précisément ce qui lui donna la force d'expliquer sa mission.

— En avant! dit le sergent avec une promptitude militaire, en l'examinant de la tête aux pieds à l'aide d'une lumière qu'il tenait de la main gauche; en avant! remettez-moi vos dépêches.—Mais, un instant... Avez-vous le mot d'ordre?

— Moi pas savoir ce que vous vouloir dire, répondit le nègre en tremblant de tous ses membres.

— Qui vous a envoyé ici en ordonnance?

— Être un grand massa avec des lunettes; lui être venu pour guérir le capitaine Singleton.

— C'est le docteur Sitgreaves; jamais il ne se souvient lui-même du mot d'ordre. Maintenant, noiraud, je vous dirai que si c'eût été le capitaine Lawton, il ne vous aurait pas envoyé ici, près d'une sentinelle, sans vous donner le mot d'ordre; cet oubli aurait pu vous valoir une balle de pistolet dans la tête, ce qui aurait été fâcheux pour vous; car quoique vous soyez noir, je ne suis pas du nombre de ceux qui pensent que les nègres n'ont point d'âme.

— A coup sûr un nègre a une âme tout aussi bien qu'un blanc, dit Betty. Avancez, mon vieux, et réchauffez à ce bon feu votre carcasse tremblante. Je suis sûre qu'un nègre de Guinée aime la chaleur autant qu'un soldat aime un verre de whiskey.

César obéit en silence, et un jeune mulâtre qui dormait sur un banc reçut ordre de porter le billet du chirurgien dans la maison qui servait d'hôpital pour les blessés.

— Tenez, dit la vivandière en offrant à César un verre de la liqueur qu'elle préférait elle-même, prenez cette goutte, moricaud; cela vous rendra des forces pour vous en aller, en réchauffant votre âme noire.

— Je vous dis, Elisabeth, que les âmes des nègres sont semblables aux nôtres, s'écria Hollister. Combien de fois ai-je entendu le bon M. Whitfield dire qu'il n'y a pas de distinction de couleur dans le ciel! Il est donc raisonnable de croire que l'âme de ce noir est aussi blanche que la mienne, et même que celle du major Dunwoodie.

— Être bien sûr, dit César à qui la goutte de mistress Flanagan avait rendu une assurance merveilleuse.

— Dans tous les cas, reprit la vivandière, c'est une bonne âme que l'âme du major... et une belle âme... oui, et une brave âme, et je crois que vous en conviendrez vous-même, sergent.

— Quant à cela, répondit le vétéran, il y a quelqu'un qui est au-dessus de Washington lui-même, et à qui seul il appartient de juger les âmes; mais ce que je puis dire, c'est que le major Dunwoodie est un homme qui ne dit jamais : *Marchez, mes enfants*, mais *Marchons, mes enfants*. S'il manque à un dragon un mors ou une paire d'éperons, il sait toujours où trouver de l'argent pour l'acheter, et cela c'est dans sa propre poche.

— Et pourquoi donc restez-vous ici les bras croisés, quand ce qu'il chérit le plus au monde est en danger? s'écria une voix à peu de distance : à cheval! aux armes! et allez rejoindre à l'instant votre capitaine, ou il sera trop tard!

Cette interruption inattendue jeta la confusion dans le trio. César fit sa retraite sous le manteau d'une immense cheminée, où il maintint sa position avec courage, quoique exposé à un feu qui aurait rôti un homme blanc. Le sergent fit un demi-tour à droite en un clin d'œil, mit le sabre à la main, le brandit d'un air terrible, et en fit briller l'acier à la lueur du foyer. Mais lorsque dans cet intrus, debout sur le seuil d'une porte qui conduisait dans la cour, il eut reconnu le redoutable colporteur, il fit trois pas en arrière pour aller rejoindre le vieux nègre, espèce de manœuvre militaire qui avait pour objet de concentrer ses forces. La vivandière fut la seule qui maintint son poste près de la table. Emplissant un verre de la liqueur connue des soldats sous le nom de *choke-dog*[1], elle l'offrit au colporteur. L'amour et le whiskey rendaient ses yeux brillants, et les tournant vers Birch avec un air de bonne humeur, elle lui dit :

— Sur ma foi! vous êtes le bien-venu, monsieur Birch, monsieur l'espion, monsieur Belzébut, ou quel que soit votre nom; car si vous êtes le diable, vous êtes un diable honnête, du moins. J'espère que vous avez été content de ma robe et de mon cotillon. Approchez, approchez-vous du feu, et n'ayez pas peur du sergent Hollister, il ne vous fera pas de mal, de crainte que vous ne preniez un jour votre revanche. N'est-il pas vrai, sergent?

— N'avance pas, esprit des ténèbres, s'écria le vétéran en opérant sa jonction encore plus rapprochée avec César, et en levant alternativement chaque jambe que la chaleur excessive rôtissait; retire-toi en paix : il n'y a ici aucun des tiens, et c'est en vain que tu cherches cette femme, elle est protégée par une tendresse de merci qui la sauvera de tes griffes.

Le mouvement de ses lèvres annonça ensuite qu'il parlait encore; mais c'était une prière qu'il prononçait à voix basse, et dont on n'entendit que quelques mots détachés.

La tête de la vivandière était échauffée par la liqueur qu'elle

1. Étrangle-chien.

ne s'était pas épargnée. Quelques mots prononcés par Hollister, et qu'elle n'avait pas bien compris, avaient fixé son attention, et fait naître une nouvelle idée dans son imagination.

— Et si c'est moi qu'il cherche, s'écria-t-elle, qui a le droit d'y trouver à redire? Ne suis-je pas veuve et maîtresse de mes actions?... Et vous parlez de tendresse; ce que j'en vois n'est pas lourd. Quoi qu'il en soit, M. Belzébut que voilà est bien le maître de me dire ce qu'il lui plaira; à coup sûr je suis disposée à l'écouter.

— Silence, femme! s'écria Harvey; et vous, homme insensé, prenez vos armes, montez à cheval, et volez au secours de votre officier, si vous êtes digne de la cause que vous servez. Voulez-vous déshonorer l'uniforme que vous portez? Les sentiments qui animaient le colporteur donnaient à ses paroles toute la force de l'éloquence, et il disparut aux yeux du trio étonné avec une rapidité qui ne laissa à personne le temps de voir par où il s'était retiré.

En entendant la voix d'un ancien ami, César sortit de sa retraite la peau luisante de sueur, et il s'avança avec intrépidité vers Betty qui était restée debout dans le désordre de ses idées.

— Moi fâché que Harvey être parti, dit-il. Si lui traverser la vallée, moi bien aise de m'en aller avec lui. L'esprit de John Birch pas faire de mal à son fils.

— Pauvre ignorant! s'écria le vétéran retrouvant la parole, après avoir repris haleine péniblement; croyez-vous donc que ce que nous venons de voir soit un homme de chair et de sang?

—Harvey pas fort en chair, mais bien adroit, répondit le nègre.

—Sergent, dit la vivandière, parlez raison une fois en votre vie, et profitez de l'avis qui vous est donné, n'importe par qui. Appelez les soldats et allez joindre le capitaine Jack. Souvenez-vous, mon bijou, qu'il vous a dit en partant d'être prêt à monter à cheval au premier signal.

— Oui, mais non pas à l'ordre du malin esprit. Que le capitaine Lawton, le lieutenant Mason, ou le cornette Scipwith disent un mot, et qui est plus prompt que moi à se mettre en selle?

— Et combien de fois vous êtes-vous vanté en ma présence, sergent, que votre corps n'aurait pas peur de faire face au diable?

— Je le dis encore; en bataille rangée et en plein jour; mais c'est une folie et une impiété que de tenter Satan en une pareille nuit. Ecoutez comme le vent siffle à travers les arbres : on croirait entendre hurler de malins esprits.

— Moi le voir! s'écria César en ouvrant les yeux d'une largeur capable d'embrasser plus que des objets imaginaires.

— Qui? demanda Hollister en portant par instinct la main sur la poignée de son sabre.

— Moi voir John Birch sortir de sa fosse, dit le nègre; John Birch s'être montré sur ses jambes avant d'avoir été enterré.

— En ce cas, il faut qu'il ait mené une mauvaise vie, dit Hollister. Les esprits bienheureux restent en repos jusqu'à la revue générale du dernier jour; mais l'âme coupable est tourmentée en ce monde comme elle le sera dans l'autre.

— Et que deviendra le capitaine Jack? s'écria Betty en colère. Est-ce que vous ne songez ni à vos ordres ni à l'avis qui vous a été donné? Je vais faire atteler ma charrette, j'irai le trouver et je lui dirai qu'il n'a pas de secours à attendre de vous parce que vous avez peur du diable et d'un homme mort. Nous verrons demain qui sera son sergent d'ordonnance. A coup sûr il ne se nommera pas Hollister.

— Allons, allons, dit le sergent en lui appuyant la main sur l'épaule, s'il faut qu'on marche cette nuit, que ce soit celui dont le devoir est d'appeler les soldats aux armes qui leur montre l'exemple. Puisse le Seigneur avoir pitié de nous, et ne nous envoyer que des ennemis de chair et de sang!

Un autre verre que lui versa la vivandière confirma le vétéran dans une résolution qu'il n'avait prise que par crainte du mécontentement du capitaine, et il alla donner les ordres nécessaires aux douze dragons dont il était alors l'officier commandant. Le jeune mulâtre étant revenu avec la bague, César la mit dans la poche de son gilet la plus voisine de son cœur, monta à cheval, ferma les yeux, s'accrocha à la crinière de son coursier, et resta dans une espèce de stupeur jusqu'à ce que l'animal se fût arrêté à la porte de l'écurie d'où il était parti.

Les mouvements des dragons se faisant avec toute la régularité d'une marche furent beaucoup plus lents, et le sergent les fit avancer avec des précautions qui avaient pour but de se mettre en garde contre toute surprise de la part du malin esprit.

CHAPITRE XXII.

> Que ta bouche ne soit pas le hérault de ta propre honte ; prends un air doux, un ton mielleux ; couvre la trahison d'un voile décent ; fais porter au vice la livrée de la vertu.
>
> SHAKSPEARE. *La Comédie des Méprises.*

La compagnie réunie dans le salon de M. Wharton se trouva dans une situation assez embarrassante pendant la courte absence d'une heure de César ; car telle fut la rapidité étonnante du coursier qu'il montait, qu'il fit ses quatre milles, et que les événements que nous venons de rapporter se passèrent pendant ce court espace de temps. Sans contredit les cavaliers firent ce qu'ils purent pour accélérer le cours de ces moments embarrassants ; mais le bonheur auquel on se prépare est certainement celui qui inspire le moins de joie. Les futurs époux en pareil cas ont pour mille raisons le privilége de n'avoir rien à dire ; et leurs amis en cette occasion semblaient disposés à suivre leur exemple. Le retard apporté à la félicité du colonel anglais semblait lui occasionner des mouvements d'impatience et d'inquiétude, et il changeait de physionomie à chaque instant, assis près de Sara qui profitait de ce délai pour s'armer de toutes ses forces pour la cérémonie. Au milieu de ce silence embarrassant Sitgreaves s'adressa à miss Peyton, à côté de laquelle il avait réussi à se procurer une chaise.

— Le mariage, Madame, lui dit-il, est un état honorable aux yeux de Dieu et des hommes, et l'on peut dire que, dans le siècle où nous vivons, il est devenu conforme aux lois de la nature et de la raison. Les anciens en avaient perdu les lumières et condamné des milliers d'êtres au malheur en sanctionnant la polygamie. Mais le progrès des connaissances humaines a donné naissance à ce sage règlement qui défend à l'homme d'avoir plus d'une femme.

Wellmere, en entendant cette remarque banale, jeta sur le docteur un regard dans lequel il entrait autant de courroux que de mépris.

— J'avais cru, dit miss Peyton, que nous étions redevables de ce bienfait à la religion chrétienne.

— Incontestablement, Madame, répliqua Sitgreaves. Il a été

ordonné quelque part, dans les écrits des apôtres, que l'homme et la femme seraient à cet égard sur le pied de l'égalité; mais jusqu'à quel point la polygamie ne pouvait-elle pas affecter la sainteté de la vie? Ce fut sans doute un arrangement scientifique de saint Paul, qui était un homme instruit, et qui probablement avait eu de fréquentes conférences sur cet important sujet avec saint Luc, qui, comme tout le monde le sait, avait été élevé dans la pratique de la médecine.

Miss Peyton ne répondit à cette savante discussion que par un autre salut qui aurait rendu muet un bon observateur; mais le capitaine Lawton, qui pendant tout ce temps était resté assis le menton appuyé sur ses mains placées sur le pommeau de son sabre, dont le fourreau reposait sur le parquet, et portant alternativement les yeux sur le docteur et sur le colonel, prit la parole à son tour.

— Cet usage existe pourtant encore dans certains pays, dit-il, et précisément dans ceux où il fut d'abord aboli par le christianisme. Le colonel Wellmere pourrait-il me dire quelle est la punition de la bigamie en Angleterre?

Wellmere leva les yeux sur celui qui l'interrogeait; mais il les baissa sur-le-champ, ne pouvant supporter le regard perçant qu'il rencontra. Cependant un effort bannit le tremblement de ses lèvres et rendit quelque couleur à ses joues, tandis qu'il répondait :

— La mort, comme le mérite un tel crime.

— Et la dissection, ajouta le docteur; car nos législateurs ont été assez sages pour vouloir rendre le criminel utile à la société, même après la punition de son crime, et la bigamie en est un des plus odieux.

— Plus que le célibat? lui demanda Lawton d'un ton de sarcasme.

— Sans aucun doute, répondit le chirurgien avec une simplicité imperturbable. Si le célibataire ne contribue pas à la multiplication de l'espèce humaine, il peut dévouer son temps à la propagation des lumières de la science. Mais le misérable qui abuse de la tendresse et de la crédulité du sexe le plus faible est aussi méprisable que criminel, et ne mérite aucune pitié.

— Croyez-vous, docteur, que les dames doivent vous savoir beaucoup de gré de les représenter comme faibles et crédules?

— Vous ne pouvez nier, capitaine Lawton, que dans l'homme l'animal ne soit plus noblement formé que dans la femme. Ses nerfs sont doués de moins de sensibilité, ses fibres sont plus dures, ses muscles plus vigoureux, ses os plus gros et plus solides. Est-il donc surprenant que la femme ait plus de tendance à ajouter foi au scélérat qui cherche à la tromper?

Wellmere, hors d'état en ce moment d'écouter la conversation avec patience, se leva tout à coup et se promena dans la chambre, l'esprit évidemment en désordre. Prenant pitié de sa situation, l'aumônier, qui toujours en costume sacerdotal, attendait tranquillement le retour de César, fit tomber la conversation sur un autre sujet, et quelques instants après le nègre arriva. Il remit à Sitgreaves le billet dont il était chargé, car miss Peyton lui avait spécialement enjoint de ne la mêler en aucune manière dans la mission dont il était chargé. Ce billet rendait au docteur un compte succinct des divers objets mentionnés dans sa lettre, et annonçait que le nègre était porteur de la bague. Elle fut demandée et remise à l'instant même. Le front du docteur se chargea d'un nuage de mélancolie tandis qu'il regardait cette bague en silence, et oubliant l'endroit où il se trouvait et la cérémonie dont on allait s'occuper, il s'écria avec attendrissement :

— Pauvre Anna! ton jeune cœur était le séjour de l'innocence et de la gaieté quand cette bague fut achetée pour ton mariage, mais avant que le jour en fût arrivé, il plut au ciel de t'appeler à lui. Bien des années se sont passées depuis ce temps, mais je n'oublierai jamais la compagne de mon enfance!

S'avançant alors vers Sara, il lui présenta la bague, la lui passa au doigt et lui dit sur le même ton : — Celle pour qui cet anneau fut destiné repose depuis longtemps dans le cercueil; son amant la suivit bientôt dans le tombeau; recevez-le, miss Wharton, et puisse-t-il être pour vous le gage d'un bonheur tel que vous le méritez!

Cet élan de sensibilité produisit sur Sara une impression profonde qui fit refluer tout son sang vers son cœur; mais le colonel lui offrant la main la conduisit devant l'aumônier, et la cérémonie commença. Les premiers mots de cet office imposant produisirent un profond silence dans l'appartement, et le ministre après avoir adressé une exhortation solennelle aux futurs époux, reçut leurs promesses respectives de fidélité. Vint alors le cérémonial de la bague. Par inadvertance, et par suite de l'agitation du moment, elle était restée au doigt où le docteur l'avait placée. Cette circonstance occasionna un instant d'interruption, et pendant ce temps on vit paraître tout à coup au milieu de la compagnie un homme dont la présence arrêta tout à fait la cérémonie. C'était le colporteur. Ses yeux si timides naguère n'évitaient plus les regards des autres, mais jetaient autour de lui des regards égarés. Tout son corps était agité d'une émotion extraordinaire; mais elle passa comme l'ombre d'un nuage chassé par un vent impétueux, et, prenant son air d'humilité profonde et de respect habituel, il se tourna vers le futur époux, et lui dit en le saluant :

—Comment le colonel Wellmere peut-il perdre ici des moments précieux quand sa femme vient de traverser l'Océan pour venir le joindre? Les nuits sont longues, la lune va se lever; en quelques heures il serait à New-York.

Interdit à ce discours soudain, Wellmere fut un instant décontenancé. La physionomie de Birch, quoique effarée, ne fit naître aucune terreur dans l'esprit de Sara; mais dès qu'elle revint de la surprise que lui avait occasionnée cette interruption, elle jeta un coup d'œil inquiet sur les traits de l'homme auquel elle venait de s'engager pour la vie, et y lut la terrible confirmation de ce que le colporteur venait de dire. Tout ce qui était dans le salon lui parut à l'instant tourner autour d'elle, et elle tomba sans connaissance entre les bras de sa tante. Il existe dans la femme un instinct de délicatesse qui semble triompher un moment de toutes les autres émotions, quelque puissantes qu'elles soient; cet instinct fit que miss Peyton et Frances emportèrent Sara dans un autre appartement, et les hommes restèrent seuls dans le salon.

La confusion qui suivit l'évanouissement de Sara facilita la retraite du colporteur, qui disparut avec une promptitude qui n'aurait pas permis qu'on l'atteignît si l'on avait songé à le poursuivre. Wellmere vit alors tous les yeux fixés sur lui avec un silence de mauvais augure.

—Cela est faux. Faux comme l'enfer! s'écria-t-il en se frappant le front avec le poing; je n'ai jamais reconnu ses prétendus droits, et les lois de mon pays ne me forceront pas à les reconnaître.

—Mais les lois de Dieu et celles de la conscience? lui demanda Lawton.

Avant que Wellmere eût eu le temps de répondre, Singleton, jusqu'alors appuyé sur le bras du dragon qui le servait, s'avança au centre du cercle, et s'écria, les yeux étincelants d'indignation :

—Voilà donc l'honneur anglais! cet honneur dont votre nation est si fière, mais dont elle ne daigne pas suivre les lois à l'égard des étrangers! Prenez-y garde, pourtant, ajouta-t-il en portant la main sur la poignée de son sabre; toute fille de l'Amérique a droit à la protection de ses enfants, et il n'en existe aucune qui soit assez délaissée pour ne pas trouver un vengeur quand elle est outragée ou insultée.

—Fort bien, Monsieur, répondit Wellmere avec hauteur en s'avançant vers la porte, votre situation vous protége; mais il peut venir un jour...

Il sortait du salon, quand il se sentit frapper légèrement sur l'épaule. Il se retourna, et vit le capitaine Lawton, qui, avec un sourire dont l'expression était toute particulière, lui fit signe de le suivre. Wellmere était dans une telle situation d'esprit, qu'il aurait été partout plutôt que de rester en butte aux regards d'horreur et de mépris dont il était l'objet. Ils arrivèrent près de l'écurie avant que le capitaine eût prononcé un seul mot, et alors il s'écria à voix haute :

— Amenez-moi Roanoke?

Son domestique parut à l'instant, avec le cheval sellé, bridé, et prêt à partir. Lawton jeta la bride sur le cou de l'animal avec le plus grand sang-froid, et prenant ses pistolets d'arçon : — Vous avez eu raison, colonel Wellmere, dit-il, de déclarer que George Singleton n'est pas en état de combattre en ce moment; mais voici des pistolets qui ont déjà bien vu du service, et qui ne se sont jamais trouvés que dans les mains d'hommes d'honneur. Ils ont appartenu à mon père, colonel; il s'en est servi avec honneur dans les guerres contre la France, et il me les a donnés pour les employer pour la cause de sa patrie. Puis-je m'en servir plus honorablement que pour châtier un misérable qui voulait flétrir une des plus belles fleurs de mon pays?

—Je vous châtierai moi-même de cette insolence, s'écria le colonel en saisissant l'arme qui lui était offerte, et que le sang retombe sur la tête de celui qui a été l'agresseur!

— Amen, dit Lawton. Vous êtes libre maintenant; vous avez en poche un passeport de Washington : je vous cède le premier feu. Si je succombe, voici un coursier qui vous mettra bientôt à l'abri de toute poursuite, et faites retraite sans délai, car pour une telle cause Sitgreaves lui-même se battrait, et vous n'auriez aucun quartier à attendre de l'escouade de dragons qui est là-bas.

—Etes-vous prêt? s'écria Wellmere en grinçant les dents de rage.

— Approchez avec la lumière, Tom. — Feu!

Wellmere tira, et l'épaulette du capitaine sauta en l'air en cinquante pièces.

— Maintenant, c'est mon tour, dit Lawton avec un grand sang-froid, en dirigeant contre le colonel le bout de son pistolet.

— Et le mien, s'écria une voix derrière lui, tandis qu'un grand coup frappé sur le bras lui faisait tomber le pistolet des mains. N'avez-vous donc rien de mieux à faire que de tirer sur un homme comme si c'était un dindon aux fêtes de Noël? Par tous les diables de l'enfer! c'est l'enragé Virginien! Tombez sur lui, camarades! saisissez-le! C'est une prise que je n'espérais pas!

Quoique surpris et désarmé, Lawton ne perdit pas sa présence d'esprit. Il sentit qu'il était entre les mains de gens dont il n'avait à attendre aucune merci, et il appela toutes ses forces à son secours pour se défendre. Quatre Skinners tombèrent sur lui en même temps; trois d'entre eux le saisirent par le cou et les bras, dans l'intention de rendre ses efforts inutiles et de le garrotter avec des cordes. Il en repoussa un avec tant de force, qu'il l'envoya se heurter contre le mur au bas duquel il resta étourdi de ce choc violent; mais le quatrième le saisit par les jambes, et le capitaine, ne pouvant se défendre contre tant d'ennemis, tomba à son tour entraînant dans sa chute ses deux assaillants. La lutte qui eut lieu entre les antagonistes renversés fut courte, mais terrible. Les Skinners proféraient les malédictions et les imprécations les plus horribles, en criant à trois autres de leurs compagnons, qui regardaient ce combat, et que cette vue semblait avoir pétrifiés d'horreur, de les aider à s'emparer de leur proie. Tout à coup un des combattants fit entendre des soupirs étouffés, suivis d'un gémissement sourd, comme si on l'eût étranglé; au même instant, un des individus qui composaient ce groupe se releva sur ses pieds, et se dégagea des mains d'un autre, qui voulait le retenir. Wellmere et le domestique de Lawton avaient disparu, le premier, pour se réfugier dans l'écurie, l'autre, pour donner l'alarme dans la maison, et celui-ci ayant emporté la lanterne, on était dans une obscurité complète. Celui qui s'était relevé sauta légèrement sur la selle du coursier auquel personne ne songeait, et les étincelles que tirèrent du pavé les pieds de l'animal donnèrent assez de lumière pour faire apercevoir le capitaine courant au grand galop vers la grande route.

— De par l'enfer, il est sauvé! s'écria le chef des Skinners d'une voix rauque; feu! abattez-le! feu! vous dis-je, ou il sera trop tard.

L'ordre fut exécuté, et les brigands gardèrent le silence un instant, dans le vain espoir d'entendre tomber leur victime.

— Il ne tombera pas, quand même vous l'auriez tué, dit l'un d'eux. J'ai vu de ces Virginiens rester fermes sur la selle avec deux ou trois balles dans le corps, et même après leur mort.

Un coup de vent apporta à leurs oreilles le bruit de la course rapide d'un cheval dans la vallée, et sa marche régulière prouvait qu'elle était dirigée par un bon écuyer.

— Les chevaux bien dressés, dit un autre de la bande, sont habitués à s'arrêter quand leur cavalier tombe.

— En ce cas, il est sauvé! s'écria le chef en frappant la terre de son mousquet dans un transport de rage; l'infernal coquin nous a échappé... Eh bien! en besogne à présent... Dans une demi-heure nous aurons sur les bras cet hypocrite de sergent et toute sa troupe. Nous serons fort heureux si le bruit des coups de fusil ne les met pas à nos trousses. Allons vite, à vos postes... mettez le feu aux chambres de la maison. Des ruines fumantes servent à couvrir les mauvaises œuvres.

— Et que ferons-nous de cela? dit un autre en poussant du pied le corps de celui que Lawton avait presque étranglé, et qui était encore sans connaissance; en le frottant un peu, il reviendrait à lui.

— Qu'il reste là! répondit le chef avec fureur. S'il avait valu la moitié d'un homme, cet enragé dragon serait à présent en mon pouvoir. Entrez dans la maison, vous dis-je, et mettez le feu dans les chambres; nous ne nous en irons pas d'ici les mains vides; il s'y trouve assez d'argent comptant et d'argenterie pour nous enrichir tous... oui, et pour nous venger.

L'idée de l'argent, sous quelque forme que ce métal se présentât à leur esprit, avait quelque chose de trop séduisant pour qu'ils y résistassent, et, abandonnant leur compagnon qui commençait à donner quelques signes de vie, ils se précipitèrent vers la maison.

Wellmere profita de leur départ pour sortir sans bruit de l'écurie, et emmenant avec lui son cheval, il se trouva bientôt sur la route. Il hésita un moment s'il se rendrait aux Quatre-Coins pour donner l'alarme au détachement qu'il savait être stationné en cet endroit, et procurer du secours à la famille Wharton; ou si, profitant de la liberté que lui avait rendue le cartel d'échange, il prendrait le chemin de New-York. La honte, et sa conscience qui lui reprochait son crime, le déterminèrent à ce dernier parti, et il s'éloigna en songeant avec quelque inquiétude à l'entrevue qu'il allait avoir avec une femme courroucée, qu'il avait épousée en Angleterre, dont il s'était lassé quand sa passion avait été satisfaite, et à laquelle il se proposait de contester ses droits légitimes.

Dans l'état de trouble et de confusion qui régnait dans la famille Wharton, on n'avait pas fait attention à la disparition de Lawton et de Wellmere. L'état de M. Wharton et l'épuisement qui avait succédé au mouvement d'indignation du capitaine Singleton exigeaient les consolations de l'aumônier et les soins du chirurgien. Le bruit d'une décharge d'armes à feu donna à toute la famille le premier avis de quelque nouveau danger, et une minute s'était à peine écoulée quand le chef des Skinners entra dans le salon avec un homme de sa bande.

— Rendez-vous, serviteur du roi George, s'écria le chef en appuyant le bout de son mousquet sur la poitrine de Sitgreaves; rendez-vous, ou je ne laisserai pas dans vos veines une seule goutte de votre sang royaliste.

— Doucement, doucement, mon ami, s'écria le docteur; vous êtes sans doute plus expert dans l'art de faire des blessures que dans celui de les guérir, et l'arme que vous tenez si indiscrètement est infiniment dangereuse pour la vie animale.

— Rendez-vous donc, ou sinon....

— Et à quoi bon me rendre? Je suis un non-combattant, un disciple de Galien. C'est avec le capitaine Lawton que vous devez régler les articles de la capitulation, quoique je pense que vous ne le trouverez pas fort traitable à cet égard.

Le Skinner avait eu le temps d'examiner le groupe qui se trouvait dans cet appartement, et voyant bien qu'il n'y avait aucune résistance à craindre, son empressement à s'assurer sa part du pillage fit qu'il jeta par terre son mousquet pour s'occuper, avec l'homme qui l'accompagnait, à mettre dans un sac toute l'argenterie qu'il put trouver, afin d'être prêt à faire retraite avec sa proie dès que les circonstances l'exigeraient. La maison offrait alors un spectacle bien singulier: toutes les dames étaient rassemblées auprès de Sara, encore sans connaissance, dans une chambre qui avait échappé à l'attention des brigands; M. Wharton était tombé dans un état de stupeur complète, écoutant, sans en profiter, les paroles de consolation que lui adressait l'aumônier, qui lui-même fut bientôt trop épouvanté pour continuer à s'acquitter ce ministère charitable. Singleton, épuisé, était étendu sur un sofa, et savait à peine ce qui se passait autour de lui. Le docteur lui administrait une potion cordiale, et examinait ses bandages avec un sang-froid qui défiait le tumulte. César et le domestique du capitaine Singleton s'étaient enfuis dans le bois ; et Katy Haynes, parcourant toute la maison, faisait à la hâte des paquets de ses effets les plus précieux avec le soin le plus scrupuleux de n'y rien faire entrer qui ne lui appartînt bien légitimement.

Mais il est temps que nous retournions aux Quatre-Coins. Lorsque le vétéran Hollister eut donné ordre aux dragons de prendre les armes et de monter à cheval, la vivandière avait senti le désir de partager la gloire et les périls de l'expédition. Nous ne prendrons pas sur nous d'assurer si elle y fut portée par la crainte de rester seule, ou par le désir de marcher en personne au secours de son favori ; mais une chose certaine, c'est que, dès qu'elle vit le sergent monter à cheval et se disposer un peu à contre-cœur à donner l'ordre du départ, elle s'écria : — Attendez qu'on attèle ma charrette ; je vais vous accompagner, et s'il y a des blessés, comme cela est probable, elle servira à les ramener.

Quoique intérieurement Hollister ne fût pas fâché de trouver un prétexte de retarder son départ pour un service qui n'était guère de son goût, il crut pourtant devoir montrer quelque mécontentement de ce délai.

— Quand mes dragons sont à cheval, dit-il, il n'y a qu'un boulet de canon qui puisse les en faire descendre, et dans une affaire qui est de l'invention du diable, il n'est que trop probable que ce n'est pas contre le feu du canon et de la mousqueterie que nous aurons à nous défendre ; ainsi donc vous pouvez venir si bon vous semble ; mais vous voyez que nous n'aurons pas besoin de votre charrette.

— Vous mentez, mon cher sergent, dit Betty à qui ses copieuses libations ne permettaient pas de choisir ses termes. Le capitaine Singleton n'a-t-il pas été renversé de cheval par une balle, il n'y a que dix jours ? n'en est-il pas arrivé autant au capitaine Jack ? n'est-il pas resté étendu sur le dos et le visage tourné vers le ciel ? vos dragons ne l'ont-ils pas cru mort, et ne se sont-ils pas enfuis en laissant la victoire aux troupes du roi ?

— C'est vous qui mentez ! s'écria le sergent avec colère, et quiconque dit que nous n'avons pas remporté la victoire en a menti.

— Je veux dire pour un moment, répliqua la vivandière ; vous avez tourné le dos un moment; mais le major Dunwoodie est arrivé, vous a fait faire une nouvelle charge, et les troupes régulières vous ont montré le dos à leur tour. Mais le capitaine Jack n'en a pas moins été démonté, et j'ose dire que parmi tous les dragons il n'y a pas un meilleur cavalier que lui. Ainsi donc, sergent, ma charrette peut être utile. Allons, vous autres, que deux de vous mettent ma jument entre les brancards, et s'il leur manque quelque chose demain matin ce ne sera pas du whiskey, et mettez-lui sur le dos un morceau de la peau de Jenny, car les routes raboteuses de West-Chester ont mal arrangé la pauvre bête. Le consentement du sergent ayant été obtenu, l'équipage de mistress Flanagan fut bientôt prêt à la recevoir.

— Comme nous ne pouvons savoir, dit Hollister à ses dragons, si nous serons attaqués de front, cinq de vous marcheront en avant, et les autres resteront en arrière pour couvrir notre retraite, si elle devenait nécessaire. Ce n'est pas une petite affaire pour un homme peu instruit que d'avoir à commander dans un pareil moment, mistress Flanagan, et je voudrais de tout mon cœur qu'il y eût ici quelqu'un de nos officiers; mais je mets ma confiance dans le Seigneur.

—Fi donc! fi! dit la vivandière assise alors fort à son aise dans sa charrette; du diable s'il y a un ennemi dans les environs! marchez donc un peu plus vite, que je puisse mettre ma jument au trot; sans quoi le capitaine Jack n'aura pas à vous remercier de votre diligence.

— Quoique je ne sois qu'un ignorant en ce qui concerne les communications avec les esprits et les revenants, mistress Flanagan, dit Hollister, je n'ai pas fait l'ancienne guerre et servi cinq ans dans celle-ci sans avoir appris qu'une armée doit toujours couvrir ses bagages, et c'est à quoi Washington ne manque jamais. Je n'ai pas besoin de recevoir d'une vivandière des leçons de service. Allons, camarades, en avant! et marchez comme je l'ai ordonné.

— Oui, marchez, n'importe comment, s'écria Betty avec impatience; je suis sûre que le moricaud est déjà arrivé, et le capitaine vous reprochera d'avoir été bien lent.

— Etes-vous bien sûre que ce soit un vrai nègre qui a apporté cette lettre? demanda le sergent en se plaçant entre les deux pelotons, de manière à pouvoir causer avec Betty et donner en même temps des ordres en avant et en arrière.

— Je vous dis que je ne suis sûre de rien, répondit la vivandière ; mais pourquoi vos dragons ne mettent-ils pas leurs chevaux au trot ? ma jument n'est pas accoutumée à marcher au pas, et l'on ne se réchauffe pas dans cette maudite vallée en allant comme un convoi qui va à un enterrement.

— Doucement, tranquillement et prudemment, mistress Flanagan, répliqua Hollister ; ce n'est pas la témérité qui fait le bon officier. Si nous avons affaire à un esprit, il est très-probable qu'il nous attaquera par surprise. On ne doit pas beaucoup compter sur les chevaux dans les ténèbres, et j'ai une réputation à perdre, bonne femme.

— Une réputation ! répéta Betty, et le capitaine Jack n'a-t-il pas aussi une réputation et même une vie à perdre ?

— Halte ! s'écria le sergent. Qu'est-ce que j'ai vu remuer au pied de ce rocher sur la gauche ?

— Ce n'est rien, dit la vivandière avec impatience, à moins que ce ne soit l'âme du capitaine Jack qui vienne vous reprocher d'avoir marché si lentement à son secours.

— Betty, c'est une folie que de parler de cette manière. En avant un de vous, et allez reconnaître ce rocher. Le sabre à la main, vous autres, et serrez les rangs !

— Etes-vous devenu fou ou poltron, sergent ? Allons, allons, qu'on me fasse place ! ma jument et moi nous serons près de ce rocher en un clin d'œil. Ce n'est pas un esprit qui me fait peur, ma foi ?

En ce moment un dragon, qui s'était détaché en avant, vint annoncer que rien n'empêchait qu'ils avançassent, et l'on se remit en marche, mais toujours avec beaucoup de lenteur et de circonspection.

— Le courage et la prudence sont les vertus d'un soldat, mistress Flanagan, dit le sergent, et sans l'une de ces qualités on peut que l'autre ne sert à rien.

— La prudence sans courage ? dit la vivandière. Est-ce là ce que vous voulez dire, sergent ? c'est aussi ce que je pense. Mais je ne puis retenir ma jument, elle va s'emporter.

— Patience ! bonne femme ! Ecoutez ! Qu'est-ce que cela ? s'écria Hollister en dressant les oreilles au bruit du coup de pistolet tiré par Wellmere ; je jurerais que c'est un coup de pistolet, et que c'est un pistolet de notre régiment. Attention ! le corps de réserve en avant, et serrez les rangs ! Il faut que je vous laisse, mistress Flanagan. A ces mots, le bruit d'une arme à feu qu'il connaissait lui rendant l'usage de ses facultés, il alla se placer à la tête de ses dragons avec un air de fierté militaire, que l'obscurité ne permit pas à la vivandière de remarquer. Une décharge de mousqueterie ne tarda pas à se faire entendre, et le sergent s'écria :

— En avant! au galop!

Au même instant on entendit sur la route le bruit de la course d'un cheval, et sa vitesse annonçait qu'il y allait de la vie ou de la mort pour celui qui le montait. Hollister fit encore arrêter sa troupe et courut lui-même en avant pour reconnaitre le cavalier qui s'avançait.

— Halte-là! qui vive? s'écria le sergent avec la voix forte d'un homme résolu.

— Ah! c'est vous, Hollister? dit Lawton. Toujours prêt! toujours à votre poste! Mais où est le détachement?

— A deux pas, capitaine, et prêt à vous suivre partout où vous voudrez le conduire, répondit le vétéran charmé d'être déchargé de toute responsabilité et ne désirant rien de plus que de trouver quelque ennemi à combattre.

— C'est bien, dit le capitaine en s'avançant vers les dragons; et leur ayant adressé quelques paroles d'encouragement, il les fit partir presque avec la même rapidité qu'il était arrivé lui-même. Ils eurent bientôt laissé bien loin derrière eux la misérable jument de la vivandière, et Betty, faisant approcher sa charrette du bord de la route, se dit à elle-même :

— Là! on voit bien que le capitaine Jack est avec eux à présent. Au lieu de marcher comme à un enterrement, les voilà qui courent comme des nègres et comme s'ils allaient à une fête. Je vais attacher ma jument à cette haie, et je suivrai à pied pour voir ce qui se passe. Il ne serait pas juste d'exposer cette pauvre bête à recevoir quelques mauvais coups.

Conduits par Lawton, ses soldats le suivirent sans éprouver aucune crainte, sans se permettre aucune réflexion. Ils ne savaient s'ils allaient attaquer une troupe de Vachers ou un détachement de l'armée royale; mais ils connaissaient le courage et l'habileté de leur chef, et ces qualités captivent toujours le soldat.

En arrivant devant la porte des Sauterelles, le capitaine fit faire halte, et fit ses dispositions pour l'attaque. Il descendit de cheval, ordonna à huit de ses gens d'en faire autant, et dit à Hollister :

— Vous, restez ici, veillez sur nos chevaux, et si quelqu'un tente de sortir de la maison, arrêtez-le ou sabrez-le... En ce moment les flammes s'élancèrent à travers quelques croisées et une partie du toit de la maison, répandant une vive clarté au milieu des ténèbres de la nuit.

— En avant! s'écria Lawton, et n'accordez quartier qu'après avoir fait justice.

Il y avait dans la voix du capitaine une force terrible qui allait jusqu'au cœur, même au milieu des horreurs dont cette maison était le théâtre. Le butin qu'avait recueilli le chef des Skinners lui tomba des mains, et il resta un moment plongé dans la stupeur de la crainte. Enfin il courut à la fenêtre et l'ouvrit. En ce moment Lawton entra dans l'appartement, le sabre à la main, en criant:

— Mort aux brigands! Et d'un coup de sabre il fendit le crâne du compagnon du chef; mais celui échappa à sa vengeance en sautant lestement par la croisée. Les cris des femmes épouvantées rendirent au capitaine sa présence d'esprit, et les prières empressées de l'aumônier le firent songer à s'occuper de la sûreté de la famille. Un autre homme de la bande tomba entre les mains des dragons, et éprouva le même sort que son camarade; mais les autres avaient pris l'alarme assez à temps pour s'échapper.

Occupées à donner des secours à Sara, miss Peyton, Frances et miss Singleton n'avaient appris l'arrivée des Skinners que lorsque les flammes s'étendirent avec fureur tout autour d'elles. Les cris de Katy et ceux de la femme effrayée de César, joints au tumulte qu'on entendait dans l'appartement voisin, furent les premiers symptômes qui firent craindre à miss Peyton et à Isabelle quelque danger imprévu.

— Divine providence! s'écria la tante alarmée; il règne une terrible confusion dans toute la maison. Il y aura du sang répandu par suite de cette affaire.

— Qui pourrait songer à se battre? dit Isabelle, le visage encore plus pâle que celui de miss Peyton. Le docteur Sitgreaves est d'un caractère fort paisible, et certainement le capitaine Lawton ne s'oublierait pas à ce point.

— Ces jeunes gens du sud ont l'humeur vive et impétueuse, reprit miss Peyton. Votre frère lui-même, tout faible qu'il est, a eu toute cette soirée l'air animé et mécontent.

— Juste ciel! s'écria Isabelle se soutenant à peine en s'appuyant sur le sofa sur lequel on avait placé Sara; il est naturellement doux comme un agneau, mais c'est un véritable lion quand il est courroucé.

— Il faut que nous retournions dans le salon, dit miss Peyton; notre présence leur imposera, et sauvera peut-être la vie d'un de nos semblables.

Miss Peyton voulait s'acquitter de ce qu'elle regardait comme un devoir que lui imposaient son sexe et son caractère, et elle s'avança vers la porte avec toute la dignité d'une femme dont la sensibilité est blessée. Isabelle la suivit; elle avait recouvré son énergie, et son œil étincelant annonçait une âme capable de venir à bout de la tâche qu'elle entreprenait. L'appartement où elles se trouvaient était situé dans une aile communiquant au principal corps de logis par un corridor long et obscur. Ce corridor était éclairé en ce moment, et elles aperçurent à l'autre extrémité quelques individus courant avec une impétuosité qui ne leur permit pas de reconnaître leurs traits.

— Avançons, dit miss Peyton avec une fermeté que sa physionomie démentait; ils auront sans doute quelque respect pour notre sexe.

— Certainement, s'écria Isabelle en marchant la première; et Frances fut laissée seule avec sa sœur. Elle resta quelques instants en silence, regardant les traits pâles de Sara avec une inquiétude qui l'absorbait au point qu'elle ne remarqua pas l'absence de ses deux compagnes. Tout à coup un craquement effrayant se fit entendre dans les appartements situés à l'étage supérieur, et en même temps une lumière brillante comme le soleil de midi pénétra dans l'appartement par la porte restée ouverte, et rendit tous les objets distincts à la vue. Sara se souleva, jeta un coup d'œil surpris autour d'elle, appuya ses deux mains sur son front comme pour tâcher de se rappeler ce qui venait de se passer, et regardant sa sœur d'un air égaré, lui dit en souriant :

— Je suis donc dans le ciel, et vous, vous êtes sans doute un des esprits bienheureux qui l'habitent? Oh! que cette lumière est belle! Je sentais que le bonheur que j'éprouvais était trop grand pour la terre; il ne pouvait durer; mais nous nous reverrons, oui, oui, nous nous reverrons.

— Sara! ma sœur! s'écria Frances en proie aux plus vives alarmes, que dites-vous donc? Ne souriez pas d'une manière si effrayante! Voulez-vous me briser le cœur? ne me reconnaissez-vous pas?

— Paix! dit Sara en mettant un doigt sur sa bouche, vous troubleriez son repos, car il me suivra sûrement dans la tombe. Croyez-vous que deux femmes puissent être dans le même tombeau! Oh! non!... non, non, rien qu'une, une seule.

Frances appuya sa tête sur le sein de sa sœur en sanglotant.

— Vous pleurez, bel ange? reprit Sara avec douceur; on n'est donc pas exempt de chagrins, même dans le ciel? Mais où est Henry? il devrait être ici, puisqu'il a été exécuté. Ils viendront peut-être ensemble. Qu'ils seront charmés de cette réunion!

Frances se releva, et se promena dans l'appartement avec une amertume de chagrin qu'elle ne pouvait maîtriser. Sara la suivit des yeux, se livrant à une admiration enfantine de sa beauté et de sa parure, qui était telle que l'occasion l'exigeait. Appuyant encore la main sur son front, elle lui dit:

— Vous ressemblez à ma sœur, mais tous les esprits bons et aimables se ressemblent. Dites-moi, avez-vous jamais été mariée? Avez-vous jamais accordé, comme moi, plus d'affection à un étranger qu'à votre père, à votre frère, à votre sœur? Si vous ne l'avez pas fait, pauvre fille! que je vous plains, quoique vous soyez dans le ciel!

— Paix, Sara! silence! s'écria Frances en se précipitant près de sa sœur; ne me parlez pas ainsi, ou vous me verrez mourir à vos pieds.

Un bruit épouvantable qui ébranla le bâtiment jusque dans ses fondations se fit entendre en ce moment. C'était le plafond qui s'écroulait, et les flammes redoublant d'activité rendirent visibles tous les environs de la maison. Frances courut à une fenêtre, et vit sur la pelouse un groupe rassemblé avec confusion. Elle y reconnut sa tante et Isabelle. Elles avaient les bras étendus vers la maison embrasée, avec un air de désespoir, et semblaient supplier quelques dragons qui étaient près d'elles d'aller secourir les infortunés qui s'y trouvaient. Ce fut le premier instant où elle connut la nature et la grandeur du péril, et poussant un grand cri d'effroi, elle s'élança dans le corridor par instinct, sans but comme sans réflexion.

Une colonne de fumée épaisse et étouffante lui ferma le passage. Elle s'arrêtait pour respirer, quand un homme la saisit entre ses bras, et, à travers l'obscurité d'une part et une pluie de feu de l'autre, la transporta en plein air, plus morte que vive. Dès qu'elle eut repris ses sens, elle vit que c'était à Lawton qu'elle devait la vie, et se jetant à genoux devant lui, elle s'écria :

— Sara! Sara! sauvez ma sœur! et puisse Dieu vous accorder toutes ses bénédictions!

Les forces lui manquèrent, et elle tomba sur l'herbe, sans connaissance. Le capitaine fit signe à Katy de venir lui donner des secours, et s'avança de nouveau vers la maison. Le feu s'était déjà communiqué aux bois des fenêtres et aux treillages qui les décoraient, et tout l'extérieur du bâtiment était couvert de fumée. Le seul moyen d'y pénétrer était à travers tous ces dangers, et l'intrépide et impétueux Lawton lui-même hésita un instant; mais ce ne fut qu'un instant, et il se précipita dans cette espèce de fournaise. Ne pouvant trouver la porte, il retourna un moment sur la pelouse pour pouvoir respirer, s'élança de nouveau dans les ténèbres, et manqua encore la porte; mais la troisième tentative réussit. En entrant sous le vestibule, il rencontra un homme prêt à succomber sous le poids d'une autre personne qu'il portait. Ce n'était ni le temps ni le lieu de faire des questions; Lawton les saisit tous deux entre ses bras, et avec la force d'un géant les porta tous deux sur la pelouse. A son grand étonnement il reconnut alors que c'était Sitgreaves, chargé du cadavre d'un des Skinners qu'il venait de sauver ainsi.

— Archibald! s'écria-t-il, au nom de la justice céleste! pourquoi vouliez-vous sauver un mécréant dont les crimes crient vengeance?

Le chirurgien avait l'esprit trop égaré pour pouvoir lui répondre sur-le-champ; mais, après avoir essuyé la sueur qui lui couvrait le front, et avoir débarrassé ses poumons des vapeurs qui en gênaient l'action, il dit en soupirant :

— Ah! tout est fini pour lui. Si j'étais arrivé à temps pour arrêter l'effusion du sang de la jugulaire, il y aurait eu quelque espoir; mais la chaleur a occasionné une hémorrhagie. Oui vraiment, la vie est éteinte en lui. Eh bien! y a-t-il d'autres blessés?

Il ne se trouvait personne pour lui répondre, car on avait conduit Frances de l'autre côté du bâtiment, où étaient sa tante et miss Singleton, et Lawton avait de nouveau disparu dans la fumée.

Pour cette fois il trouva aisément la porte de la maison, car les flammes augmentant de force avaient dissipé en grande partie les vapeurs étouffantes. Mais comme il allait y entrer, il en vit sortir un homme portant entre ses bras Sara sans connaissance. A peine eurent-ils le temps de regagner la pelouse que les flammes sortirent par toutes les croisées du bâtiment, qui se trouva comme enveloppé d'une nappe de feu.

— Dieu soit loué! s'écria l'individu qui venait de sauver Sara; quelle mort affreuse elle aurait endurée!

Le capitaine, dont les yeux étaient fixés sur l'édifice embrasé, les en détourna pour les porter sur celui qui parlait ainsi, et à sa grande surprise, au lieu de voir un de ses dragons, il reconnut le colporteur.

— Ah! l'espion! s'écria-t-il; de par le ciel! vous me poursuivez comme un spectre.

— Capitaine Lawton, répondit Birch épuisé de fatigue, et s'appuyant sur la barricade qui bordait la pelouse du côté de la maison, je suis encore en votre pouvoir, car je n'ai ni la force de fuir, ni les moyens de résister.

— La cause de l'Amérique m'est aussi chère que la vie, répliqua le capitaine; mais elle ne peut exiger que je lui sacrifie l'honneur et la reconnaissance. Fuyez avant qu'aucun de mes dragons vous aperçoive, sans quoi il ne serait pas en mon pouvoir de vous sauver.

— Que le ciel vous protége! Puisse-t-il vous accorder la victoire sur vos ennemis! s'écria Birch en lui serrant la main de manière à prouver que sa maigreur n'ôtait rien à sa force.

— Un instant, dit Lawton; un seul mot. Êtes-vous ce que vous paraissez être? serait-il possible que vous fussiez...

— Un espion de l'armée royale, répondit Birch en détournant la tête.

— Pars donc, misérable! s'écria le capitaine en le repoussant; hâte-toi de fuir! Une basse cupidité ou une fatale erreur a égaré une âme noble et généreuse.

Les flammes qui dévoraient le bâtiment portaient la lumière jusqu'à une certaine distance autour de ce qui restait sur pied; mais à peine Lawton avait-il prononcé ces paroles, que Harvey Birch avait disparu au milieu des ténèbres qui régnaient au-delà, et que le contraste rendait encore plus sombres.

L'œil de Lawton s'arrêta un instant sur l'endroit où il venait de voir cet homme inexplicable. Prenant alors entre ses bras Sara encore évanouie, il la porta aussi facilement qu'un enfant endormi, et l'abandonna aux soins de sa famille.

CHAPITRE XXIII.

> Et maintenant ses charmes se flétrissent rapidement; la gaieté a fui loin d'elle. Hélas! pourquoi la beauté ne peut-elle durer! pourquoi de si douces fleurs se fanent-elles si vite! Comme la vallée des années semble triste! Quelle différence elle offre avec la scène trop flatteuse de la jeunesse! Où sont allés ses admirateurs passionnés? Ne s'en trouvera-t-il plus un en qui son cœur puisse avoir un appui?—*Le Tombeau de Cinthie.*

Un torrent et un ouragan peuvent porter la désolation au milieu des plus belles scènes de la nature ; la guerre, avec sa main de fer, peut, de même que les éléments, accomplir une œuvre de destruction ; mais les passions seules peuvent bouleverser le cœur humain. Le torrent et l'ouragan sont bornés dans leurs ravages ; la terre, arrosée par le sang des combattants, semble vouloir indemniser les hommes de cette perte, en redoublant de fertilité ; mais le cœur peut essuyer des blessures que tous les efforts des mortels sont incapables de guérir.

Depuis quelques années, le cœur de Sara était rempli de l'image de Wellmere ; elle ne pensait à lui qu'avec les idées naturelles à son sexe et à sa situation, et à l'instant où elle croyait voir se réaliser ce qui n'avait encore été pour elle qu'un rêve, quand le moment était arrivé où elle allait faire la démarche la plus importante de sa vie, avec cet empressement qui ne laisse dans le sein d'une femme d'autre passion que l'amour, la découverte du véritable caractère de son amant avait été un coup trop cruel pour que ses facultés eussent pu le supporter. On a déjà vu que lorsqu'elle avait repris l'usage de ses sens pour la première fois, elle semblait avoir oublié tout ce qui venait de se passer ; et en la recevant des bras du capitaine Lawton, ses parents ne retrouvèrent en elle que l'ombre de ce qu'elle avait été.

De toute l'habitation de M. Wharton, il ne subsistait plus que les murs, et les murs, noircis par la fumée et dépouillés de tout ce qui en faisait l'ornement, semblaient de sombres vestiges de la paix et de la sécurité qui avaient régné si peu de temps auparavant dans l'intérieur de la maison. Le toit et les planchers de chaque étage étaient tombés jusque dans les caves, et ses débris brûlant encore jetaient une lueur pâle, tantôt plus faible, tantôt plus forte, qui, à travers les croisées, rendait visible tout ce qui se trouvait sur la pelouse. La fuite précipitée des Skinners avait permis aux dragons de sauver une grande partie du mobilier, qui, dispersé çà et là sur l'herbe, donnait à toute cette scène un air de désolation encore plus prononcé. Quand une colonne de flammes s'élevant vers le ciel répandait une plus grande clarté, on voyait sur l'arrière-plan du tableau le sergent Hollister et ses quatre dragons, gravement à cheval, suivant toutes les règles de la discipline militaire, et la jument de mistress Flanagan, qui, ayant été détachée du brancard, paissait l'herbe tranquillement sur le bord du chemin. Betty elle-même s'était avancée près du vétéran, et elle avait vu avec un calme parfait tous les événements que nous venons de rapporter. Plus d'une fois elle avait insinué au sergent que, comme on ne se battait plus, le moment du pillage était arrivé; Hollister, l'informant des ordres qu'il avait reçus, resta inflexible et immobile. Enfin la vivandière ayant vu Lawton accourir de derrière une aile de la maison, emportant Sara dans ses bras, alla joindre elle-même les autres dragons.

Le capitaine, après avoir placé Sara sur un sofa faisant partie des objets que les soldats avaient sauvés des flammes, se retira avec délicatesse pour que les dames pussent donner les soins convenables à cette infortunée, et pour réfléchir sur ce qui lui restait à faire. Miss Peyton et Frances la reçurent des mains de Lawton avec un transport qui ne leur permit de penser qu'au plaisir de la voir en sûreté; mais la vue de ses joues animées et de ses yeux égarés leur inspira bientôt des réflexions plus tristes.

—Sara, mon enfant! ma chère nièce! s'écria la tante en la serrant dans ses bras, vous êtes sauvée, et puisse la bénédiction du ciel tomber sur celui qui a été l'instrument de sa bonté!

—Voyez, dit Sara en montrant à sa tante le feu qui brillait encore dans les ruines, voyez la belle illumination! c'est pour moi qu'on l'a ordonnée; c'est ainsi qu'on reçoit une nouvelle épouse. Il me l'avait dit. Ecoutez! n'entendez-vous pas sonner les cloches?

— Hélas! s'écria Frances paraissant presque aussi égarée que sa sœur, il n'y a ici ni mariage, ni réjouissances; tout est malheur et désolation! O ma sœur! puisse le ciel vous rendre à nous, vous rendre à vous-même!

—Pourquoi pleurer, jeune fille? dit Sara avec un sourire de compassion. Tout le monde ne peut pas être heureux en même temps ; n'avez-vous pas un mari pour vous consoler? Patience! vous en trouverez un. Mais prenez bien garde qu'il n'ait pas déjà une autre femme, ajouta-t-elle en baissant la voix; car il est terrible de penser à ce qui pourrait arriver s'il était marié deux fois.

—Elle a perdu la raison! s'écria miss Peyton en se tordant les mains; ma pauvre Sara, ma chère enfant! son esprit est-il donc égaré sans retour?

—Non, non, non, s'écria Frances. Ce n'est qu'une fièvre au cerveau, elle nous sera rendue!... elle nous sera rendue!

Miss Peyton saisit avec joie cette lueur d'espérance, et chargea Katy de chercher le docteur. Il était occupé à faire subir un interrogatoire aux dragons dans l'espoir de trouver quelque brûlure ou quelque écorchure à guérir, lorsque Katy arriva près de lui, et il s'empressa de se rendre aux ordres de miss Peyton.

—Madame, lui dit-il, une nuit commencée sous de si joyeux auspices se termine d'une manière fâcheuse. Mais la guerre amène toujours bien des maux à sa suite, quoiqu'elle puisse souvent être utile à la cause de la liberté et qu'elle accélère les progrès de la science chirurgicale.

Miss Peyton ne put lui répondre, et se borna à lui montrer sa nièce en sanglotant.

—Elle a une fièvre brûlante, s'écria Frances ; voyez ses yeux et ses joues enflammées!

Sitgreaves étudia un instant avec attention les symptômes extérieurs qu'offrait la malade, et lui prit ensuite la main en silence. Il était rare qu'il montrât une vive émotion; toutes ses passions semblaient habituées à se concentrer dans une dignité classique, et ses traits rigides et distraits laissaient rarement apercevoir ce que son cœur éprouvait si souvent. Mais en cette occasion les yeux attentifs de miss Peyton et de Frances y découvrirent une expression de compassion et de sensibilité. Après avoir laissé reposer ses doigts environ une minute sur un joli bras dont la peau blanche était ornée d'un bracelet de brillants, sans que Sara y opposât aucune résistance, il le laissa retomber avec un profond soupir, et se tournant vers miss Peyton en passant une main sur ses yeux :

—Il n'y a point ici de fièvre, madame, lui dit-il ; le temps, les soins de l'amitié et le secours du ciel peuvent seuls opérer une cure pour laquelle les lumières de la science sont insuffisantes.

—Et où est le misérable qui a occasionné ce malheur? s'écria Singleton en faisant un effort pour se lever du sofa sur lequel sa sœur l'avait placé, et en repoussant le dragon qui le soutenait. A quoi bon vaincre nos ennemis, si les vaincus peuvent nous infliger de si cruelles blessures?

— Croyez-vous, dit Lawton avec un sourire amer, que des cœurs anglais puissent avoir quelque compassion pour les maux que souffrent des Américains? Qu'est l'Amérique pour l'Angleterre? un astre satellite qui ne doit avoir d'éclat que pour en ajouter à celui de la planète à laquelle il est subordonné. Oubliez-vous qu'un colon doit se trouver honoré de devoir sa ruine à la main d'un enfant de la Grande-Bretagne?

— Je n'oublie pas que je porte un sabre, répondit Singleton en retombant d'épuisement sur sa chaise. Mais ne s'est-il donc pas trouvé un seul bras pour venger cette infortunée et ce malheureux père?

— Ce ne sont ni les bras ni le courage qui ont manqué, capitaine, dit Lawton avec fierté; mais la fortune favorise quelquefois le méchant. — Je donnerais jusqu'à Roanoke pour pouvoir le retrouver et me mesurer avec lui.

— Non, capitaine, non, lui dit à demi-voix Betty Flanagan, avec un regard expressif; ne donnez Roanoke pour rien au monde; la bête a bon pied; elle saute comme un écureuil, et vous n'en retrouveriez pas tous les jours une semblable.

— Femme, s'écria Lawton, cinquante chevaux, les meilleurs qui aient jamais été élevés sur les bords du Potomac, ne paieraient pas assez cher une balle bien dirigée contre ce scélérat.

— Allons, dit le docteur, l'air de la nuit ne peut qu'être nuisible à George et à ces dames; il faut songer à les transporter dans un endroit où l'on puisse leur donner des soins et des rafraîchissements. D'ailleurs il n'y a plus ici que des ruines fumantes et les miasmes de l'humidité.

On n'avait aucune objection à faire à une proposition si raisonnable, et Lawton fit les dispositions nécessaires pour transférer provisoirement la famille Wharton aux Quatre-Coins.

L'art du carrossier était encore en son enfance en Amérique à cette époque, et ceux qui voulaient avoir une voiture élégante et légère étaient obligés de la faire venir d'Angleterre. Quand M. Wharton avait quitté New-York, il était du petit nombre de ceux qui se permettaient le luxe d'un carrosse; et quand sa belle-sœur et ses deux filles étaient venues le rejoindre dans sa solitude, elles s'étaient rendues aux Sauterelles dans la lourde voiture qui avait autrefois roulé d'une manière si imposante dans la rue tortueuse nommée Queen-Street, et qui s'était montrée avec une sombre dignité dans la promenade plus spacieuse de Broadway. Cette voiture était restée tranquillement sous la remise où elle avait été placée à son arrivée, et l'âge des chevaux, les favoris de César, avait seul empêché les maraudeurs des deux partis de s'en emparer. Le nègre, dont le cœur battait encore, s'occupa, à l'aide de quelques dragons, à mettre en état de recevoir les dames cette voiture pesante garnie en beau drap fané et terni, et dont les panneaux repeints dans la colonie, et sur lesquels leurs anciennes couleurs commençaient à reparaître, prouvaient qu'on y pratiquait encore fort mal l'art qui leur avait donné autrefois un vernis si brillant. Le lion couchant des armes de M. Wharton retrouvait autour de lui les armoiries d'un prince de l'Eglise, et la mitre qui commençait à briller sous son masque américain indiquait le rang du premier propriétaire de cet équipage. La chaise qui avait amené miss Singleton était intacte, car les flammes avaient épargné les remises, les écuries et toutes les dépendances extérieures et séparées de la maison. Le projet des maraudeurs n'était certainement pas de laisser les écuries si bien garnies; mais l'attaque dirigée par Lawton avait déconcerté leurs arrangements, tant sur ce point que sur différents autres. On laissa sur les lieux un détachement sous le commandement d'Hollister qui, convaincu alors qu'il n'avait affaire qu'à des ennemis terrestres, prit sa position avec autant de sang-froid que d'habileté. Il se retira avec son peloton à quelque distance des ruines, de manière à être caché par les ténèbres, tandis que les restes de l'incendie l'éclairaient encore suffisamment pour voir les maraudeurs que la soif du pillage pourrait attirer.

Satisfait de cet arrangement judicieux, le capitaine Lawton fit ses dispositions pour se mettre en marche. Miss Peyton, ses deux nièces et Isabelle furent placées dans la voiture. La charrette de mistress Flanagan, bien garnie de matelas et de couvertures, reçut le capitaine Singleton et son domestique. Le docteur Sitgreaves se chargea de la chaise et de M. Wharton. A l'exception de César et de la femme de charge, on ignore ce que devinrent les autres domestiques de la maison pendant cette nuit fertile en événements, car aucun d'eux ne reparut. Après avoir pris toutes ces mesures, Lawton donna l'ordre du départ. Cependant il resta seul quelques instants sur la pelouse, ramassant quelque vaisselle d'argent, dans la crainte qu'elle n'exposât à une trop forte épreuve l'intégrité de ses dragons; et ne voyant plus rien qui pût les induire en tentation, il monta à cheval dans l'intention vraiment militaire de former lui-même l'arrière-garde.

— Arrêtez! arrêtez donc! s'écria une voix de femme; voulez-vous me laisser seule ici pour être assassinée? Il faut que la cuiller soit perdue, mais j'en serai indemnisée s'il y a de la justice dans le pays.

Lawton tourna ses yeux perçants du côté où la voix se faisait entendre, et vit sortir des ruines une femme chargée d'un paquet qui, pour la grosseur, pouvait être comparé à la balle du fameux colporteur.

— Qui diable sort ainsi des flammes comme un phénix? dit le capitaine en approchant d'elle. De par l'âme d'Hippocrate, c'est le docteur femelle, la femme à l'aiguille! Eh bien! bonne femme, pourquoi tant de tapage?

— Tant de tapage! répondit Katy tout essoufflée; n'est-ce donc pas assez d'avoir perdu une cuiller d'argent, faut-il qu'on me laisse ici pour être volée, peut-être assassinée! Ce n'est pas ainsi qu'Harvey Birch m'aurait traitée quand je demeurais avec lui. Il avait ses secrets, c'est bien sûr; il n'était pas assez ménager de son argent; mais il ne manquait jamais d'égards pour moi.

— Vous avez donc fait partie de la maison de M. Birch?

— Dites que j'étais moi seule toute la maison, car il ne s'y trouvait que lui et moi avec son vieux père. Vous ne l'avez pas connu le vieux père?

— Je n'ai pas eu cet honneur. Mais combien de temps avez-vous demeuré dans cette famille.

— Que sais-je! huit à neuf ans peut-être. Eh bien! en suis-je plus avancée?

— Non sans doute, et je vois que vous avez gagné peu de chose à cette association. Mais n'y a-t-il pas quelque chose de bien étrange dans la conduite de ce M. Harvey Birch?

— Quelque chose de fort étrange, répondit Katy en regardant autour d'elle avec précaution, et en baissant la voix: c'était un homme sans réflexion, et qui ne regardait pas plus à une guinée que je ne regarderais à un fétu de paille. Mais indiquez-moi un moyen de rejoindre miss Jeannette Peyton, et je vous conterai tous les prodiges de Birch, depuis le commencement jusqu'à la fin.

— Oui-dà! dit Lawton, rien n'est plus facile. Permettez-moi

de vous prendre le bras au dessous de l'épaule ; là ! vous avez des os vigoureux, à ce que je vois. A ces mots, il la fit tourner rapidement, de manière à détruire tout le sang-froid philosophique de son esprit, et en un instant elle se trouva assise en sûreté, sinon fort à son aise, sur la croupe du coursier du capitaine.

— Maintenant, Madame, lui dit-il, vous avez la consolation de savoir que vous êtes aussi bien montée qu'on puisse le désirer. Mon cheval a le pied sûr, il saute comme une panthère.

— Laissez-moi descendre ! s'écria Katy, cherchant à se délivrer de la main de fer qui la retenait, mais craignant en même temps de tomber : — Est-ce ainsi qu'on met une femme à cheval? D'ailleurs, il me faudrait un coussinet.

— Tout doux, ma bonne dame, tout doux, dit Lawton, car quoique Roanoke ne manque jamais des pieds de devant, il se dresse quelquefois sur ceux de derrière. Il n'est pas habitué à sentir une paire de talons lui battre les flancs comme les baguettes d'un tambour battent la caisse un jour de combat. Il se souvient quinze jours du plus léger coup d'éperon. Il n'est pas prudent de vous agiter ainsi, car c'est un cheval qui ne se soucie pas beaucoup d'un double fardeau.

— Laissez-moi descendre, vous dis-je, s'écria Katy. Je tomberai ; je serais tuée. D'ailleurs, je ne puis me tenir à rien ; ne voyez-vous pas que j'ai les deux mains occupées?

Lawton tourna la tête en arrière, et vit que pendant qu'il enlevait la femme, la femme avait enlevé son paquet qu'elle tenait serré entre ses deux bras. Je vois que vous appartenez aux bagages, dit-il; mais mon ceinturon peut entourer votre taille svelte et la mienne.

Katy fut trop flattée de ce compliment pour faire aucune résistance. Lawton l'attacha solidement à son corps d'Hercule, et faisant sentir l'éperon à son coursier, il partit de la pelouse avec une rapidité qui ne permit plus à Katy de songer à résister. Après avoir couru quelque temps d'un train qui déplaisait fort à la femme de charge, ils atteignirent la charrette de la vivandière, qui avait mis sa jument au pas, par considération pour les blessures du capitaine Singleton. Les événements de cette nuit étrange avaient occasionné à ce jeune militaire une agitation dont le résultat définitif était une lassitude extrême. Il était enveloppé soigneusement dans des couvertures, et soutenu par son domestique, hors d'état d'entretenir une conversation, mais occupé de profondes réflexions sur tout ce qui venait de se passer. L'entretien de Lawton avec sa compagne avait cessé quand il avait pris le galop; mais ayant mis son cheval au pas en ce moment, et ce mouvement était plus favorable au dialogue, il reprit la conversation ainsi qu'il suit:

— Ainsi donc vous avez demeuré dans la même maison qu'Harvey Birch!

— Pendant environ neuf ans, répondit Katy respirant plus librement depuis qu'ils avaient cessé de galoper.

L'air de la nuit avait porté la voix forte du capitaine aux oreilles de la vivandière, qui était assise sur le devant de la charrette, d'où elle dirigeait les mouvements de sa jument. Elle tourna la tête de ce côté, et entendit la réponse comme la question.

— Par conséquent, ma bonne femme, dit-elle, vous devez savoir s'il est vrai ou non qu'il soit parent de Belzébut. C'est le sergent Hollister qui le dit, et le sergent n'est pas un sot, sur ma foi.

— C'est une calomnie scandaleuse, s'écria vivement Katy. Il n'y a pas un porte-balle plus honnête que Harvey, et si quelque amie a besoin d'une robe ou d'un tablier, n'ayez pas peur qu'il reçoive jamais d'elle un farthing. Belzébut, en vérité! pourquoi lirait-il la Bible s'il avait des rapports avec le malin esprit?

— Dans tous les cas, reprit Betty, c'est un diable honnête, comme je l'ai déjà dit, car sa guinée était de bel et bon or. Mais le sergent pense différemment, et l'on peut dire que le sergent est un savant.

— Le sergent est un fou, s'écria Katy. Vraiment Harvey devrait être un homme riche à l'heure qu'il est; mais il fait si peu d'attention à ses affaires! Combien de fois lui ai-je dit que s'il voulait s'en tenir à sa balle, régulariser ses gains, prendre une femme pour mettre l'ordre chez lui, et renoncer à ses liaisons avec les troupes ou à tout trafic semblable, il aurait bientôt fait une bonne maison! Alors votre sergent Hollister serait, ma foi, bien heureux de lui tenir la chandelle.

— Vraiment! dit Betty avec ironie. Vous ne songez donc pas que M. Hollister est officier. Il est le premier dans la compagnie après le cornette. Mais quant à ce colporteur, il est bien vrai que c'est lui qui est venu cette nuit nous avertir de tout ce charivari; et il n'est pas bien sûr que le capitaine Jack eût eu le dessus, sans le renfort qui lui est arrivé.

— Que dites-vous, Betty? s'écria Lawton en avançant le corps sur sa selle. Est-ce Birch qui a été vous donner l'alarme?

— Lui-même, mon bijou; et c'est moi qui me suis remuée comme un diable dans un bénitier pour faire partir le détachement. Ce n'était pas que je pensasse que vous n'étiez pas en état de donner leur compte aux Vachers, mais avec le diable pour nous j'étais sûre que nous les battrions. Toute ma surprise, c'est que dans une affaire dont Belzébut s'est mêlé, il n'y ait pas eu de pillage.

— Je vous remercie du renfort que vous m'avez procuré, Betty, et je ne vous sais pas moins gré du motif qui vous a déterminée.

— Quoi! le pillage? je n'y ai pensé que lorsque j'ai vu tant de meubles sur la pelouse, les uns brûlés, les autres cassés, sans parler de ceux qui étaient aussi bons que neufs. Il n'y aurait pas de mal que le corps eût un lit de plumes tout au moins.

— De par le ciel! le secours est arrivé à temps. Si Roanoke n'avait volé plus vite que leurs balles, je n'existerais plus. L'animal vaut son poids d'or.

— Son poids en papier, vous voulez dire, bijou, car l'or est un métal pesant, et il est rare dans les États. Si le sergent n'avait eu peur du nègre avec son visage couleur de cuivre brûlé, nous serions arrivés à temps pour tuer tous ces chiens, et faire prisonniers les autres.

— Tout est pour le mieux, Betty. Un jour viendra, j'espère, où ces mécréants seront dignement récompensés, sinon en figurant sur le gibet, du moins en se voyant l'objet du mépris de leurs concitoyens. Oui, oui, l'Amérique apprendra un jour à distinguer un patriote d'un brigand.

— Parlez plus bas, dit Katy; il y a des gens qui ont grande opinion d'eux-mêmes, et qui trafiquent avec les Skinners.

— C'est qu'ils ont meilleure opinion d'eux-mêmes que celle qu'ils en donnent aux autres, dit Betty. Un voleur est un voleur, n'importe qu'il vole au nom du roi ou au nom du congrès.

— Je savais qu'il ne tarderait pas à arriver quelque malheur, dit Katy. Hier soir, le soleil s'est couché derrière un nuage noir, et le chien de la maison a hurlé, quoique je lui eusse donné son souper de mes propres mains; d'ailleurs, il n'y a pas une semaine que j'avais rêvé que je voyais mille chandelles allumées, et que le pain avait brûlé dans le four. Miss Peyton disait que c'était parce que j'avais fait fondre du suif la veille, et que j'avais le pain à cuire le lendemain ; mais je savais qu'en penser.

— Quant à moi, dit Betty, il est bien rare que je rêve. Couchez-vous la conscience nette et le gosier humecté, et vous dormirez comme un enfant. La dernière fois que j'ai rêvé, ce fut la nuit où les soldats avaient mis dans mes draps des têtes de chardon, et je rêvai que le domestique du capitaine Lawton m'étrillait comme si j'eusse été Roanoke. Mais qu'importe tout cela après tout !

— Qu'importe ! répliqua Katy en se redressant fièrement, ce qui força Lawton à faire le même mouvement ; jamais homme n'a été assez osé pour porter la main sur mon lit. C'est une conduite indécente et méprisable.

— Bah ! bah ! dit la vivandière, si vous étiez attachée comme moi à la queue d'une troupe de dragons, vous apprendriez à vous prêter à la plaisanterie. Que deviendraient les Etats et la liberté si les soldats n'avaient jamais une goutte et une chemise blanche ? Demandez au capitaine comment ils se battraient, mistress Belzébut, s'ils n'avaient pas de linge blanc pour chanter victoire.

— Je suis encore fille et je me nomme Haynes, dit Katy avec aigreur, et je vous prie de ne pas vous servir d'un pareil langage quand vous m'adresserez la parole ; c'est à quoi je ne suis pas habituée, et apprenez que Harvey n'est pas plus Belzébut que vous-même.

— Miss Haynes, dit le capitaine, il faut permettre un peu de licence à la langue de mistress Flanagan. La goutte dont elle parle est d'un volume considérable, et c'est ce qui lui a donné les manières libres d'un soldat.

— Bah ! bah ! capitaine, mon bijou, pourquoi vous moquez-vous de la bonne femme ? s'écria Betty. Parlez comme vous voudrez, ma chère ; la langue que vous avez dans la bouche n'est pas celle d'une folle. Mais c'est ici quelque part que le sergent a fait halte, croyant qu'il pouvait bien y avoir plus d'un diable en besogne pendant cette nuit. Les nuages sont noirs comme le cœur d'Arnold[1], et du diable si l'on voit briller une seule étoile ! Mais la jument est habituée à une marche nocturne ; et elle flaire la route aussi bien qu'un limier.

---

1. Arnold le conspirateur.

— La lune va se lever dans quelques instants, dit le capitaine. Il appela un dragon qui marchait à quelques pas de lui en avant, et lui donna quelques ordres relatifs aux précautions à prendre pour que la santé de Singleton ne souffrît pas de la marche. Ayant ensuite adressé à son ami quelques paroles d'encouragement, il donna un coup d'éperon à Roanoke, et s'éloigna de la charrette avec une rapidité qui mit encore en déroute toute la philosophie de Katy.

— Voilà un fameux et hardi cavalier, s'écria la vivandière. Bon voyage, capitaine; et si vous rencontrez en chemin M. Belzébut, montrez-lui votre bête et faites-lui voir que c'est sa femme que vous avez en croupe. Je crois qu'il ne s'arrêtera pas longtemps pour causer. Eh bien! eh bien! nous lui avons sauvé la vie après tout, comme il le dit lui-même; et après cela qu'importe le pillage?

Le bavardage bruyant de Betty Flanagan était trop familier aux oreilles du capitaine pour qu'il s'arrêtât pour l'écouter ou pour y répondre. Malgré le fardeau inusité dont Roanoke était chargé, il franchit rapidement la distance qui séparait la charrette de la vivandière de la voiture de miss Peyton, et s'il répondit en cela aux désirs de son maître, il ne satisfit nullement ceux de sa compagne. On était près des Quatre-Coins quand il rejoignit l'équipage, et la lune sortant au même instant de derrière une masse de nuages, jeta sur tous les objets une lumière plus pâle que de coutume pour des yeux qui venaient d'être frappés par l'éclat brillant d'un incendie. Il y a pourtant dans le clair de lune une douceur que le jour des flammes ne peut égaler, et Lawton ralentissant le pas de son cheval, se livra en silence à ses réflexions pendant tout le reste du chemin.

Comparé à l'élégance simple et commode des Sauterelles, l'hôtel Flanagan ne présentait qu'une bien triste habitation. Au lieu de planchers couverts de tapis et de fenêtres ornées de rideaux, on y voyait des ais mal joints, et l'on avait employé ingénieusement des morceaux de planches et de papier pour remplacer les carreaux de vitre des croisées, dont plus de la moitié étaient cassés.

Lawton avait pourtant eu soin de rendre leur appartement aussi commode que les circonstances le permettaient. On avait allumé un grand feu dans toutes les chambres, pour en diminuer un peu l'air de désolation, et les dragons y avaient porté, par ordre de leur capitaine, les meubles les plus indispensables qu'il avait été possible de se procurer. Miss Peyton et ses compagnes trouvèrent donc presque en arrivant un logement à peu près habitable. L'esprit de Sara avait continué à divaguer pendant tout le voyage, et avec cette disposition particulière au délire, elle adaptait toutes les circonstances aux sentiments qui dominaient dans son cœur. On eut besoin de la soutenir pour la conduire dans l'appartement destiné aux dames ; mais dès qu'elle fut assise sur un banc à côté de Frances, elle lui passa un bras avec affection autour de la taille, et lui dit en étendant lentement l'autre autour d'elle :

— Voyez ! c'est ici le palais de son père ; mille torches y sont allumées, mais il n'y a pas de mari... Ah ! ne vous mariez jamais sans bague. Ayez soin qu'elle soit préparée, et prenez bien garde qu'une autre n'y ait des droits... Pauvre fille ! comme vous tremblez ! mais vous n'avez rien à craindre ; il ne peut jamais y avoir deux maris pour plus d'une femme... Oh ! non, non, non... Ne tremblez pas, ne pleurez pas, vous n'avez rien à craindre.

— Quel remède peut guérir un esprit qui a reçu un tel coup ? demanda à Isabelle Singleton le capitaine Lawton, qui regardait avec compassion ce cruel spectacle. Le temps et la bonté divine peuvent seuls lui apporter du soulagement. — Mais on peut faire quelque chose de plus pour rendre votre appartement moins incommode. Vous êtes fille d'un soldat, et habituée à de pareilles scènes ; aidez-moi à empêcher l'air froid de la nuit de pénétrer par cette fenêtre.

Miss Singleton se mit à l'œuvre sur-le-champ, et tandis que Lawton cherchait à remédier à quelques carreaux de vitre cassés, Isabelle suspendait devant la croisée un drap destiné à tenir lieu de rideau.

— J'entends la charrette, dit le capitaine répondant à une question de miss Singleton relativement à son frère ; Betty a le cœur bon au fond. Croyez-moi, George est avec elle, non seulement en sûreté, mais aussi bien qu'il est possible.

— Que Dieu la récompense de ses soins, et qu'il vous bénisse tous ! dit Isabelle avec ferveur. Je sais que le docteur Sitgreaves est allé à leur rencontre. — Mais que vois-je donc briller là-bas au clair de la lune ?

En face de la croisée devant laquelle ils étaient, on voyait les dépendances extérieures de la ferme, et l'œil perçant de Lawton aperçut à l'instant l'objet sur lequel elle fixait son attention.

— De par le ciel, c'est une arme à feu ! s'écria le capitaine en sautant par la fenêtre pour aller trouver son coursier qui était encore à la porte, sellé et bridé. Son mouvement fut aussi vif que la pensée, mais il n'avait pas encore fait un pas, quand il vit un éclair qui fut suivi du sifflement d'une balle. Il venait de sauter sur sa selle, quand un grand cri partit de l'appartement qu'il venait de quitter. Le tout fut l'affaire d'un instant.

— A cheval! dragons, à cheval! suivez-moi! s'écria Lawton d'une voix de tonnerre; et avant que ses soldats eussent eu le temps de bien comprendre la cause de cette nouvelle alarme, Roanoke avait déjà franchi une haie qui le séparait de son ennemi. Il poursuivit le fugitif comme si sa vie ou sa mort en eussent dépendu; mais les rochers étaient encore à trop peu de distance, et le capitaine désappointé vit sa victime lui échapper en gagnant les hauteurs coupées de fentes et de crevasses, où il lui était impossible de le suivre.

— Par la vie de Washington! murmura Lawton en remettant son sabre dans le fourreau, je l'aurais fendu en deux s'il n'avait pas eu le pied si agile; mais un jour viendra. A ces mots, il retourna vers la maison avec l'indifférence d'un homme qui sait que sa vie peut à chaque instant être offerte en sacrifice à son pays. Le bruit d'un tumulte extraordinaire lui fit doubler le pas, et en arrivant à la porte, Katy, pâle de terreur, lui apprit que la balle dirigée contre lui-même avait frappé la poitrine de miss Singleton.

CHAPITRE XXIV.

> Les lèvres de sa Gertrude étaient fermées, et cependant leur douce et charmante expression semblait animée par un amour qui ne peut mourir; et elle pressait encore la main de son amant sur un cœur qui avait cessé de battre.
>
> CAMPBELL, *Gertrude de Wioming*.

L'appartement que les dragons avaient préparé à la hâte pour les dames était composé de deux pièces contiguës, dont l'une devait leur servir de chambre à coucher. On transporta sur-le-champ Isabelle dans celle-ci à sa propre demande, et on la plaça sur un mauvais lit à côté de Sara qui ne parut pas s'en apercevoir. Quand miss Peyton et Frances coururent pour lui donner des secours, le sourire qu'elles virent sur ses lèvres, et le calme qu'exprimait sa physionomie, les portèrent à croire qu'elle n'avait pas été blessée.

—Dieu soit loué! s'écria miss Peyton toute tremblante; le bruit du coup de feu et votre chute m'avaient fait concevoir des craintes terribles. Hélas! nous avons vu cette nuit assez d'horreurs, et celle-ci pourrait bien nous être épargnée.

Isabelle pressa ses mains sur son sein en souriant encore, mais il y avait dans son sourire quelque chose qui glaça le sang de Frances, tandis que sa malheureuse compagne disait :

— George est-il encore bien loin? informez-le... qu'il vienne bien vite, que je puisse voir mon frère encore une fois.

— Mes craintes étaient donc fondées! s'écria miss Peyton..... Mais vous souriez, sûrement vous n'êtes pas blessée.

— Je suis bien, tout à fait bien, murmura Isabelle la main toujours appuyée sur sa poitrine; il y a un remède pour tous les maux.

Sara, qui était couchée près d'elle, se souleva et la regarda d'un air égaré. Elle étendit le bras, prit la main d'Isabelle, et vit qu'elle était teinte de sang.

— Voyez, dit-elle, c'est du sang, mais le sang est un remède contre l'amour. Mariez-vous, jeune fille, et alors personne ne pourra le bannir de votre cœur, à moins, ajouta-t-elle en baissant la voix et en se penchant vers sa compagne, à moins qu'une autre ne s'y trouve avant vous. En ce cas, mourez et allez au ciel : il n'y a pas de femmes dans le ciel.

La pauvre fille se cacha la tête sous les couvertures, et garda le silence tout le reste de la nuit. Ce fut en ce moment que Lawton arriva. Quoique habitué à voir la mort sous toutes ses formes, et toutes les horreurs d'une guerre de partisans, il ne put être témoin, sans la plus vive émotion, du spectacle qui s'offrit à ses yeux. Il se pencha sur le corps épuisé de miss Singleton, ses yeux exprimant les mouvements extraordinaires qui agitaient son âme.

— Isabelle, dit-il enfin, je sais que vous avez un courage au-dessus de la force de votre sexe.

— Parlez, lui dit-elle; si vous avez quelque chose à me dire, parlez sans crainte.

— On ne peut survivre à une telle blessure, répondit-il en détournant la tête.

— Je ne crains pas la mort, Lawton, répondit Isabelle. Je vous remercie de ne pas avoir douté de mon courage. J'ai senti sur-le-champ que le coup était mortel.

—Une pareille fin ne devait pas vous être destinée, ajouta Lawton. C'est bien assez que l'Angleterre force tous nos jeunes gens à prendre les armes; mais quand je vois la guerre choisir une victime telle que vous, mon métier me fait horreur.

—Écoutez-moi, capitaine Lawton, dit Isabelle se soulevant avec peine, mais refusant toute assistance : depuis ma première jeunesse jusqu'à ce jour, je n'ai habité que les camps et les places de garnison; et c'était pour égayer les loisirs de mon père et de mon frère. Croyez-vous que j'eusse voulu changer ces jours de dangers et de privations pour le luxe et les plaisirs d'un palais d'Angleterre? Non, ajouta-t-elle, tandis que ses joues pâles se couvraient d'une légère rougeur, j'ai la consolation de savoir, en mourant, que tout ce qu'une femme pouvait faire pour une pareille cause, je l'ai fait.

—Qui pourrait voir un tel courage sans en être transporté! s'écria le capitaine en appuyant la main sans y penser sur la poignée de son sabre. J'ai vu des centaines de guerriers baignés dans leur sang, mais jamais je n'ai vu une âme plus ferme.

— Ah! ce n'est que l'âme, dit Isabelle; mon sexe et mes forces m'ont refusé le plus précieux des priviléges. Mais vous, capitaine Lawton, la nature a été libérale à votre égard : vous avez un cœur et un bras capables de faire trembler le plus fier des soldats anglais, et je sais que ce bras et ce cœur seront fidèles à votre patrie jusqu'à la fin.

— Aussi longtemps que la liberté en aura besoin, et que Washington me montrera le chemin, répondit le capitaine avec un ton de détermination et un sourire de fierté.

— Je le sais, dit Isabelle, je le sais, et George, et... Elle se tut, ses lèvres tremblèrent, et elle baissa les yeux.

— Et Dunwoodie, dit Lawton. Plût au ciel qu'il fût ici pour vous voir et vous admirer!

— Ne prononcez pas son nom, dit Isabelle en se laissant retomber sur le lit et en se cachant le visage. Laissez-moi, Lawton, et allez préparer mon frère à ce coup inattendu.

Le capitaine resta encore quelques instants, regardant avec un intérêt mélancolique les convulsions dont tout le corps d'Isabelle était agité, et que ne pouvait cacher la mince couverture qui la couvrait. Enfin, il se retira et alla chercher Singleton. L'entrevue entre sa sœur et lui fut pénible, et pendant quelques instants Isabelle se livra à tout l'abandon de la tendresse fraternelle. Mais comme si elle eût su que ses heures étaient comptées, elle fut la première à faire un effort sur elle-même pour s'armer d'énergie. Elle insista pour que son frère et Frances fussent les seules personnes qui restassent auprès d'elle, et elle ne voulut pas même recevoir les soins de Sitgreaves, qui se retira enfin fort à contre-cœur. L'approche rapide de la mort donnait à la physionomie d'Isabelle un air d'égarement, et ses grands yeux noirs offraient un contraste frappant avec la pâleur cendrée de ses joues. Cependant Frances, penchée sur elle avec affection, trouvait un grand changement dans l'expression de ses traits. Cette hauteur, qui était le caractère habituel de sa beauté, avait fait place à un air d'humilité, et il n'était pas difficile de reconnaître que la fierté mondaine disparaissait pour elle avec le monde.

— Soulevez-moi, dit-elle, que je voie encore une fois ce visage qui m'est si cher. Frances fit en silence ce que désirait sa compagne, et Isabelle dit, en tournant vers George des yeux où brillait encore toute l'affection d'une sœur : — Il n'importe que peu, mon frère... quelques heures vont finir cette scène.

— Vivez, ma sœur, vivez, ma chère Isabelle! s'écria le jeune officier avec un transport de chagrin qu'il ne put maîtriser. — Mon père, mon pauvre père !

— Ah! c'est là l'aiguillon de la mort! dit Isabelle en frémissant; mais il est soldat, il est chrétien... Miss Wharton, je désire vous parler de ce qui vous intéresse, pendant qu'il me reste encore assez de force pour m'acquitter de cette tâche.

— Non! non! lui dit Frances du ton le plus affectueux ; que le désir de m'obliger ne mette pas en danger une vie qui est si précieuse à... à... à tant de personnes! Ces mots furent presque étouffés par son émotion, car elle touchait une corde dont les vibrations se faisaient sentir jusqu'au fond de son âme.

— Pauvre fille! dit Isabelle en la regardant avec un tendre intérêt : votre cœur est bien sensible; mais le monde est encore ouvert devant vous, et pourquoi troublerais-je le peu de bonheur qu'il peut vous procurer? Continuez vos rêves innocents, et puisse Dieu éloigner le jour fatal du réveil!

— Et quelles jouissances peut m'offrir la vie à présent? dit Frances en se cachant le visage. Mon cœur est déchiré dans tout ce que j'aimais le plus.

— Non, reprit Isabelle; vous avez encore un motif pour désirer de vivre, un motif qui plaide fortement dans le cœur d'une femme.

C'est une illusion que la mort seule peut dissiper. L'épuisement la força de s'arrêter, et son frère et sa compagne restèrent en silence, osant à peine respirer. Mais miss Singleton ayant repris haleine, et recueillant ses forces, appuya une main sur celle de Frances, et ajouta du ton le plus doux :—Miss Wharton, s'il existe un cœur qui soit en rapport avec celui de Dunwoodie, et qui soit digne de son amour, c'est le vôtre.

Un feu soudain brilla sur les joues de Frances, et un éclair de plaisir partit de ses yeux tandis qu'elle les levait sur Isabelle; mais la vue de sa compagne expirante la rappela à des sentiments plus dignes d'elle, et sa tête retomba sur la couverture du lit. Isabelle suivait tous ses mouvements avec un sourire qui annonçait l'admiration et la pitié.

—Telles ont été les sensations auxquelles j'échappe, dit-elle ; oui, miss Wharton, Dunwoodie est entièrement à vous.

— Soyez juste envers vous-même, ma sœur, s'écria Singleton; qu'une générosité romanesque ne vous fasse pas oublier le soin de votre propre réputation.

Elle le laissa parler, jeta sur lui un regard plein du plus tendre intérêt, et lui répondit en secouant doucement la tête.

— Ce n'est pas un sentiment romanesque, c'est la vérité qui me fait parler. Oh ! combien j'ai vécu depuis une heure !..... Miss Wharton, je suis née sous le soleil brûlant de la Georgie, et mes sentiments semblent en avoir pris toute la chaleur... Je n'ai existé que pour l'amour.

— Ne parlez pas ainsi, je vous en conjure ! s'écria son frère avec une vive agitation. Songez avec quel dévouement vous avez aimé notre vieux père... combien a été désintéressée votre affection pour moi !

— Oui, dit Isabelle, un sourire de plaisir ranimant un instant ses traits, c'est une réflexion qu'on peut porter au tombeau.

Ni son frère ni Frances ne l'interrompirent dans ses méditations qui durèrent quelques minutes; mais revenant à elle tout à coup, elle reprit la parole :

— L'égoïsme vit donc jusqu'au dernier instant, dit-elle. Miss Wharton, l'Amérique et sa liberté ont été la première passion de ma jeunesse, et..... Elle s'arrêta encore, et Frances crut qu'elle commençait à lutter contre la mort ; mais revenant à elle, miss Singleton ajouta avec une rougeur qui eût été remarquée sur son visage même en santé : — Pourquoi hésiterais-je à l'avouer sur le bord du tombeau? Dunwoodie a été ma seconde, ma dernière passion; mais, continua-t-elle en se cachant de nouveau le visage, il n'avait nullement cherché à la faire naître.

— Isabelle! s'écria son frère en quittant le chevet de son lit, et en se promenant dans la chambre avec un air d'agitation.

— Voyez comme nous sommes esclaves de l'orgueil du monde! reprit miss Singleton. Il est pénible pour George d'apprendre qu'une sœur qu'il aime n'a pu s'élever au-dessus des sentiments que la nature et l'éducation lui avaient inspirés.

— N'en dites pas davantage, lui dit Frances à demi-voix; vous ne faites que nous affliger tous deux: n'en dites pas davantage, je vous en conjure!

— Il faut que je parle pour rendre justice à Dunwoodie, et pour la même raison, il faut que vous m'écoutiez, mon frère. Jamais une action, jamais une parole de Dunwoodie n'a pu me faire croire qu'il eût pour moi un autre sentiment que celui de l'amitié... et même... depuis peu... oui, j'ai eu la honte de penser qu'il évitait ma présence.

— S'il l'avait osé!... s'écria Singleton avec vivacité.

— Paix! mon frère, et écoutez-moi, dit Isabelle faisant un dernier effort pour parler: voici la cause innocente qui le justifie. Nous avons tous deux perdu notre mère, miss Wharton..... mais votre tante.... cette tante si bonne, si douce, si prudente..... vous a assuré la victoire.... Oh! quelle perte fait celle qui perd la protectrice de sa jeunesse! J'ai laissé apercevoir ces sentiments qu'on vous a appris à gouverner. Après cela, puis-je désirer de vivre?

— Isabelle! ma pauvre sœur! votre raison s'égare.

— Encore un mot, et j'ai fini... car je sens que mon sang, qui a toujours coulé trop rapidement, prend un cours que ne lui avait pas donné la nature... On n'attache de prix à une femme qu'autant qu'il faut de soins pour lui plaire. Sa vie se compose d'émotions qu'il faut qu'elle dissimule. Heureuses celles que leurs premières impressions mettent en état de remplir cette tâche sans recourir à l'hypocrisie! elles seules peuvent être heureuses avec des hommes comme... Dunwoodie. La voix lui manqua, et sa tête retomba sur son oreiller. Un cri que poussa Singleton ramena toute la compagnie près du lit d'Isabelle; mais la mort était déjà empreinte sur tous ses traits. Il lui restait à peine assez de force pour prendre la main de son frère, et l'ayant appuyée un instant sur son cœur, ses doigts se relâchèrent, et elle expira avec une légère convulsion.

Frances Wharton avait cru que le destin, après avoir mis en danger la vie de son frère et égaré la raison de sa sœur, ne pouvait lui réserver de nouveaux chagrins ; mais le soulagement que lui fit éprouver la déclaration d'Isabelle mourante lui apprit qu'une autre cause avait contribué à plonger son cœur dans l'affliction. Elle reconnut toute la vérité sur-le-champ ; elle apprécia la délicatesse qui avait empêché Dunwodie de mieux s'expliquer. Tout tendait à augmenter l'estime qu'il lui inspirait ; elle regretta que son devoir et sa fierté l'eussent portée à concevoir de lui une opinion moins avantageuse, et se reprocha de l'avoir éloigné d'elle en proie au chagrin, sinon au désespoir. Cependant il n'est pas dans la nature que la jeunesse se livre à une affliction excessive, et Frances, au milieu de tous ses chagrins, éprouvait une joie secrète qui donna un nouveau ressort à tout son être.

Le lendemain de cette nuit de désolation, le soleil se leva avec un éclat qui semblait se jouer des chagrins de ceux qu'éclairaient ses premiers rayons. Lawton avait ordonné que Roanoke lui fût amené à la pointe du jour, et il était prêt à monter à cheval quand la lumière de cet astre naissant commença à dorer la cime des montagnes. Ses ordres étaient déjà donnés, et le capitaine se mit en selle en silence. Jetant un regard de regret et de courroux sur le court espace de terrain qui avait favorisé la fuite du Skinner, il lâcha la bride à Roanoke et partit vers la vallée.

Le silence de la mort régnait sur sa route, et pas le moindre vestige des scènes terribles de la nuit précédente ne ternissait la pureté de cette belle matinée. Frappé du contraste qu'offraient l'homme et la nature, l'intrépide dragon traversa tous les défilés dangereux sans penser une seule fois aux périls qu'il pouvait y rencontrer ; et il ne fut distrait des réflexions auxquelles il s'abandonnait que lorsque son noble coursier se mit à hennir pour saluer ses compagnons attachés au piquet près de leurs maîtres, les quatre dragons restés avec Hollister.

Là, l'œil apercevait de toutes parts les tristes preuves des malheurs dont ce lieu avait été le théâtre quelques heures auparavant. Lawton y jeta un coup d'œil avec le sang-froid d'un vétéran, s'avança vers le poste qu'avait choisi le prudent Hollister, fit arrêter son cheval, et répondit par une légère inclination de tête au salut respectueux du sergent.

— N'avez-vous rien vu? lui demanda-t-il.

— Non, Monsieur, répondit Hollister d'un ton presque solennel, c'est-à-dire rien que nous pussions attaquer. Nous nous sommes pourtant une fois mis en selle, en entendant un coup de feu dans le lointain.

— C'est bien, dit Lawton d'un air sombre. — Ah! Hollister! j'aurais donné Roanoke pour que votre bras pût s'étendre entre le scélérat qui a tiré ce coup de fusil et ces misérables rochers qui s'avancent de tous côtés comme s'ils étaient jaloux des pâturages qui les séparent.

Les dragons se regardèrent avec surprise, ne concevant pas quel puissant motif aurait pu déterminer leur capitaine à un tel sacrifice.

— A la lumière du jour, et homme contre homme, il y a peu de chose que je craigne, dit le sergent avec un air de résolution; mais je ne puis dire que je me soucie beaucoup de me battre contre des êtres que ni le plomb ni l'acier ne peuvent abattre.

— Que voulez-vous dire, imbécile! s'écria Lawton; où est l'être vivant qui puisse résister à l'un ou à l'autre?

— Quand un être est vivant, il est facile de le priver de la vie, répondit Hollister; mais les coups de sabre ou de mousquet ne peuvent nuire à celui qu'on a déjà placé dans le tombeau; et je n'aime pas un objet noir que nous avons vu rôder sur la lisière du bois depuis le premier point du jour, ainsi que deux fois pendant la nuit; nous l'avions vu à la lueur du feu traverser la vallée sans doute dans de mauvaises intentions.

— Ah! s'écria le capitaine, est-ce cette boule noire que je vois là-bas près de ce rocher couvert d'érables? De par le ciel! elle remue!

— Oui, répondit le sergent en regardant le même objet avec une sorte de crainte respectueuse, mais son mouvement n'a rien de naturel. C'est un être qui semble glisser sur le terrain, et aucun de nous n'a pu lui apercevoir de jambes.

— Quand il aurait des ailes, s'écria Lawton, il est à moi: restez à votre poste jusqu'à ce que je revienne. A peine avait-il prononcé ces mots que Roanoke courait déjà dans la vallée, galopant de manière à réaliser la fanfaronnade de son maître.

—Ces maudits rochers! s'écria Lawton en voyant l'objet qu'il poursuivait s'en approcher; mais soit qu'il fût aveuglé par la terreur, soit qu'il désespérât de pouvoir les gravir, ce nouvel ennemi passa à côté, et resta dans la plaine.

— Je vous tiens, homme ou diable! s'écria le capitaine en tirant son sabre. Arrêtez-vous, et je vous promets quartier.

La proposition parut acceptée, car au son de la voix forte du dragon, cette espèce de boule noire s'arrêta, et parut une masse informe privée de vie et de mouvement.

— Qu'avons-nous ici! s'écria Lawton en s'arrêtant à côté; est-ce une robe de gala de cette bonne dame miss Jeannette Peyton qui rôde autour de son ancien domicile et qui cherche sa maîtresse? S'appuyant sur ses étriers, et plaçant la pointe de son sabre sous le bord d'une grande robe de femme, de soie noire, il la souleva, et vit par dessous le révérend aumônier de l'armée royale, qui s'était enfui des Sauterelles la nuit précédente, revêtu de ses habits sacerdotaux.

— Sur ma foi! l'alarme d'Hollister n'était pas sans quelque fondement, dit le capitaine. Un aumônier d'armée a toujours été un objet de terreur pour un détachement de dragons.

Le révérend personnage avait suffisamment recouvré l'usage de ses facultés pour voir qu'il avait affaire à une figure qu'il connaissait, et un peu déconcerté de la terreur qu'il avait montrée, il se releva, et chercha à s'excuser le mieux qu'il lui fut possible. Lawton écouta ses explications avec bonne humeur, quoique sans y ajouter entièrement foi, et après l'avoir assuré qu'il n'y avait plus rien à craindre dans la vallée, il mit pied à terre avec politesse, et ils se dirigèrent vers l'endroit où étaient restés les dragons.

— Je connais si peu l'uniforme des rebelles, Monsieur, dit l'aumônier, qu'il m'était réellement impossible de savoir si ces hommes, que vous dites être sous vos ordres, n'appartenaient pas à cette bande de maraudeurs.

— Vous n'avez pas besoin d'apologie, Monsieur, répondit Lawton avec un sourire ironique; comme ministre de Dieu, votre besogne n'est pas de faire attention aux parements d'un habit : nous reconnaissons tous l'étendard sous lequel vous servez.

— Je sers sous l'étendard de Sa très-gracieuse Majesté George III, répliqua l'aumônier en essuyant la sueur froide qui lui couvrait le front; mais réellement l'idée d'être scalpé suffit pour faire perdre courage à un novice comme moi dans le métier des armes.

— Scalpé! répéta Lawton un peu brusquement, et en s'arrêtant tout à coup. Mais se calmant sur-le-champ, il ajouta avec beaucoup de sang-froid :—Si vous parlez de l'escadron de cavalerie légère des dragons de la Virginie, commandé par Dunwoodie, il est bon de vous informer qu'ils n'enlèvent jamais une chevelure sans y joindre quelque partie du crâne.

— Oh! je n'ai pas la moindre crainte des personnes que vous commandez, dit le ministre d'un ton patelin; ce sont les naturels du pays que je crains.

— Les naturels! j'ai l'honneur d'en être un, Monsieur, je puis vous l'assurer.

— Entendez-moi bien, Monsieur, je vous prie. Je veux parler des Indiens, qui ne font que voler, saccager et tuer.

— Et scalper.

— Oui, Monsieur, et scalper, répondit l'aumônier en regardant son compagnon avec une certaine crainte; les sauvages indiens à couleur de cuivre.

— Et vous attendiez-vous à rencontrer de ces Messieurs sur ce qu'on appelle le Territoire Neutre?

— Bien certainement. On nous assure en Angleterre que tout l'intérieur de ce pays en fourmille.

— Et appelez-vous ce canton l'intérieur de l'Amérique? demanda Lawton en s'arrêtant de nouveau et en regardant le révérend ministre avec une surprise dont l'expression était trop naturelle pour qu'elle pût être affectée.

— Assurément, Monsieur, je crois me trouver dans l'intérieur du pays.

— Faites attention, dit Lawton en étendant le bras vers l'orient; ne voyez-vous pas cette immense pièce d'eau dont l'œil ne peut atteindre les bornes? A l'autre extrémité se trouve cette Angleterre que vous jugez digne de soumettre à ses lois la moitié du monde. Apercevez-vous la terre qui vous a donné le jour?

— Il est impossible de voir les objets à mille lieues de distance, répondit l'aumônier fort étonné, et commençant à douter que son compagnon fût sain d'esprit.

— Non! Quel dommage que les facultés de l'homme ne soient pas égales à son ambition! Maintenant, tournez les yeux vers l'occident. Voyez-vous cette vaste étendue d'eau qui roule entre les rivages de l'Amérique et ceux de la Chine?

— Je ne vois que de la terre; mes yeux ne peuvent découvrir d'eau.

— C'est qu'il est impossible de voir les objets à mille lieues de distance, répéta Lawton fort gravement en se remettant en marche. Si ce sont les sauvages, cherchez-les dans les rangs de ceux qui servent votre prince. L'or et le rhum ont acheté leur loyauté.

— Il est très-probable que j'ai commis une méprise, dit l'aumônier en jetant un regard furtif sur la taille colossale et les épaisses moustaches de son compagnon ; mais les bruits qui courent en Angleterre, et la crainte de rencontrer un ennemi qui ne vous ressemblât pas, m'ont déterminé à fuir en vous voyant approcher.

— Ce n'est pas un parti très-judicieux, car Roanoke a un grand avantage sur vous du côté des jambes. D'ailleurs en cherchant à éviter Scylla vous pouviez tomber dans Charybde. Ces bois et ces rochers peuvent cacher les ennemis que vous deviez le plus craindre.

— Les sauvages ! s'écria l'aumônier en se plaçant par instinct derrière le capitaine.

— Pires que des sauvages, s'écria Lawton en fronçant le sourcil d'une manière qui ne calma nullement les craintes de son compagnon ; des hommes qui, sous le masque du patriotisme, répandent partout la terreur et la dévastation, qui sont dévorés d'une soif insatiable de pillage, et près desquels les Indiens, pour la férocité, ne sont que des enfants ; des monstres dont la bouche ne fait entendre que les mots de *liberté* et d'*égalité*, et dont le cœur est le séjour de tous les vices et de tous les crimes ; ces messieurs, en un mot, qu'on nomme les Skinners.

— J'en ai entendu parler dans notre armée, mais je les croyais aborigènes.

— En ce cas, vous faisiez injure aux sauvages, répondit Lawton avec son ton naturellement sec.

Ils arrivèrent bientôt à l'endroit où était resté Hollister, qui vit avec une grande surprise le caractère sacré du prisonnier que son capitaine ramenait. Lawton donna des ordres sur-le-champ, et ses dragons se mirent à recueillir les effets les plus précieux sauvés de l'incendie dont il leur était possible de se charger. Le capitaine ayant pu faire alors monter son révérend compagnon sur un excellent cheval, reprit le chemin des Quatre-Coins.

Singleton ayant désiré que les restes de sa sœur fussent transportés au poste où son père commandait, on fit de bonne heure tous les préparatifs nécessaires à cet effet, et l'on envoya un messager au colonel pour lui porter la triste nouvelle de la mort de sa fille. Les blessés anglais furent réunis à l'aumônier, et vers le milieu du jour Lawton vit que tous les apprêts étaient tellement avancés, qu'il était probable que, sous quelques heures, il resterait seul avec son détachement en possession paisible de l'hôtel Flanagan.

Tandis qu'il était sur le seuil de la porte, regardant en silence et encore avec humeur le terrain sur lequel il avait poursuivi le Skinner la nuit précédente, son ouïe toujours fine distingua le bruit d'un cheval au galop sur la route : et l'instant d'après il vit paraître un dragon de sa compagnie, courant avec une rapidité qui annonçait quelque affaire de grande importance. Son cheval était couvert d'écume et de sueur, et le cavalier lui-même ne paraissait pas moins fatigué. Sans prononcer un seul mot, le soldat lui remit une lettre et conduisit sa monture à l'écurie. Lawton reconnut l'écriture de Dunwoodie, et lut sur-le-champ ce qui suit :

« Je suis charmé d'avoir à vous apprendre que Washington vient d'ordonner que toute la famille Wharton soit envoyée au-delà des montagnes. Elle aura la liberté de communiquer avec le capitaine Wharton, qui n'attend que l'arrivée de ses parents pour être mis en jugement, parce qu'ils doivent être entendus. Vous leur ferez part de cet ordre, et je ne doute pas que vous n'y mettiez toute la délicatesse convenable.

« Dès que les Whartons seront partis, vous quitterez les Quatre-Coins pour venir rejoindre votre compagnie. Vous ne tarderez probablement pas à y avoir de l'occupation, car un nouveau détachement de troupes anglaises remonte l'Hudson, et l'on assure que sir Henry Clinton en a donné le commandement à un bon officier. Tous les rapports doivent se faire désormais à l'officier qui commande à Peek-Skill, le colonel Singleton ayant été chargé d'aller présider le conseil de guerre qui va juger le pauvre Henry Wharton. On a reçu de nouveaux ordres pour faire pendre Harvey Birch dès qu'on pourra s'en emparer, mais ils ne sont pas émanés du commandant en chef. Adieu ; faites escorter les dames par un petit détachement, et soyez en selle le plus tôt possible.

« Votre ami,
« PEYTON DUNWOODIE. »

Cette lettre changea tous les arrangements qui avaient été pris. Il n'existait aucun motif pour transporter le corps d'Isabelle à un poste où son père ne se trouvait plus, et Singleton consentit, quoiqu'un peu à contre-cœur, qu'on lui rendît sur-le-champ les honneurs funèbres. On choisit un endroit retiré et agréable au pied des rochers, et l'on mit à ses obsèques autant de décence que les circonstances et la situation des choses le permettaient. Quelques habitants des environs, attirés soit par la curiosité, soit par l'intérêt qu'inspirait sa fin malheureuse, suivirent ses restes au lieu où l'on devait les déposer, et miss Peyton et Frances versèrent des larmes sincères sur sa tombe. Le service de l'église fut célébré par le même ministre qui, si peu de temps auparavant, avait rempli des devoirs si différents. Tandis qu'il prononçait les mots qui allaient faire descendre dans la tombe celle qui avait été si belle et si aimante, Lawton, appuyé sur son sabre, avait la tête baissée et passait une main sur ses yeux.

La nouvelle contenue en la lettre de Dunwoodie fut un nouveau stimulant pour tous les membres de la famille Wharton. César et ses chevaux furent de nouveau mis en réquisition; ce qui pouvait rester de mobilier fut confié aux soins d'un voisin digne de confiance, et M. Wharton partit avec miss Peyton, Frances et Sara, qui était toujours plongée dans le même délire. Sa voiture était escortée par quatre dragons, que suivaient tous les blessés américains. Le départ de l'aumônier et des blessés anglais eut lieu presque au même instant, et ils se dirigèrent du côté de la mer, où un bâtiment les attendait. Dès qu'ils furent hors de vue, Lawton, qui avait suivi tous ces mouvements avec joie, fit sonner de la trompette, et chacun se prépara à partir. La jument de mistress Flanagan fut attelée à sa charrette; le docteur Sitgreaves se plaça gauchement sur son bon cheval, et le capitaine sauta sur sa selle, enchanté de la perspective d'être bientôt en activité.

Le mot *marche* se fit entendre, et Lawton jetant un regard de dépit vers le lieu où s'était caché le Skinner, et un autre de regret mélancolique vers la tombe d'Isabelle, se mit à la tête de sa petite troupe, tout pensif, et ayant le chirurgien à son côté. Le sergent Hollister et Betty formaient l'arrière-garde. Le vent frais du sud sifflait tristement à travers les portes ouvertes et les fenêtres brisées de l'hôtel Flanagan, qui avait retenti naguère de la gaieté bruyante et des plaisanteries de nos valeureux partisans.

CHAPITRE XXV.

> La fraîche verdure du printemps n'orne pas ces rochers stériles; mais l'hiver, s'arrêtant dans sa course, glace le cœur de mai. Nul zéphyr ne caresse le sein de la montagne, mais les météores y brillent, et les sombres orages l'entourent.— Goldsmith.

Ce ne fut qu'après l'établissement de leur indépendance que les Américains parurent se considérer comme quelque chose de plus que des hôtes passagers dans leur pays natal. Avant cette époque, leurs idées, leur richesse, leur gloire, se reportaient constamment sur la Grande-Bretagne, comme l'aiguille aimantée se dirige vers le pôle. Quarante ans, pendant lesquels l'Amérique s'est gouvernée elle-même, ont fait pour elle ce que n'avait pu faire un siècle et demi de dépendance. La surface inégale du West-Chester, au temps dont nous parlons, était à la vérité coupée par des routes nombreuses, se dirigeant dans tous les sens; mais elles étaient en harmonie avec le caractère de l'époque et celui des habitants. Depuis l'ère nouvelle, de nombreux chemins bien alignés, consultant l'utilité plus que le goût, se dirigent droit d'un point à un autre. On n'en voyait pas de pareils dans l'ancienne administration, si ce n'était dans les cas extraordinaires où une rivière d'un côté, et des montagnes de l'autre les empêchaient de décrire une courbe gracieuse. Au lieu de ces voies directes et raccourcies, les grands chemins, sauf le peu d'exceptions dont nous venons de parler, offraient uniformément ce goût classique cultivé sous des institutions qui ont besoin de la poésie de la vie. Ces deux systèmes offrent un assez fidèle emblème des différentes institutions auxquelles nous avons fait allusion. On voit d'un côté le résultat du hasard et des circonstances, embelli par les grâces de l'art, de manière à rendre agréable ce qui n'est pas toujours commode; de l'autre on aperçoit une raison simple et franche, marchant directement à son but, et laissant l'utilité indemniser de ce qui peut manquer en beauté et en intérêt.

Quelque ingénieuse comparaison que nous puissions établir entre les gouvernements et les routes, César Thompson ne trouva dans celles-ci que des plaisirs passagers et des dangers très-fréquents. Tant qu'il eut à voyager dans une de ces belles vallées qui abondent dans l'intérieur de ce comté, il se trouva fort à son aise et en pleine sécurité. Suivant le cours du ruisseau qui y serpente invariablement, le chemin traversait de riches prairies ou de beaux pâturages, puis, s'éloignant à angle droit, gravissait la pente douce du bas de la montagne qui terminait la vallée, et passant devant la porte de quelque habitation retirée, allait retrouver le ruisseau et la prairie jusqu'à ce qu'il en eût épuisé toutes les beautés, car nul endroit n'était assez écarté pour avoir échappé à la curiosité du génie des grandes routes. Mais bientôt, comme s'il eût voulu admirer un autre genre de beauté agreste, le chemin s'avançait hardiment vers la base d'une barrière en apparence périlleuse, et escaladait une montagne escarpée; puis s'applaudissant de sa victoire en arrivant sur le sommet, il en descendait audacieusement par une autre vallée où il s'égarait en de nouveaux détours.

En parcourant une route d'un caractère si varié, César éprouva nécessairement des émotions diverses. Sa voiture roulait lourdement sur un terrain uni, et perché sur son siége élevé, le nègre sentait l'importance et la dignité de sa situation; mais l'instant où il fallait monter était un moment d'inquiétude, et celui où il s'agissait de descendre en était un de terreur. Dès qu'il apercevait le pied d'une montagne, César, par un raisonnement des premiers colons hollandais, commençait par faire sentir le fouet à ses vénérables coursiers, et accompagnant ses coups d'un cri expressif, il leur inspirait une ambition proportionnée à la difficulté de l'entreprise. L'espace à parcourir pour arriver au sommet était franchi avec une rapidité qui secouait horriblement la vieille voiture, au grand inconvénient des voyageurs; mais cette manœuvre suffisait pour obtenir des chevaux une ardeur glorieuse..... Puis le vent leur manquait, leurs forces étaient épuisées, et il restait à surmonter les difficultés les plus grandes. Souvent il devenait douteux si les chevaux traîneraient l'équipage, ou si l'équipage entraînerait les chevaux. Mais le fouet et les cris du nègre excitaient ceux-ci à des efforts surnaturels, et heureusement ils l'emportèrent dans chacune de ces luttes bien contestées. Il leur accordait quelques instants pour respirer, en arrivant sur ce qu'on pouvait appeler à juste titre le territoire contesté, avant d'entreprendre une descente moins difficile peut-être, mais plus dangereuse que la montée. Alors César, avec une dextérité remarquable, s'entourait le corps de ses rênes, et se les passait autour du cou, de manière que sa tête, ce noble membre, était chargée du travail de guider les chevaux. S'accrochant alors des deux mains à chaque côté de son siége périlleux, ouvrant la bouche de manière à montrer son double rang d'ivoire, et ses yeux brillants comme des diamants enchassés dans l'ébène, il abandonnait tout au gouvernement de l'ancien proverbe : « au diable le dernier. » La voiture, avec le zèle d'un nouveau converti, poussait aux chevaux des arguments qui les forçaient de marcher à leur but avec une rapidité qui déconcertait complètement la philosophie de l'Africain. Mais la pratique amène la perfection, et lorsque le soir commença à faire sentir aux voyageurs la nécessité d'une halte, César était si bien accoutumé à ces descentes critiques qu'il s'y résignait avec un courage incroyable. Nous ne nous serions pas hasardés à décrire par toutes ces métaphores les exploits sans exemple des chevaux de M. Wharton, s'il n'existait encore de nombreux exemples de ces chemins dangereux, auxquels nous ne craignons pas d'en appeler comme étant des preuves de notre véracité; circonstance d'autant plus heureuse pour nous, que presque partout il existe des moyens dont on aurait pu facilement profiter pour les améliorer, ce qui nous aurait privés d'un témoignage incontestable en notre faveur.

Tandis que César et ses coursiers luttaient ainsi contre les obstacles de leur voyage, ceux qui se trouvaient dans la voiture étaient trop occupés de leurs propres soucis pour faire grande attention aux embarras de ceux qui les servaient. L'égarement d'esprit de Sara n'était plus porté au même point, mais chaque pas qu'elle faisait vers la raison en semblait un en même temps vers l'accablement et la stupeur : elle devenait peu à peu sombre et mélancolique. Il y avait des moments où ses parents inquiets croyaient remarquer en elle des indices du retour de sa mémoire, mais l'expression de profonde affliction qui accompagnait ces lueurs passagères de raison les réduisait quelquefois à la cruelle alternative de désirer qu'elle restât dans un délire qui lui épargnait de si cruelles souffrances. Pendant toute cette journée, on voyagea presque en silence; et la nuit étant arrivée, chacun se logea comme il put dans différentes fermes.

Le lendemain matin la cavalcade se sépara. Les blessés se dirigèrent vers la rivière pour s'embarquer à Peek-Skill, et se rendre par eau aux hôpitaux de l'armée américaine, qui étaient plus avant dans le pays. Singleton fut transporté dans sa litière au quartier-général de son père, situé dans les montagnes, et où il devait rester en convalescence. La voiture de M. Wharton, suivie d'un chariot contenant la femme de charge et le bagage transportable qu'on avait pu sauver de l'incendie, continua sa route vers l'endroit où Henry était en prison et attendait l'arrivée de sa famille pour être mis en jugement.

Toute la contrée située entre l'Hudson et le détroit ou bras de mer de Long-Island n'est, pendant les quarante premiers milles, qu'une suite de montagnes et de vallées. De ce dernier côté, le sol s'abaisse et se nivelle peu à peu pour former les belles plaines du Connecticut; mais sur les bords de l'Hudson, il conserve son caractère sauvage, jusqu'à ce qu'on arrive à cette formidable barrière de montagnes où se terminait ce qu'on appelait alors le Territoire Neutre. L'armée royale occupait les deux points qui commandaient l'entrée de la rivière dans ces montagnes du côté du sud, mais les Américains étaient maîtres de toutes les autres positions.

Nous avons déjà dit que les piquets de l'armée continentale descendaient quelquefois assez avant dans le pays, et que le hameau des Plaines-Blanches était de temps en temps occupé par des détachements de cavalerie. Dans d'autres occasions, ces avant-postes se retiraient jusqu'à l'extrémité septentrionale du comté, et tout le pays situé entre la mer et l'armée était entièrement abandonné aux ravages des maraudeurs, qui pillaient au nom des deux partis sans servir ni l'un ni l'autre.

La route que suivaient nos voyageurs n'était pas celle qui sert de communication entre les deux principales villes de cet état; c'en était une retirée, peu fréquentée, et presque inconnue même aujourd'hui, qui pénètre dans les montagnes vers les limites orientales du comté, et qui débouche ensuite dans la plaine à quelques milles de l'Hudson.

Il aurait été impossible aux coursiers épuisés de M. Wharton de traîner sa lourde voiture sur les montagnes escarpées qu'ils avaient à traverser, et deux dragons qui continuaient à lui servir d'escorte lui procurèrent le secours de deux vigoureux chevaux du pays, sans trop s'inquiéter si le propriétaire y consentait ou non. Grâce à cette assistance, César se trouva en état d'avancer lentement et non sans peine jusque dans le sein des montagnes. Désirant soulager sa mélancolie en respirant un air plus frais, et pour alléger d'autant le poids de la voiture, Frances en descendit au pied d'une montagne, et vit que Katy en avait fait autant dans le pareil dessein d'en gagner le sommet à pied. Le soleil était sur le point de se coucher, et les dragons avaient annoncé que du haut de cette montagne on pouvait voir le but si désiré du voyage. Frances marchait en avant avec le pas léger de la jeunesse, la femme de charge suivant à quelques pas. Elles eurent bientôt perdu de vue la voiture qui gravissait lentement la montée, et qui s'arrètait de temps en temps pour laisser aux animaux qui la traînaient le temps de respirer.

— O miss Fanny, dans quel temps nous vivons ! s'écria Katy quand elles s'arrêtèrent pour reprendre haleine ; mais j'étais bien sûre qu'il arriverait de grands malheurs depuis que j'ai vu des raies de sang dans les nuages.

— Il n'en a été que trop répandu sur la terre, répondit Frances en frémissant ; mais je ne crois pas qu'on puisse jamais en voir dans les nuages.

— Pas de sang dans les nuages, miss Frances ! Si vraiment ! il y en a eu, et plus d'une fois, et des comètes avec des queues de feu. D'ailleurs, n'y a-t-on pas vu des hommes armés qui se battaient l'année d'avant la guerre ? Et la veille de la bataille des Plaines-Blanches, n'a-t-on pas entendu des coups de tonnerre qui ressemblaient au bruit du canon ? Ah ! miss Frances, rien de bon ne peut résulter d'une révolte contre l'oint du Seigneur !

— Les événements dont nous sommes témoins sont certainement terribles, dit Frances, et ils suffisent bien pour abattre le cœur le plus ferme. Mais qu'y faire, Katy ? Des hommes braves et indépendants ne peuvent se soumettre à l'oppression, et je crois que de telles scènes ne sont que trop fréquentes dans une guerre.

— Encore si je pouvais savoir pour quelle raison on se bat ainsi ! dit Katy en se remettant en marche pour suivre sa jeune maîtresse : les uns disent que le roi veut garder le thé pour sa famille, les autres qu'il veut avoir tout ce que les pauvres gens peuvent gagner dans ce pays, et à coup sûr il y a bien là de quoi se battre, car personne, que ce soit un lord ou un roi, n'a droit aux épargnes des autres. Mais d'un autre côté on dit aussi que Washington veut se faire roi lui-même ; et que faut-il croire de tout cela ?

— Rien, Katy, car rien de tout cela n'est vrai. Je ne prétends pas bien connaître les causes de la guerre, mais il me semble contre nature qu'un pays comme celui-ci soit sous la domination d'une contrée aussi éloignée que l'Angleterre : et tout en parlant ainsi, Frances rougissait en songeant à la source où elle avait puisé ses opinions.

—C'est ce que j'ai entendu dire par Harvey à son père, qui est maintenant dans le tombeau, dit Katy en baissant la voix, car j'ai écouté plus d'une fois leurs conversations, et des conversations dont vous ne vous faites pas l'idée, miss Fanny. Mais, pour dire la vérité, Harvey est un homme si étrange! Il est comme le vent, comme dit le bon livre : on ne sait ni d'où il vient ni où il va.

—Il court sur lui des bruits que je serais bien fâchée d'être obligée de croire, dit Frances en la regardant avec un intérêt tout nouveau, et d'un air qui annonçait le désir d'en apprendre davantage.

—Ah! ce sont des faussetés! s'écria Katy; Harvey n'est pas plus ligué que vous et moi avec Belzébut; s'il lui avait vendu son âme, il aurait eu soin de se faire mieux payer, quoiqu'il soit vrai qu'il n'a jamais pris garde à ses intérêts.

—Ce n'est pas ce dont je le soupçonne, dit Frances en souriant, mais ne s'est-il pas vendu à un prince de la terre bon et aimable, j'en conviens, mais trop attaché aux intérêts de son pays pour pouvoir être juste envers le nôtre?

—Au roi d'Angleterre? Eh bien! miss Frances, votre frère, qui est en prison, n'est-il pas lui-même au service du roi George?

—C'est la vérité, mais il sert ouvertement et non en secret.

—On dit pourtant que c'est un espion, et un espion ne vaut pas mieux qu'un autre.

—C'est une calomnie! s'écria Frances en rougissant d'indignation; mon frère est incapable de jouer un rôle si vil; ni l'ambition ni l'intérêt ne pourraient l'y déterminer.

—Bien certainement, dit Katy un peu déconcertée par le ton de sa jeune maîtresse, si quelqu'un fait une besogne il faut qu'il en soit payé. Ce n'est pas qu'Harvey soit intéressé. Je réponds bien que s'il y avait compte à rendre, le roi George se trouverait son débiteur.

—Vous convenez donc qu'il a des liaisons avec l'armée anglaise? J'avoue qu'il y a des instants où je pensais différemment.

—Mon Dieu! miss Frances, Harvey est un homme sur lequel on ne peut faire aucun calcul. Quoique j'aie vécu neuf ans chez son père, je n'ai pu savoir ni ce qu'il fait ni ce qu'il pense. Le jour que Bourgoyne fut pris, il arriva tout essoufflé et s'enferma avec son père. Ils causèrent longtemps ensemble; mais j'eus beau écouter, je ne pus jamais deviner s'ils étaient bien aises ou fâchés. Eh bien! d'un autre côté, quand ce général anglais... mon Dieu! avec toutes mes pertes et tous mes embarras, j'ai oublié son nom.

— André? dit Frances en soupirant.

— Oui, André. Quand le vieux Birch apprit qu'il avait été pendu près du Tappaan, il pensa en perdre l'esprit, et il ne dormit ni jour ni nuit jusqu'au retour de Harvey; et alors son argent consistait principalement en guinées d'or. Mais les Skinners lui ont tout pris, et à présent ce n'est plus qu'un mendiant, ou, ce qui est la même chose, un homme méprisable puisqu'il est dans l'indigence.

Frances ne répondit rien à ce discours, et continua à gravir la montagne, uniquement occupée de ses propres pensées. L'allusion faite au major André avait rappelé à son esprit la situation de son frère. L'espérance est la principale source des jouissances, et quand même elle n'est appuyée que sur un faible soutien, elle manque rarement de se mêler à toutes les émotions du cœur. La déclaration qu'avait faite Isabelle en mourant avait produit sur l'esprit de Frances une impression dont l'effet influait sur toutes ses pensées. Elle se flattait de voir Sara recouvrer la raison, et en ce moment, où elle songeait au jugement qu'allait subir Henry, il se mêlait à ses pensées un secret pressentiment que son innocence serait reconnue, et elle s'y livrait avec toute l'ardeur de la jeunesse, quoiqu'elle eût été bien embarrassée pour en donner une raison.

Elles étaient alors arrivées sur la cime de la montagne, et Frances s'assit pour se reposer et pour admirer le spectacle qui s'offrait à elle. A ses pieds était une profonde vallée à laquelle la culture avait apporté peu de changements, et qu'une soirée de novembre faisait paraître encore plus sombre. Une autre montagne s'élevait à peu de distance, et l'on ne voyait sur ses flancs raboteux que des rochers arides et quelques chênes rabougris auxquels le sol refusait la sève qui leur était nécessaire.

Pour les voir dans toute leur beauté, il faut traverser les montagnes immédiatement après la chute des feuilles. Le tableau qu'elles présentent est alors dans toute sa perfection, car ni le maigre feuillage que l'été prête aux arbres, ni les neiges de l'hiver ne cachent aux yeux le moindre objet. Une triste solitude forme le caractère du paysage, et l'esprit ne peut, comme en mars, prévoir la végétation qui va bientôt borner la vue sans rendre le coup d'œil plus attrayant.

La journée avait été froide et obscure. En ce moment des nuages blanchâtres couvraient encore l'horizon ; Frances espérait voir briller un moment le soleil couchant, mais elle fut trompée dans son attente. Enfin un rayon solitaire de lumière se refléta sur la base de la montagne voisine, monta le long de ses flancs, en atteignit le sommet, et y forma comme une couronne de gloire qui ne dura qu'une minute. La lumière était si vive qu'elle permit à Frances de voir distinctement les objets que l'obscurité lui cachait auparavant. Surprise d'obtenir d'une manière si inattendue la faculté de pénétrer pour ainsi dire les secrets de ce lieu solitaire, elle parcourut rapidement des yeux tous les environs, et elle aperçut au milieu des arbres épars et des pointes de rochers ce qui lui parut une chaumière grossièrement construite. Elle était fort basse et la couleur des matériaux dont elle était formée se mariait tellement à celle des rochers qui l'entouraient, que sans le toit et une fenêtre dont les carreaux réfléchissaient les rayons du soleil elle ne l'aurait pas découverte.

Tandis qu'elle était encore plongée dans la surprise que lui causait la vue d'une habitation humaine dans ce lieu désert, Frances en levant les yeux un peu plus haut, vit un autre objet qui ajouta encore à son étonnement. Ce semblait être une figure humaine, mais d'une forme singulière et d'une difformité extraordinaire. Cet être était placé sur le bord d'une saillie de rocher au-dessus de la chaumière, et il ne fut pas difficile à notre héroïne de s'imaginer qu'il regardait les voitures qui gravissaient péniblement la montagne sur laquelle elle était assise. Cependant la distance qui l'en séparait était trop considérable pour qu'elle pût en juger avec certitude. Après l'avoir examiné un instant avec la plus grande surprise, elle vint à croire que c'était un jeu de son imagination, et que ce qu'elle voyait faisait partie du rocher même. Mais tout à coup l'objet qui attirait ses regards changea de position, marcha rapidement et entra dans la chaumière, ne lui laissant ainsi aucun doute sur la réalité de tout ce qu'elle avait vu. Soit que ce fût l'effet de la conversation qu'elle venait d'avoir avec Katy, ou de quelque analogie que lui offrait son imagination, Frances, à l'instant où cette figure disparut à ses yeux, crut lui trouver une ressemblance marquée avec Harvey Birch marchant chargé de sa balle. Elle regardait encore avec surprise cette demeure mystérieuse quand le son d'une trompette retentit dans la vallée et fut répété par tous les échos des rochers. Se levant tout à coup avec quelque alarme, elle entendit un bruit de chevaux, et bientôt un détachement de cavalerie, portant l'uniforme bien connu des dragons de Virginie, tourna la pointe d'un rocher et se montra à peu de distance de l'endroit où elle était. La trompette sonna de nouveau un air vif, et avant qu'elle eût eu le temps de se remettre de son agitation, Dunwoodie courut en avant de ses dragons, sauta à bas de son cheval, et s'avança près de sa maîtresse.

Ses manières annonçaient de l'empressement et de l'intérêt, mais il s'y mêlait une sorte de contrainte et d'embarras. Il expliqua en peu de mots qu'attendu l'absence du capitaine Lawton, il avait reçu ordre de se rendre en ce lieu avec un détachement de ses dragons pour être présent au procès du capitaine Wharton qui devait avoir lieu le lendemain, et que désirant savoir si la famille de son ami avait traversé les montagnes sans accident, il avait fait quelques milles pour s'en assurer plus tôt. Frances lui expliqua en rougissant et d'une voix tremblante pourquoi elle se trouvait en avant des autres voyageurs, et lui dit qu'elle les attendait à chaque instant. L'air de contrainte du major avait quelque chose de contagieux qui la gagna aussi, et l'arrivée de la voiture fut un soulagement pour l'un et pour l'autre. Dunwoodie lui offrit la main, dit quelques mots d'encouragement à M. Wharton et à miss Peyton, et, remontant à cheval, précéda les voyageurs dans les plaines de Fishkill qui se montrèrent à leurs yeux comme par enchantement dès qu'ils eurent tourné le rocher. Une petite demi-heure les amena à la porte d'une ferme où les soins de Dunwoodie avaient déjà tout préparé pour leur réception, et où le capitaine Wharton attendait avec impatience leur arrivée.

CHAPITRE XXVI.

> Ces membres se sont endurcis par les travaux du soldat ; ces joues n'ont jamais connu la pâleur de la crainte ; mais le triste récit que tu me fais énerve en moi toutes les facultés dont j'étais si fier. Mon corps tremble et frissonne ; je pleure comme un enfant, et mes larmes coulent dans ces cicatrices, dont de glorieuses blessures ont sillonné mon visage. — *Duo.*

Les parents de Henry avaient tant de confiance en son innocence qu'ils s'aveuglaient un peu sur le danger de sa situation. Cependant plus le moment de son jugement approchait, plus le capitaine lui-même éprouvait d'inquiétude. Après avoir passé la plus grande partie de la nuit avec sa famille, et avoir goûté pendant deux ou trois heures un sommeil agité, il s'éveilla le lendemain avec la conviction du péril imminent qu'il courait ; et ayant examiné les chances de salut qui lui restaient, il reconnut qu'elles étaient bien incertaines. Le sang d'André, l'importance des trames dont il s'occupait, et les sollicitations puissantes qui avaient été faites en sa faveur, avaient été cause que son exécution avait fait beaucoup plus de bruit que n'en font ordinairement des événements de cette espèce. Mais on avait arrêté beaucoup d'autres espions, et il y avait des exemples sans nombre d'une punition expéditive de leur crime..

Ces faits étaient connus de Dunwoodie comme du prisonnier, et les préparatifs qu'on faisait pour le jugement étaient propres à leur donner des alarmes. Ils réussirent pourtant si bien à les dissimuler, que ni miss Peyton ni Frances ne les connurent jamais dans toute leur étendue. Une forte garde était placée dans les bâtiments extérieurs de la ferme où le prisonnier était retenu ; plusieurs sentinelles veillaient sur toutes les issues de la maison, et un factionnaire était de garde à la porte de l'officier anglais. Le conseil de guerre qui devait instruire le procès était déjà assemblé, et de sa décision dépendait le sort de Henry.

Le moment arriva enfin, et les différents acteurs qui devaient jouer un rôle dans cette scène solennelle se rassemblèrent. Frances éprouva une sorte de suffocation, quand s'étant assise au milieu de sa famille, elle jeta les yeux sur le groupe qui était placé devant elle. Les juges, au nombre de trois, étaient assis en grand uniforme avec un air de gravité digne de leur grade, et convenable à une occasion si solennelle. Celui qui occupait le siége du milieu était un homme d'un âge avancé, et dont la taille droite et tout l'extérieur annonçaient un vétéran dans la profession des armes. C'était le président de la cour martiale, et Frances, après avoir jeté sur les deux autres un coup d'œil dont elle ne fut pas aussi satisfaite, se retourna vers lui comme vers l'ange de merci à qui elle espérait devoir le salut de son frère. On voyait dans ses traits une expression de douceur et de bienveillance qui formait un contraste frappant avec la physionomie impassible des deux autres. Son costume était rigoureusement conforme aux règles du service auquel il appartenait; mais ses doigts touchaient avec une espèce de mouvement involontaire et presque convulsif le crêpe qui entourait la poignée du sabre sur lequel il s'appuyait, et qui, comme lui, semblait un reste des anciens temps. On voyait qu'il avait l'âme agitée par de violents chagrins; mais son front martial et son air imposant commandaient le respect aussi bien que la pitié. Les deux autres juges étaient des officiers des troupes des colonies orientales qui occupaient les forteresses de West-Point et les défilés voisins. Ils avaient atteint l'âge moyen de la vie; on eût cherché en vain dans leurs traits l'expression d'une passion ou d'une émotion qui fût un signe de la faiblesse humaine. Leur physionomie était grave, sérieuse et réfléchie; on n'y voyait pas cet air de dureté et de férocité qui repousse, mais on n'y remarquait pas davantage ce regard d'intérêt et de compassion qui attire. C'étaient des hommes qui depuis long-temps n'avaient agi que d'après les conseils de la raison et de la prudence, et dont tous les sentiments paraissaient habitués à se soumettre entièrement à leur jugement.

Placé entre deux hommes armés, Henry Wharton fut amené devant ces arbitres de son destin. Un silence profond et imposant suivit son arrivée, et Frances sentit son sang se glacer dans ses veines. Dans les apprêts faits pour instruire cette affaire, il n'y avait aucune pompe extérieure qui pût frapper son imagination; mais toute cette scène avait un air si sérieux et si glacial qu'il lui semblait que son propre destin était soumis au jugement de ces trois hommes. Deux des juges, avec un air de réserve et de gravité, fixaient des yeux perçants sur celui qu'ils allaient condamner ou absoudre : mais le président regardait autour de lui; tous les muscles de son visage en mouvement avaient une agitation étrangère à son âge et à sa profession. C'était le colonel Singleton. Il n'avait appris que la veille la mort de sa fille, mais sa fierté militaire n'avait pas cru que cette circonstance pût le dispenser de s'acquitter d'un devoir que sa patrie lui imposait. Enfin il fut frappé du silence général, et de l'attente qu'il voyait dans tous les yeux, et faisant un effort pour se recueillir, il dit, avec le ton d'un homme habitué au commandement :

— Faites avancer le prisonnier.

Les sentinelles baissèrent la pointe de leurs baïonnettes devant les juges, et Henry Wharton s'avança d'un pas ferme au centre de l'appartement. La curiosité générale et l'intérêt de tous les spectateurs étaient alors à leur comble, et Frances se retourna un instant avec une émotion de reconnaissance en entendant derrière elle le bruit de la respiration pénible et troublée de Dunwoodie. Mais toutes ses pensées, toutes ses sensations se concentrèrent bientôt sur son frère. Au bout de la salle étaient rangés tous les habitants de la ferme où se tenait la cour martiale, et derrière eux on voyait une ligne de visages d'ébène, parmi lesquels figurait celui de César Thompson.

— On dit, continua le président, que vous vous nommez Henry Wharton, et que vous êtes capitaine dans le 60e régiment d'infanterie de Sa Majesté Britannique.

— Le fait est vrai, répondit Henry.

— J'aime votre candeur, Monsieur, elle annonce les sentiments honorables d'un soldat, et ne peut manquer de produire une impression favorable sur vos juges.

— Il serait à propos, dit un des autres juges, d'avertir le prisonnier qu'il n'est tenu de répondre aux questions qui lui seront faites qu'autant qu'il jugera que ses réponses ne peuvent fournir des armes contre lui. Quoique nous soyons une cour martiale, nous reconnaissons les principes professés à cet égard par tous les gouvernements libres.

L'autre juge fit un signe d'approbation, et le président, ayant donné l'avertissement convenable au prisonnier, prit les papiers qui étaient devant lui.

— Vous êtes accusé, dit-il, d'avoir, étant officier au service de l'ennemi, passé, le 29 octobre dernier, les piquets de l'armée américaine dans les Plaines-Blanches, sous un déguisement, ce qui vous rend suspect de vues hostiles aux intérêts de l'Amérique, et vous soumet aux peines prononcées contre les espions.

Le ton doux mais ferme de la voix du président, lorsqu'il répéta lentement la substance de cette accusation, alla jusqu'au cœur de la plupart de ceux qui l'écoutaient. Le fait était si clair, si simple, les preuves si évidentes, la peine si bien prononcée par la loi militaire, qu'il semblait impossible que Henry évitât une condamnation. Cependant il répondit avec calme :

— Que j'aie passé vos piquets sous un déguisement, c'est possible ; mais...

— Silence ! interrompit le président. Les usages de la guerre sont assez sévères en eux-mêmes. Vous n'avez pas besoin de fournir vous-même des moyens contre vous.

— L'accusé peut rétracter son aveu, dit un des juges, car si l'on en prend acte l'accusation est pleinement prouvée.

— Je ne rétracterai pas ce qui est vrai, dit Henry avec fierté.

Les deux juges entendirent cette réponse avec une gravité imperturbable, sans pourtant avoir un air de triomphe ; mais le président parut prendre un nouvel intérêt à cette scène, et il s'écria d'un ton plus animé qu'on n'aurait dû l'attendre de son âge :

— Vos sentiments sont nobles, Monsieur, et je regrette qu'un jeune militaire se soit laissé égarer par la loyauté, au point de servir d'instrument à la trahison.

— A la trahison ! s'écria Henry avec feu ; je ne me suis déguisé que pour ne pas courir le risque d'être fait prisonnier.

— Mais quels étaient vos motifs pour passer nos piquets, déguisé ? — Vous êtes libre de les expliquer, s'ils peuvent tendre à votre justification, dit un autre juge avec un léger mouvement des muscles de la bouche.

— Je suis fils du vieillard qui est devant vos yeux, et c'est pour aller le voir que je me suis imprudemment exposé à ce danger. D'ailleurs le territoire sur lequel sa maison est située est rarement occupé par vos troupes, et son nom seul indique que les deux partis ont droit de s'y trouver.

— Le nom de Territoire Neutre n'est reconnu par aucune loi, et il ne doit son origine qu'à la situation du pays. Partout où se trouve une armée, elle porte ses droits avec elle, et le premier est celui de veiller à sa sûreté.

— Je ne suis pas casuiste, Monsieur, mais je sens que mon père a droit à mon affection, et il n'est pas de danger auquel je ne fusse prêt à m'exposer pour lui en donner des preuves.

— Ces sentiments sont louables. Allons, Messieurs, dit le président en s'adressant aux autres juges, cette affaire se présentait d'abord fort mal, mais elle commence à s'éclaircir. Qui pourrait blâmer un fils d'avoir désiré de voir son père?

— Avez-vous quelque preuve que telle était votre intention? demanda un des juges à figure grave.

— Sans doute, répondit Henry en admettant un rayon d'espérance; mon père, ma sœur, le major Dunwoodie le savent comme moi.

— Ceci peut changer la face des choses, dit le même juge au président; je pense que cette affaire mérite d'être approfondie.

— Sans contredit, répondit le président. Qu'on fasse avancer M. Wharton père.

M. Wharton s'avança tremblant d'émotion. Le président lui laissa quelques instants pour se calmer; et après lui avoir fait prêter serment, suivant les formes d'usage, lui fit la question suivante :

— Êtes-vous le père du prisonnier?

— Il est mon fils unique..

— Savez-vous pourquoi il s'est rendu chez vous, le 29 octobre dernier?

— Comme il vous l'a dit, pour me voir ainsi que ses sœurs.

— Etait-il déguisé? demanda un des autres juges.

— Il.... il n'avait pas l'uniforme de son corps.

— Et pour voir ses sœurs! dit le colonel Singleton, avec beaucoup d'émotion. Vous avez des filles, Monsieur?

— J'en ai deux... Elles sont dans cette maison.

— Portait-il une perruque? demanda l'autre juge.

— Il avait sur la tête..... quelque chose de semblable, je crois.

— Et combien y a-t-il de temps que vous ne l'aviez vu? demanda le président.

— Quatorze mois.

— Etait-il couvert d'une grande redingote d'étoffe grossière? demanda l'autre juge en feuilletant l'acte d'accusation.

— Il portait... un surtout.

— Et vous pensez qu'il n'est venu que pour vous voir?

— Moi et mes filles.

— Un brave garçon! dit le président à l'oreille de celui de ses collègues qui avait jusqu'alors gardé le silence. Je ne vois en cela qu'une imprudence de jeunesse, et au fond l'intention était bonne.

—Etes-vous certain, demanda l'autre juge à M. Wharton, que votre fils n'avait pas reçu une mission secrète de sir Henry Clinton, et que sa visite chez vous n'était pas un prétexte pour la couvrir?

—Comment pourrais-je le savoir? répondit le père, craignant de se trouver lui-même compromis; croyez-vous que sir Henry Clinton m'en aurait fait confidence?

—Et savez-vous comment il s'est procuré ce laisser-passer? continua le même juge en lui montrant la pièce que Henry avait fait voir au major Dunwoodie et que celui-ci avait gardée.

—Non, sur mon honneur.

— En ferez-vous serment?

—J'en fais serment.

—Avez-vous quelque autre témoin à faire entendre, capitaine Wharton? Cette déposition ne peut vous être utile. Vous avez été arrêté dans des circonstances qui compromettent votre vie; c'est sur vous que repose la tâche de prouver votre innocence. Prenez le temps d'y réfléchir, et ayez du sang-froid.

Le ton calme de ce juge était si effrayant, qu'Henry sentit un frisson involontaire. L'air de compassion du président lui faisait oublier le danger qu'il courait; mais la physionomie froide et impassible des autres juges semblait lui annoncer son destin. Il garda le silence et jeta un regard expressif sur Dunwoodie. Son ami le comprit et demanda à être entendu comme témoin. On lui fit prêter serment, et l'on entendit sa déposition; mais elle ne changea pas l'aspect de l'affaire, car ce qu'il en savait se bornait à bien peu de chose, et était plus défavorable qu'utile à Henry. On l'écouta en silence, et un mouvement de tête presque imperceptible n'annonça que trop clairement l'effet qu'il avait produit.

— Et vous croyez fermement que le prisonnier n'avait d'autre dessein que celui qu'il a avoué? demanda le président au major, quand il eut cessé de parler.

— Je le garantirais sur ma vie.

— En prêteriez-vous serment? lui demanda l'autre juge.

— Comment le puis-je? Dieu seul lit dans le fond des cœurs. Mais j'affirme sous serment que je connais le capitaine Wharton depuis son enfance, et que je l'ai toujours vu agir honorablement. Il est au-dessus d'une bassesse.

— Vous dites qu'il s'est échappé, et qu'il a été repris les armes à la main, dit le président.

—Il a même été blessé dans le combat. Vous voyez qu'il porte le bras en écharpe. Croyez-vous qu'il se serait montré dans les rangs au risque de retomber dans nos mains, s'il ne se fût senti fort de son innocence?

— Si l'on eût livré un combat près de Tarrytown, dit l'autre juge, le major André aurait-il refusé d'y porter les armes? N'est-il pas naturel à la jeunesse de chercher la gloire?

— Donnez-vous le nom de gloire à une mort ignominieuse? s'écria le major. Est-il glorieux de laisser après soi un nom flétri?

— Major Dunwoodie, répondit le même juge avec une gravité imperturbable, vous avez agi noblement; votre devoir était pénible et sévère, vous l'avez fidèlement et honorablement rempli..... nous devons aussi nous acquitter du nôtre.

Pendant cet interrogatoire, le plus vif intérêt régnait dans tout l'auditoire. Avec cette sorte de raisonnement qui ne peut séparer le principe de la cause, la plupart des auditeurs pensèrent que si Dunwoodie ne pouvait réussir à émouvoir le cœur des juges de Henry, nul autre n'aurait ce pouvoir. César avançait la tête, et ses traits exprimant tout l'intérêt qu'il prenait à ce qui se passait, intérêt bien différent de la curiosité qu'on remarquait sur le visage des autres nègres, attirèrent l'attention du juge qui avait gardé le silence jusqu'alors. Il ouvrit la bouche pour la première fois.

— Qu'on fasse avancer le nègre.

Il était trop tard pour battre en retraite, et César se trouva placé en face des juges avant de pouvoir se rendre compte à lui-même des pensées qui l'occupaient. Le soin de l'interroger fut laissé au juge qui avait donné ordre qu'on le fît venir, et il y procéda avec un grand calme ainsi qu'il suit :

— Vous connaissez le prisonnier?

— Moi devoir le connaître, répondit César d'un ton aussi sentencieux que celui du juge.

— Vous a-t-il donné la perruque lorsqu'il l'a quittée?

— Moi pas besoin de perruque... pas manquer de cheveux.

— Avez-vous été chargé de porter quelque lettre, quelque message pendant que le capitaine Wharton était chez son père?

— Moi toujours faire ce qui m'être ordonné.

— Mais que vous a-t-on ordonné de faire pendant ce temps?

— Tantôt une chose, tantôt une autre.

— C'en est assez, dit le colonel Singleton avec dignité. Vous avez le noble aveu d'un homme bien né, que pouvez-vous attendre de plus de cet esclave! Capitaine Wharton, vous voyez la malheureuse impression qui existe contre vous, avez-vous d'autres témoins à faire entendre?

Henry ne conservait alors que bien peu d'espérance ; toute sa confiance commençait à l'abandonner : mais un vague espoir que les traits intéressants de Frances pourraient lui être de quelque secours fit qu'il fixa les yeux sur elle. Elle se leva sur-le-champ et s'avança vers les juges d'un pas chancelant. Ses joues pâles devinrent rouges comme le feu, et elle resta debout devant les juges, d'un air modeste mais ferme. Portant la main à son front, elle sépara les boucles de cheveux qui le couvraient et se montra belle d'innocence, et d'une grâce sans égale. Le président se couvrit les yeux un moment, comme si cet œil expressif et ces joues animées lui eussent rappelé plus vivement encore une image qu'il ne pouvait oublier. Son émotion ne fut que momentanée ; sa fierté en triompha, et il lui dit d'un ton qui décelait ses désirs secrets :

— C'est donc à vous que votre frère avait communiqué le dessein qu'il avait de rendre une visite secrète à sa famille?

— Non, non, répondit Frances en appuyant une main sur son front brûlant comme pour recueillir ses idées. Il ne m'en avait rien dit ; nous ne l'attendions pas quand il est arrivé. Mais est-il besoin d'expliquer à de braves militaires qu'un fils s'expose volontiers à quelques dangers pour voir son père, et cela dans un temps comme celui-ci, dans une situation comme la nôtre?

— Mais était-ce la première fois qu'il venait vous voir? lui demanda le colonel avec un air d'intérêt paternel. Ne vous a-t-il jamais annoncé une visite?

— Pardonnez-moi, s'écria Frances remarquant l'expression de bienveillance de sa physionomie. Celle-ci était la quatrième.

— Je le savais bien! s'écria le vétéran en se frottant les mains de plaisir. C'est un fils aussi ardent qu'affectueux, et je vous le garantis, Messieurs, un brave soldat sur le champ de bataille. Sous quel déguisement est-il venu les autres fois?

— Il n'en avait aucun. Cette précaution n'était pas nécessaire ; les troupes royales couvraient le pays, ce qui le mettait à l'abri de tout danger?

— Est-ce la première fois qu'il est venu sans l'uniforme de son corps? demanda le président d'une voix presque tremblante et en évitant les regards de ses collègues.

— Oui, bien certainement, répondit la pauvre fille avec empressement. Si c'est une faute, c'est la première.

— Mais vous lui avez écrit, vous l'avez pressé de venir? vous désiriez sûrement le voir? demanda le colonel avec un léger mouvement d'impatience.

— Si nous le désirions! Nous le demandions tous les jours au ciel, et avec quelle ferveur! Mais nous n'osions avoir aucune communication avec l'armée royale, de crainte d'exposer mon père à quelque danger.

— Et pendant son séjour chez vous a-t-il fait quelque absence? y est-il venu quelque étranger?

— Personne, à l'exception d'un de nos voisins, un colporteur nommé Birch, et...

— Que dites-vous? s'écria le colonel en pâlissant et en tressaillant comme si une vipère l'avait piqué.

Dunwoodie laissa échapper un gémissement, se frappa le front de la main, s'écria involontairement : — Il est perdu ! et se précipita hors de l'apppartement.

— Harvey Birch, répéta Frances en fixant ses yeux égarés sur la porte par laquelle son amant venait de sortir.

— Harvey Birch! s'écrièrent en même temps les trois membres composant la cour martiale. Les deux juges à figures impassibles se regardèrent d'un air expressif, et jetèrent ensuite sur le prisonnier un coup d'œil pénétrant.

— Messieurs, dit Henry en s'avançant de nouveau devant ses juges, ce ne peut être une nouvelle pour vous que d'apprendre que Harvey Birch est soupçonné de favoriser la cause du roi, car il a déjà été condamné par un de vos tribunaux militaires à subir le destin que je vois m'être réservé. Je conviens que c'est lui qui m'a procuré un déguisement pour passer vos piquets; mais je soutiendrai jusqu'au dernier soupir que mes intentions étaient aussi pures que l'être innocent qui est devant vos yeux.

— Capitaine Wharton, dit le président d'un ton solennel, les ennemis de la liberté de l'Amérique ne négligent rien pour la détruire; et de tous les instruments dont ils se sont servis, aucun n'a été plus dangereux que ce colporteur. C'est un espion adroit, rusé et intelligent, ayant des moyens au-dessus de ce qu'on pourrait attendre d'un homme de sa classe. Il aurait été en état de sauver le major André. Sir Henry Clinton ne pouvait mieux faire que de l'associer à un officier chargé d'une mission secrète. Je crains que cette liaison ne vous soit fatale, jeune homme!

Tandis qu'une honnête indignation brillait sur les traits du vétéran ému, l'air de ses deux collègues annonçait une conviction complète.

— C'est moi qui l'ai perdu! s'écria Frances en joignant les mains avec terreur. Et nous abandonnez-vous? En ce cas il est vraiment perdu.

— Silence, jeune et innocente créature! s'écria le colonel d'une voix fort émue. Vous n'avez nui à personne, mais vous nous affligez tous!

— L'affection qu'inspire la nature est-elle donc un crime? dit Frances d'un air égaré. Washington, le noble, le juste, l'impartial Washington ne jugerait pas ainsi! Attendez seulement que Washington puisse connaître tous les détails.

— Impossible! répondit le président en se couvrant les yeux, comme pour ne pas voir la beauté en larmes.

— Impossible! suspendez votre jugement une semaine. Je vous en conjure à genoux, au nom de la merci dont vous aurez besoin vous-mêmes lors d'un jugement où tout pouvoir humain vous sera inutile, accordez-lui seulement un jour!

— Impossible, répéta le colonel d'une voix presque étouffée. Nos ordres sont péremptoires, et nous avons déjà trop mis de délai à les exécuter.

Il se détourna de Frances, qui s'était jetée à ses pieds; mais il ne put ou ne voulut pas retirer sa main qu'elle avait saisie et qu'elle tenait fortement.

— Emmenez votre prisonnier, dit un des juges à l'officier chargé de garder Henry. Colonel Singleton, nous retirons-nous?

— Singleton! répéta Frances, Singleton! En ce cas vous êtes père aussi, et vous devez être sensible aux douleurs d'un père. Vous ne pouvez vouloir percer un cœur déjà si cruellement déchiré! Ecoutez-moi, colonel Singleton! écoutez-moi comme vous désirerez que Dieu écoute vos dernières prières, et épargnez la vie de mon frère!

— Eloignez-la, dit le colonel en faisant un faible effort pour dégager sa main; mais personne ne semblait pressé de lui obéir. Quoiqu'il détournât la tête, Frances s'efforçait de lire dans ses yeux sa détermination, et elle résistait à tous les efforts qu'il faisait pour s'éloigner d'elle.

— Colonel Singleton! avez-vous oublié qu'il y a quelques jours votre propre fils était blessé et presque mourant? C'est chez mon père qu'il a trouvé des soins et des secours. Supposez qu'il s'agisse en ce moment de ce fils, l'orgueil de votre vieillesse, la consolation et l'appui de vos enfants orphelins, aurez-vous le courage de déclarer mon frère coupable?

— De quel droit Heath fait-il de moi un bourreau? s'écria le vétéran avec une émotion qu'il cherchait à maîtriser. Mais je m'oublie. Allons, Messieurs, retirons-nous. Il faut accomplir notre devoir pénible.

— Ne sortez pas! ne sortez pas! s'écria Frances; pouvez-vous arracher un fils à son père, un frère à sa sœur, avec tant de sang-froid? Est-ce là cette cause que j'ai tant chérie? Sont-ce là les hommes qu'on m'a appris à respecter? Mais vous vous adoucissez, vous m'écoutez, la pitié vous parle, vous pardonnerez.

— Marchons, Messieurs, dit le colonel en s'avançant vers la porte, et en se redressant avec un air de fierté militaire dans le vain espoir de calmer son agitation.

— Ne marchez pas encore! écoutez-moi! s'écria Frances en lui serrant la main avec un effort convulsif. Colonel Singleton, vous êtes père: pitié, compassion, merci pour le fils et pour la fille! Oui, vous avez eu une fille; c'est sur ce sein qu'elle a rendu le dernier soupir; ce sont ces mains qui lui ont fermé les yeux; ces mains jointes devant vous en prière lui ont rendu les derniers devoirs. Pouvez-vous me condamner maintenant à en faire autant pour mon frère?

Le vétéran lutta contre une violente émotion, et il ne la subjugua qu'en laissant échapper un profond gémissement. Il jeta autour de lui un regard de fierté comme pour s'applaudir de sa victoire; mais cette victoire ne fut que momentanée, et son émotion triompha. Sa tête blanchie par soixante-dix hivers tomba sur l'épaule de la jeune fille qui le suppliait avec l'énergie du désespoir. Le sabre qui avait été son compagnon dans tant de combats lui échappa des mains, et il s'écria:

— Que Dieu vous en récompense! et il ne put retenir ses sanglots.

Le colonel Singleton fut assez longtemps à se remettre de son agitation. Lorsqu'il l'eut maîtrisée, il remit Frances, qui avait perdu connaissance, entre les bras de sa tante, et se tournant vers ses collègues avec un air de résolution, il leur dit:

— Messieurs, nous avons maintenant à nous acquitter de nos

devoirs comme militaires, nous pourrons ensuite nous livrer à nos sentiments comme hommes. Que décidez-vous relativement au prisonnier ?

Un des juges lui remit en main un projet de sentence qu'il avait préparé, tandis que le colonel était occupé avec Frances, en lui disant qu'il contenait son opinion et celle de leur collègue.

Il portait brièvement que Henry Wharton avait été arrêté déguisé, en traversant comme espion les lignes de l'armée américaine ; que, conformément aux lois de la guerre, il avait encouru la peine de mort, et qu'en conséquence la cour le condamnait à être pendu le lendemain à neuf heures du matin.

Il était d'usage de n'exécuter la sentence de mort même rendue contre un ennemi qu'après qu'elle avait été revêtue de l'anprobation du général en chef, ou, quand il était trop éloigné, de l'officier-général qui le remplaçait. Mais comme Washington avait alors son quartier-général à New-Windsor sur la rive occidentale de l'Hudson, on pouvait aisément recevoir sa réponse bien avant l'heure indiquée.

— Le délai est bien court ! dit le colonel en tenant en main une plume, comme s'il n'eût su ce qu'il devait en faire. Pas un jour pour qu'un si jeune homme puisse faire sa paix avec le ciel !

— Les officiers de l'armée royale, dit un des juges, n'ont donné à Hale[1] qu'une seule heure. — Nous avons étendu le terme ordinaire. Au surplus Washington a le droit d'accorder un sursis, et même de faire grâce.

— J'irai donc la solliciter moi-même, dit le colonel en signant la sentence, et si les services d'un vieux soldat, si les blessures de mon fils ont quelques droits sur lui, je sauverai ce malheureux jeune homme.

A ces mots, il partit plein d'intentions généreuses en faveur de Henry Wharton.

La sentence fut signifiée au prisonnier avec tous les égards convenables, et après avoir donné les instructions nécessaires à l'officier chargé du commandement, et avoir dépêché un courrier au quartier-général pour y porter leur sentence, les deux autres juges montèrent à cheval et retournèrent chacun à leur corps avec l'air impassible et la froide intégrité qu'ils avaient montrés pendant toute l'instruction du procès.

---

[1]. Officier américain qui fut exécuté comme transfuge.

CHAPITRE XXVII.

> N'avez-vous pas encore envoyé le contre-ordre ?
> Claudio sera-t-il exécuté demain ? — SHAKSPEARE.

Après que la sentence du conseil de guerre eut été signifiée au prisonnier condamné, il passa quelques heures dans le sein de sa famille. M. Wharton, ayant perdu le peu de courage et d'énergie qui lui restait, pleurait comme un enfant sur le sort funeste de son fils. Frances, après être sortie de son état d'anéantissement, éprouvait une angoisse de douleur auprès de laquelle l'amertume de la mort n'aurait été rien. Miss Peyton conservait seule un rayon d'espérance, ou du moins assez de sang-froid pour réfléchir sur ce qu'il était possible de faire en pareille circonstance. Mais si elle semblait jouir d'une apparence de calme, ce n'était pas qu'elle ne prît un intérêt bien vif au sort de son neveu ; c'était parce que quelques motifs d'espoir se présentaient à son esprit, et ils étaient fondés sur le caractère de Washington. Tous deux étaient nés dans la même colonie, et quoiqu'elle ne l'eût jamais vu, tant parce qu'il avait embrassé de bonne heure la profession des armes qu'à cause des fréquentes visites qu'elle rendait à sa sœur et des soins qu'elle avait donnés après sa mort à l'éducation de ses nièces, elle connaissait toutes ses vertus, et elle savait que cette inflexibilité rigide qui était le caractère distinctif de sa vie publique n'était pas celui de sa vie privée. Il était connu en Virginie comme un maître aussi doux et aussi généreux qu'il était juste, et ce n'était pas sans une espèce d'orgueil que miss Peyton voyait son concitoyen dans l'homme qui commandait les armées, et qui en quelque sorte réglait les destins de l'Amérique. Elle savait que Henry n'était pas coupable du crime dont il était accusé, et avec la simplicité ingénue de son innocence, elle ne pouvait concevoir ces distinctions légales et ces interprétations des motifs d'une action qui faisaient prononcer une peine quand il n'avait pas été commis de crime. Mais son espoir et sa confiance devaient bientôt prendre fin. Vers midi, un régiment qui était campé sur le bord de la rivière vint occuper le terrain situé en face de la maison occupée par la famille Wharton, et y dressa ses tentes dans l'intention annoncée d'y rester jusqu'au lendemain pour rendre plus solennelle et plus imposante l'exécution d'un espion anglais.

Dunwoodie s'était acquitté de tout ce qui lui avait été prescrit, et il était libre d'aller rejoindre ses troupes, qui attendaient impatiemment son retour pour marcher contre un détachement ennemi qui, comme on le savait, s'avançait lentement sur les bords de l'Hudson pour couvrir un parti de fourrageurs. Il avait été accompagné par quelques dragons de la compagnie de Lawton commandés par le lieutenant Mason, dont on avait présumé que le témoignage serait nécessaire pour constater l'identité du prisonnier. Mais l'aveu du capitaine Wharton avait rendu inutile de produire aucun témoin à ce sujet. Le major, tant pour éviter le spectacle douloureux de la tristesse des amis de Henry que par crainte d'en éprouver l'influence, avait passé tout le temps qui s'était écoulé depuis le jugement à se promener seul, en proie à la plus vive inquiétude, à peu de distance de la ferme. De même que miss Peyton, il avait quelque confiance en la clémence de Washington, mais des doutes et des craintes se présentaient à chaque instant à son esprit. Les règles du service militaire lui étaient familières, et il était plus habitué à regarder son général sous le rapport de chef de l'armée qu'à prendre en considération les détails de son caractère personnel. Un exemple terrible n'avait que trop bien prouvé tout récemment que Washington était au-dessus de la faiblesse de faire grâce quand son devoir s'y opposait. Tandis qu'il se promenait ainsi dans le verger, flottant sans cesse entre l'inquiétude et l'espoir, Mason s'approcha de lui, prêt à monter en selle.

—Pensant que vous pourriez avoir oublié les nouvelles qui nous ont été apportées ce matin, Monsieur, j'ai pris la liberté de faire mettre le détachement sous les armes, dit Mason avec une sorte d'insouciance, en faisant sauter avec son sabre couvert de son fourreau les têtes des molènes qui se trouvaient sur son passage.

—Quelles nouvelles? demanda le major avec distraction.

— Que John Bull est entré dans le West-Chester avec un train de chariots, ce qui nous forcera, s'il parvient à les remplir, à nous mettre en retraite à travers ces maudites montagnes pour chercher des fourrages. Ces Anglais affamés sont tellement enfermés dans l'île d'York, que lorsqu'ils se hasardent à en sortir, il est rare qu'ils laissent assez de paille pour faire la litière d'une vache.

— Où dites-vous que l'exprès les a laissés? cela m'est entièrement sorti de la mémoire.

— Sur les hauteurs au-dessus de Sing-Sing, répondit le lieutenant fort étonné. Toute la route en deçà est comme un marché à foin, et tous les troupeaux de porcs soupirent et se lamentent en voyant des voitures de grains passer devant eux pour se rendre à Kingsbridge. Le sergent d'ordonnance de George Singleton qui a apporté cette nouvelle dit que nos chevaux sont à délibérer s'ils ne partiront pas sans leurs cavaliers, pour tâcher de faire encore un bon repas, car ils ne savent trop quand ils pourront se remplir l'estomac. Si nous souffrons que ces Anglais emportent leur proie, nous ne serons pas en état de trouver à Noël un morceau de lard assez gras pour pouvoir se frire lui-même.

— Faites-moi grâce de toutes les fadaises du sergent de Singleton, monsieur Mason, s'écria Dunwoodie avec impatience; qu'il apprenne à attendre les ordres de ses chefs.

— Je vous demande pardon en son nom, major Dunwoodie, mais il était dans l'erreur ainsi que moi. Nous pensions tous deux que les ordres du général Heath étaient d'attaquer et de harceler l'ennemi toutes les fois qu'il oserait se montrer hors de son nid.

— Ne vous oubliez pas, lieutenant Mason, dit le major d'un ton sévère, ou je pourrais avoir à vous apprendre que c'est de moi que vous avez à recevoir des ordres.

— Je le sais, major Dunwoodie, je le sais, répondit Mason en le regardant avec un air de reproche, et je suis fâché que vous ayez assez mauvaise mémoire pour avoir oublié que jamais je n'ai hésité à y obéir.

— Pardon, Mason, s'écria Dunwoodie en lui prenant les deux mains; je vous connais comme un officier aussi obéissant que brave. Oubliez cet instant d'humeur. C'est cette malheureuse affaire... Avez-vous jamais eu un ami?

— Allons, allons, major, pardonnez-moi et excusez mon zèle. Je connaissais les ordres, et je craignais que quelque blâme pût retomber sur mon commandant. Restons. Qu'on ose prononcer un seul mot contre le corps, et chaque sabre sortira de lui-même de son fourreau. D'ailleurs ces Anglais marchent encore en avant, et il y a loin de Creton à Kingsbridge. Quoi qu'il puisse arriver, je vois clairement que nous aurons encore le temps de leur tailler des croupières avant qu'ils aient regagné leur gîte.

— Oh! que ce courrier n'est-il revenu du quartier-général!

s'écria Dunwoodie. Cet état d'incertitude est insupportable.

— Vos vœux sont comblés, dit Mason; le voici qui arrive, et il court comme un porteur de bonnes nouvelles. Dieu veuille que cela soit, car moi-même je ne puis dire que j'aimerais à voir un jeune et brave militaire danser sans rien avoir sous les pieds.

Dunwoodie n'entendit que peu de choses de cette déclaration sentimentale, car avant que Mason en eût prononcé la moitié, il avait sauté par-dessus la haie pour joindre plus tôt le messager.

—Quelles nouvelles? s'écria-t-il à l'instant où le cavalier arrêtait son cheval,

— Bonnes, répondit le soldat, et n'hésitant pas à remettre ses dépêches à un officier aussi bien connu que le major il ajouta en les lui présentant :—Voici la lettre, Monsieur, vous pouvez la lire.

Dunwoodie, sans se donner le temps de l'ouvrir, courut avec le pas leste de la jeunesse et de la joie vers la chambre du prisonnier. Le factionnaire le connaissait et le laissa entrer sans difficulté.

— O Peyton! s'écria Frances en le voyant arriver, vous avez l'air d'un envoyé descendu du ciel. Nous apportez-vous des nouvelles de merci?

—Les voici, Frances; les voici, Henry; les voici, ma chère cousine Peyton! s'écria le major en rompant d'une main tremblante le cachet de la lettre : voici les dépêches adressées au capitaine de la garde. — Ecoutez.

Tous écoutèrent avec la plus vive attention; tous les cœurs s'étaient ouverts à l'espérance, mais ce ne fut que pour recevoir un coup plus terrible, quand la joie qui brillait dans les yeux du major Dunwoodie fit place à la consternation la plus profonde. La lettre ne contenait que la sentence rendue contre Henry, au bas de laquelle étaient écrits ces mots :

« Approuvé,

» GEORGE WASHINGTON. »

— Il est perdu! il est perdu! s'écria Frances avec le cri perçant du désespoir, en se jetant dans les bras de sa tante.

—Mon fils! mon fils! s'écria le père en sanglotant; vous trouverez justice et merci dans le ciel, s'il n'en est plus sur la terre. Puisse Washington n'avoir jamais besoin de la compassion qu'il refuse à l'innocence!

— Washington! répéta Dunwoodie en tournant autour de lui

des yeux égarés. Mais oui, c'est son écriture; sa signature sanctionne cette terrible sentence!

— Homme cruel! dit miss Peyton: comme l'habitude du sang doit avoir changé son caractère!

— N'en croyez rien! s'écria Dunwoodie; ce n'est pas l'homme qui agit ici, c'est le général d'armée. Je garantirais sur ma vie qu'il gémit du coup qu'il se croit obligé de frapper.

—Comme il m'a trompée! dit Frances; je croyais voir en lui le sauveur du pays: ce n'est qu'un tyran sans merci et sans pitié. Oh! Dunwoodie, quelle fausse opinion de lui vous m'aviez donnée!

— Paix! ma chère Frances, paix! s'écria son amant. Pour l'amour du ciel, ne tenez pas un pareil langage! il n'est que le gardien des lois.

— Vous dites la vérité, Dunwoodie, reprit Henry commençant à se remettre du choc qu'il avait éprouvé en voyant s'éteindre son dernier rayon d'espérance, et en se levant pour s'approcher de son père; moi-même, qui dois souffrir de sa sévérité, je ne le blâme pas. On m'a accordé toute l'indulgence que je pouvais demander; et sur le bord du tombeau, je ne puis continuer à être injuste. Dans un moment comme celui-ci, avec un exemple si récent du danger que la trahison peut occasionner à la cause qu'il a embrassée, je ne suis pas surpris que Washington montre une sévérité inflexible. Il ne me reste plus qu'à me préparer au sort inévitable qui m'attend. Major Dunwoodie, c'est à vous que j'adresserai ma première demande.

—Parlez, Henry, parlez.

—Devenez un fils pour ce vieillard, protégez sa faiblesse, défendez-le contre les persécutions auxquelles ma condamnation pourra l'exposer. Il n'a pas beaucoup d'amis parmi ceux qui gouvernent maintenant ce pays, qu'il en trouve un en vous. M'en faites-vous la promesse?

— Sur mon honneur, murmura Dunwoodie pouvant à peine parler.

— Et cette infortunée, continua Henry en montrant Sara qui était assise dans un coin de la chambre dans un état de sombre rêverie, et la rougeur de l'indignation se peignant un instant sur ses joues pâles, j'avais conçu le projet de la venger; mais je sens que de telles idées sont criminelles. Oui, je sens que j'avais tort. Mais qu'elle trouve en vous un frère, Dunwoodie.

— Je lui en servirai, répondit le major d'une voix entrecoupée de sanglots.

— Ma bonne tante a déjà des droits sur votre affection; je ne vous parle donc pas d'elle; mais ma sœur, ma sœur chérie, dit Henry en prenant la main de Frances et en jetant sur elle un regard d'affection vraiment fraternelle: que j'aie avant de mourir la consolation de joindre sa main à la vôtre, et d'assurer un protecteur à son innocence et à sa vertu.

Dunwoodie ne fut pas maître de réprimer le mouvement qui lui fit avancer la main pour recevoir celle que son ami lui offrait; mais Frances, reculant et cachant ses joues brûlantes sur le sein de sa tante, s'écria : — Non! non! non! jamais je n'appartiendrai à quiconque aura contribué à la perte de mon frère!

Henry fixa un instant sur elle des yeux pleins de tendresse, et reprit un discours que chacun sentait lui être inspiré par son cœur.

— Je me suis donc trompé, Dunwoodie, lui dit-il ; je m'étais imaginé que votre mérite, votre dévouement à la cause qui vous a paru la plus juste, vos attentions pour mon père quand il a été arrêté, votre amitié pour moi, votre caractère, en un mot, avaient fait quelque impression sur ma sœur.

— Cela est vrai! cela est vrai! s'écria Frances en rougissant et en continuant à se cacher le visage.

— Je crois, mon cher Henry, dit Dunwoodie, que ce sujet n'est pas ce qui doit nous occuper dans de pareils instants.

— Vous oubliez que les miens sont comptés, répondit Henry avec un faible sourire, et qu'il me reste encore bien des choses à faire.

— Je crois, continua le major, le visage en feu, que miss Wharton a conçu de moi certaines idées qui lui rendraient désagréable de consentir à ce que vous proposez.... des idées dont il n'est plus possible à présent de la désabuser.

— Non! non! s'écria Frances avec vivacité; vous êtes justifié, Peyton; elle a dissipé tous mes doutes à l'instant même de sa mort.

— Généreuse Isabelle! murmura Dunwoodie avec un transport de joie momentané. Mais cependant, Henry, épargnez votre sœur dans un tel moment; moi-même, épargnez-moi.

— Mais moi, je ne puis m'épargner, répondit Henry en tirant doucement sa sœur des bras de sa tante. Est-ce dans un temps comme celui-ci qu'on peut laisser sans protecteur deux jeunes filles si aimables? Leur maison est détruite... Le chagrin, ajouta-t-il en jetant un regard sur son père, leur enlèvera bientôt leur dernier parent... Puis-je mourir en paix en prévoyant les dangers auxquels elles seront exposées?

—Vous m'oubliez donc! s'écria miss Peyton frémissant à la seule pensée d'un mariage célébré en de pareilles circonstances.

— Non, ma chère tante, je ne vous oublie pas, et je ne vous oublierai que lorsque la mort aura éteint tous mes souvenirs; mais vous ne réfléchissez pas au temps où vous vivez, et aux dangers qui vous environnent. La bonne femme à qui cette ferme appartient a déjà envoyé chercher un ministre de la religion pour adoucir mon passage dans un autre monde. Frances, si vous désirez que je meure en paix..., si vous voulez que je jouisse d'une sécurité qui me permette de consacrer au ciel mes dernières pensées, consentez qu'il vous unisse sur-le-champ à Dunwoodie..

Frances secoua la tête et garda le silence.

— Je ne vous demande pas de transports de joie, de démonstrations d'un bonheur que vous n'éprouvez pas, que vous ne pouvez éprouver d'ici à quelques mois; mais obtenez le droit de porter un nom respecté; donnez-lui le droit incontestable de vous protéger.

Sa sœur ne lui répondit encore que par un geste négatif.

— Pour l'amour de cette infortunée, dit Henry en montrant Sara, pour l'amour de vous..... pour l'amour de moi......, ma sœur!...

— Paix, Henry! paix, ou vous me briserez le cœur! s'écria Frances vivement agitée. Pour le monde entier je ne prononcerais pas en ce moment le vœu solennel que vous exigez de moi. Je me le reprocherais toute ma vie.

—Vous ne l'aimez donc pas? lui dit son frère d'un ton de reproche. En ce cas je cesse de vous importuner pour que vous fassiez ce qui est contraire à votre inclination.

Frances leva une main pour cacher sa rougeur, et tendit l'autre à Dunwoodie, en disant à son frère avec vivacité:

— Maintenant vous êtes injuste envers moi, comme vous l'étiez tout à l'heure envers vous-même.

— Promettez-moi donc, dit le capitaine Wharton après quelques instants de réflexion, que, dès que vous pourrez songer à moi sans trop d'amertume, vous unirez votre sort pour toute la vie à celui de mon ami. Je me contenterai de cette promesse.

— Je vous le promets, répondit Frances en retirant la main que Dunwoodie tenait entre les siennes, et qu'il eut la délicatesse de laisser échapper sans même y appuyer ses lèvres.

— Fort bien, dit Henry. Et maintenant, ma bonne tante, voulez-vous bien me laisser quelques instants seul avec mon ami? J'ai quelques tristes instructions à lui donner, et je voudrais vous éviter à toutes le chagrin de les entendre.

— Il est encore temps de voir Washington, dit miss Peyton en se levant avec un air de grande dignité. J'irai moi-même le trouver. Bien sûrement il ne refusera pas d'entendre une femme née dans la même colonie que lui. D'ailleurs il y a eu des alliances entre sa famille et la mienne.

— Et pourquoi ne pas nous adresser à M. Harper? dit Frances se rappelant les derniers mots que celui-ci avait prononcés en partant des Sauterelles.

— Harper! répéta Dunwoodie en se tournant vers elle avec la rapidité de l'éclair. Que dites-vous de M. Harper? Le connaissez-vous?

— Tout cela est inutile, dit Henry en tirant son ami à part. Frances cherche quelque motif d'espoir avec toute la tendresse d'une sœur. Retirez-vous, ma chère, et laissez-moi avec mon ami.

Mais Frances voyait dans les yeux de Dunwoodie une expression qui l'enchaînait sur la place, et après avoir lutté contre son émotion, elle lui répondit :

— Il a passé deux jours avec nous; à peine venait-il de partir quand Henry a été arrêté.

— Et... et... le connaissiez-vous?

— Non, dit Frances reprenant un peu de confiance en voyant l'air d'intérêt avec lequel son amant écoutait cette explication; nous ne le connaissons pas. Il arriva pendant la nuit pour demander un abri contre un orage terrible, et il resta jusqu'à ce qu'il fût terminé; c'était un étranger pour nous, mais il parut prendre intérêt à Henry, et il lui promit son amitié.

— Quoi! s'écria le major, il a vu votre frère?

— Certainement. Ce fut même lui qui l'engagea à quitter son déguisement.

— Mais, dit Dunwoodie, pâlissant d'inquiétude, il ignorait qu'il fût officier dans l'armée royale?

— Il le savait, s'écria miss Peyton; il lui parla même du danger qu'il courait.

Dunwoodie reprit la fatale sentence, qui, en s'échappant de sa main tremblante, était tombée sur une table, et il étudia de nouveau avec une vive attention les caractères des trois mots qui y avaient été ajoutés. Quelques idées extraordinaires semblaient égarer son imagination; il se passa la main sur le front : tous les yeux étaient fixés sur lui dans l'attente la plus cruelle ; tous les cœurs craignaient de s'ouvrir de nouveau à l'espérance, après l'avoir vu bannie si cruellement.

— Que vous dit-il? Que vous promit-il? demanda Dunwoodie avec une impatience fiévreuse.

— Il dit à Henry de s'adresser à lui s'il se trouvait en danger, et lui promit de s'acquitter envers le fils de l'hospitalité qu'il avait reçue du père.

— Et en parlant ainsi, il savait que Henry était un officier anglais?

— Bien certainement, et c'était le danger dont il parlait.

— En ce cas, s'écria Dunwoodie en se livrant aux transports de la joie, vous êtes sauvés ! je le sauverai; non, Harper n'oubliera pas sa promesse.

— Mais a-t-il assez de crédit, demanda Frances, pour faire changer de résolution l'inflexible Washington?

— Assez de crédit ! s'écria le major avec une émotion irrésistible; Greene, Heath, le jeune Hamilton ne sont rien, comparés à Harper. Mais, ajouta-t-il en s'approchant de Frances et en lui serrant les mains avec une sorte de convulsion, répétez-le-moi encore : vous a-t-il fait une promesse formelle?

— Une promesse solennelle, Dunwoodie, et faite en toute connaissance de cause.

— Tranquillisez-vous donc, dit le major en la pressant un instant contre son cœur ; je pars, et Henry est sauvé.

Il se précipita hors de la chambre sans entrer dans aucune autre explication, laissant toute la famille plongée dans le plus grand étonnement, et bientôt on entendit le bruit de son cheval, qui s'éloignait au grand galop.

Après ce brusque départ, les amis inquiets que le major venait de quitter passèrent assez longtemps à discuter la probabilité du succès qu'il espérait. Son ton de confiance avait fait renaître quelque espoir dans le cœur de ses auditeurs. Henri était le seul qui restât étranger à ce sentiment : sa situation était trop terrible pour l'admettre, et pendant quelques heures il fut condamné à éprouver combien l'incertitude de l'attente est plus pénible à supporter que l'assurance même du malheur. Il n'en était pas de même de Frances. Avec toute la confiance de l'affection, elle jouissait d'une sécurité inspirée par le ton d'assurance de Dunwoodie; elle ne se livrait pas à des doutes dont elle n'aurait eu aucun moyen de sortir; elle croyait son amant en état d'accomplir tout ce qui était possible à la puissance de l'homme, et, conservant un vif souvenir des manières de M. Harper et de la bienveillance qu'il lui avait montrée, elle se livrait à tout le bonheur de l'espoir rentré dans son cœur.

La joie de miss Peyton était moins expressive; elle reprocha même plusieurs fois à sa nièce de trop se livrer à la sienne avant d'être certaine que leur attente ne serait pas trompée. Mais le léger sourire qui se peignait involontairement sur les lèvres de la bonne tante annonçait qu'elle partageait elle-même le sentiment qu'elle cherchait à modérer.

— Quoi! ma chère tante, répondit Frances avec enjouement à une de ses fréquentes remontrances, voudriez-vous que je réprimasse le plaisir que j'éprouve en songeant que Henry est sauvé, quand vous-même vous m'avez dit si souvent qu'il était impossible que des hommes tels que ceux qui gouvernent notre pays sacrifiassent un innocent?

— Oui, je le croyais et je le crois encore impossible, mon enfant; mais cependant il faut de la modération dans la joie aussi bien que dans le chagrin.

Frances se rappela ce qu'Isabelle lui avait dit en mourant, et tournant vers sa tante des yeux remplis des larmes de la reconnaissance, elle lui répondit:

— Vous avez raison, ma tante; mais il y a des sentiments qui refusent de céder à la raison. Ah! voyez ces monstres qui sont venus pour être témoins de la mort d'un de leurs semblables! ils font des évolutions dans ce champ, comme si cette vie n'était pour eux qu'une sorte de parade militaire.

— La vie n'est guère autre chose pour le soldat soudoyé, dit Henry cherchant à oublier ses inquiétudes.

— Vous les regardez vous-même, ma chère, comme si vous pensiez qu'une parade militaire a quelque chose de bien important, dit miss Peyton en remarquant que sa nièce regardait par la fenêtre avec une vive et profonde attention. Mais Frances ne lui répondit pas.

De la fenêtre devant laquelle elle était placée, elle voyait le défilé qu'elle avait suivi la veille en traversant les montagnes, et celle sur le sommet de laquelle elle avait vu la chaumière mystérieuse était précisément en face d'elle. Les flancs en étaient arides, rocailleux, et des barrières de rochers en apparence impénétrables se présentaient à travers les chênes rabougris et dépouillés de feuillage qui y étaient parsemés. La base de cette montagne n'était pas à un demi-mille de la ferme, et l'objet qui fixait l'attention de Frances était la figure d'un homme qui se montra un instant en sortant de derrière la pointe d'un rocher dont la forme était remarquable, et qui disparut aussitôt. Il répéta plusieurs fois cette manœuvre, comme si son intention eût été d'examiner, sans se laisser voir, les mouvements des troupes dans la plaine, et de reconnaître la position qu'elles y occupaient. Malgré la distance qui l'en séparait, Frances s'imagina sur-le-champ que cet homme était Harvey Birch. Elle devait peut-être cette impression à l'air et à la taille de cet individu, et, jusqu'à un certain point, à l'idée qui s'était déjà présentée à elle quand elle l'avait vu, sur cette montagne, entrer dans la chaumière qui y était si singulièrement placée ; car elle ne pouvait douter que ce ne fût le même homme, quoique en ce moment il n'eût plus l'apparence de difformité qu'elle avait attribuée à la balle du colporteur. Son imagination trouvait un point de jonction si frappant entre Harvey et M. Harper, attendu les manières également mystérieuses de ce dernier, que même dans des circonstances moins inquiétantes que celles où elle se trouvait alors, elle n'aurait voulu communiquer ses soupçons à personne. Frances réfléchissait donc en silence sur cette seconde apparition, et s'efforçait de découvrir quelle sorte de liaison pouvait avoir le destin de sa famille avec cet homme extraordinaire. Il avait certainement sauvé la vie de Sara lors de l'incendie des Sauterelles, et dans aucune circonstance il ne s'était montré ennemi des intérêts de la famille Wharton.

Après avoir eu longtemps les yeux fixés sur l'endroit où elle l'avait vu pour la dernière fois, dans la vaine attente de le voir encore reparaître, elle se tourna vers ses parents. Miss Peyton était assise près de Sara, qui semblait donner quelque attention à ce qui se passait, mais sans paraître éprouver ni joie ni chagrin.

— Je suppose qu'à présent, ma chère Frances, vous voilà bien au fait des manœuvres d'un régiment, dit miss Peyton à sa nièce en souriant; toutefois cette curiosité n'a rien de blâmable dans l'épouse d'un militaire.

— Je ne le suis pas encore, répondit Frances en rougissant jusqu'au blanc des yeux, et nous n'avons guère de motif pour désirer de voir un autre mariage dans notre famille.

— Frances, s'écria son frère en se levant et en se promenant dans la chambre d'un air agité, ne touchez pas de nouveau cette corde, je vous en supplie; tandis que mon destin est encore si douteux, je voudrais être en paix avec tout le genre humain.

— Eh bien! que tout doute disparaisse, dit Frances en courant vers la porte, car voici Dunwoodie qui arrive.

A peine avait-elle prononcé ces mots que la porte s'ouvrit, et le major entra. Sa physionomie n'annonçait ni la joie du triomphe, ni le chagrin de la défaite, mais il avait évidemment l'air contrarié. Il prit la main que Frances, dans la plénitude de son cœur, lui présenta; mais, la laissant échapper sur-le-champ, il se jeta sur une chaise, paraissant accablé de fatigue.

— Vous n'avez pas réussi, dit Wharton en tressaillant, mais avec un visage calme.

— N'avez-vous pas vu Harper? s'écria Frances en pâlissant.

— Non. Il paraît que, tandis que je traversais l'Hudson dans une barque, il le passait lui-même dans une autre pour venir de ce côté. Revenant sur-le-champ, j'ai réussi à le suivre à la piste pendant quelques milles, mais j'ai fini par perdre ses traces dans les montagnes. Je suis revenu ici pour ne pas vous laisser dans l'inquiétude, mais je retournerai cette nuit au camp, et j'en rapporterai un sursis pour Henry.

— Mais Washington, dit miss Peyton, l'avez-vous vu?

Dunwoodie la regarda d'un air distrait. Elle répéta sa question. Il lui répondit d'un ton grave et avec quelque réserve :

— Le commandant en chef avait quitté le quartier-général.

— Mais, Peyton, s'écria Frances avec une nouvelle terreur, s'ils ne se voient pas, il sera trop tard : Harper seul ne peut nous suffire.

Son amant leva lentement les yeux sur ses traits inquiets, et après les y avoir laissés reposer quelques instants, il ajouta d'un air pensif :

— Ne m'avez-vous pas dit qu'il a promis sa protection à Henry?

— Certainement, sans y être sollicité, et pour prouver sa reconnaissance de l'hospitalité qu'il avait reçue chez mon père.

Dunwoodie secoua la tête, et prit un air extrêmement grave.

— Je n'aime pas ce mot —hospitalité.—Il me semble froid. Il faut quelque raison plus forte pour influer sur Harper, et je tremble qu'il n'y ait quelque méprise. Répétez-moi tout ce qui s'est passé.

Frances s'empressa de le satisfaire. Elle lui raconta particulièrement la manière dont M. Harper était arrivé aux Sauterelles, l'accueil qu'il avait reçu, et tous les événements qui s'y étaient passés aussi exactement que sa mémoire put les lui rappeler. Lorsqu'elle parla de la conversation qui avait eu lieu entre M. Wharton et son hôte, le major sourit, mais il garda le silence. Elle entra alors dans le détail de l'arrivée de Henry et de tous les incidents de la seconde journée. Elle appuya sur la manière dont Harper avait engagé Henry à quitter son déguisement, et rapporta avec une exactitude merveilleuse les observations que leur hôte avait faites sur les dangers auxquels la démarche de son frère pouvait l'exposer. Elle cita même les paroles remarquables qu'il avait adressées à Henry, en lui disant qu'il pouvait être heureux pour lui qu'il fût instruit de sa visite et du motif qui l'avait occasionnée. Elle parla aussi, avec toute la chaleur de la jeunesse, de la bienveillance qu'il lui avait témoignée, en lui faisant une relation détaillée des adieux qu'il avait faits à toute la famille.

Dunwoodie l'écouta d'abord avec une grave attention. A mesure qu'elle avançait dans son récit, ses traits prenaient un air de satisfaction. Il sourit lorsqu'elle fit allusion à la bonté paternelle avec laquelle Harper lui avait parlé; et lorsqu'elle eut terminé son récit, il s'écria avec transport :

— Nous sommes sauvés! nous sommes sauvés!

Mais il fut interrompu, comme on le verra dans le chapitre suivant.

CHAPITRE XXVIII.

> Le hibou aime l'ombre de la nuit ; l'alouette salue le point du jour ; la timide colombe roucoule sous la main ; mais le faucon prend son essor au plus haut des airs.—*Duo*.

Dans un pays peuplé par les victimes de la persécution qui abandonnèrent leurs foyers domestiques par des principes de conscience, on ne se dispense pas, quand les circonstances le permettent, des solennités religieuses dont il est d'usage que la mort d'un chrétien soit accompagnée. La bonne femme, maîtresse de la ferme dans laquelle Henry était détenu, était stricte observatrice de toutes les formes de l'église dont elle faisait partie; et ayant elle-même puisé le sentiment de sa dignité dans les exhortations du ministre qui haranguait les habitants de la paroisse voisine, elle pensait que ses saintes paroles pouvaient seules mettre à profit le court espace de temps que Henry Wharton avait encore à vivre, de manière à le faire entrer dans le port du salut. Ce n'était pas que la bonne matrone ignorât assez les doctrines de la religion qu'elle professait pour croire en théorie que le secours d'un homme fût indispensable pour ouvrir les portes du ciel; mais elle avait entendu si longtemps les prédications d'un bon ministre, qu'elle s'était pénétrée, sans le savoir, d'une confiance pratique en ses moyens pour obtenir ce qui ne peut venir que de la Divinité même, comme sa foi aurait dû le lui apprendre. Elle n'envisageait la mort qu'avec terreur, et dès qu'elle avait appris la sentence rendue contre le prisonnier, elle avait fait partir César, monté sur le meilleur des chevaux de son mari, pour aller chercher ce guide spirituel. Elle avait fait cette démarche sans consulter ni Henry ni ses parents, et ce ne fut que lorsqu'on eut besoin des services du nègre qu'elle fit connaître le motif de son absence. Le jeune officier éprouva d'abord une répugnance invincible à admettre près de lui un tel consolateur spirituel; mais, à mesure que l'intérêt qu'on prend aux choses de ce monde commence à s'affaiblir, les habitudes et les préjugés cessent de conserver leur influence, et un salut silencieux exprima ses remerciements des soins de la bonne femme, et son consentement à en profiter.

Le nègre revint bientôt de son expédition, et autant qu'on put tirer une conclusion de sa relation décousue et peu intelligible, il parut certain qu'on pouvait attendre un ministre de l'église avant la fin de la journée. L'interruption dont nous avons parlé dans le chapitre précédent fut occasionnée par l'arrivée de la fermière dans la chambre qui précédait celle de Henry. A la demande de Dunwoodie, des ordres avaient été donnés au factionnaire qui gardait la porte de ce dernier appartement, d'y laisser entrer en tout temps les membres de la famille du prisonnier, et César, comme étant à leur service, avait la même permission; mais il était strictement enjoint de ne laisser arriver jusqu'à lui aucune autre personne, sans un ordre spécial, qui ne devait être accordé qu'après un mûr examen. Dunwoodie se trouvait inclus dans le nombre des parents de Henry, et il avait donné sa parole au nom de tous qu'ils ne feraient aucune tentative pour favoriser son évasion. Une courte conversation se passait entre la fermière et le sergent de garde devant la porte, que le factionnaire avait déjà entr'ouverte par anticipation.

— Voudriez-vous priver des consolations de la religion un de vos semblables prêt à subir la mort? disait la bonne femme avec un zèle ardent. Voudriez-vous plonger une âme dans la fournaise des flammes, quand un ministre arrive pour le guider dans le sentier droit et étroit?

— Écoutez-moi, bonne femme, répondit le caporal en la repoussant avec douceur : je n'ai pas envie que mon dos devienne une échelle pour monter au ciel. J'ai ma consigne, et je ferais une jolie figure au piquet, si je m'avisais d'y contrevenir. Allez demander un ordre au lieutenant Mason, et amenez ensuite toute votre congrégation si bon vous semble. Il n'y a pas une heure que nous avons relevé l'infanterie, et je ne me soucie pas qu'on dise que nous ne connaissons pas notre devoir aussi bien que des miliciens.

— Laissez entrer cette femme, dit Dunwodie en se présentant à la porte, remarquant pour la première fois que ce poste avait été confié à la garde de son propre corps.

Le caporal porta la main à son front et se retira ; le factionnaire présenta les armes au major, et la fermière entra dans la chambre.

— Il y a en bas, dit-elle, un digne ministre arrivé pour adoucir le départ de cette âme, en place du révérend M.—, qui n'a pu venir, attendu qu'il doit enterrer ce soir le vieux M.—.

— Faites-le monter, dit Henry avec impatience. Mais le laissera-t-on entrer? Je ne voudrais pas qu'un étranger, un ami de notre digne ministre, reçût un affront à la porte.

Tous les yeux se tournèrent vers Dunwoodie, qui, regardant à sa montre, dit quelques mots à Henry à demi-voix, et sortit de l'appartement, suivi par Frances. Le sujet de leur conversation fut le désir qu'avait témoigné le prisonnier de voir un ministre de l'église anglicane, et le major promit d'en envoyer un de Fishkill, où il devait passer pour trouver Harper à son retour par le bac. Mason parut bientôt à la porte ; la fermière lui réitéra sa demande, il y consentit sans difficulté, et en conséquence elle alla chercher le ministre.

Le personnage qui fut alors introduit dans la chambre précédé par César, dont la figure avait une gravité imposante, et suivi par la matrone, laquelle paraissait prendre un vif intérêt à cette entrevue, avait passé le moyen âge de la vie. Il était d'une taille plus qu'ordinaire, quoique son excessive maigreur pût contribuer à le faire paraître plus grand qu'il ne l'était. Sa physionomie dure et sévère semblait impassible, et aucun de ses muscles ne paraissait doué de mouvement. Le plaisir et la joie paraissaient avoir toujours été étrangers à ses traits austères, et qui n'annonçaient que la haine des vices du genre humain. De gros sourcils noirs devaient ajouter à l'expression déjà dure de ses yeux ; mais ses yeux étaient couverts par d'énormes lunettes vertes, à travers lesquelles perçait l'air de la menace plutôt que de cette encourageante bonté qui, formant l'essence de notre sainte religion, devrait en caractériser les ministres. Rien en lui ne parlait de charité, mais tout annonçait l'enthousiasme et le fanatisme. De longues mèches de cheveux plats, noirs, mais commençant à grisonner, se séparaient sur son front, et retombaient sur son cou en couvrant une partie de ses joues. Cette coiffure, à laquelle les grâces n'avaient pas présidé, était surmontée d'un énorme chapeau à larges cornes, formant un triangle équilatéral, et enfoncé sur sa tête. Il portait un habit complet d'un drap noir auquel le temps avait donné une couleur de rouille, et des bas de laine assortis à ce costume ; ses souliers n'étaient pas cirés, et ils étaient à demi cachés sous de grandes boucles de cuivre argenté.

Il s'avança dans la chambre avec un air de dignité, fit une inclination de tête d'un air raide, s'assit sur la chaise que César lui présenta, et y resta en silence. Plusieurs minutes se passèrent sans que personne parût disposé à le rompre, Henry éprouvant pour le révérend une répugnance qu'il tâchait inutilement de surmonter, et celui-ci se bornant à faire entendre de temps en temps des soupirs et des gémissements qui semblaient menacer de dissoudre l'union de son âme divine avec l'argile terrestre et grossière qu'elle habitait. Pendant cette scène, qui était bien véritablement une préparation à la mort, M. Wharton, par suite d'un sentiment à peu près semblable à celui de son fils, sortit de la chambre, et emmena Sara avec lui. Le révérend le vit partir avec un air de dédain méprisant, et commença à fredonner l'air d'un psaume avec toute la richesse de l'accent nasal qui distingue la psalmodie des Etats de l'est de l'Amérique.

— César, dit miss Peyton, présentez à monsieur quelques rafraîchissements : il doit en avoir besoin après sa course.

— Ma force n'est pas dans les choses de ce monde, répondit le révérend d'une voix creuse et sépulcrale. Trois fois aujourd'hui j'ai été appelé pour le service de mon maître, et je n'ai pas senti de faiblesse. Il est pourtant vrai que cette chair périssable exige quelque soutien, et l'ouvrier mérite un salaire.

Ouvrant une énorme paire de mâchoires pour faciliter la sortie d'une chique d'une taille proportionnée, il se versa une bonne rasade de l'eau-de-vie que César lui présentait, et la vida avec une facilité toute mondaine.

— Je crains, Monsieur, dit miss Peyton, que la fatigue que vous avez éprouvée ne vous permette pas d'accomplir les devoirs dont votre charité vous a engagé à vous charger.

— Femme, s'écria le révérend avec une énergie foudroyante, quand m'a-t-on jamais vu reculer à l'instant de m'acquitter d'un de mes devoirs ? Ne jugez pas, de peur d'être jugée ! et ne vous imaginez pas qu'il soit donné aux yeux des mortels de pénétrer les intentions de la Divinité.

— Je ne prétends juger ni les intentions de mes semblables, ni encore moins celles de la Divinité, répondit miss Peyton avec douceur, quoique mécontente du ton que prenait cet étranger.

— C'est bien, femme, c'est bien, dit le ministre en secouant la tête avec un air d'orgueil et de mépris ; l'humilité convient à ton sexe et à ton état de perdition, car ta faiblesse t'emporte vers ta ruine.

Surprise d'une conduite si extraordinaire, mais cédant à l'habitude qui nous porte à parler avec respect de tout ce qui tient à la religion, même quand nous ferions mieux de garder le silence, elle répondit encore avec douceur : — Il existe une puissance qui peut et qui daigne nous soutenir quand nous l'implorons avec confiance et humilité.

L'étranger la regarda avec un air de mécontentement, et donnant à ses traits une expression d'humilité, il lui dit d'un ton toujours aussi repoussant :

— Tous ceux qui crient merci ne seront pas entendus. Il n'appartient pas aux hommes de juger des voies de la Providence, car il y a beaucoup d'appelés et peu d'élus. Il est plus aisé de parler d'humilité que d'en éprouver une véritable. Vil vermisseau, es-tu assez humble pour désirer de glorifier Dieu par ta propre damnation? Si tu ne portes pas jusque-là l'amour que tu lui dois, tu ne vaux pas mieux que les publicains et les pharisiens.

Un fanatisme si grossier était si peu commun en Amérique, que miss Peyton crut un instant que la raison de ce ministre était égarée. Mais, se rappelant que celui qui l'avait envoyé était un homme bien connu et jouissant d'une grande réputation dans ces environs, elle écarta cette idée, et se contenta de lui répondre :

— Je puis me tromper en croyant que les sources de la miséricorde divine sont ouvertes pour tous les hommes; mais cette doctrine est si consolante, que je serais bien fâchée d'être détrompée.

— Il n'y a de miséricorde que pour les élus, dit le ministre avec force, et tu es dans la vallée des ombres de la mort. N'es-tu pas de cette religion qui ne consiste qu'en vaines et futiles cérémonies, et que nos tyrans voudraient établir ici, de même que leurs lois sur le timbre et sur le thé? Réponds-moi, et songe que Dieu entend ta réponse : ne fais-tu point partie de cette secte impie et idolâtre?

— Je suis la religion de mes pères, dit miss Peyton en faisant signe à Henry de garder le silence, et je n'ai d'autre idole que l'infirmité de la nature humaine.

— Oui, oui, je le sais. Tu écoutes ces hommes de chair et de sang qui ne sauraient prêcher qu'un livre à la main. Etait-ce ainsi que saint Paul convertissait les gentils?

— Ma présence est inutile ici, dit miss Peyton d'un ton un peu sec; je vais vous laisser avec mon neveu, et offrir dans la solitude des prières que j'aurais voulu joindre aux siennes.

A ces mots elle se retira, suivie de la bonne fermière qui était aussi étonnée que peu contente du zèle outré de sa nouvelle connaissance; car, quoiqu'elle crût fermement que miss Peyton, ainsi que tous ceux qui partageaient les opinions de l'Église anglicane, étaient sur le chemin de la perdition, elle ne pensait pas qu'on dût leur dire de pareilles vérités en face.

Henry avait contenu jusqu'alors, non sans peine, l'indignation que lui avait inspirée cette attaque si peu méritée contre une tante dont la douceur était inépuisable; mais, dès qu'il ne vit plus près de lui que le ministre et César, il s'y abandonna, et dit avec chaleur :

— Je vous avouerai, Monsieur, qu'en recevant la visite d'un ministre de Dieu, je comptais trouver en lui un chrétien, un homme qui, sentant sa propre faiblesse, pouvait avoir pitié de celle des autres. Vous avez blessé l'esprit de douceur de cette excellente femme, et je ne me sens pas disposé à partager les prières d'un homme si intolérant.

Le révérend avait tourné la tête pour suivre des yeux, avec une sorte de pitié méprisante, miss Peyton qui se retirait. Il se redressa sans changer de position, et semblant regarder ce que venait de dire le prisonnier comme indigne de son attention. Mais une autre voix s'écria :

— Il y a bien des femmes qu'un pareil langage aurait fait tomber dans des convulsions ; mais le but n'en est pas moins atteint.

— Qui parle ainsi ? s'écria Henry en regardant autour de lui avec surprise.

— C'est moi, capitaine Wharton, répondit Harvey Birch en ôtant ses lunettes et en montrant ses yeux perçants, brillant sous ses faux sourcils.

— Juste ciel ! Harvey !

— Chut ! c'est un nom qu'il ne faut pas prononcer, et surtout au cœur de l'armée américaine. Il se tut un instant et jeta les yeux autour de lui avec une forte émotion, mais toute différente de celle qu'inspire une lâche crainte. C'est un nom qui contient mille cordes, ajouta-t-il ensuite, et si j'étais découvert, je n'aurais guère d'espoir d'échapper encore une fois. Mais je ne pouvais dormir en paix, en sachant qu'un innocent était sur le point de périr de la mort d'un chien, quand il m'était possible de le sauver.

— Si vous courez de si grands risques, dit Henry avec une généreuse ardeur, retirez-vous comme vous êtes venu, et abandonnez-moi à mon destin. Dunwoodie fait en ce moment les plus grands efforts en ma faveur, et s'il peut trouver cette nuit M. Harper, je suis certain d'être sauvé.

— Harper ! répéta le colporteur, restant la main en l'air à l'instant où il allait replacer ses lunettes ; que savez-vous d'Harper ? Pourquoi croyez-vous qu'il veuille vous rendre service ?

— Parce qu'il me l'a promis. Avez-vous oublié que je l'ai vu chez mon père ? il m'a promis sa protection sans que je la lui demandasse.

— Mais le connaissez-vous ? c'est-à-dire, quelle raison vous porte à croire qu'il puisse vous rendre service, et en outre qu'il ait dessein de tenir la promesse que vous dites qu'il vous a faite?

— La nature serait coupable d'une bien grande imposture, si elle avait donné à un homme faux et trompeur les traits de l'honneur et de la franchise. D'ailleurs Dunwoodie a de puissants amis dans l'armée rebelle; il vaut donc mieux que j'attende l'événement là où je suis, plutôt que de vous exposer à une mort certaine si vous étiez découvert.

— Capitaine Wharton, dit Birch après avoir regardé autour de lui par suite de son habitude de circonspection, et parlant avec un sérieux imposant, ni Harper, ni Dunwoodie, ni qui que ce soit au monde, ne peut vous sauver, excepté moi. Si je ne réussis à vous tirer d'ici avant une heure, demain matin vous figurerez sur l'échafaud comme si vous étiez un assassin. Oui, telles sont leurs lois. Celui qui pille et qui tue dans la guerre est honoré et récompensé, et celui qui sert son pays fidèlement et honnêtement comme espion vit méprisé, ou est pendu sans miséricorde.

— Monsieur Birch, s'écria Wharton avec indignation, vous oubliez que je n'ai jamais joué le rôle méprisable d'espion. Vous savez que cette accusation est fausse et calomnieuse.

Le sang monta au visage naturellement pâle du colporteur; mais ses traits reprirent en un instant leur expression accoutumée.

— Ce que je vous ai dit doit suffire, répondit-il. J'ai rencontré César ce matin, et j'ai concerté avec lui le plan qui vous sauvera, s'il est exécuté comme je le désire; sans quoi, je vous le répète, nul pouvoir sur la terre ne peut vous sauver, pas même Washington.

— Je me soumets, dit Henry cédant au ton pressant du colporteur, dont les discours lui inspiraient de nouvelles craintes sur sa situation.

Harvey lui fit signe de garder le silence, et s'avançant vers la porte, il l'ouvrit en reprenant l'air de raideur et le ton formel qu'il avait en entrant dans la chambre.

— Ami, dit-il au factionnaire, ne laissez entrer personne. Nous allons nous mettre en prière; et nous désirons être seuls.

— Je ne crois pas que personne désire vous interrompre, répondit le dragon avec un sourire presque moqueur; mais si quelqu'un de la famille du prisonnier se présente, je n'ai pas le droit de l'empêcher d'entrer. J'ai ma consigne, et je dois l'exécuter, que l'Anglais aille au ciel ou non.

— Audacieux pécheur! s'écria le prétendu ministre, n'avez-vous donc pas la crainte de Dieu devant les yeux? Je vous dis que si vous avez quelque frayeur du châtiment qui attend les impies au dernier jour, vous ne devez permettre à aucun membre de la communion des idolâtres de venir troubler les justes dans leurs prières.

— Ha! ah! ha! quel noble commandant vous seriez pour le sergent Hollister! vous prêcheriez à le rendre muet. Ecoutez : j'ai seulement à vous prier de ne pas beugler vos prières de manière à empêcher mes camarades d'entendre le son de la trompette, car vous seriez cause que plus d'un pauvre diable se trouverait privé de sa ration de grog pour ne pas s'être montré à la parade du soir. Si vous voulez être seuls, n'avez-vous pas un couteau à placer entre la gâche et le loquet? Vous faut-il une compagnie de dragons pour garder votre conventicule?

Harvey ferma la porte sur-le-champ, et profitant du conseil du dragon, prit la précaution qu'il venait de lui indiquer.

— Vous passez les bornes de la prudence, dit Henry craignant à chaque instant une découverte; votre zèle est exagéré.

— Cela pourrait être, s'il s'agissait de soldats d'infanterie, de ces miliciens des provinces de l'est, répondit Harvey en vidant un sac que lui remit César; mais ces dragons de Virginie sont des drôles à qui il faut parler ainsi. Il ne faut pas ici de demi-mesures, capitaine Wharton. Mais allons, voilà un voile noir sous lequel il faut cacher votre bonne mine, ajouta-t-il en lui appliquant sur le visage un masque de cette couleur ; il faut que le maître et le serviteur changent de place pour quelques instants.

— Moi pas croire que lui me ressembler le moins du monde, dit César en regardant son jeune maître avec une sorte de mécontentement.

— Attendez, que j'aie placé la laine, César, dit le colporteur avec cet air de sarcasme qu'il prenait quelquefois.

— Lui être pire que jamais à présent, dit le nègre toujours mécontent; lui avoir une tête comme un mouton noir, et deux lèvres ! moi n'en avoir jamais vu de semblables.

On avait mis le plus grand soin à préparer les divers objets nécessaires au déguisement du capitaine Wharton, et lorsqu'ils furent placés sur lui avec l'adresse et l'intelligence du colporteur, ils opérèrent une métamorphose qu'une attention extraordinaire aurait pu seule découvrir. Le masque offrait les traits et la couleur de la race africaine, et la perruque était si artistement composée de laine noire et blanche, que César lui-même finit par y donner son approbation.

—Dans toute l'armée américaine, capitaine Wharton, dit Harvey en regardant son ouvrage avec un air de satisfaction, il n'y a qu'un seul homme qui pourrait vous découvrir, et heureusement il n'est pas ici en ce moment.

—Et qui est cet homme?

—Celui qui vous a arrêté; il apercevrait votre peau blanche sous le cuir d'un cheval. Mais déshabillez-vous tous deux ; il faut que vous changiez de vêtements de la tête aux pieds.

César, qui avait reçu du colporteur des instructions détaillées dans leur entrevue du matin, commença sur-le-champ à se débarrasser de ses habits grossiers; son jeune maître les prit, et se disposa à s'en revêtir, sans pouvoir pourtant cacher entièrement le dégoût que ce troc lui inspirait.

Il y avait dans les manières d'Harvey un singulier mélange d'inquiétude et de bonne humeur qui prenait sa source tant dans la connaissance qu'il avait du péril que dans les détails grotesques dont il s'occupait, et dans l'indifférence produite par une longue habitude de braver la mort.

—Allons, capitaine, dit-il en prenant de la laine pour l'enfoncer dans les bas de César qui étaient déjà sur les jambes du prisonnier, il faut quelque jugement pour donner à ces membres une forme convenable. Vous allez les mettre en vue en montant à cheval, et ces dragons du sud ont de bons yeux. S'ils apercevaient une jambe si bien tournée, ils sauraient sur-le-champ qu'elle n'a jamais appartenu à la carcasse d'un nègre.

—Sur ma foi, dit César en riant à se fendre la bouche d'une oreille à l'autre, pantalons de jeune maître m'aller à ravir !

—Excepté aux jambes, dit le colporteur en continuant à s'occuper avec sang-froid de la toilette de Henry. Maintenant passez cet habit, capitaine. Réellement vous pourriez figurer à merveille dans une mascarade. Et vous, César, mettez-vous sur la tête cette perruque bien poudrée ; ayez bien soin de regarder par la fenêtre quand on ouvrira la porte, et de ne pas prononcer un seul mot, sans quoi vous nous trahiriez tous.

—Harvey supposer qu'homme de couleur pas avoir une langue comme les autres, murmura César en prenant l'attitude qui venait de lui être enjointe.

Tout était prêt, il ne restait plus qu'à agir; mais auparavant le prudent colporteur répéta encore toutes ses instructions aux deux acteurs de cette scène. Il recommanda au capitaine de déguiser sa tournure militaire, de voûter sa taille droite et d'imiter de son mieux l'humble démarche du serviteur de son père; enfin il enjoignit de nouveau à César la discrétion et surtout le silence. Tous ces préparatifs étant terminés, il ouvrit la porte et appela à haute voix le factionnaire, qui s'était retiré à l'autre bout de la chambre dans laquelle il montait sa garde, pour ne dérober aucune partie des consolations spirituelles qu'il sentait appartenir à un autre.

—Appelez la maîtresse de la maison, dit Harvey du ton solennel qui convenait à son air emprunté, et qu'elle vienne seule. Le prisonnier est occupé de pieuses méditations, et il ne faut pas l'en distraire.

César baissa la tête et appuya son front sur ses deux mains, qui était couvertes par des gants, et quand le soldat jeta un coup d'œil dans l'appartement, il crut voir son prisonnier livré à de profondes réflexions. Jetant un regard de mépris sur le ministre, il appela à haute voix la bonne fermière que son zèle religieux fit accourir sur-le-champ, dans l'espoir qu'elle allait être admise à entendre les expressions du repentir d'un pécheur prêt à expirer.

—Ma sœur, dit Harvey en prenant le ton d'autorité d'un maître, avez-vous ici un livre intitulé: *Les derniers moments du criminel chrétien, ou Pensées sur l'éternité, à l'usage de ceux qui doivent mourir de mort violente?*

—Je n'ai jamais entendu parler de ce livre, dit la matrone avec surprise.

—Cela est assez probable, il y en a beaucoup d'autres qui ne vous sont pas plus connus. Il est impossible que ce pauvre pénitent meure en paix sans les consolations qu'il puisera dans ce livre. Une heure de cette lecture vaut les sermons de toute la vie d'un homme.

—Quel trésor! et où a-t-il été imprimé?

—Il a été composé en grec à Genève, et traduit et imprimé à Boston. C'est un livre, femme, qui devrait être entre les mains de tout chrétien, et particulièrement de ceux qui doivent mourir sur l'échafaud. Faites seller à l'instant un cheval pour ce nègre; il m'accompagnera chez mon frère le ministre de —, et le prisonnier recevra cet ouvrage encore à temps. Mon frère, que le calme rentre dans votre esprit; vous êtes maintenant sur le sentier glorieux du salut.

César se sentait mal à l'aise sur sa chaise; cependant il conserva assez de présence d'esprit pour rester le visage caché sous ses mains. La fermière partit pour obéir aux ordres du prétendu ministre, et les trois conspirateurs restèrent seuls.

— Tout va bien, dit le colporteur. A présent la tâche la plus difficile est de tromper l'officier qui commande la garde. C'est le lieutenant de Lawton, et son capitaine lui a donné quelque chose de sa clairvoyance en pareilles affaires. — Capitaine Wharton, ajouta-t-il avec un air de fierté, songez que voici le moment où tout va dépendre de votre sang-froid.

— Quant à moi, mon brave ami, répondit Henry, mon sort ne peut guère empirer; mais je ferai tout ce qui me sera possible pour ne pas vous compromettre.

— Et puis-je être plus compromis, plus persécuté que je ne le suis déjà? s'écria Harvey avec cet air d'égarement qu'on remarquait en lui quelquefois. Mais je LUI ai promis de vous sauver, et je ne lui ai jamais manqué de parole.

— A qui? demanda Henry avec un mouvement de curiosité.

— A personne, répondit le colporteur.

Le factionnaire les avertit en ce moment que les deux chevaux étaient à la porte. Harvey jeta un coup d'œil sur Wharton pour lui faire signe de le suivre, et descendit le premier, après avoir recommandé à la fermière de laisser le prisonnier seul, afin qu'il pût digérer la manne salutaire dont il venait de le nourrir.

Le bruit du caractère étrange du ministre était arrivé jusqu'au corps-de-garde; et quand Harvey et Wharton furent sortis de la ferme, ils trouvèrent devant la porte une douzaine de dragons fainéants qui s'y promenaient dans l'intention d'y attendre le fanatique pour s'amuser à ses dépens. En ce moment ils affectaient d'admirer les deux chevaux.

— Vous avez là un beau coursier, dit le chef du complot à Harvey; mais il n'a pas beaucoup de chair sur les os. C'est sans doute par suite des fatigues que lui donne votre profession.

— Ma profession peut être laborieuse tant pour moi que pour ce fidèle animal, mais le jour du compte n'est pas loin, et alors je recevrai la récompense de mes travaux et de mes services, dit Birch en plaçant un pied sur l'étrier et en se disposant à se mettre en selle.

— Ainsi donc, dit un autre, vous travaillez comme nous nous battons, c'est-à-dire pour une paye?

— Sans doute. Le laboureur ne mérite-t-il pas un salaire?

— Eh bien! puisque nous avons un moment de loisir, il faut que vous nous fassiez un petit sermon. Nous sommes un tas de réprouvés : qui sait si vous ne nous convertirez pas? Allons, montez sur ce bloc de bois, et prenez votre texte où vous voudrez.

Les dragons se groupèrent autour du colporteur avec un air joyeux, et celui-ci, jetant un coup d'œil expressif au capitaine qu'on avait laissé monter à cheval sans l'inquiéter, répondit avec calme :

— Bien volontiers; c'est mon devoir. César, prenez l'avance, et allez chercher le livre en question, sans quoi il arrivera trop tard, car les heures du prisonnier sont comptées.

— Oui, oui, César, pars; va chercher le livre, s'écrièrent une demi-douzaine de voix, tous les dragons étant attroupés autour du prétendu ministre, et se faisant une fête de le mystifier.

Harvey craignit intérieurement que si les soldats venaient à manier ses vêtements avec peu de cérémonie, sa perruque ou son chapeau ne se déplaçât, accident qui aurait infailliblement fait échouer son entreprise; il prit donc le parti de céder de bonne grâce à leur demande. Etant monté sur le bloc, il toussa deux ou trois fois, jeta encore plusieurs coups d'œil au capitaine, qui n'en resta pas moins immobile, et commença ainsi qu'il suit :

— J'appellerai votre attention, mes frères, sur deux versets du second livre de Samuël, où vous trouverez les mots suivants : Et le roi fit une complainte sur Abner, et dit : Abner est-il mort comme meurt un lâche? Tes mains n'étaient point liées, et tes pieds n'avaient point été mis dans les fers; mais tu es tombé comme on tombe devant les méchants; et tout le peuple recommença à pleurer sur lui. — César, je vous le répète, partez en avant et allez chercher le livre comme je vous l'ai dit. L'esprit de votre maître est dans la souffrance faute de l'avoir.

— Excellent texte, s'écrièrent les dragons; continuez! continuez! Boule de neige peut rester; il a besoin d'être prêché tout comme un autre.

— Eh bien! drôles! que faites-vous donc là? s'écria le lieutenant Mason, qui revenait en ce moment d'une petite promenade qu'il avait faite afin d'aller rire aux dépens d'un régiment de milice qui faisait l'exercice. Retirez-vous tous, et que je trouve un cheval qui ne soit pas étrillé, ou qui manque de litière, quand je ferai ma ronde!

Le son de la voix de l'officier opéra comme un talisman, et nul prédicateur n'aurait pu désirer un auditoire plus silencieux, quoique peut-être il en eût souhaité un plus nombreux. A peine Mason avait-il fini de parler qu'il ne restait plus à Harwey d'autre auditeur que le représentant de César. Le colporteur profita de ce moment pour monter à cheval; mais pour bien jouer son rôle, il fallait qu'il mit de la gravité dans ses mouvements, car la remarque du dragon sur la maigreur de son cheval n'était que trop juste, et il voyait une douzaine d'excellents chevaux sellés et bridés et prêts à recevoir leurs cavaliers.

— Eh bien! dit Mason à Harvey, avez-vous mis la bride sur le cou du pauvre diable qui est là-haut? Peut-on le lâcher en sûreté sur la route de l'autre monde?

— L'esprit malin inspire tes discours, homme profane, répondit le faux ministre en joignant les mains et en les levant au ciel avec une sainte horreur, et je partirai d'ici comme Daniel délivré de la fosse du lion.

— Pars donc, hypocrite! pars, misérable chanteur de psaumes, brigand déguisé! dit Mason d'un ton de mépris. Par la vie de Washington! un brave soldat ne peut retenir son indignation en voyant de pareilles bêtes de proie, de tels animaux voraces, ravager un pays pour lequel il verse son sang! Si je te tenais sur mon habitation de Virginie, je t'apprendrais un autre métier : je te ferais planter du tabac.

— Oui, je partirai en secouant la poussière de mes souliers, pour que rien de ce qui sort de cette caverne impure ne puisse souiller les vêtements du juste.

— Et dépêche-toi, ou je secouerai la poussière de tes habits. Un drôle qui s'avise de venir prêcher mes soldats! C'est ce fou d'Hollister qui leur met le diable au corps par ses exhortations. Eh bien! eh bien! noiraud, où allez-vous donc en si bonne compagnie?

— Il m'accompagne, dit Harvey se hâtant de répondre pour Henry, pour rapporter à son maître un livre qui lui aplanira le chemin du ciel, et qui rendra son âme aussi blanche que la peau de ce nègre est noire. Voudriez-vous priver un homme qui va mourir des consolations de la religion?

— Oh! non, non. Le pauvre diable! je le plains de toute mon

âme! une de ses tantes nous a donné un fameux déjeuner. Mais à présent que tu lui as fait ta visite, maître Apocalypse, et qu'il peut mourir en bonne conscience, ne te montre plus ici, si tu as quelque égard pour la peau qui couvre ton squelette.

— Je ne cherche pas la société des impies et des blasphémateurs, dit Birch en s'éloignant, suivi du prétendu César, avec un air de gravité cléricale; je pars, mais je laisse derrière moi ce qui fera ta condamnation, et j'emporte ce qui fait la joie et la consolation de mon âme.

— Va-t'en au diable! dit Mason avec un sourire méprisant. Le drôle se tient à cheval comme un pieu, et ses jambes sont étalées comme les cornes de son chapeau. Je voudrais le tenir dans ces montagnes où les lois ne sont pas très-rigides, je lui...

— Caporal de la garde! caporal de la garde! s'écria la sentinelle stationnée à la porte de la chambre de Henry; caporal de la garde! caporal de la garde!

Le caporal monta à la hâte l'escalier étroit qui conduisait à la chambre du prisonnier, et demanda au factionnaire pourquoi il criait ainsi.

Le soldat était debout devant la porte ent'rouverte, et regardant avec un air de soupçon l'officier anglais supposé. En voyant arriver son lieutenant qui avait suivi le caporal, il recula avec un respect d'habitude, et Mason lui ayant fait la même question, il répondit avec un air pensif et embarrassé :

— Je ne sais ce que c'est, Monsieur, mais le prisonnier a une mine singulière. Depuis que le prédicateur est parti, il n'a pas l'air comme auparavant. Cependant, ajouta-t-il en le regardant avec attention par-dessus l'épaule de son officier, il faut que ce soit lui : voilà bien sa tête poudrée; voilà la couture qu'on a faite à la manche de son habit par suite de la blessure qu'il a reçue lors de notre dernière escarmouche avec l'ennemi.

— Et vous faites tout ce tapage parce que vous doutez que ce soit réellement le prisonnier! Et qui diable voulez-vous que ce soit, drôle?

— Si ce n'est pas lui, je ne sais qui ce pourrait être; mais si c'est lui, il est devenu plus gros et plus petit. Et voyez vous-même, Monsieur, il tremble de tous ses membres comme s'il avait la fièvre.

Cela n'était que trop vrai. César entendait avec alarme cette courte conversation, et après s'être applaudi d'avoir contribué à favoriser l'évasion de son jeune maître, ses pensées commençaient fort naturellement à se reporter sur les conséquences qu'elle pourrait avoir pour lui-même. L'instant de silence qui suivit la dernière remarque du factionnaire ne contribua nullement à lui rendre l'usage de toutes ses facultés ; le lieutenant Mason était occupé pendant ce temps à examiner de ses propres yeux le personnage suspect, et César ne l'ignorait pas, car il s'était assuré du fait par un coup d'œil qu'il avait jeté sur lui, au moyen d'un passage qu'il avait ménagé à sa vue sous un de ses bras pour faire une reconnaissance. Le capitaine Lawton aurait découvert la fraude en un instant, mais Mason n'était pas doué de la même pénétration que son commandant. Au bout de quelques moments il se tourna vers le soldat avec un air dédaigneux, et dit à demi-voix :

— C'est cet anabaptiste, ce quaker, ce méthodiste, ce misérable chanteur de psaumes qui lui a tourné l'esprit à force de lui parler de soufre et de flammes. Je vais causer un instant avec lui : une conversation raisonnable le remettra dans son état naturel.

— J'ai entendu dire, reprit le dragon en reculant et en ouvrant les yeux comme s'ils eussent voulu sortir de leurs orbites, qu'une grande frayeur peut quelquefois changer la couleur des cheveux du noir au blanc ; mais ici elle a changé celle de la peau d'un capitaine de l'armée royale du blanc au noir.

Le fait était que César, n'ayant pas entendu ce que Mason venait de dire à voix basse, et étant déjà saisi de crainte par tout ce qui s'était passé, avait imprudemment repoussé sa perruque au-dessus d'une de ses oreilles afin de mieux entendre, sans songer que sa couleur le trahirait. Le factionnaire, dont les yeux étaient attachés sur son prisonnier, avait remarqué ce mouvement ; l'attention de Mason se porta sur-le-champ sur le même objet, et oubliant toute délicatesse à l'égard d'un officier dans le malheur, ou plutôt ne songeant qu'au blâme qui pouvait retomber sur son corps, il s'élança dans la chambre et saisit à la gorge l'Africain épouvanté ; car, dès que César avait entendu nommer la couleur de sa peau, il avait prévu que tout était découvert, et au premier bruit des grosses bottes du lieutenant sur le plancher, il s'était levé précipitamment et s'était enfui dans le coin le plus éloigné de la chambre.

— Qui es-tu ? s'écria Mason en lui frappant la tête contre la muraille à chaque question ; qui diable es-tu ? Où est l'officier anglais? Parle donc, mille tonnerres! réponds-moi, misérable, ou je te fais accrocher à la potence préparée pour l'espion.

César tint bon. Ni les menaces ni les coups ne purent lui arracher un seul mot. Mais enfin le lieutenant changea son mode d'attaque, et par une transition assez naturelle, envoya sa lourde botte dans une direction qui la mit en contact avec l'os d'une jambe de César. C'était la partie sensible du nègre, et le cœur le plus endurci n'aurait pu exiger de lui une plus longue résistance. La patience lui manqua, et il s'écria :

— Holà! Massa! vous croire que moi pas sentir?

— De par le ciel! s'écria Mason, c'est le vieux nègre! Misérable! où est ton maître? qui est ce coquin de ministre? Et tout en parlant ainsi, il fit un mouvement de pied, comme s'il se fût préparé à livrer un nouvel assaut. Mais César lui demanda merci à grands cris, et lui promit de lui dire tout ce qu'il savait.

— Qui était ce ministre? demanda Mason en levant sa jambe redoutable et en la tenant dans une attitude menaçante.

— Harvey! Harvey! s'écria César en levant alternativement celle de ses jambes qu'il croyait menacée, et en exécutant ainsi une espèce de danse.

— Harvey! Qui? chien de moricaud! s'écria le lieutenant impatient et laissant enfin partir le coup dont le menaçait sa vengeance.

— Harvey Birch! répondit César en tombant à genoux, tandis que de grosses larmes coulaient sur son visage luisant.

— Harvey Birch! répéta Mason en poussant le nègre avec une violence qui le fit tomber; et il descendit rapidement l'escalier, en criant : — Aux armes! aux armes! cinquantes guinées pour la vie du colporteur ou de l'espion! point de quartier pour lui ni pour l'autre! A cheval! aux armes! à cheval!

Pendant le tumulte occasionné par le rassemblement des dragons qui se précipitèrent en désordre vers leurs chevaux, César se releva et commença à se tâter pour s'assurer s'il était blessé. Heureusement pour lui il était tombé sur la tête, et sa chute ne fut suivie d'aucun accident sérieux.

CHAPITRE XXIX.

<blockquote>Gilpain partit au grand galop; adieu son chapeau et sa perruque. Il ne se doutait guère en partant qu'il courrait si grand train. — COWPER.</blockquote>

La route que le colporteur et le capitaine anglais devaient nécessairement suivre pour gagner des rochers où ils seraient à l'abri de toute poursuite s'étendait pendant environ un demi-mille, en pleine vue de la porte de la ferme qui avait été si récemment la prison de Henry, sur une belle plaine jusqu'au pied d'une chaîne de montagnes presque perpendiculaires sur leur base, et tournait ensuite sur la droite, en décrivant diverses lignes courbes tracées par la main de la nature.

Pour conserver en apparence la différence qui semblait exister entre la condition des deux cavaliers, Harvey marchait un peu en avant, de ce pas grave et mesuré qui semblait convenable à la dignité de son caractère supposé. A peu de distance sur la droite était campé le régiment d'infanterie de milice dont nous avons déjà parlé, et des sentinelles placées à l'extérieur du camp, presque au pied des montagnes, en gardaient les approches.

Le premier mouvement de Henry en sortant de la ferme fut de presser les flancs de son cheval pour le mettre au galop, s'éloigner plus promptement de ses ennemis et mettre fin à la cruelle incertitude de sa situation. Mais Birch lui barra le chemin par une manœuvre exécutée avec autant de promptitude que d'adresse, et lui dit en même temps : — Avez-vous envie de nous perdre tous deux? Restez à la place qui convient à un nègre qui accompagne son maître. N'avez-vous pas vu devant la ferme une douzaine de chevaux sellés et bridés? Croyez-vous que ce misérable cheval de labour sur lequel vous êtes monté ne serait pas bientôt atteint par la cavalerie de Virginie? Chaque pied de terrain que nous gagnons sans donner l'alarme ajoute une année à notre vie. Ils sont malins comme des renards et sanguinaires comme des loups. Marchez du même pas que moi, et surtout ne tournez pas la tête en arrière.

Henry contraignit à regret son impatience, mais il suivit l'avis du prudent colporteur. Son imagination lui persuada pourtant plusieurs fois qu'il entendait le bruit des cavaliers qui les poursuivaient ; mais Harvey, qui se retournait de temps en temps comme pour lui parler, l'assura que tout était encore tranquille.

— Mais il est impossible, dit Henry, que César ne soit pas bientôt découvert. Ne vaudrait-il pas mieux prendre le galop? Avant qu'ils aient eu le temps de réfléchir sur la cause qui nous fait courir ainsi, nous aurons gagné le coin de ce bois.

— Vous ne les connaissez guère, capitaine Wharton. Je vois à la porte de la ferme un maudit sergent qui nous suit des yeux comme s'il sentait que nous sommes une proie qui lui échappe. Quand j'ai commencé à prêcher, il me regardait d'un air qui annonçait la méfiance. N'allons qu'au pas, car il met la main sur le pommeau de sa selle, et s'il monte à cheval c'est fait de nous. Nous sommes à portée des mousquets de ce régiment d'infanterie.

— Que fait-il à présent? demanda Henry en retenant son cheval par la bride, mais en lui pressant les flancs des talons pour être prêt à le mettre au galop au besoin.

— Il regarde d'un autre côté ; il s'éloigne de son cheval, nous pouvons prendre le trot. — Pas si vite ! pas si vite ! Voyez comme comme cette sentinelle en avant de nous nous examine.

— Et qu'importe? dit Henry avec impatience, il ne peut que nous tirer un coup de fusil, au lieu que ces dragons peuvent nous faire prisonniers. Harvey, je crois les entendre ! Ne voyez-vous rien?

— Eh! eh! si vraiment, j'aperçois quelque chose derrière ces buissons sur la gauche. Tournez la tête un instant, vous pourrez le voir aussi et profiter.

Henry s'empressa d'user de la permission, et son sang se glaça dans ses veines en voyant un gibet qui avait été préparé pour lui. Il en détourna les yeux avec horreur.

— Cela vous avertit qu'il faut être prudent, dit Birch avec le ton sentencieux qu'il prenait souvent.

— C'est véritablement une vue effrayante, dit Henry en se couvrant les yeux d'une main, comme pour écarter une vision épouvantable.

— Et cependant, capitaine, continua le colporteur en se tournant à demi vers lui et en parlant avec un ton d'amertume sombre mais énergique, vous voyez cet objet d'un lieu où le soleil couchant darde ses derniers rayons sur votre tête ; vous respirez librement l'air frais qui vient de ces montagnes ; chaque pas que vous faites vous éloigne de ce maudit gibet; chaque creux de rocher, chaque buisson va dans quelques instants vous offrir un asile assuré contre vos ennemis; mais moi, capitaine Wharton, j'ai vu la potence élevée sans apercevoir aucun moyen d'y échapper. Deux fois j'ai été jeté dans un cachot, enchaîné, chargé de fers, passant les nuits dans l'agonie du désespoir, et pensant que le jour ne paraîtrait que pour m'amener une mort ignominieuse. La sueur qui me sortait des membres semblait avoir desséché jusqu'à la moelle de mes os. Si je voulais respirer à travers la grille qui permettait à peine à l'air d'entrer dans ma prison, ou voir sourire la nature que Dieu a créée même pour le dernier de ses enfants, une potence était le seul spectacle qui se présentât à mes yeux comme la mauvaise conscience qui tourmente le mourant. Quatre fois j'ai été en leur pouvoir, sans compter celle-ci; mais deux fois, deux fois j'ai cru que mon heure était arrivée. On a beau dire que mourir n'est rien, capitaine Wharton, la mort ne s'envisage jamais sans terreur, sous quelque forme qu'elle se présente; mais passer vos derniers moments dans un abandon général sans obtenir de personne un regard de pitié; penser que dans quelques heures on va vous tirer de ce lieu de ténèbres qui vous devient cher quand vous songez à ce qui va suivre, pour vous conduire en face du grand jour, où tous les yeux seront fixés sur vous comme si vous étiez un animal sauvage, et perdre la vie, en butte aux railleries et aux sarcasmes de vos semblables, voilà, capitaine Wharton, voilà ce que j'appelle mourir.

Henry l'écoutait avec surprise, car jamais il n'avait entendu le colporteur s'exprimer avec une telle chaleur, et tous deux semblaient avoir oublié en ce moment le danger qu'ils couraient et le déguisement qu'ils portaient.

— Quoi! s'écria Henry, avez-vous jamais vu la mort de si près?

— Depuis trois ans, répondit Harvey, ne m'a-t-on pas donné la chasse sur ces montagnes comme à une bête féroce? J'ai été conduit une fois jusqu'au pied de l'échafaud, et je n'y ai échappé que parce que les troupes royales ont fait une attaque en ce moment. Un quart d'heure plus tard, et le monde disparaissait à mes yeux; j'étais au milieu d'une troupe d'hommes, de femmes, d'enfants qui me regardaient avec insensibilité comme un monstre qu'on devait maudire. Je cherchai dans cette foule un seul visage qui annonçât de la compassion; je n'en trouvai pas un, non, pas un seul, et partout j'entendais qu'on me reprochait d'avoir trahi mon pays, de l'avoir vendu à prix d'argent. Le soleil me paraissait plus brillant que de coutume, sans doute parce que je croyais le voir pour la dernière fois; la verdure des champs me semblait plus riante; en un mot, toute la nature me paraissait une espèce de ciel. Ah! combien la vie me semblait désirable en ce moment terrible! Vous n'en avez pas encore vu de semblable, capitaine Wharton; vous avez des parents qui allégent vos chagrins en les partageant : je n'avais qu'un père pour ressentir les miens, quand il les apprendrait; mais il n'y avait près de moi ni pitié ni consolation pour adoucir ma détresse : tout semblait m'avoir abandonné. Je croyais que LUI-même il avait oublié que j'existais.

— Quoi! pensiez-vous que Dieu vous eût délaissé? demanda Henry avec un vif intérêt.

— Dieu ne délaisse jamais ceux qui le servent, répondit Harvey avec un sentiment de religion plus véritable que celui qu'il avait affecté quelques instants auparavant.

— Et de qui parliez-vous en disant LUI?

Le colporteur se redressa sur sa selle, et reprit l'air de raideur convenable à l'habit qu'il portait. Le feu qui brillait dans ses yeux fit place à une apparence d'humilité, et il dit à Henry du même ton que s'il eût adressé la parole à un nègre :

— Il n'y a pas de distinction de couleur dans le ciel, mon frère; vous avez une âme comme la nôtre, vous aurez comme nous un compte terrible à rendre de... Bon, ajouta-t-il en baissant la voix, nous venons de passer la dernière sentinelle des miliciens. Ne regardez pas derrière vous, si vous faites cas de la vie.

Henry se rappela sa situation, et prit l'air humble qui convenait au rôle qu'il jouait. Le sentiment de son propre danger lui fit bientôt oublier l'énergie inconcevable du ton et des manières du colporteur, et le souvenir de la position critique dans laquelle il se trouvait fit renaître en lui toutes les inquiétudes qu'il avait oubliées un instant.

— Qu'apercevez-vous là-bas, Harvey? s'écria-t-il en voyant son compagnon jeter vers la ferme qu'ils venaient de quitter un regard qui lui parut de mauvais augure; que se passe-t-il dans ce bâtiment?

— Quelque chose qui ne nous promet rien de bon, répondit le prétendu ministre. Débarrassez-vous de votre masque et de votre perruque, vous allez avoir besoin avant peu de toutes vos ressources naturelles; jetez-les sur la route; il n'y a rien à craindre en avant, mais je vois en arrière des gens qui vont nous donner une terrible chasse.

— Eh bien ! dit Henry en jetant loin de lui ce qui servait à le déguiser, profitons du temps, gagnons du terrain, il ne faut qu'un quart d'heure pour gagner le coude de la route ; pourquoi ne pas prendre le galop sur-le-champ ?

— Du calme, capitaine Wharton ; l'alarme a été donnée, mais les dragons ne monteront pas à cheval sans leur officier, à moins qu'ils ne nous voient fuir. Le voici qui arrive, il va à l'écurie. Mettez votre cheval au trot à présent. En voilà une douzaine qui sont en selle. L'officier s'arrête pour resserrer les sangles. Ils espèrent nous gagner de vitesse. Le voilà à cheval ; maintenant au galop, capitaine Wharton, au grand galop, il y va de la vie. Suivez-moi de près : si vous me quittez, vous êtes perdu.

Henry ne se fit pas répéter cet ordre. Dès qu'Harvey eut mis son cheval au galop, le capitaine en fit autant, et pressa par tous les moyens possibles sa misérable monture. Birch avait choisi lui-même la sienne, et quoiqu'elle fût bien inférieure aux coursiers pleins de feu et bien nourris des dragons de Virginie, elle valait beaucoup mieux que le petit bidet qu'on avait jugé devoir suffire à César Thompson pour faire une course. Quelques instants firent reconnaître à Henry que son compagnon prenait considérablement l'avance sur lui, et un regard effrayé qu'il jeta en arrière lui apprit que ses ennemis approchaient aussi rapidement. Avec ce sentiment d'abandon qui rend le malheur doublement insupportable quand on n'a personne pour le partager, il cria au colporteur de ne pas l'abandonner. Harvey s'arrêta aussitôt pour l'attendre, et ralentit la course de son cheval de manière à ce que son compagnon pût le suivre. Son chapeau à cornes et sa perruque étaient tombés à l'instant où il avait pris le galop. Dépouillé de ce travestissement, il fut reconnu par les dragons, qui annoncèrent leur découverte par de grands cris qui retentirent aux oreilles des fugitifs, tant était court l'intervalle qui les en séparait.

— Ne ferions-nous pas mieux de descendre de cheval, dit Henry, et de gagner à travers les champs les montagnes à notre gauche ? Les haies arrêteront les cavaliers.

— Ce chemin conduit tout droit au gibet, répondit le colporteur. Ces drôles font trois pas pendant que nous en faisons deux, et ces haies ne les inquiéteraient pas plus que ces ornières ne nous gênent. Nous n'avons plus qu'un petit quart de mille à faire pour arriver au coude; derrière le bois, la route bifurque; les dragons pourront s'arrêter pour chercher à reconnaître lequel des deux chemins nous aurons pris, et pendant ce temps nous gagnerons un peu de terrain.

— Mais cette misérable rosse est déjà épuisée, s'écria Henry en frappant son cheval avec le bout de sa bride, tandis qu'Harvey secondait ses efforts par des coups de houssine bien appliqués; il est impossible qu'elle résiste encore dix minutes.

— Il ne nous en faut que cinq, répondit le colporteur. Cinq minutes nous sauveront si vous suivez mes avis.

Encouragé par le sang-froid et l'air de confiance de son compagnon, Henry garda le silence et continua à presser la marche de son cheval. Quelques instants les conduisirent au coude si désiré, et en tournant un petit bois taillis, les fugitifs aperçurent les dragons qui les poursuivaient, courant à toute bride sur le grand chemin. Mason et Hollister, étant mieux montés que les autres, étaient en avant, et plus près d'eux que le colporteur lui-même ne le jugeait possible.

Au pied des montagnes, et jusqu'à une certaine distance dans la vallée sombre qui serpentait entre elles, un taillis épais était élevé en place de grands arbres qu'on avait abattus pour en faire du bois à brûler. En voyant cet abri, Henry proposa de nouveau à son compagnon de mettre pied à terre et de s'enfoncer dans les broussailles. Mais Harvey ne lui répondit que par un signe négatif. Les deux routes dont il a été parlé se rejoignaient à assez peu de distance du coude de la route, en formant un angle aigu; mais toutes deux tournaient sans cesse, de sorte que la vue ne pouvait s'y étendre bien loin. Le colporteur prit celle qui conduisait à gauche; mais il n'y resta qu'un instant, car trouvant un endroit où le taillis était moins épais, il y entra sur-le-champ, gagna la route sur la droite, et la quitta pareillement pour gravir une montagne qui était en face d'eux. Cette manœuvre les sauva. En arrivant à l'endroit où le chemin se divisait, les dragons suivirent les traces des pas des deux chevaux, et ils avancèrent bien au-delà de l'endroit où les fugitifs avaient quitté cette route avant de s'apercevoir qu'ils en avaient perdu la piste. Tandis que leurs montures essoufflées gravissaient péniblement la montagne, Henry et le colporteur entendirent les dragons pousser de grands cris, et se dire les uns aux autres de reprendre le chemin sur la droite. Le capitaine Wharton proposa encore de descendre de cheval et d'entrer dans le taillis.

— Pas encore, dit Birch à voix basse, pas encore. Du haut de cette montagne, la route descend par une pente aussi rapide. Gagnons-en d'abord le sommet. Tout en parlant ainsi ils arrivèrent enfin sur la cime, et toux deux alors mirent pied à terre. Henry s'enfonça dans d'épaisses broussailles qui couvraient les flancs de la montagne jusqu'à quelque distance au-dessus d'eux. Harvey s'arrêta un instant pour donner à leurs chevaux quelques coups de houssine qui les firent descendre grand train du côté opposé à celui par lequel ils étaient arrivés, après quoi il rejoignit son compagnon.

Le colporteur entra dans le taillis avec précaution, et en évitant d'en casser des branches, et même d'y toucher, de crainte de faire du bruit. A peine avait-il eu le temps de se dérober à la vue, qu'un dragon arriva sur le haut de la montagne et s'écria : — Je viens d'entrevoir un de leurs chevaux qui descend de ce côté.

— En avant, mes amis ! en avant ! s'écria Mason. Faites quartier à l'Anglais, mais sabrez le colporteur, et qu'on n'en entende plus parler.

Henry sentit son compagnon lui serrer le bras avec force et trembler de tous ses membres en écoutant cet ordre redoutable, et ils entendirent passer une douzaine de cavaliers courant avec une rapidité qui prouvait combien peu le cheval du colporteur et le sien auraient été en état de les mettre à l'abri de la poursuite de ces dragons.

— Maintenant, dit le colporteur en se levant pour faire une reconnaissance, et, après un instant d'incertitude, ils descendent d'un côté et nous allons monter de l'autre. Remettons-nous en marche.

— Mais ils nous suivront, ils entoureront cette montagne, dit Henry, tout en suivant la marche rapide de son compagnon. Songez que s'ils ont des chevaux, ils ont des jambes comme nous, et dans tous les cas ils nous prendront ici par famine.

— Ne craignez rien, capitaine Wharton, répondit le colporteur avec assurance. Cette montagne n'est pas celle sur laquelle j'ai dessein de m'arrêter ; mais la nécessité a fait de moi un bon pilote au milieu de ces rochers. Je vais vous conduire où personne n'osera nous suivre. Voyez, le soleil descend déjà derrière le haut des montagnes, à l'occident ; il se passera encore plus de deux heures avant que la lune se lève; croyez-vous que quelqu'un songe à nous poursuivre, pendant une nuit de novembre, au milieu de ces rochers et de ces précipices.

— Mais écoutez, dit Henry; j'entends les cris des dragons : ils s'aperçoivent déjà qu'ils suivent une fausse piste.

— Montez sur cette pointe de rocher, et vous pourrez les voir, dit Birch en s'asseyant tranquillement pour se reposer. Tenez, ils nous ont aperçus; voyez-vous qu'ils nous montrent du doigt? Bon, en voilà un qui nous tire un coup de pistolet; mais la distance est trop grande; une balle de mousquet ne pourrait arriver jusqu'à nous.

— Mais ils nous poursuivront! s'écria Henry avec impatience; remettons-nous en marche.

— Ils n'en feront rien, répondit le colporteur en recueillant avec beaucoup de sang-froid quelques fruits sauvages, et les mettant dans sa bouche pour se rafraîchir sans se donner la peine d'en ôter les feuilles. Comment pourraient-ils avancer ici avec leurs grosses bottes, leurs éperons et leurs grands sabres? Non, non; il faut qu'ils retournent au camp, et qu'ils fassent marcher de l'infanterie dans ces défilés où un cavalier ne peut rester en selle qu'en tremblant. Allons! suivez-moi, capitaine Wharton; nous avons une marche pénible à faire, mais je vous conduirai dans un endroit où personne ne songera à se hasarder cette nuit.

A ces mots, ils se levèrent tous deux, et les rochers et les cavernes les dérobèrent bientôt à tous les yeux.

Le colporteur ne s'était trompé dans aucun de ses calculs. Mason et ses dragons avaient descendu la montagne avec précipitation, poursuivant leurs victimes, comme ils le supposaient; mais en arrivant au bas, il n'y avaient trouvé que les deux chevaux sans cavaliers. Ils passèrent quelque temps à examiner les bois dont ils étaient voisins, et à voir s'il était postible que de la cavalerie y pénétrât; et ce fut tandis qu'ils s'occupaient de cet examen qu'un dragon vit Harvey et Henry sur une pointe de rocher, et les fit apercevoir à son lieutenant.

— Il est sauvé! s'écria Mason, ne songeant d'abord qu'au colporteur; il est sauvé, et nous sommes déshonorés! De par le ciel! Washington ne nous confiera pas la garde d'un tory suspect, si nous souffrons que ce misérable se joue ainsi des dragons de Virginie! Et ce capitaine anglais qui est à côté de lui, il me semble que je le vois jeter sur nous un sourire de bienveillance ou plutôt de dérision. Eh! camarade, vous vous trouvez plus à l'aise que si vous étiez à danser en plein air au bout d'une corde. Mais patience, vous n'êtes pas encore à l'ouest de la rivière de Harlaem, et vous aurez de nos nouvelles avant que vous puissiez rendre compte à sir Henry de tout ce que vous avez vu, ou je ne suis pas lieutenant de dragons.

— Ferai-je feu pour effrayer le colporteur, demanda un des cavaliers en prenant son pistolet d'arçon.

— Oui, oui, répondit Mason; effarouchez les oiseaux, faites-les partir de leur branche, et voyons comme ils prendront leur vol. Le dragon tira son coup de pistolet. — De par le ciel! s'écria le lieutenant, je crois que les drôles rient à nos dépens. Allons, allons, il faut nous retirer, sans quoi ils pourraient bien nous faire rouler des pierres sur la tête, et les gazettes royales rendraient un compte pompeux de la défaite d'un régiment de rebelles mis en déroute par deux royalistes. Elles ont déjà fait de plus sots mensonges.

Obéissant à l'ordre de leur officier, les dragons se remirent en marche avec un air de dépit pour retourner d'où ils étaient partis, Mason réfléchissant sur ce qu'il devait faire en pareille circonstance. La nuit tombait quand ils arrivèrent à la ferme, devant laquelle étaient réunis en grand nombre des officiers et des soldats, les uns racontant, les autres écoutant des récits exagérés de l'évasion de l'officier anglais. Les dragons qui arrivaient rendirent compte de leur poursuite infructueuse avec un air de sombre mortification, et la plupart des officiers se groupèrent autour de Mason pour délibérer sur ce qu'il y avait à faire. D'une fenêtre qui donnait directement au-dessus de leur tête, miss Peyton et Frances écoutaient et observaient tout ce qui se passait, avec un intérêt qui leur permettait à peine de respirer, et elles s'y étaient placées de manière à n'être pas aperçues.

— Il faut prendre un parti, et cela sans perdre de temps, dit le colonel du régiment d'infanterie qui était campé en face de la ferme. Cet officier anglais a sans doute servi d'instrument pour le grand coup que l'ennemi voulait frapper dernièrement. D'ailleurs notre honneur est compromis par son évasion.

— Il faut battre les bois, s'écrièrent plusieurs officiers, et avant le jour nous les aurons dénichés tous deux.

— Doucement, Messieurs, doucement, dit le colonel; il est impossible de traverser ces montagnes pendant la nuit sans bien connaître le terrain. Il n'y a que la cavalerie qui puisse faire ce service, et je présume que le lieutenant Mason hésite à marcher sans en avoir reçu l'ordre de son major.

— Certainement, je n'oserais le faire, répondit le lieutenant en secouant gravement la tête, à moins que vous ne preniez sur vous toute la responsabilité en m'en donnant l'ordre. Mais le major Dunwoodie sera de retour dans deux heures, et nous pouvons répandre le bruit de cet événement dans toutes les montagnes avant le lever du soleil. En envoyant des patrouilles d'une rivière à l'autre, et en offrant aux paysans une récompense pour l'arrestation des deux fugitifs, il sera impossible qu'ils nous échappent, à moins qu'ils ne réussissent à joindre le détachement anglais qui est sur l'Hudson.

— Le plan est fort bon, dit le colonel, et il doit réussir ; mais il faut envoyer un exprès à Dunwoodie pour qu'il ne reste pas au passage du bac jusqu'à ce qu'il soit trop tard, et très-probablement les fugitifs resteront toute la nuit sur les montagnes.

Mason suivit cet avis. Il fit partir un cavalier d'ordonnance pour porter au major la nouvelle importante de l'évasion de Henry, et lui annoncer que sa présence était indispensable pour donner les ordres nécessaires pour le poursuivre. Après cet arrangement, les officiers se séparèrent.

Lorsque miss Peyton et Frances apprirent la fuite de Henry, à peine en purent-elles croire le témoignage de leurs sens. Elles comptaient si positivement sur le succès des efforts de Dunwoodie qu'elles regardèrent cette démarche comme extrêmement imprudente ; mais il était trop tard pour y remédier. En écoutant la conversation des officiers, toutes deux furent frappées de l'idée que si Henry était de nouveau fait prisonnier, sa situation n'en deviendrait que plus dangereuse, et elles tremblaient en songeant à tous les moyens qu'on mettrait en œuvre pour l'arrêter encore une fois.

Miss Peyton se consolait et tâchait de consoler sa nièce, par l'espoir assez probable que les fugitifs, mettant dans leur course la plus grande célérité, pourraient gagner ce qu'on appelait le territoire neutre avant que la cavalerie y eût porté la nouvelle de leur fuite : l'absence de Dunwoodie en ce moment lui paraissait une circonstance de la plus grande importance, et la bonne tante cherchait à imaginer quelque moyen pour retenir le major, et donner ainsi à son neveu plus de temps pour s'échapper. Les réflexions de Frances étaient toutes différentes. Elle ne pouvait plus douter que l'individu qu'elle avait vu deux fois sur la montagne en face de la ferme ne fût Harvey Birch, et elle se sentait convaincue que son frère, au lieu de courir vers les troupes royales, passerait cette nuit dans la chaumière mystérieuse.

Frances et sa tante eurent une conversation longue et animée sur ce sujet. Enfin, miss Peyton, cédant aux instances de sa nièce, quoique avec difficulté, la serra dans ses bras, embrassa sa joue froide, lui donna sa bénédiction avec ferveur, et consentit qu'elle exécutât un projet que lui avait inspiré l'amour fraternel.

CHAPITRE XXX.

> Egaré, perdu, je parcours d'un pas lent et faible ces déserts solitaires dont les bornes semblent reculer à mesure que j'avance.—GOLDSMITH. *Le Voyageur*.

La nuit était froide et obscure, lorsque Frances Wharton, le cœur ému, mais d'un pas léger, traversa le petit jardin derrière la ferme qui avait servi de prison à son frère, et se dirigea vers la montagne sur laquelle elle avait vu l'individu qu'elle croyait être le colporteur. Il était encore de bonne heure ; mais l'obscurité et le froid piquant d'une soirée de novembre l'auraient déterminée à retourner sur ses pas avec terreur dans toute autre circonstance, si elle n'eût pas été soutenue par de si puissants motifs. Sans s'arrêter pour réfléchir, elle courut avec une vitesse qui semblait braver tous les obstacles, sans se donner un instant de repos pour reprendre haleine, jusqu'à ce qu'elle fût arrivée à mi-chemin du rocher qu'elle avait remarqué comme étant l'endroit où Birch s'était montré à ses yeux dans la matinée de ce même jour.

Le respect pour les femmes est une des marques les plus certaines de la civilisation d'un peuple, et nul ne peut se vanter de posséder cette vertu à un plus haut degré que les Américains. Frances ne craignit rien de la part du régiment d'infanterie qui prenait tranquillement son repas du soir sur le bord du chemin, en face du champ qu'elle traversait. Ce corps était composé de ses concitoyens, et elle savait que les soldats de la milice orientale respecteraient son sexe ; mais elle avait moins de confiance dans le caractère léger et entreprenant de la cavalerie des provinces du sud : et quoiqu'il fût très-rare qu'une femme eût eu à se plaindre

L'ESPION.

d'avoir été outragée ou insultée par un soldat américain, elle n'en frémissait pas moins à la seule idée de s'exposer toute seule. Quand donc elle entendit le bruit des pas d'un cheval marchant lentement derrière elle, elle se retira par timidité dans un bouquet de bois qui croissait sur les rives d'un ruisseau descendant d'une hauteur peu éloignée. C'était une vedette qui passa sans la remarquer, et dans le fait elle s'était vêtue de manière à attirer le moins d'attention possible. Le cavalier continua sa route en fredonnant un air à demi-voix, pensant peut-être à quelque autre belle qu'il avait laissée sur les bords du Potomac dans la fleur de sa beauté.

Frances écouta avec inquiétude le bruit de ses pas qui s'éloignaient, et dès qu'elle cessa de les entendre, elle quitta sa retraite et avança encore à quelque distance. Mais enfin, effrayée par les ténèbres qui s'épaississaient et par le silence qui régnait autour d'elle, elle s'arrêta pour réfléchir sur ce qu'elle avait entrepris. Se dégageant la tête du capuchon de sa mante, elle s'appuya contre un arbre, et fixa ses regards sur le sommet de la montagne qui était le but de son excursion nocturne. Elle s'élevait dans la plaine comme une vaste pyramide dont l'œil ne pouvait qu'imparfaitement distinguer les contours. On pouvait en discerner la cime un peu mieux, parce qu'elle se dessinait sur un fond de légers nuages entre lesquels on voyait de temps en temps briller quelques étoiles, bientôt cachées par des vapeurs que le vent chassait devant lui. Si elle retournait sur ses pas, Henry et le colporteur passeraient probablement la nuit dans une fatale sécurité sur cette montagne sur laquelle ses yeux étaient toujours fixés dans l'espoir de découvrir quelque lumière qui pourrait diriger ses pas. La menace des officiers américains retentissait encore à ses oreilles, et l'excitait à se remettre en marche; mais la solitude dans laquelle elle se trouvait... l'heure... les dangers du chemin... l'incertitude de trouver la chaumière... et, ce qui était encore plus effrayant, la possibilité d'y rencontrer des inconnus et des criminels peut-être, tous ces motifs la portaient à la retraite.

L'obscurité croissante rendait de moment en moment les objets moins distincts, et des nuages épais se rassemblant derrière la montagne faisaient qu'on ne pouvait plus même en reconnaitre la forme. L'énorme montagne semblait avoir entièrement disparu. Enfin, une clarté faible et tremblante brilla aux yeux de Frances, semblable à la lumière d'un feu, mais cette illusion s'évanouit lorsque l'horizon vint à s'éclaircir, et l'étoile du soir se montra à travers un nuage ; Frances revit alors la montagne à la gauche de la belle planète, et tout à coup un point lumineux étincela sur les cimes de quelques chênes, s'agrandit peu à peu et répandit sur toute la montagne le réseau resplendissant des rayons de la lune. Quoiqu'il eût été physiquement impossible à notre héroïne de gravir la montagne sans le secours de cette lumière bienfaisante, elle ne se sentit pourtant pas encore assez de courage pour se remettre en route. Elle pouvait voir le but de tous ses désirs ; mais elle voyait aussi les difficultés qu'elle avait à surmonter pour y arriver.

Tandis qu'elle hésitait ainsi, plongée dans une incertitude accablante, tantôt portée par la timidité naturelle à son sexe et à son âge à renoncer à son entreprise, tantôt formant la résolution de braver tous les périls pour secourir son frère, elle tourna les yeux vers l'orient pour regarder les nuages qui menaçaient constamment de l'envelopper de nouveau dans une obscurité profonde. La vue d'un serpent l'aurait fait tressaillir moins vivement que celle de l'objet contre lequel elle s'était appuyée, qu'elle avait pris dans les ténèbres pour un arbre, et dont elle ne reconnut la nature véritable qu'en ce moment. Deux poutres enfoncées dans la terre à quelques pieds l'une de l'autre, et dont les deux extrémités étaient réunies par une solive placée transversalement ne lui dirent que trop clairement à quel usage elles étaient destinées. Une corde était même déjà attachée à un anneau de fer, et le vent de la nuit la faisait flotter de côté et d'autre. A cette vue, Frances n'hésita plus ; elle traversa la prairie en courant ou plutôt en volant ; elle arriva bientôt au pied de la montagne où elle espérait trouver un chemin qui la conduirait vers le sommet. Elle fut obligée de s'arrêter quelques instants pour reprendre haleine, et elle employa cet intervalle à examiner le terrain. La montée était très-escarpée, mais elle trouva bientôt un sentier frayé par les bergers qui menaient paître leurs troupeaux sur cette montagne, qui, allant de biais à travers les rochers et les arbres, rendit sa marche beaucoup moins difficile qu'elle ne l'aurait été sans cela. Jetant derrière elle un regard timide, elle commença enfin à monter. Jeune, active, et animée par le généreux désir de sauver son frère, elle sortit bientôt des bois pour entrer sur un terrain découvert et plus uni qui avait évidemment été défriché pour être mis en culture, mais soit à cause de la guerre, soit à cause de la stérilité du sol, le spéculateur avait renoncé aux avantages qu'il avait obtenus sur la nature agreste, et déjà l'on voyait de nouveau pousser de toutes parts les ronces et les épines, comme si la charrue n'eût jamais tracé un sillon sur la terre qui les nourrissait.

Frances sentit son courage se ranimer en voyant ces faibles vestiges du travail de l'homme, et elle continua à monter avec un nouvel espoir de succès. Le sentier divergeait en tant de directions, qu'elle reconnut bientôt qu'il était inutile d'en suivre tous les détours, et l'abandonnant enfin elle prit la route qui lui parut la plus courte et la plus facile pour gagner le sommet. Elle eut bientôt passé les défrichements et les bois, et les rochers dont les flancs de la montagne étaient hérissés lui opposèrent de nouveaux obstacles. Quelquefois elle voyait un sentier se montrer à elle sur le bord des terres défrichées, et pénétrer dans les bois, mais aucun ne se dirigeait vers la cime de la montagne. Des flocons de laine, accrochés aux ronces annonçaient suffisamment l'origine de ces sentiers, et Frances conjectura avec raison qu'ils devaient être très-utiles à ceux qui descendaient de la montagne, et diminuer leur fatigue. S'étant assise sur une pierre, elle fit une nouvelle pause pour réfléchir. Les nuages s'écartaient devant la lune, comme si son éclat les eût repoussés, et le paysage qu'elle voyait sous ses pieds était revêtu des plus douces couleurs.

Presque immédiatement au-dessous d'elle, les tentes du régiment de milice s'étendaient en lignes régulières. Une lumière brillait à travers la croisée de sa tante, et Frances s'imagina aisément qu'elle était debout devant sa fenêtre, les yeux fixés sur cette montagne, et en proie aux plus vives inquiétudes pour la sûreté de sa nièce. Des lanternes passaient et repassaient dans la cour où elle savait qu'étaient les écuries des dragons, et, croyant qu'ils se préparaient à partir, elle se leva vivement, et se remit en marche.

Notre héroïne avait encore à monter plus d'un quart de mille ; quoiqu'elle eût déjà gravi les deux tiers de la hauteur de la montagne ; mais elle n'avait alors aucun sentier, rien qui pût la diriger dans sa course. Heureusement, cette montagne, comme la plupart de celles de cette chaîne, était de forme conique, de sorte qu'en continuant à monter, elle était sûre d'arriver enfin dans le voisinage de cette chaumière qui était précisément sur la cime. Elle passa une heure à lutter contre les difficultés sans nombre qu'elle avait à surmonter, et enfin, après des efforts qui épuisèrent presque ses forces, et après plusieurs chutes qui n'étaient pas sans danger, elle réussit à gagner la petite plate-forme qui formait le sommet de la montagne.

Fatiguée par des efforts dont personne n'aurait cru que ses membres délicats fussent capables, elle s'assit quelques instants sur un rocher afin de recueillir ses forces et s'armer de courage pour l'entrevue qu'elle espérait avoir bientôt avec son frère. La lune lui permettait d'apercevoir tous les rochers des environs, et de l'endroit où elle se trouvait Frances pouvait voir la route par laquelle elle avait passé en venant du village des Quatre-Coins. En suivant des yeux la ligne que découvrait cette route, elle retrouva bientôt le point d'où elle avait découvert cette chaumière mystérieuse, et elle savait qu'elle devait être directement en face de ce point.

L'air glacial de la nuit sifflait à travers les branches dépouillées de vieux chênes rabougris, tandis que, d'un pas si léger qu'à peine froissait-elle les feuilles sèches qui jonchaient le sol, Frances s'avançait vers le côté de la montagne où elle comptait trouver cette habitation solitaire. Cependant elle n'aperçut rien qui pût servir à la demeure des hommes. En vain elle examina tous les creux des rochers, tous les renfoncements de la plate-forme où elle s'imaginait devoir trouver la retraite du colporteur, elle ne put découvrir ni hutte, ni la moindre trace qui indiquât la présence de l'homme. L'idée d'une solitude si complète la frappa d'une nouvelle épouvante. Elle s'avança sur le bord d'une pointe de rocher pour chercher du moins quelques signes de vie dans la valle. En faisant ce mouvement un rayon de vive lumière éblouit ses yeux, l'air parut s'échauffer autour d'elle. En revenant de sa surprise elle examina le rocher sur lequel elle se retrouvait ; elle vit une ouverture par où s'échappait de la fumée, et le vent l'ayant écartée, elle vit briller un bon feu allumé sur un foyer de pierres. Frances reconnut aussitôt qu'elle était précisément au-dessus de la chaumière qu'elle cherchait, et suivant un petit sentier qui tournait autour de cette pointe de rocher, elle fut bientôt devant la porte.

Trois côtés de ce singulier édifice étaient formés de troncs d'arbres placés les uns sur les autres, et ne s'élevant que fort peu au-dessus de la hauteur de la taille ordinaire de l'homme ; le quatrième était le rocher sur lequel le bâtiment était appuyé. Le toit était couvert d'écorces d'arbres taillées en longues bandes. Les interstices séparant les troncs d'arbres avaient été remplis par de la terre glaise, et une partie en étant tombée, on y avait suppléé par des feuilles sèches, pour empêcher le vent de pénétrer dans l'intérieur. Le jour n'y arrivait que par une seule croisée, garnie de quatre carreaux de vitres; mais un volet placé avec grand soin empêchait la clarté du feu de se répandre au dehors. Après avoir passé quelques instants à examiner cette cachette, car la construction singulière de cet édifice ne permettait pas de lui donner un autre nom, Frances approcha l'œil d'une crevasse pour voir ce qui se passait dans l'intérieur. Il n'y avait ni lampe ni chandelle, mais la flamme d'un bois sec répandait assez de clarté pour qu'on pût lire. Dans un coin était un lit de paille, négligemment couvert d'une double couverture de laine. Des crochets de fer enfoncés dans les fentes du rocher qui servait de murailles soutenaient des vêtements de toute espèce à l'usage des deux sexes, et pouvant servir à tous les âges et à toutes les conditions. Elle y remarqua entre autres divers uniformes anglais et américains, suspendus paisiblement à côté les uns des autres, et une perruque bien poudrée servait de couronnement à une robe de calicot rayé, telle qu'en portaient ordinairement les paysannes. En un mot, c'était une garderobe complète, qui aurait pu suffire pour équiper toute une paroisse. En face de la cheminée était un buffet ouvert, dans lequel on voyait quelques assiettes, un pot de faïence, du pain et des restes de viandes froides. Devant le feu était une table dont le pied était cassé, et formée de planches non rabotées. Sur cette table était un livre fermé que sa taille et sa forme semblaient annoncer comme une Bible. Une escabelle et un petit nombre d'ustensiles de ménage composaient le reste du mobilier.

Mais ce qui attira surtout l'attention de Frances ce fut le personnage qui occupait alors cette chaumière. Il était assis sur l'escabelle, devant la table, le front appuyé sur une main de manière à cacher entièrement son visage, et paraissait fort occupé à examiner des papiers placés devant lui. Sur la table était une paire de pistolets richement montés, et l'on apercevait entre ses jambes la poignée d'un sabre qui n'annonçait pas moins de magnificence, et sur laquelle son autre main reposait négligemment. La grande taille de cet individu et ses membres plus robustes que ceux de Henry ou d'Harvey Birch suffirent, indépendamment de son costume, pour assurer Frances qu'elle ne voyait en lui ni l'un ni l'autre de ceux qu'elle cherchait. Il portait une redingote boutonnée jusqu'au menton, et qui, se séparant à ses genoux, laissait apercevoir des culottes de peau de buffle, des bottes et des éperons. Un chapeau rond était placé sur les pierres qui formaient le plancher de la hutte, comme pour faire place à une grande carte étendue sur la table avec d'autres papiers.

C'était un événement auquel Frances ne s'attendait guère. Elle était tellement convaincue que l'homme qu'elle avait vu deux fois près de cette étrange demeure était Harvey Birch, qu'en apprenant le rôle qu'il avait joué pour favoriser l'évasion de son frère, elle n'avait pas douté un instant qu'elle ne les trouvât tous deux dans l'endroit qu'elle voyait occupé par un autre individu. Elle regardait encore par la crevasse, ne sachant trop si elle devait se retirer ou attendre quelque temps dans l'espoir de voir arriver son frère, quand l'étranger retirant la main qui lui couvrait les yeux et levant la tête pour prendre une attitude de profonde réflexion, elle reconnut sur-le-champ les traits calmes et bienveillants de M. Harper.

Tout ce qu'il avait promis à son frère, tout ce que Dunwoodie avait dit de son caractère et de son pouvoir, toutes les marques d'intérêt paternel qu'il lui avait données à elle-même se présentèrent en même temps à l'imagination de Frances. Elle ouvrit la porte sur-le-champ, et s'écria en se précipitant à ses pieds et en embrassant ses genoux :

— Sauvez-le! sauvez mon frère! Souvenez-vous de vos promesses!

Le premier mouvement de M. Harper en voyant la porte s'ouvrir, avait été de se lever et d'approcher la main vers ses pistolets; mais, soulevant le capuchon de la mante de Frances, qui lui couvrait une partie du visage, il la reconnut au même instant, et s'écria avec le ton de la plus grande surprise :

— Miss Wharton ici! Il est impossible que vous soyez seule!

— Il n'y a ici avec moi que Dieu et vous, répondit-elle, et c'est en son saint nom que je vous conjure de vous rappeler vos promesses et de sauver mon frère.

Harper la releva avec un air de douceur, la fit asseoir sur l'escabelle qu'il venait de quitter, l'engagea à se calmer, et la pria de lui apprendre tout ce qu'elle savait. Frances s'empressa de le satisfaire, et elle l'informa ingénuement des motifs qu'elle avait eus pour se rendre dans ce lieu solitaire, seule, et à une pareille heure.

Il était difficile de lire dans les pensées d'un homme aussi bien habitué que l'était Harper à commander à toutes ses passions ; et cependant son œil pensif brillait d'un nouvel éclat pendant qu'il écoutait le récit de la jeune fille. Il prit un vif intérêt aux détails qu'elle lui donna sur l'évasion de Henry et sa fuite dans les bois, et il entendit tout le reste de sa relation avec une expression bien marquée de bienveillance ; et quand elle finit par lui témoigner la crainte qu'elle avait que son frère ne restât trop longtemps dans les montagnes, au lieu de s'en éloigner, il eut l'air de partager son inquiétude, et fit deux ou trois tours dans la chambre en paraissant réfléchir profondément.

Frances hésita ; sa main se plaça, sans le savoir, sur la poignée d'un des pistolets ; la pâleur dont la crainte avait couvert ses beaux traits fit place au plus vif incarnat, et après une courte pause, elle ajouta :

— Nous pouvons compter sur l'amitié du major Dunwoodie ; mais il a un sentiment d'honneur si pur, si exalté, que... que malgré... malgré les efforts qu'il en coûtera à son cœur, il regardera comme un devoir de mettre tout en œuvre pour le faire arrêter. D'ailleurs il croit que Henry ne court aucun risque parce qu'il compte sur votre protection...

— Sur ma protection ! répéta Harper avec un air de surprise.

— Oui, sur la vôtre, dit Frances. Quand je lui ai eu dit la manière dont vous nous aviez parlé, il m'a assuré que vous aviez le pouvoir d'obtenir la grâce de Henry, et que si vous en aviez fait la promesse, vous la tiendriez bien certainement.

— Ne vous a-t-il rien dit de plus ? lui demanda Harper en fixant sur elle des yeux perçants.

— Pas davantage, répondit Frances ; il n'a fait que nous répéter que Henry était sauvé. Il est occupé à vous chercher en ce moment.

— Miss Wharton, dit Harper avec une dignité calme, il serait inutile de vous cacher maintenant que je ne joue pas un des derniers rôles dans la malheureuse lutte qui a lieu en ce moment entre l'Angleterre et l'Amérique. Vous devez l'évasion de votre frère à la connaissance que j'avais de son innocence et au souvenir que j'ai conservé de ma promesse. Le major Dunwoodie s'est trompé, en disant que je pouvais procurer ouvertement la grâce du capitaine Wharton. Je puis maintenant veiller à sa sûreté, et je vous donne ma parole, parole qui n'est pas sans avoir quelque poids auprès de Washington, qu'on prendra des moyens pour qu'il ne soit pas arrêté de nouveau ; mais aussi j'exige de vous que vous me promettiez de garder un secret inviolable sur cette entrevue, jusqu'à ce que je vous permette d'en parler.

Frances lui fit la promesse qu'il lui demandait.

— Votre frère, continua-t-il, va arriver ici avec celui qui l'a délivré; mais il ne faut pas qu'il me voie, sans quoi la vie de Birch pourrait se trouver en danger.

—En danger! s'écria Frances : jamais. Mon frère n'est pas assez vil pour trahir l'homme qui l'a sauvé.

— Ce qui se passe en ce pays, miss Wharton, reprit Harper, n'est pas un jeu d'enfant. La vie et la fortune des hommes ne tiennent qu'à un fil bien fragile, et il ne faut pas le laisser à la merci des accidents. Si sir Henry Clinton savait que Birch a la moindre communication avec moi, rien ne pourrait sauver la vie de cet infortuné. Ainsi donc, si le sang humain vous fait horreur, si vous vous souvenez du service rendu à votre frère, soyez prudente, et gardez le silence. Communiquez-leur tout ce que vous savez, et pressez-les de partir à l'instant. Il faut qu'ils passent avant le jour les derniers piquets de l'armée américaine, et je veillerai à ce que personne n'interrompe leur marche. On peut trouver pour le major Dunwoodie une occupation plus agréable que celle de mettre en danger les jours de son ami.

Tout en parlant ainsi, il pliait la carte étendue sur la table, prenait quelques papiers qui étaient à côté, et mettait le tout dans une poche de sa redingote. Il n'avait pas encore fini, quand Frances entendit sur sa tête la voix du colporteur qui parlait d'un ton beaucoup plus élevé que de coutume.

—Par ici, capitaine Wharton ! avancez par ici, et vous pourrez voir les tentes de la milice ! Qu'on nous poursuive à présent : j'ai ici un nid qui est assez grand pour nous deux, et nous y arriverons à loisir.

—Et où est-il ce nid? dit Henry. Vous m'avez dit qu'il s'y trouvait des provisions, et j'en prendrai volontiers ma part, car je n'ai presque rien mangé depuis deux jours.

—Hem! dit le colporteur en toussant de toutes ses forces, hem! Le froid de la nuit m'a enrhumé. Allez plus doucement! prenez garde de glisser! vous tomberiez sur la baïonnette de la sentinelle qui est dans la plaine. La montée est rude; mais il est facile de descendre plus vite qu'on ne le voudrait.

Harper mit son doigt sur ses lèvres pour rappeler à Frances sa promesse, et prenant son chapeau et ses pistolets, de sorte qu'il ne restait aucune trace de sa visite, il souleva des vêtements suspendus dans le coin le plus obscur de cette hutte, et qui cachaient l'ouverture étroite d'une cavité formée par la nature, et dans laquelle il entra. La lumière du feu fit voir à Frances qu'il ne s'y trouvait que quelques autres objets d'usage domestique.

On peut aisément s'imaginer quel fut l'étonnement de Henry, et surtout d'Harvey, lorsque en arrivant ils aperçurent Frances. Sans attendre ni questions ni explications, elle se jeta dans les bras de son frère, et ne s'expliqua d'abord que par ses larmes.

Birch semblait consterné. Il jeta un coup d'œil sur le feu, et vit qu'il avait été récemment alimenté. Il ouvrit ensuite le tiroir de la table, et parut alarmé de le trouver vide.

— Êtes-vous seule, miss Frances? lui demanda-t-il avec vivacité; vous n'êtes pas venue seule en ce lieu?

— Comme vous le voyez, monsieur Birch, répondit-elle en tournant le dos un instant à son frère, et en jetant sur la caverne secrète un regard que le colporteur comprit parfaitement.

— Mais pourquoi êtes-vous venue ici? lui demanda son frère étonné, et comment avez-vous découvert cette retraite?

Frances lui raconta brièvement ce qui s'était passé depuis son évasion; et expliqua les motifs qui l'avaient déterminée à les chercher.

— Mais comment avez-vous trouvé cette hutte? lui demanda Harvey? et pourquoi avez-vous pensé que nous y viendrions, tandis qu'on nous avait laissés sur la montagne en face?

Frances lui expliqua de quelle manière un rayon du soleil couchant lui avait fait apercevoir cette chaumière lorsqu'elle avait traversé les montagnes; elle ajouta qu'elle l'avait vu lui-même deux fois dans les environs, et que, d'après la sûreté que paraissait offrir cette habitation, elle avait présumé qu'ils s'y réfugieraient tous deux pendant cette nuit. Birch examinait ses traits avec attention, tandis qu'elle lui détaillait avec la candeur la plus ingénue les incidents bien simples qui lui avaient appris son secret, et lorsqu'elle eut cessé de parler, il frappa la fenêtre d'un bâton qu'il tenait à la main, et la brisa d'un seul coup.

— Je ne connais que bien peu de luxe et d'aisance, dit-il, et ce peu, je ne puis même en jouir en sûreté! Miss Wharton, ajouta-t-il avec ce ton d'amertume et de mélancolie qui lui était ordinaire, j'ai été chassé dans ces montagnes comme une bête des forêts; mais lorsque, épuisé de fatigue, j'ai gagné cette retraite obscure et isolée, je puis du moins y reposer ma tête en sûreté. Voudriez-vous rendre la vie d'un malheureux encore plus misérable?

— Jamais! jamais! s'écria Frances avec vivacité; votre secret est en sûreté avec moi.

— Mais le major Dunwoodie... reprit le colporteur d'une voix lente en fixant sur elle des yeux qui semblaient vouloir lire dans le fond de son âme.

Un mouvement de pudeur fit que Frances baissa la tête sur son sein, mais elle la releva presque au même instant, et s'écria d'un ton d'enthousiasme et les joues enflammées:

—Il ne le saura jamais, Harvey. J'en prends à témoin Dieu qui m'entend.

Le colporteur parut satisfait. Saisissant un instant favorable, il se glissa derrière les vêtements qui cachaient l'entrée de la caverne, et y entra sans que Henry s'en aperçût.

Pendant ce temps Frances et son frère, celui-ci croyant que Birch était sorti par la porte, s'entretenaient ensemble, et le sujet de leur conversation était la situation dans laquelle Henry se trouvait. La sœur insista fortement pour qu'il partît sur-le-champ, afin de prévenir les mesures qu'allait prendre Dunwoodie; car ils savaient l'un et l'autre que le major ne transigerait pas avec ce qu'il regardait comme son devoir. Le capitaine prit son portefeuille, écrivit quelques lignes au crayon, plia le papier et le remit à sa sœur.

—Frances, lui dit-il, vous avez prouvé cette nuit que vous êtes une femme incomparable. Si vous m'aimez, remettez ce billet à Dunwoodie sans l'ouvrir, et souvenez-vous que deux heures de temps peuvent me sauver la vie.

—Je le ferai, je le ferai! s'écria Frances; mais pourquoi tarder? pourquoi ne pas fuir? pourquoi ne pas mettre à profit ces moments précieux?

—Votre sœur a raison, capitaine Wharton, dit Harvey qui était entré sans être aperçu, il faut que nous partions sur-le-champ. Je me suis muni de vivres, et nous mangerons chemin faisant.

— Mais qui se chargera de reconduire ma sœur en lieu de sûreté? s'écria Henry. Je ne puis songer à l'abandonner dans un lieu comme celui-ci.

— Laissez-moi, laissez-moi, dit Frances; je m'en irai aussi facilement que je suis venue. Soyez sans inquiétude. Vous ne connaissez ni mon courage ni mes forces.

— Je ne vous ai pas connue jusqu'ici, ma sœur, c'est la vérité; mais à présent que j'ai appris à vous apprécier, puis-je vous laisser en ce lieu? non, jamais! jamais!

— Capitaine Wharton, dit Birch en ouvrant la porte, si vous avez plusieurs vies, vous êtes bien le maître de les risquer; mais moi qui n'en ai qu'une, je veux la conserver. M'en irai-je seul, ou venez-vous avec moi?

— Partez! partez, mon cher Henry! s'écria Frances en l'embrassant. Partez : songez à notre père, songez à Sara. Elle n'attendit pas sa réponse; mais, l'entraînant doucement vers la porte, elle le poussa en dehors et la ferma.

Il y eut encore quelques instants de discussion entre le capitaine et le colporteur; mais enfin celui-ci l'emporta, et Frances entendit le bruit de leurs pas, tandis qu'ils descendaient de la montagne avec rapidité.

Dès qu'on eut cessé de les entendre, Harper reparut. Il prit en silence le bras de Frances, et la fit sortir de la hutte. Le chemin lui paraissait familier; il la fit remonter sur la pointe du rocher sous laquelle était la chaumière, lui fit traverser le plateau de la montagne, et il avait soin de la prévenir des obstacles et des difficultés qui pouvaient s'opposer à leur passage et de l'en garantir.

En marchant à côté de cet homme à taille majestueuse, Frances sentait que le bras qui la soutenait ne pouvait appartenir à un être de la classe ordinaire. Son pas ferme et son air calme semblaient annoncer une âme forte et résolue. En suivant leur route par le revers de la montagne, ils en descendirent très-vite et sans danger. Guidée par Harper, Frances parcourut en dix minutes la même distance qui lui avait coûté en venant une heure de fatigue. Enfin il prit un de ces sentiers dont nous avons parlé, pratiqués par les troupeaux, et traversant d'un pas rapide le terrain qui avait été défriché, il arriva près d'un cheval richement caparaçonné. Le noble animal hennit et frappa la terre du pied, lorsque son maître replaça ses pistolets dans leurs arçons.

Harper se tourna alors vers Frances, et lui prenant la main, lui parla en ces termes :

— Vous avez sauvé cette nuit votre frère, miss Wharton. Je ne puis vous expliquer pourquoi il se trouve des bornes au pouvoir que j'ai de le servir; mais si vous pouvez retarder de deux heures le départ de la cavalerie, je vous réponds de sa sûreté. Après ce que vous avez fait ce soir, je suis porté à croire que rien ne vous est impossible. Dieu ne m'a pas accordé d'enfants, miss Wharton; s'il m'eût donné une fille, je lui demanderais qu'elle vous ressemblât. Mais vous êtes mon enfant. Tous les habitants de cette vaste contrée sont mes enfants. Adieu, recevez la bénédiction d'un soldat qui espère vous revoir dans un temps plus heureux.

En parlant ainsi, il lui étendit une main sur la tête avec un air religieux et solennel qui toucha Frances jusqu'au fond du cœur. Elle leva les yeux sur lui, et ce mouvement de tête ayant encore fait retomber son capuchon sur ses épaules, la lune éclaira ses traits aimables. Des larmes brillaient sur ses joues, et ses yeux bleus pleins de douceur jetaient un regard de respect sur son conducteur. Harper se baissa, imprima sur son front un baiser paternel, et ajouta :

—Tous ces sentiers vous conduiront dans la plaine; mais il faut que nous nous séparions ici. J'ai beaucoup à faire et loin à aller. Adieu, ne vous souvenez de moi que dans vos prières.

Il monta à cheval, et salua Frances en ôtant son chapeau avec une politesse pleine de grâce; il descendit par le revers de la montagne, et disparut bientôt au milieu des arbres. Frances partit légèrement, le cœur bien soulagé, et prenant le premier sentier qui descendait vers la plaine, elle y arriva bientôt sans avoir couru aucun danger. Tandis qu'elle traversait les prairies qui conduisaient à la ferme, un bruit occasionné par l'approche de quelques cavaliers l'effraya tout à coup, et elle sentit que, dans certaines situations, l'homme est bien plus à craindre que la solitude. S'étant cachée à l'ombre d'une haie voisine de la route, elle y resta en silence pour attendre qu'ils fussent passés, et elle vit s'avancer au grand trot un petit détachement de dragons dont l'uniforme n'était pas le même que celui des dragons de Virginie. Ils étaient suivis par un homme enveloppé d'un grand manteau, et en qui elle reconnut sur-le-champ M. Harper. Derrière lui était un nègre en livrée, et deux jeunes gens en uniforme fermaient la marche. Au lieu de prendre la route qui conduisait au camp du régiment de milice, ils tournèrent tout à coup sur la gauche, et entrèrent dans les montagnes.

S'épuisant en conjectures pour deviner qui pouvait être cet ami puissant et inconnu de son frère, Frances se remit en marche, s'approcha de la ferme avec précaution, et y rentra sans accident, et sans avoir été aperçue.

CHAPITRE XXXI.

Loin d'ici, timides subterfuges! inspire-moi, sainte et franche innocence! — Je suis votre femme si vous voulez m'épouser. — SHAKSPEARE.

En rejoignant miss Peyton, Frances apprit que Dunwoodie n'était pas encore de retour. Cependant, pour délivrer Henry des importunités du prétendu fanatique qu'il avait laissé avec lui, il lui avait envoyé un respectable ministre de l'Eglise anglicane qui était arrivé depuis une demi-heure, et qui avait passé ce temps à converser avec la bonne tante en homme sensé et bien élevé; mais cet entretien n'avait nullement roulé sur les affaires domestiques de la famille.

Miss Peyton ne manqua pas de demander avec empressement à sa nièce si elle avait réussi dans son excursion romanesque. Tout ce que put dire Frances, fut qu'elle avait promis le silence, et elle recommanda la même précaution à sa tante. Le sourire qui embellissait encore sa jolie bouche, tandis qu'elle parlait ainsi, suffit pour faire entendre à miss Peyton que tout allait au mieux. Elle pressait sa nièce de prendre quelques rafraîchissements après avoir essuyé une fatigue à laquelle elle n'était nullement habituée, quand le bruit que fit un cheval en s'arrêtant à la porte annonça l'arrivée du major. Le courrier que Mason lui avait dépêché l'avait trouvé au passage du bac, attendant avec impatience le retour de M. Harper, et il en était parti sur-le-champ pour retourner à l'endroit où son ami avait été détenu, tourmenté par une foule de réflexions. Le cœur de Frances battit vivement quand elle entendit le bruit de ses pas sur l'escalier. Deux heures étaient nécessaires à la sûreté de Henry, le colporteur l'avait déclaré. Harper lui-même, quelque bien intentionné qu'il fût, quelque puissant qu'il se fût avoué, avait insisté sur l'importance dont il était d'empêcher que les dragons ne poursuivissent Henry avant ce temps si court. Cependant Frances avait à peine recueilli ses idées que Dunwoodie entrait par une porte, tandis que miss Peyton sortait par une autre.

Le teint du major était animé, et il avait l'air mécontent, piqué et contrarié.

— Quelle imprudence, Frances ! s'écria-t-il en se jetant sur une chaise; fuir ainsi au moment où je venais de l'assurer qu'il n'avait rien à craindre ! Je pourrais presque me persuader que vous vous faites un plaisir de créer des sujets de contradiction entre nos sentiments et nos devoirs.

— Il est très-possible que nos devoirs ne soient pas d'accord, répondit Frances en s'approchant de lui, et restant le corps légèrement appuyé sur la muraille; mais nos sentiments ne sauraient l'être, Peyton. Vous êtes certainement charmé que Henry ait échappé à la mort.

— Sa vie ne courait aucun risque. Harper lui avait fait une promesse, et jamais Harper n'y a manqué. O Frances, Frances, si vous aviez bien connu cet homme, sa parole vous eût paru sacrée, et vous ne m'auriez pas réduit une seconde fois à cette cruelle alternative.

— Quelle alternative ? demanda Frances ayant sincèrement pitié de son émotion, mais empressée de saisir toutes les occasions de prolonger la conversation.

— Quelle alternative ? Ne faut-il pas que je monte cette nuit à cheval pour poursuivre votre frère, tandis que j'espérais la passer la tête sur l'oreiller, en me félicitant d'avoir contribué à le sauver ? Ne me donnez-vous pas l'air d'être votre ennemi, tandis que je verserais volontiers pour vous jusqu'à la dernière goutte de mon sang ? Je le répète, Frances, c'est une imprudence, une folie, une erreur cruelle, très-cruelle.

Frances se pencha sur lui, et prit avec timidité une de ses mains, tandis que de l'autre elle repoussait de chaque côté les cheveux noirs qui tombaient sur le front de son amant.

— Et pourquoi le poursuivre, mon cher Peyton ? lui dit-elle. Vous avez déjà beaucoup fait pour notre pays, et il ne peut exiger de vous un pareil sacrifice.

— Frances ! miss Wharton ! s'écria le major se levant tout à coup, et parcourant la chambre à grands pas avec l'émotion d'un homme qui sent son honneur en péril, ce n'est pas mon pays, c'est mon honneur qui exige ce sacrifice. S'il n'avait pas fui tandis que mon corps était chargé de le garder !... sans cette circonstance, je n'aurais pas été frappé du même coup. Mais si les yeux des dragons de Virginie peuvent se laisser aveugler par la ruse et l'artifice, ils ont des chevaux doués de vitesse et des sabres bien affilés. Avant que le soleil se lève, nous verrons quel est celui qui osera donner à entendre que la beauté de la sœur a servi à sauver le frère. Oui, oui, ajouta-t-il avec un sourire amer, même dès à présent je voudrais entendre le calomniateur qui oserait insinuer l'existence d'une telle trahison!

— Peyton! cher Peyton! s'écria Frances reculant avec terreur devant son œil courroucé, voudriez-vous donner la mort à mon frère?

— Ne mourrais-je pas pour lui? répondit Dunwoodie d'un ton plus doux et en la regardant avec tendresse; vous le savez. Ce qui me tourmente, ce sont les soupçons auxquels m'expose la démarche inconsidérée de Henry. Que pensera de moi Washington s'il vient à apprendre que je suis devenu votre époux?

— Si cette crainte est le seul motif qui vous engage à poursuivre mon frère, dit Frances avec un léger tremblement dans la voix, il est facile d'y remédier. Le mariage n'a pas encore eu lieu.

— Est-ce ainsi que vous me consolez, Frances? Est-ce ainsi que vous prenez pitié de mes souffrances?

— Je suis bien loin de vouloir rien dire qui puisse vous être désagréable, Dunwoodie; mais ne nous donnez-vous pas à tous deux plus d'importance que nous ne pouvons en avoir aux yeux de Washington?

— Je me flatte que mon nom n'est pas tout à fait inconnu au général en chef, répondit Dunwoodie avec un mouvement de fierté, et vous-même vous n'êtes pas aussi obscure que votre modestie cherche à vous le persuader. Je vous crois, Frances, quand vous me dites que vous avez pitié de moi, et je dois me comporter de manière à mériter que vous ayez toujours pour moi les mêmes sentiments. Mais je perds des moments précieux. Il faut que nous traversions les montagnes cette nuit, afin d'être en état de nous acquitter de nos devoirs au point du jour. Mason n'attend que mes ordres pour monter à cheval. Je vous quitte donc, Frances, quoi qu'il puisse en coûter à mon cœur. Plaignez-moi, mais soyez sans inquiétude pour votre frère. Il faut qu'il redevienne prisonnier, mais chaque cheveu de sa tête est sacré.

— Arrêtez, Dunwoodie, je vous en conjure, s'écria Frances respirant à peine en examinant l'aiguille de la pendule; avant de partir pour vous acquitter de ce devoir qui vous tient tant à cœur, lisez ce billet que Henry a laissé pour vous, et qu'il croyait sans doute écrire à l'ami de sa jeunesse.

— J'excuse votre sensibilité, Frances; mais il viendra un temps où vous me rendrez justice.

— Ce temps est déjà arrivé, lui répondit-elle en lui tendant la main, ne pouvant affecter plus longtemps un mécontentement qu'elle n'éprouvait pas.

— Où avez-vous trouvé ce billet? s'écria le major en parcourant des yeux le contenu. Pauvre Henry! oui, vous êtes véritablement mon ami. Si quelqu'un désire me voir heureux, c'est vous.

— Sans doute, sans doute, s'écria vivement Frances : il ne souhaite que votre bonheur; croyez ce qu'il vous dit; il ne s'y trouve pas un mot qui ne soit vrai.

— Je le crois, chère Frances; mais c'est à vous à confirmer ce qu'il m'écrit. Plût au ciel que je pusse également compter sur votre affection!

— Vous le pouvez, Peyton, répondit Frances en regardant son amant avec la candeur de l'innocence.

— En ce cas, lisez vous-même, et prouvez-moi que vous venez de dire la vérité, s'écria Dunwoodie en lui présentant le billet.

Frances prit le billet, et lut avec surprise ce qui suit :

« La vie est trop précieuse pour la confier à des espérances incertaines. Je vous quitte, Dunwoodie; César est le seul confident de ma fuite, et je le recommande à votre merci. Mais une cruelle inquiétude me dévore. Songez à un père âgé et infirme, à qui l'on va reprocher le crime supposé de son fils; songez à deux sœurs que je laisse sans protection. Prouvez-moi que vous nous aimez tous. Que le ministre que vous devez ramener vous unisse à Frances cette nuit même, et que ma famille trouve en vous un fils, un frère et un époux. »

La lettre tomba des mains de Frances. Elle voulut lever les yeux sur Dunwoodie, mais elle les baissa en rencontrant ses regards passionnés.

— Que dites-vous? lui demanda le major avec tendresse; suis-je digne de cette confiance? Voulez-vous que ce soit un frère qui se mette cette nuit à la recherche du vôtre, ou sera-ce un officier du congrès qui va poursuivre un officier anglais?

— Feriez-vous moins votre devoir parce que je serais votre femme, major Dunwoodie? En quoi la situation de Henry en deviendrait-elle moins dangereuse?

—Je vous répète que Henry est en sûreté. La parole que lui a donnée Harper est sa garantie. Mais je ferai voir au monde, dit le jeune officier se trompant peut-être un peu lui-même, un nouveau mari qui a la force d'arrêter le frère de sa femme.

—Et le monde comprendra-t-il tout cela ? dit Frances avec un air d'indécision qui fit naître mille espérances dans le sein du major. Dans le fait la tentation était forte. Elle ne voyait aucun autre moyen de retenir Dunwoodie jusqu'à ce que l'heure fatale fût écoulée. Ce que lui avait dit Harper tout récemment, qu'il ne pouvait faire ouvertement que bien peu de chose pour Henry, et que tout dépendait du temps, était profondément gravé dans sa mémoire. Peut-être aussi pensait-elle involontairement qu'il était possible qu'une barrière éternelle s'élevât entre elle et son amant, s'il arrêtait son frère et que la sentence fût exécutée. Il est difficile d'analyser toutes les hésitations du cœur de l'homme, encore plus celles du cœur de la femme.

—Pourquoi tarder, chère Frances ? s'écria Dunwoodie qui suivait sur les traits expressifs de sa maîtresse tous les mouvements de son âme; quelques minutes peuvent me donner les droits d'un époux pour vous protéger.

Frances tremblante jeta un regard inquiet sur la pendule, dont les aiguilles semblaient marcher avec une lenteur inconcevable, comme pour la mettre plus long-temps à la torture.

—Parlez, Frances, dit le major. Puis-je appeler notre bonne parente ? Décidez-vous, le temps presse.

Frances s'efforça de lui répondre, mais elle ne put que murmurer quelques sons inarticulés, que son amant, d'après un privilége qui date d'un temps immémorial, interpréta comme un consentement. Il se précipita vers la porte, et il allait sortir quand elle recouvra la parole.

—Arrêtez, Peyton ! lui dit-elle, je ne puis vouloir vous tromper au moment de contracter un engagement si solennel. J'ai vu Henry depuis son évasion; un temps bien court est tout ce qu'il faut pour sa sûreté. Voici ma main, je vous la donne maintenant volontiers, si vous ne la dédaignez pas.

—La dédaigner ! s'écria Dunwoodie avec transport ; je la reçois comme le plus beau présent du ciel. Il ne faut pas deux heures pour traverser les montagnes, et demain à midi je reviendrai avec la grâce de votre frère, signée par Washington. Henry nous aidera à égayer notre repas de noces.

— En ce cas, attendez-moi ici dans dix minutes, dit Frances, consolée par l'aveu qu'elle venait de faire et par l'espoir de la sûreté de son frère ; je reviendrai alors prête à prononcer les vœux qui m'attacheront à vous pour toute la vie.

Dunwoodie la pressa un instant contre son cœur, et sortit pour prévenir le ministre des fonctions qu'il allait avoir à remplir.

Miss Peyton apprit de sa nièce cette nouvelle avec beaucoup de surprise, et même avec un peu de mécontentement. C'était violer tous les principes d'ordre et de décorum, que de célébrer un mariage avec tant de précipitation et si peu de cérémonial. Mais Frances lui déclara avec une fermeté modeste que sa résolution était bien prise. Depuis longtemps sa famille avait consenti à cette union, qui n'avait été retardée que d'après son propre désir. Elle venait de donner sa parole à Dunwoodie, et elle la tiendrait. Elle ne pouvait en dire davantage sans se compromettre, car il aurait fallu entrer dans des explications dangereuses pour Birch ou pour Harper, et peut-être pour tous deux. Peu habituée à contester, et étant réellement attachée à son parent Dunwoodie, miss Peyton céda bientôt à la fermeté de sa nièce, et ne fit plus d'objections. M. Wharton était trop complètement converti à la doctrine de l'obéissance passive et de la nécessité de céder aux circonstances, pour résister aux sollicitations d'un officier qui avait autant de crédit que le major dans l'armée des rebelles ; et Frances, accompagnée par son père et sa tante, retourna dans l'appartement qu'elle venait de quitter, à l'expiration du court délai qu'elle avait fixé elle-même. Dunwoodie et le ministre y étaient déjà. Frances, en silence, et sans affectation de réserve, lui remit l'anneau de mariage de sa propre mère, et après quelques instants qu'elle employa pour se placer convenablement, ainsi que M. Wharton, miss Peyton consentit que la cérémonie commençât.

La pendule était précisément en face de Frances ; et ses yeux se fixèrent bien des fois avec inquiétude sur le cadran. Mais bientôt le langage solennel du ministre attira toute son attention, et son esprit ne fut plus occupé que des vœux qu'elle allait prononcer. La cérémonie fut bientôt terminée ; et comme le prêtre faisait entendre le dernier mot de la bénédiction, la pendule sonna neuf heures. Le délai demandé par Harper était alors écoulé, et Frances crut sentir son cœur soulagé d'un poids accablant.

Dunwoodie la serra dans ses bras, embrassa plusieurs fois miss Peyton, pressa la main de son beau-père et celle du ministre, et était encore dans l'ivresse de la joie quand on frappa à la porte. On l'ouvrit, et Mason entra.

— Nous sommes en selle, dit-il, et si vous le trouvez bon, nous partirons. Vous êtes si bien monté que vous aurez tout le loisir de nous rejoindre.

— Oui, mon brave Mason, oui, partez, répondit Dunwoodie saisissant avec empressement un prétexte pour rester quelques instants de plus ; je vous rejoindrai à la première halte.

Le lieutenant se retira pour exécuter ces ordres, et il fut suivi par M. Wharton et le ministre.

— Maintenant, Peyton, dit Frances, songez que c'est véritablement un frère que vous allez poursuivre ; je n'ai plus besoin de vous implorer pour lui, si vous avez le malheur de le rencontrer.

— Dites si j'ai ce bonheur, s'écria Dunwoodie ; car j'ai mis dans ma tête qu'il dansera à nos noces. Plût au ciel que je pusse le gagner à notre cause ! C'est la cause de son pays, et je combattrais avec bien plus de plaisir, Frances, si j'avais votre frère à mon côté.

— Ne parlez pas ainsi, Dunwoodie ! vous me faites faire de terribles réflexions.

— N'en parlons plus ; mais il faut que je vous quitte. Mason est parti, et je ne lui ai pas donné d'ordres. Mais plus tôt je partirai, Frances, plus tôt je serai de retour.

On entendit le bruit d'un cavalier qui approchait de la ferme au grand galop, et avant que le major eût le temps de finir ses adieux à son épouse et à sa tante, son domestique ouvrit la porte et fit entrer un officier. Il portait l'uniforme d'aide-de-camp, et Dunwoodie le reconnut pour être attaché à Washington.

— Major, dit l'officier après avoir salué les dames avec politesse, le général en chef m'a chargé de vous apporter cet ordre. Ayant exécuté sa mission, il s'excusa sur ce que son devoir l'appelait ailleurs, et repartit au même instant.

— Sur ma foi ! s'écria le major, voici nos affaires qui prennent une nouvelle tournure ; mais je comprends tout cela : Harper a reçu ma lettre, et nous éprouvons déjà les effets de son influence.

— Avez-vous des nouvelles favorables pour Henry ? s'écria Frances en accourant à son côté.

— Ecoutez, et vous en jugerez :

« Monsieur,

« A l'instant où vous recevrez cette dépêche vous ferez marcher votre escadron de manière à vous trouver demain à dix heures du matin sur les hauteurs du Croton, en face du détachement ennemi qui couvre ses fourrageurs ; vous y trouverez un corps d'infanterie pour vous soutenir. On m'a fait un rapport sur l'évasion de l'espion anglais. Son arrestation est sans importance en comparaison du devoir que je vous donne à remplir. Si quelques-uns de vos gens sont à sa poursuite, rappelez-les sur-le-champ, et ne perdez pas un instant pour aller battre l'ennnemi.

« Votre serviteur,

« GEORGE WASHINGTON. »

— Grâce au ciel ! s'écria Dunwoodie, me voilà délivré d'une tâche bien pénible ! Je puis maintenant marcher à mon devoir avec honneur.

— Et avec prudence, cher Peyton, dit Frances le visage pâle comme la mort. Songez, Dunwoodie, que vous venez de me donner un nouveau droit pour vous recommander le soin et la circonspection.

Le jeune major regarda avec transport ses traits charmants, quoique couverts de pâleur, et lui prenant la main, il la pressa sur son cœur en s'écriant :

— Mais à quoi bon tant de hâte ? Quand même je ne partirais que dans quelques heures, j'arriverai à Peekskill avant que mes dragons aient déjeuné. Je suis trop vieux soldat pour me hâter ainsi, et pour me laisser déconcerter.

— Non, partez sur-le-champ, dit Frances d'une voix étouffée ; ne négligez pas les ordres de Washington, et surtout soyez prudent, soyez circonspect.

— Je le serai par amour pour vous, s'écria Dunwoodie, en la serrant encore une fois dans ses bras. Frances pleura un instant sur son cœur, et il s'arracha d'auprès d'elle.

Miss Peyton se retira avec sa nièce, jugeant nécessaire, avant de s'en séparer pour la nuit, de lui prodiguer ses avis sur le chapitre des devoirs matrimoniaux. Si ces instructions n'étaient pas convenablement dirigées, du moins elles furent reçues avec docilité. Nous regrettons que l'histoire ne nous ait pas conservé cette dissertation précieuse; mais tout ce que nos recherches ont pu nous apprendre, c'est qu'elle roulait principalement sur le gouvernement et l'éducation des enfants. Mais nous allons quitter ces deux dames pour retourner près du capitaine Wharton et de Harvey Birch.

CHAPITRE XXXII.

Ne lui donnez pas le temps de dire un mot; que l'absolution soit courte et la corde bonne.
Sir WALTER SCOTT.

Le colporteur et son compagnon furent bientôt descendus dans la vallée; et après s'être arrêtés un instant pour écouter, n'entendant aucun bruit qui annonçât qu'on les suivît, ils prirent hardiment la grande route. Connaissant parfaitement les montagnes dont ils étaient entourés, Birch marchait en avant en silence, de ce pas allongé qui lui était particulier et qui appartenait à sa profession; s'il eût été chargé de sa balle, il aurait eu l'air de n'être occupé que des affaires de son métier. Quelquefois, quand il s'approchait d'un de ces petits postes occupés par les troupes américaines, et dont il existait un grand nombre dans ces montagnes, il faisait un circuit pour éviter les sentinelles, et s'enfonçait sans crainte dans un bois fourré, ou gravissait une montagne escarpée que l'œil aurait jugée inaccessible. Mais Birch connaissait parfaitement cette route difficile; il savait par où l'on pouvait descendre dans tel ravin, et à quel endroit tel ruisseau était guéable. Une ou deux fois Henry crut qu'il leur serait impossible d'avancer plus loin; mais l'adresse et l'expérience de son guide triomphaient de toutes les difficultés.

Après avoir marché, et l'on pourrait dire couru pendant trois heures, Harvey quitta tout à coup un chemin qui les conduisait à l'est, et se dirigea à travers les montagnes du côté du sud. C'était, dit-il à son compagnon, pour éviter les patrouilles qui se faisaient constamment à l'entrée des montagnes vers l'est, et pour abréger leur route en suivant une ligne directe. Après avoir atteint le sommet d'une très-haute montagne, Harvey s'arrêta, s'assit à côté d'un petit ruisseau, ouvrit une valise qui avait occupé la place ordinairement destinée à sa balle, en tira quelques provisions, et invita son compagnon à partager son repas frugal. Henry avait pu suivre le pas agile du colporteur, car chez lui l'agitation suppléait aux forces physiques dans cette circonstance. L'idée d'une halte lui déplut tant qu'il existait une possibilité que la cavalerie les devançât pour leur couper la retraite à travers le territoire-neutre. Il communiqua ses craintes à Harvey, et lui dit qu'il désirait continuer à marcher.

— Suivez mon exemple, capitaine Wharton, répondit Harvey en commençant son repas, et réparez vos forces. Si la cavalerie est partie, il est impossible que nous prenions l'avance sur elle; et si elle ne l'est pas, on lui taillera de la besogne qui ne lui laissera pas le temps de songer à nous.

— Vous m'avez dit vous-même qu'il était important que nous eussions deux heures d'avance; mais si nous nous arrêtons ici, nous perdrons l'avantage que nous avons gagné.

— Ces deux heures sont passées, capitaine Wharton, et le major Dunwoodie ne pense guère en ce moment à poursuivre deux hommes, quand il sait qu'il y en a des centaines qui l'attendent du côté du Croton.

— Silence! Birch, écoutez! j'entends une troupe de cavalerie qui passe au pied de la montagne; je les entends même rire et causer ensemble. De par le ciel! c'est la voix de Dunwoodie. Je l'entends rire avec un de ses camarades. Il paraît qu'il ne s'inquiète guère des dangers que court son ancien ami. Il faut que Frances ne lui ait pas remis mon billet.

En entendant la première exclamation du capitaine, Harvey s'était levé sur-le-champ, et s'approchant du bord de la montagne avec précaution, en avançant la tête de manière à avoir le corps caché par l'ombre des rochers, et à ne pouvoir être vu de si loin, il examina la route que suivaient les dragons. Il resta dans cette position jusqu'à ce qu'il n'entendit plus le bruit de leur marche, après quoi il vint se rasseoir et continua tranquillement son repas frugal.

— Vous avez encore bien du chemin, capitaine Wharton, dit-il, et un chemin fatigant. Vous feriez mieux de manger un morceau comme moi. Vous paraissiez avoir bon appétit sur le rocher de Fishkill; la marche vous l'a-t-elle donc ôté?

— Je croyais alors être en sûreté; mais ce que ma sœur m'a appris ne me laisse pas sans inquiétude, et je ne saurais manger.

— Vous avez moins raison d'en avoir à présent qu'en quelque

moment que ce soit, depuis le jour où vous avez refusé de suivre mon avis et de partir avec moi des Sauterelles. Le major Dunwoodie n'est pas homme à rire et à plaisanter, quand il sait que son ami est en péril. Allons! allons! mangez un morceau : nous ne rencontrerons pas de cavalerie, si nos jambes peuvent encore nous porter quatre heures, et si le soleil reste derrière les montagnes aussi longtemps que de coutume.

Le colporteur parlait avec un ton d'assurance qui donna de la confiance à Henry, et ayant résolu de s'abandonner entièrement aux conseils de son guide, il sentit renaître son appétit et se laissa persuader de faire un souper passable, si l'on prend en considération la quantité plutôt que la qualité. Après avoir terminé leur repas, le colporteur se remit en marche.

Henry suivit son conducteur avec une soumission aveugle. Pendant deux heures, ils continuèrent encore à marcher dans les défilés difficiles et dangereux des montagnes, sans suivre aucune route tracée, sans autre guide que la lune qui voyageait dans les cieux, tantôt cachée sous des nuages poussés par le vent, tantôt répandant au loin sur la terre le brillant éclat de ses rayons. Enfin, ils arrivèrent à l'endroit où les montagnes diminuent peu à peu de hauteur, finissent par n'être plus que des éminences secondaires, et ils quittèrent l'aridité stérile des rochers pour entrer sur les terres imparfaitement cultivées du territoire neutre.

Harvey marcha alors avec plus de précaution, et il prit diverses mesures pour éviter de rencontrer aucune patrouille américaine. Quant à leurs postes stationnaires, il les connaissait trop bien pour avoir à craindre de tomber sur eux par mégarde. Tantôt suivant les chemins frayés, tantôt les évitant avec une précision qui semblait tenir de l'instinct, il ne ralentissait jamais le pas, sans paraître faire aucun effort, sans avoir l'air de connaître la fatigue.

La lune venait de se coucher, et l'aurore commençait à colorer l'orient, quant le capitaine Wharton se hasarda à avouer qu'il éprouvait quelque lassitude, et il demanda à son compagnon s'ils n'étaient pas encore arrivés dans un canton où ils pussent sans péril se reposer dans quelque ferme.

— Regardez là-bas, répondit Birch en lui montrant une colline à quelque distance derrière eux ; ne voyez-vous pas un homme qui se promène sur la pointe de ce rocher? Tournez un peu plus, de manière à le mettre en ligne entre vous et le peu de lumière qui paraît à l'orient. Tenez! le voilà qui marche ; il se tourne du côté de l'est, et il semble regarder quelque chose avec attention. C'est une sentinelle des troupes royales, et il y a deux cents hommes couchés au bivouac près de lui.

— En ce cas, s'écria Henri, allons les joindre, et nous sommes sauvés.

— Doucement, capitaine Wharton, doucement, répliqua le colporteur d'un ton sec. Vous avez déjà été une fois au milieu de trois cents hommes de vos troupes régulières, et il s'est trouvé dans les rangs opposés un homme pour vous arrêter. Ne voyez-vous pas quelque chose de noir sur le penchant de cette autre colline, en face de la première, derrière ces meules de paille? Ce sont les... les rebelles, et ils n'attendent que la clarté du jour pour voir qui restera maître du terrain.

— Eh bien! s'écria le jeune homme impétueux, je me joindrai aux troupes de mon souverain, et je partagerai leur fortune bonne ou mauvaise.

— Vous ne vous battriez pas à armes égales. Oubliez-vous que vous avez la corde autour du cou? Non, non; j'ai promis à quelqu'un, à qui je dois tenir parole, de vous mettre en sûreté, et je le ferai. A moins que vous n'ayez oublié ce que j'ai déjà fait, et tous les risques auxquels je me suis exposé pour vous, capitaine Wharton, vous tournerez de ce côté, et vous me suivrez à Harlaem.

Henry céda à contre-cœur à l'espèce d'ascendant que son guide exerçait sur lui en ce moment, et ils ne furent pas longtemps à gagner les bords de l'Hudson. Après l'avoir côtoyé quelques instants, le colporteur y aperçut une barque dont le batelier paraissait être de sa connaissance. Ils y entrèrent tous deux, traversèrent le fleuve, et débarquèrent au sud du Croton. Là, Birch déclara qu'ils étaient en sûreté, car les troupes royales y tenaient les Américains en échec, et elles y étaient en trop grande force pour que les troupes légères des derniers osassent s'y montrer, de crainte que leur retraite ne fût coupée.

Pendant toute cette marche difficile, le colporteur avait montré un sang-froid et une présence d'esprit à toute épreuve. Henry l'avait suivi comme un enfant à la lisière, et il s'en trouva récompensé par le plaisir qu'il éprouva en apprenant qu'il était délivré de toute crainte, et qu'il ne devait lui rester aucun doute sur sa sûreté.

Une montée escarpée et pénible les conduisit de l'endroit où ils avaient débarqué sur ces terrains élevés qui forment, sur cette partie du fleuve, les rives orientales de l'Hudson. S'écartant un peu du grand chemin, et se mettant sous l'abri d'un petit bois de cèdres, le colporteur s'assit sur la plate-forme d'un rocher, et dit à son compagnon que l'heure de se reposer et de se rafraîchir était enfin arrivée. Il faisait alors grand jour, et l'on pouvait voir distinctement tous les objets dans l'éloignement. Sous leurs pieds coulait l'Hudson, s'étendant vers le sud en ligne droite, aussi loin que la vue pouvait atteindre. Au nord, les montagnes montraient leurs têtes élevées par-dessus les masses de brouillard suspendues sur le fleuve, et qui en faisaient reconnaître le cours au milieu des rochers, dont les sommets, de forme conique, se groupaient les uns derrière les autres dans un désordre qu'on aurait pu supposer être la suite de leurs efforts infructueux pour arrêter dans leur course ces eaux majestueuses et puissantes. Sortant de ce labyrinthe de montagnes, le fleuve, comme se livrant à la joie d'être sorti vainqueur de cette lutte, formait une grande baie, ornée par quelques pointes de terre basse et fertile qui s'avançaient humblement dans son vaste bassin. Sur la rive opposée, c'est-à-dire du côté de l'ouest, les rochers de Jersey se montraient, formant cette barrière qui leur a fait donner le nom de palissades, et s'élevant à plusieurs centaines de pieds comme pour protéger contre une invasion le riche pays situé derrière eux. Mais méprisant un tel ennemi, le fleuve roulait fièrement ses eaux à leur pied, et continuait sa marche vers l'Océan. Un rayon du soleil levant frappa le brouillard suspendu sur les eaux tranquilles de l'Hudson, et à l'instant toute la scène parut en mouvement, changeant de forme, et offrant à la vue des images sans cesse renouvelées. A l'époque où nous écrivons, lorsque le matin lève ce grand rideau de la nature, on voit flotter sur le fleuve des vingtaines de navires, ornés de leurs voiles blanches, avec cet air de vie qui annonce le voisinage de la métropole d'un grand et florissant empire; mais il n'offrait alors aux yeux de Henry et du colporteur que les vergues carrées et les mâts élevés d'un vaisseau de guerre qui était à l'ancre à quelques milles de distance. Avant que le brouillard se fût dissipé, on n'apercevait que les mâts, et l'un d'eux soutenait un pavillon, agité par le vent de la nuit; mais à mesure qu'il commença à s'élever, on vit paraître successivement le corps noir du navire, la masse compliquée de ses agrès, ses vergues et ses arcs-boutants, qui semblaient de longs bras étendus.

—Capitaine Wharton, dit Harvey, voilà un lieu de sûreté pour vous. L'Amérique ne saurait vous atteindre si vous êtes une fois sur le tillac de ce bâtiment. On l'a envoyé pour couvrir les fourrageurs et soutenir le détachement que nous avons vu; car les troupes régulières aiment assez à entendre le bruit du canon de leurs vaisseaux.

Henry ne daigna pas répondre au sarcasme que couvraient ces paroles, et peut-être même n'y fit-il pas attention, mais il accepta avec joie cette proposition, et il fut convenu que dès qu'ils se seraient reposés ils tâcheraient de se rendre à bord de ce navire.

Ils commencèrent alors l'opération indispensable de déjeuner, et tandis qu'ils s'en occupaient sérieusement, ils entendirent plusieurs décharges de mousqueterie dans l'éloignement, d'abord quelques coups de fusil isolés, puis un feu roulant et presque continuel.

— Votre prophétie se vérifie, dit Henry en se levant avec vivacité, nos troupes sont aux mains avec les rebelles. Je donnerais six mois de ma paie pour assister à cette charge.

— Ma foi! dit son compagnon sans en perdre un coup de dent, cela vaut mieux à voir de loin que de près, et je puis dire que la compagnie de ce morceau de lard, tout froid qu'il est, est plus à mon goût en ce moment que le feu le plus chaud des troupes continentales.

— Le feu est bien vif pour des forces si peu nombreuses, mais il semble irrégulier.

— Ces décharges irrégulières viennent de la milice du Connecticut, dit Harvey en levant la tête pour mieux écouter. Ces miliciens sont bons tireurs, et ils savent envoyer leur balle à son but. Les volées sont tirées par les troupes royales, qui, comme vous le savez, font feu au commandement aussi longtemps qu'elles le peuvent.

— Je n'aime pas ce que vous appelez ces décharges irrégulières, reprit Henry en se promenant avec un air de malaise; elles se succèdent comme les coups frappés sur un tambour, et ne ressemblent nullement à un feu d'escarmouche.

— Non, non, je n'ai pas parlé d'escarmoucheurs, dit le colporteur en se levant sur ses genoux et en cessant de manger; tant qu'ils tiendront bon, ces miliciens valent mieux que les meilleures troupes de l'armée royale. Chacun d'eux y va bon jeu bon argent, et songe à ce qu'il fait. Ils ne s'amusent pas à tirer en l'air, et chaque balle est envoyée à son adresse.

— Vous parlez comme si vous leur souhaitiez la victoire, monsieur Birch, dit Henry avec un peu d'humeur.

— Je souhaite la victoire à la bonne cause, capitaine Wharton, répondit Harvey, perdant tout à coup son regard animé de satisfaction pour prendre un air d'indifférence. Je croyais que vous me connaissiez assez pour savoir quel parti je favorise.

—Oh! je sais que vous passez pour loyal[1], répliqua Henry d'un ton un peu méprisant. Mais, de par le Ciel! je n'entends plus de volées..

Tous deux écoutèrent quelques minutes avec grande attention, et pendant ce temps les décharges irrégulières devinrent moins vives, après quoi des volées bien nourries et répétées se succédèrent rapidement.

—Ils en sont venus à la baïonnette, dit le colporteur; les troupes régulières ont essayé la baïonnette et ont repoussé les rebelles.

—Ah! monsieur Birch! la baïonnette est l'arme du soldat anglais, s'écria Henry avec transport; il aime une charge à la baïonnette.

— Eh bien, dit le colporteur, à mon avis, il n'y a pas grand plaisir à manier une pareille arme. Mais j'ose dire que ces miliciens sont de mon avis, car la plupart n'ont pas de ces vilains morceaux de fer pointus. Ah mon Dieu! capitaine, je voudrais que vous eussiez été avec moi, dans le camp des rebelles, et que vous eussiez entendu quels mensonges on y disait sur Burgoyne[2] et sur la bataille de Burker-Hill; vous auriez cru qu'ils aimaient la baïonnette autant que leur dîner.

Tout en parlant ainsi, Harvey avait un air singulier de satisfaction intérieure et d'ingénuité affectée qui ne plut pas infiniment à Henry, et il ne daigna faire aucune réponse à ses remarques.

Le feu de la mousqueterie se faisait encore entendre, et tandis qu'ils en écoutaient les décharges avec une vive attention, un homme armé d'un mousquet sortit du petit bois de cèdres qui les couvrait en partie, et s'avança vers eux avec précaution. Henry aperçut le premier cet étranger, et lui trouvant l'air suspect, il le fit remarquer à son compagnon. Birch tressaillit et fit certainement un mouvement comme pour prendre la fuite; mais se re-

---
1. *Loyal* dans le sens de royaliste.
2. Général anglais souvent cité avec orgueil par les Américains à cause de sa défaite.

mettant aussitôt, il attendit dans un sombre silence que l'étranger fût à quelques pas d'eux.

— Ami! dit celui-ci en appuyant sur la terre la crosse de son mousquet, et craignant évidemment d'approcher davantage.

—Vous feriez mieux de vous retirer, lui cria Birch à haute voix. Il y a dans les environs assez de soldats des troupes régulières pour prendre soin de vous. Nous ne sommes pas ici dans le voisinage des dragons de Dunwoodie, et vous ne me vendrez pas une seconde fois.

—Au diable le major Dunwoodie et ses dragons! s'écria le chef des Skinners, car c'était lui; vive le roi George! et périssent les rebelles! Si vous voulez me fournir le moyen de gagner en sûreté le corps des Vachers, monsieur Birch, je vous paierai bien, et je serai votre ami pour toujours par-dessus le marché.

— La route vous est ouverte aussi bien qu'à moi, lui répondit Birch en lui tournant le dos avec un mépris qu'il ne pouvait cacher; si vous voulez joindre les Vachers, vous savez fort bien où les trouver.

— Sans doute, mais je ne me soucie pas de tomber tout seul au milieu d'eux. Vous qui en êtes bien connu, monsieur Birch, il ne vous en coûterait rien de me permettre de vous accompagner.

Henry intervint à la conversation, et après un court dialogue avec ce drôle, la permission qu'il demandait lui fut accordé à condition qu'il rendrait les armes. Il y consentit sans difficulté, et Birch reçut son fusil avec empressement; mais il ne l'appuya sur son épaule qu'après l'avoir bien examiné, et s'être assuré qu'il était chargé à balle, et que l'amorce en était bien sèche.

Dès que cet arrangement fut conclu, ils se remirent en marche. Birch les conduisit le long des rives du fleuve par des chemins sur lesquels ils ne pouvaient être vus, et quand ils furent arrivés en face de la frégate, ils firent un signal auquel on répondit en détachant une barque. Ce ne fut pourtant qu'après quelque temps et avec beaucoup de précautions que les marins voulurent approcher de la terre; mais Henry s'étant fait connaître de l'officier qui se trouvait avec eux, il en reçut sans difficulté la permission d'aller rejoindre ses compagnons d'armes. Avant de faire ses adieux à Birch, le capitaine lui remit une bourse qui était assez bien remplie, vu les circonstances, et le colporteur fut assez adroit pour la déposer dans une poche secrète, ingénieusement pratiquée dans ses vêtements, et réussit à cacher ce mouvement au Skinner.

La barque s'éloigna du rivage, et Birch tourna sur le talon en respirant comme s'il se fût trouvé bien soulagé. Il se mit alors à gravir la montagne avec sa vitesse ordinaire. Son nouveau compagnon le suivit. Ils se jetaient de temps en temps des regards qui annonçaient une méfiance réciproque; mais ils gardèrent tous deux le plus profond silence.

Des chariots avançaient sur la route qui suivait les bords du fleuve, et l'on voyait de temps en temps de petits détachements de cavalerie qui escortaient les fruits de leur excursion jusqu'à la ville. Comme le colporteur avait ses projets, il évita de rencontrer ces détachements au lieu de chercher leur protection. Après avoir fait quelques milles sur le bord du fleuve, gardant toujours un silence déterminé malgré les efforts que fit enfin le Skinner pour entamer une conversation, tenant le fusil d'une main ferme et jetant fréquemment un coup d'œil de côté sur son compagnon, Harvey reprit tout à coup le grand chemin dans l'intention de traverser les montagnes pour se rendre à Harlaem. A l'instant où il venait d'entrer sur la route, un petit corps de cavalerie se montra sur une éminence voisine, et arriva près de nos voyageurs avant qu'ils l'eussent aperçu. Il était trop tard pour battre en retraite, et après avoir examiné ceux qui composaient ce parti de voltigeurs, Harvey ne fut pas très-fâché d'une rencontre qu'il regarda comme devant le délivrer d'un compagnon désagréable. Ils étaient au nombre de dix-huit à vingt, montés et équipés en dragons, quoique leur tenue et leurs manières n'annonçassent pas des troupes régulières. A leur tête était un homme de moyen âge, dont les traits annonçaient plus de brutalité que de raison. Il portait l'uniforme d'officier; mais on ne remarquait en lui ni les vêtements propres et soignés, ni la grâce et l'aisance qui distinguaient la plupart de ceux de l'armée royale. Il se tenait ferme sur sa selle, mais il n'avait dans ses mouvements ni moelleux ni pliant, et la manière dont il tenait sa bride aurait excité la risée du plus mauvais cavalier de Virginie.

— Holà! s'écria-t-il, comme Harvey s'y attendait, d'une voix qui n'avait rien de plus conciliant que son extérieur; où allez-vous si vite? seriez-vous des espions de Washington?

— Je suis un pauvre colporteur, répondit Birch avec beaucoup de calme, et je vais à Harlaem pour acheter quelques marchandises.

— Et comment comptez-vous y arriver, mon pauvre colporteur? Ne savez-vous pas que nous occupons tous les forts dans la ligne de Kingsbridge pour empêcher les rôdeurs comme vous de courir le pays?

— Je crois qu'avec ce papier j'ai le droit de passer partout, répondit Birch avec un air de confiance.

L'officier examina la pièce qui lui était présentée, et après l'avoir lue, la remit au colporteur en clignant les yeux avec un air d'intelligence extraordinaire en un pareil homme. Se tournant ensuite vers deux de ses gens qui s'étaient officieusement avancés pour boucher le chemin à Harvey : — Pourquoi arrêtez-vous ce brave homme? leur demanda-t-il d'un ton brusque; laissez-le passer tranquillement. — Et vous, qui êtes-vous? demanda-t-il au Skinner. Je n'ai pas vu votre nom sur ce papier.

— Non, Monsieur, répondit le Skinner avec humilité. Je suis un pauvre homme qui s'est laissé égarer. J'ai eu le malheur de servir dans l'armée des rebelles; mais grâce à Dieu, j'ai reconnu mon erreur, et je viens en faire réparation en m'enrôlant sous les drapeaux de l'oint du Seigneur.

— Un déserteur! un Skinner qui veut se faire Vacher, sans doute? Dans la dernière rencontre que j'ai eue avec ces drôles, je pouvais à peine distinguer mes gens. Nous ne tenons guère à l'uniforme, et quant aux figures, les coquins changent de parti si souvent qu'il est impossible d'y compter. Mais marchez en avant; nous trouverons à vous employer avant qu'il soit longtemps.

Quelque peu gracieux que fût cet accueil, le Skinner, si l'on pouvait juger de ses sentiments par son extérieur, en fut pourtant enchanté. Il marcha avec grand plaisir vers la ville, se trouvant si heureux d'échapper au regard brutal qui l'avait interrogé, qu'il perdait de vue toute autre considération. Mais l'individu qui remplissait dans cette troupe irrégulière les fonctions de sergent s'approcha de son commandant, et entra avec lui en conversation sérieuse, et, à ce qu'il paraissait, confidentielle. Ils parlaient à voix basse, et jetaient de temps en temps un coup d'œil expressif sur le Skinner, qui commença à croire qu'il était l'objet d'une attention plus qu'ordinaire. Son mécontentement de cette distinction augmenta encore en remarquant sur la figure du capitaine un sourire qui, quoiqu'il pût passer pour une grimace, annonçait certainement beaucoup de satisfaction intérieure. Cette pantomime dura pendant tout le temps qu'ils mirent à traverser une vallée, et se termina à l'instant où ils montaient une autre colline.

Là le capitaine mit pied à terre avec son sergent et fit faire halte à sa troupe. Chacun de ses soldats prit un de ses pistolets d'arçon, mouvement qui ne causa ni méfiance ni alarme parce que c'était une précaution d'usage parmi eux, et le commandant fit signe au colporteur et au Skinner de le suivre. Quelques minutes de marche les conduisirent à un endroit où la montagne formait une plate-forme dominant sur le fleuve, sur les rives duquel un des flancs du rocher descendait presque perpendiculairement. Sur le sommet de cette hauteur était un bâtiment ruiné et abandonné qui avait été autrefois une grange. La plupart des planches qui en avaient formé le toit en avaient été arrachées, et l'on voyait les deux portes battantes, l'une par terre en face du bâtiment, l'autre sur le penchant de la montagne où le vent l'avait jetée.

En entrant dans ce lieu de désolation, l'officier Vacher tira de sa poche, avec beaucoup de sang-froid, une pipe dont le tuyau était fort court et dont la couleur pouvait avoir été blanche autrefois, mais qui avait fait tant de service, qu'elle avait acquis non seulement la teinte mais le luisant de l'ébène, une boite à tabac et un petit rouleau de cuir qui contenait un briquet, une pierre à fusil et de l'amadou. Avec cet appareil il eut bientôt fourni à sa bouche ce qu'une longue habitude lui avait rendu nécessaire toutes les fois qu'il voulait se livrer à des réflexions extraordinaires. Dès qu'il eut exhalé dans les airs une colonne suffisante de fumée, le capitaine avança la main d'un air expressif vers le sergent. Celui-ci tira de sa poche une petite corde et la remit à son officier, qui parut alors ruminer un projet important; car le nuage de fumée s'épaississait autour de lui de manière à lui cacher presque la tête, et il regardait de tous côtés avec l'air de chercher quelque chose qui lui manquait. Enfin il ôta sa pipe de la bouche, respira l'air pour un instant, la replaça entre ses lèvres, et se mit en besogne sur-le-champ. Une grosse poutre appuyée sur les deux murailles traversait la grange, à peu de distance de la porte du sud, et d'où l'on voyait les eaux de l'Hudson se dirigeant vers la baie de New-York. Le chef des Vachers jeta la corde par dessus cette pièce de bois, et il en joignit les deux bouts. Un petit baril défoncé dont les douves tenaient à peine ensemble était resté dans la grange, probablement comme hors de service. Le sergent obéissant à un signe de son officier, le prit et le plaça sous la poutre. Toutes ces dispositions se firent avec un calme parfait, et parurent se terminer à la satisfaction complète du capitaine.

— Avance! dit-il alors au Skinner, qui étonné de ces préparatifs, en était resté jusqu'alors spectateur attentif et silencieux. Il obéit, et ce ne fut que lorsqu'on l'eut débarrassé de sa cravate et que son chapeau eut été jeté par terre, qu'il commença à prendre l'alarme. Mais il avait eu recours si souvent lui-même à de pareils expédients pour forcer à parler ceux qui s'opiniâtraient à se taire, qu'il n'éprouva pas autant de terreur qu'en aurait ressenti un homme sans expérience en voyant des apprêts de si mauvais augure. Un nœud coulant lui fut ajusté autour du cou avec le même sang-froid qui avait caractérisé toute cette scène; un morceau de planche fut placé sur le baril défoncé et on lui ordonna d'y monter.

— Mais le baril peut tomber, dit le Skinner, commençant à trembler pour la première fois. Sans que vous preniez tout cet embarras, je vous dirai tout ce que je sais; je vous donnerai même les moyens de surprendre ma troupe, quoique ce soit mon propre frère qui la commande.

— Je n'ai que faire de tes renseignements, lui répondit son exécuteur, car le capitaine en remplissait alors les fonctions; et tendant d'abord la corde de manière à rendre un peu gênante la situation du Skinner, il la fit ensuite passer plusieurs fois autour de la poutre, et finit par en jeter le bout par dessus de manière à le mettre hors de portée.

— Cela passe la plaisanterie, dit le Skinner d'un ton de remontrance, en se levant sur la pointe des pieds et en faisant de vains efforts pour dégager sa tête du nœud coulant; mais l'expérience du Vacher avait mis bon ordre à ce qu'il pût échapper.

— Qu'as-tu fait du cheval que tu m'as volé, drôle? lui demanda l'officier en lâchant des nuages de fumée, tout en attendant une réponse.

— Il a crevé dans une course, répondit vivement le Skinner; mais je puis vous dire où vous en trouverez un qui vaut mieux que lui et son père n'ont jamais valu.

— Menteur! quand il m'en faudra un, je saurai où me le procurer; mais je te conseille de te recommander à Dieu, car tu n'as plus longtemps à rester en ce monde.

En terminant cet avis consolant, le capitaine donna un grand coup de pied au baril, dont les douves se dispersèrent de tous côtés, et laissèrent le Skinner suspendu en l'air. Comme il avait les mains libres, il les leva sur-le-champ, saisit la corde et se soutint par la force de ses poignets.

— Allons, capitaine, dit-il, d'une voix qui commençait à devenir rauque, tandis que ses genoux étaient agités par un tremblement, c'est assez plaisanter, et vous avez eu tout le temps de rire. Mes bras commencent à se lasser, en vérité je ne puis me soutenir plus longtemps.

— Monsieur le colporteur, dit le chef des Vachers d'un ton d'autorité, je n'ai que faire de votre compagnie. Votre route est par cette porte, marchez, et si vous vous avisez de toucher à ce chien, je vous fais pendre à sa place, quand même une vingtaine de sirs Henry[1] auraient besoin de vos services. A ces mots, il regagna la route avec le sergent, tandis que Birch partait de son côté avec précipitation.

Il n'alla pourtant pas bien loin, et ayant trouvé un épais buisson qui pouvait le cacher aux yeux des Vachers, il s'arrêta derrière, cédant à un désir irrésistible de voir quelle serait la fin de cette scène extraordinaire.

Resté seul dans la grange, le Skinner jeta de tous côtés des regards effrayés pour tâcher de voir ce que devenaient ses persécuteurs. Pour la première fois son esprit parut admettre l'horrible idée que les Vachers avaient des projets sérieux contre sa vie. Il les supplia de le délivrer, leur promettant avec des paroles entrecoupées de leur donner d'importantes informations, affectant même de regarder tout ce qui s'était passé comme une plaisanterie. Mais quand il entendit le bruit de leurs chevaux qui se remettaient en marche, et qu'il n'aperçut autour de lui aucun secours humain, le désespoir lui fit faire un effort pour atteindre la poutre, mais ses forces étaient déjà trop épuisées, et il ne put y réussir. Il parvint pourtant à saisir la corde avec les dents, il fit une vaine tentative pour la couper, et retomba, mais encore soutenu par ses bras. En ce moment, ses cris devinrent des hurlements.

— Au secours !... Coupez la corde... Capitaine !... Birch !... Bon colporteur !... Au diable le congrès ! Sergent !... Au secours, pour l'amour de Dieu !... Vive le roi !... O Dieu !... ô Dieu !... merci !... merci !...

La voix lui manqua ; il lâcha la corde d'une main pour tâcher

---

[1]. Sir Henry Clinton.

de la passer entre son cou et le nœud coulant ; il y réussit en partie, mais l'autre tomba sans force à son côté ; des convulsions l'agitèrent quelques instants, et bientôt il ne resta de lui qu'un cadavre hideux.

Cette scène affreuse semblait avoir rendu Harvey immobile, et il la contemplait comme involontairement et glacé d'horreur. Cependant les derniers cris du mourant lui rendirent le mouvement ; il courut vers la grande route en se bouchant les oreilles des deux mains ; mais le cri épouvantable : merci !... merci ! continua à y retentir, et pendant plusieurs semaines sa mémoire ne cessa de lui retracer ce spectacle terrible. Cependant les Vachers continuaient leur route, comme si rien d'extraordinaire ne fût arrivé, et le corps du Skinner resta suspendu jusqu'à ce que le hasard voulût en disposer autrement.

CHAPITRE XXXIII.

> Ami de mes jours plus heureux, que le gazon qui te couvre soit toujours vert. — Personne ne te connaissait que pour t'aimer ; personne ne parlait de toi que pour faire ton éloge. — HALLECK.

TANDIS que les scènes et les événements dont nous venons de rendre compte se passaient, le capitaine Lawton, marchant avec lenteur et prudence, et partant du village des Quatre-Coins, conduisait son petit détachement en face d'un corps de troupes ennemies ; et il manœuvra si adroitement pendant quelque temps, que non-seulement il déjoua tous leurs piéges, mais encore il leur cacha si bien la faiblesse de son corps qu'il les tint dans une crainte perpétuelle d'être attaqués par les Américains. Cette temporisation circonspecte n'était pas dans le caractère de l'impétueux partisan, mais il exécutait les ordres qu'il avait reçus de son commandant. Quand Dunwoodie avait quitté son régiment, on savait que l'ennemi s'avançait à petites journées, et il avait chargé Lawton de se borner à observer les troupes anglaises jusqu'à son retour, et jusqu'à l'arrivée d'un corps d'infanterie qui pût aider à leur couper la retraite.

Lawton exécuta ces ordres à la lettre, mais s'il s'abstint d'attaquer l'ennemi, ce ne fut pas sans un peu de cette impatience qui lui était naturelle.

Pendant ces mouvements, Betty Flanagan conduisait sa petite charrette avec un zèle infatigable à travers les montagnes du West-Chester, tantôt discutant avec le sergent Hollister sur la nature des malins esprits et la qualité des liqueurs spiritueuses qu'elle vendait, tantôt se querellant avec le docteur Sitgreaves sur divers points de pratique qui se présentaient tous les jours relativement à l'usage des stimulants, sujets sur lesquels ils avaient une opinion diamétralement opposée. Mais on vit enfin arriver le moment qui devait mettre fin aux discussions et aux querelles. Un détachement de milice des provinces de l'est sortit des gorges des montagnes et s'approcha de l'ennemi.

La jonction de Lawton et de cette troupe auxiliaire se fit à minuit, et les deux chefs se concertèrent sur les mesures qu'ils avaient à prendre. Après avoir écouté le capitaine, qui méprisait un peu la prouesse de l'ennemi, le commandant de l'infanterie prit la résolution d'attaquer les Anglais dès que le jour permettrait de reconnaître leur position, sans attendre l'arrivée de Dunwoodie et de la cavalerie. Dès que cette détermination fut prise, Lawton sortit du bâtiment où la conférence avait eu lieu, et alla rejoindre sa petite troupe.

Le petit nombre de dragons qui étaient sous les ordres de Lawton avaient attaché leurs chevaux au piquet près d'une meule de foin, à l'abri de laquelle ils s'étaient ensuite couchés pour prendre quelques heures de repos. Mais le docteur Sitgreaves, le sergent Hollister et Betty Flanagan étaient à part à quelque distance, sur des couvertures qu'ils avaient étendues sur la surface raboteuse du rocher. Lawton vint se placer à côté du docteur. Enveloppé de son manteau, la tête appuyée sur une main, il semblait contempler la lune qui parcourait majestueusement le firmament. Le sergent écoutait dans une attitude respectueuse des instructions que lui donnait le docteur; et Betty, dont la tête reposait sur une petite barrique de sa liqueur favorite, la soulevait de temps en temps, partagée entre l'envie de dormir et le désir de parler pour défendre quelqu'une de ses doctrines favorites.

— Vous devez sentir, sergent, dit le docteur, qui s'était interrompu quand Lawton était arrivé, que si vous portez un coup de sabre de bas en haut, il perd la force additionnelle que lui donne le poids de votre corps et devient moins fatal à la vie humaine; et cependant il n'en arrive pas moins au but véritable de la guerre, qui est de mettre l'ennemi hors de combat.

— Allez votre train, sergent, dit la vivandière. Où est donc le grand mal de tuer son homme quand on est à se battre? Est-ce que les royalistes nous font plus de grâce? Demandez au capitaine Lawton si le pays pourrait être libre sans des coups de sabre bien appliqués. Je ne voudrais, ma foi, pas que nos soldats déshonorassent ainsi le whiskey qu'on leur donne.

— On ne peut exiger qu'une femme ignorante comme vous, mistress Flanagan, répliqua le docteur avec un air de mépris ineffable, raisonne scientifiquement sur des matières qui sont du ressort de la chirurgie; et je crois que le maniement du sabre ne vous est pas moins étranger. Ainsi toute discussion sur l'usage judicieux de cette arme ne peut vous être utile ni en théorie ni en pratique.

— Ce n'est pas que je m'inquiète de toutes ces sornettes, répondit Betty en laissant retomber sa tête sur sa barrique; mais une bataille n'est pas un jeu d'enfants, et tout coup est bon pourvu qu'il tombe sur un ennemi.

— Croyez-vous que la journée sera chaude, capitaine? demanda Sitgreaves à Lawton, en tournant le dos à la vivandière avec un souverain mépris.

— Cela est plus que probable, répondit le capitaine d'une voix qui fit tressaillir le docteur; il est rare que le sang ne coule pas à grands flots sur le champ de bataille quand on y amène des miliciens lâches et ignorans : et le bon soldat souffre de leur mauvaise conduite.

— Eprouvez-vous quelque malaise, Lawton? lui demanda Sitgreaves; et lui passant la main sur le bras, il la glissa doucement jusqu'à la veine, dont le battement ferme et égal n'indiquait pourtant aucune indisposition morale ou physique.

— Oui, Archibald, répondit Lawton, un grand malaise. J'ai le cœur serré quand je pense à la folie de nos chefs qui s'imaginent qu'on peut livrer des batailles et remporter des victoires avec des drôles qui manient un mousquet comme ils manieraient un fléau; qui ferment les yeux de peur quand ils tirent un coup de fusil, et qui se rangent en zigzag quand on leur ordonne de former la ligne. La confiance que nous mettons en eux nous coûte le sang le plus pur du pays.

Sitgreaves fut extrêmement surpris de cette philippique, non pour le fond, mais pour la forme. A l'instant d'une bataille, Lawton montrait toujours une ardeur et une vivacité qui contrastaient avec son sang-froid ordinaire en tout autre moment : mais il y avait alors un ton d'abattement dans sa voix, un air d'insouciance dans toutes ses manières qui ne s'accordaient nullement avec son caractère habituel. Le docteur hésita un instant pour réfléchir comment il pourrait profiter de ce changement pour lui faire adopter son système favori, et enfin il continua ainsi qu'il suit :

— Je crois, mon cher Lawton, qu'il serait à propos de recommander au colonel de faire tirer ses gens d'un peu loin. Vous savez que, pour mettre un ennemi hors de combat, une balle presque épuisée peut...

— Non ! non ! s'écria le capitaine avec impatience, que les drôles se brûlent la moustache à l'amorce des mousquets des ennemis, l'on peut les faire aller jusque là ; mais en voilà bien assez sur ce sujet. Dites-moi, Archibald, croyez-vous que cette lune soit un monde comme celui-ci, qu'elle contienne des créatures semblables à nous?

— Rien n'est plus probable. Nous en connaissons la grandeur, et en raisonnant par analogie, nous pouvons former cette conjecture. Mais ceux qui l'habitent ont-ils acquis cette perfection dans les sciences à laquelle nous sommes arrivés, c'est ce qui dépend beaucoup de l'état de la société, et un peu des influences physiques.

— Je me soucie peu de leur science, Archibald ; mais quel pouvoir admirable que celui qui a créé tous ces mondes, et qui a prescrit leur marche ! Je ne sais pourquoi j'éprouve un sentiment de mélancolie en contemplant ce bel astre dont les taches sont, à ce que vous pensez, des mers et des montagnes. Il semble destiné à offrir aux âmes un lieu de repos, lorsqu'elles s'élèvent vers le firmament.

— Buvez un coup, mon bijou, dit Betty en soulevant la tête et en lui passant sa bouteille ; c'est le froid de la nuit qui vous glace le sang, et puis une conférence avec cette maudite milice ne peut plaire à un dragon de Virginie. Buvez un coup, vous dis-je, et vous dormirez jusqu'au jour. J'ai donné moi-même à Roanoke sa provende, car j'ai pensé qu'il aura de l'ouvrage ce matin.

— Que le ciel offre un spectacle glorieux ! continua le capitaine sur le même ton, sans faire attention aux offres de la vivandière. Quel dommage que des vermisseaux comme les hommes souffrent que leurs viles passions déshonorent de si beaux ouvrages !

— Vous avez raison, Lawton ; si chacun voulait vivre en paix et se contenter de ce qu'il a, il y aurait assez de place pour tout le monde. Cependant la guerre n'est pas sans utilité; elle propage notamment les connaissances de l'art de la chirurgie, et....

— Voyez cette belle étoile qui cherche à briller entre ces deux nuages, dit Lawton suivant le cours de ses idées; c'est peut-être aussi un monde; peut-être elle contient des créatures douées de raison comme nous : croyez-vous qu'on y connaisse la guerre, qu'on y verse le sang?

— S'il m'est permis de placer un mot, dit le sergent Hollister en portant machinalement la main à son casque, je dirai que nous voyons dans le livre saint que pendant que Josué exécutait une charge, le Seigneur permit au soleil de s'arrêter, sans doute pour qu'il y vît plus clair pour tourner le flanc des ennemis, faire une feinte contre leur arrière-garde, ou quelque chose de semblable. Or, puisque le Seigneur lui a ainsi prêté la main, la guerre n'est donc pas un mal. Mais ce que je ne conçois pas, c'est que les militaires de ce temps-là se servissent de chariots au lieu de dragons qui valent bien mieux pour enfoncer une ligne de fantassins, qui, quant à cela, pouvaient tourner ces voitures à roues, les prendre en arrière et envoyer au diable chevaux, chariots et tout ce qui s'ensuit.

— C'est que vous n'en connaissez pas la construction, sergent, dit le docteur avec gravité. Ces chariots étaient armés de faux et d'instruments tranchants qui portaient le désordre dans les rangs de l'infanterie. Si l'on arrangeait de cette manière la charrette de mistress Flanagan, vous verriez aujourd'hui même qu'elle pourrait jeter beaucoup de confusion dans les rangs ennemis.

— Du diable si ma jument ferait beaucoup de chemin au milieu des coups de fusil, murmura Betty sous sa couverture. Quand nous poursuivîmes les troupes régulières dans le Jersey, et que je voulus avancer sur le champ de bataille pour ramasser ce qui pouvait s'y trouver, ce fut moi qui fus obligée de la prendre en arrière pour la faire approcher des morts. Non, non, elle ne remuerait pas un pied tant qu'elle entend un coup de fusil. Roanoke et le capitaine Jack suffisent pour les habits rouges, et vous pouvez nous laisser tranquilles moi et ma jument.

Un battement prolongé de tambours, partant de la colline occupée par les Anglais, annonça qu'ils étaient sur leurs gardes, et le même signal se fit entendre au milieu de l'infanterie américaine. La trompette des Virginiens fit retentir l'air d'un son martial, et en un instant les deux collines où l'on voyait d'un côté les Américains, de l'autre les troupes royales, offrirent une scène animée. Le jour commençait à paraître, et des deux côtés on se mettait en mesure, ici pour attaquer, là pour se défendre. Les Américains avaient l'avantage du nombre; mais pour la discipline et les armes, la supériorité était entièrement du côté des Anglais. Les dispositions pour le combat ne prirent que peu de temps, et le soleil se levait à peine quand la milice se mit en marche.

Le terrain offrait des obstacles aux mouvements de la cavalerie, et les dragons ne purent avoir d'autres ordres que d'attendre le moment de la victoire pour se mettre alors à la poursuite de l'ennemi en déroute. Lawton fit monter à cheval sa petite troupe, et la laissant sous le commandement d'Hollister, il parcourut les lignes des miliciens qui, étant pour la plupart sans uniforme et imparfaitement armés, avaient pourtant été disposés de manière à former une sorte de ligne de bataille. Un sourire de mépris se peignait sur les lèvres du capitaine, tandis que d'une main habile il guidait Roanoke à travers leurs rangs mal alignés. Lorsque l'ordre de marcher leur eut été donné, il tourna le flanc du régiment et le suivit à quelques pas. Les Américains avaient à descendre dans une petite vallée et à gravir l'autre colline pour approcher de l'ennemi. Ils descendirent en assez bon ordre et avancèrent jusqu'au pied de la hauteur; mais alors les Anglais marchèrent à leur rencontre, ayant leurs flancs protégés par la nature du terrain. Les miliciens, en voyant arriver leurs ennemis, firent feu les premiers; leur décharge fit effet, et les Anglais en furent un instant ébranlés. Cependant leurs officiers les eurent bientôt ralliés, et les volées de mousqueterie se succédèrent avec rapidité. Le feu fut meurtrier pendant quelques minutes; mais alors les troupes régulières marchèrent contre les Américains la baïonnette en avant. Ceux-ci n'étaient pas assez bien disciplinés pour résister à une pareille attaque : leurs rangs se rompirent, se divisèrent en compagnies et en fragments de compagnies, et enfin le champ de bataille fut couvert d'Américains fuyant de toutes parts en désordre.

Lawton avait vu jusqu'alors toutes ces opérations en silence et sans ouvrir une seule fois la bouche; mais en ce moment la honte dont étaient couvertes les armes de son pays le saisit d'indignation; il mit Roanoke au galop le long de la montagne, et rappela les fuyards à haute voix, leur montrant l'ennemi et leur disant qu'ils se trompaient de chemin. Il y avait en lui un tel mélange de sang-froid et d'ironie que quelques-uns s'arrêtèrent par surprise, d'autres se joignirent à eux, et enfin retrouvant quelques étincelles de courage en voyant l'intrépidité du capitaine, ils lui demandèrent de les reconduire à l'ennemi.

— En avant donc, mes braves! s'écria Lawton en tournant la tête de son cheval du côté de la ligne anglaise, dont un flanc était à peu de distance; en avant! et ne faites feu que lorsque vous serez assez près d'eux pour leur brûler les sourcils.

Ils marchèrent au pas de charge suivant l'exemple du capitaine, et ne tirèrent pas un seul coup avant d'être à quelques pas de l'ennemi. Un sergent anglais caché derrière une pointe de rocher, furieux de l'audace d'un officier qui osait ainsi braver des armes déjà victorieuses, se montra à découvert, et s'avança vers Lawton en le couchant en joue.

— Si tu tires, tu es mort! s'écria le capitaine en pressant les flancs de son coursier qui se précipita vers son ennemi à l'instant même. Ce mouvement et le son de la voix de Lawton ébranlèrent le sergent anglais, dont la main tremblante lâcha son coup sans bien l'ajuster. Roanoke sauta les quatre pieds en l'air, et tomba mort aux pieds de son ennemi. Lawton se maintint sur ses pieds et se trouva face à face avec le sergent, qui lui présenta la baïonnette en cherchant à lui en enfoncer la pointe dans la poitrine. Des étincelles de feu jaillirent de l'acier de leurs armes; la baïonnette sauta à cinquante pieds dans l'air, et un second coup de sabre étendit l'Anglais sans vie sur le carreau.

— En avant! s'écria le capitaine en voyant arriver un corps anglais qui s'apprêtait à faire une décharge générale, en avant! répéta-t-il en brandissant son sabre. En prononçant ces mots, il tomba lentement en arrière, comme un pin majestueux frappé par la hache; cependant sa main continuait à serrer la poignée de son sabre, et les mots : — En avant! qu'il répéta encore une fois d'une voix forte, furent les derniers qui sortirent de sa bouche.

Les Américains qui avançaient s'arrêtèrent en voyant tomber leur nouveau chef, et, prenant la fuite une seconde fois, ils abandonnèrent la victoire aux troupes royales.

Il n'entrait ni dans les intentions ni dans la politique du commandant anglais de poursuivre les fuyards. Il savait que de forts détachements américains ne tarderaient pas à arriver, et ayant fait relever ses blessés, il forma sa troupe en bataillon carré et se mit en retraite vers l'Hudson. Vingt minutes après la mort de Lawton, il ne se trouvait plus sur le champ de bataille ni Anglais ni Américains.

Lorsqu'on avait appelé aux armes les habitants du pays, on avait attaché des chirurgiens à chaque corps; mais les hommes instruits dans cette profession étant encore rares à cette époque dans les provinces de l'intérieur, le docteur Sitgreaves avait pour eux autant de mépris que le capitaine Lawton en avait lui-même pour les miliciens. Il se promenait donc sur le champ de bataille, regardant avec un air de désapprobation la manière dont on y exécutait quelques légères opérations de chirurgie. Mais quand au milieu des troupes de fuyards qui arrivaient de tous côtés il ne vit nulle part son ami, son camarade, il courut à l'endroit où Hollister était posté, pour s'informer si le capitaine était de retour. On sent bien que la réponse fut négative. Se livrant à mille conjectures qui le remplissaient d'inquiétude, le docteur, sans faire attention aux dangers qu'il pourrait rencontrer, sans même y réfléchir un instant, courut à grands pas à l'endroit où il savait que la dernière affaire avait eu lieu. Déjà il avait sauvé une fois la vie à son ami dans une situation semblable, à ce qu'il supposait, et la confiance qu'il avait dans son art et dans ses talents lui fit éprouver un mouvement secret de joie involontaire quand il aperçut Betty Flanagan assise par terre, soutenant sur ses genoux la tête d'un homme qu'à sa taille et à son uniforme il reconnut sur-le-champ pour le capitaine Lawton. L'air et l'extérieur de la vivandière lui inspirèrent pourtant quelque alarme. Son petit chapeau noir était repoussé de côté, et ses cheveux, qui commençaient à grisonner, tombaient en désordre autour de sa tête.

— John! mon cher John! s'écria-t-il d'une voix émue en lui appliquant sur le pouls une main qui s'en retira avec une sorte d'effroi; John! mon cher John! où êtes-vous blessé? Ne puis-je vous être d'aucun secours?

— Vous parlez à qui ne peut vous entendre, dit Betty en se balançant le corps, tandis que ses doigts jouaient, sans qu'elle le sût, avec les cheveux noirs du capitaine. Je vous dis qu'il ne vous entendra plus, et il n'a plus besoin ni de vos sondes ni de vos drogues. Hélas! hélas! Et que deviendra la liberté à présent? qui combattra, qui remportera des victoires pour elle?

— John! répéta le chirurgien ne pouvant se résoudre à en croire le témoignage de ses sens; mon cher John! parlez-moi;

dites tout ce qu'il vous plaira, mais parlez-moi ! O mon Dieu ! ajouta-t-il s'abandonnant à son émotion; il est mort ! Plût au ciel que je fusse mort avec lui !

— Ce n'est guère la peine de vivre et de se battre à présent, dit la vivandière. L'homme et la bête en même temps ! Voyez, voilà l'animal, et voici son maître. J'ai donné de mes propres mains ce matin la provende au cheval, et c'est moi qui ai préparé le dernier repas qu'a fait le capitaine. Hélas ! hélas ! faut-il que le capitaine Jack n'ait vécu que pour être tué par les troupes régulières !

— John, continua le docteur avec des sanglots convulsifs, ton heure est arrivée. Les hommes plus prudents te survivent, mais il n'en reste pas un plus courageux. O John ! tu étais pour moi un ami véritable, le plus cher de mes amis ! Il n'est pas philosophique de pleurer, mais il faut que je te pleure, que je te pleure dans l'amertume de mon cœur !

Le docteur se couvrit le visage des deux mains, et s'abandonna quelques minutes aux transports de sa douleur, tandis que la vivandière exhalait la sienne par des paroles et des gestes convulsifs.

— Et qui est-ce qui encouragera nos gens à présent ? s'écria-t-elle. O capitaine Jack ! capitaine Jack ! vous étiez l'âme de la troupe, et l'on ne craignait guère de danger lorsque vous combattiez. Il ne cherchait jamais querelle à une pauvre veuve parce que le rôt était brûlé ou que son déjeuner n'était pas prêt. — Hélas ! il n'y a plus de goutte pour lui ! — Et voilà le docteur avec qui vous aimiez tant à jaser, qui pleure comme si sa pauvre âme voulait partir avec la vôtre ! Hélas ! hélas ! il est bien mort, et la liberté est morte avec lui !

Un grand bruit de chevaux se fit entendre en ce moment sur la route qui passait près de l'endroit où Lawton était étendu, et presque au même instant Dunwoodie arriva à la tête des dragons de Virginie. Il avait déjà appris la mort du capitaine, et dès qu'il reconnut son corps, il fit faire halte, mit pied à terre et s'en approcha. La physionomie de Lawton n'était nullement défigurée; on l'eût cru endormi. Dunwoodie souleva une de ses mains et le contempla un instant en silence. Son œil commença à étinceler, et la pâleur qui couvrait tous ses traits fut remplacée par une tache d'un rouge foncé qui se forma sur chacune de ses joues.

— Son sabre me servira à le venger ! s'écria-t-il en voulant le ravir à sa main glacée ; mais les doigts de son ami en serraient encore la poignée avec force, et semblaient refuser de s'en détacher. Il sera enterré aujourd'hui, ajouta-t-il. — Sitgreaves, prenez soin des restes de notre ami, et je vais m'occuper de le venger.

Pendant que Dunwoodie s'était ainsi arrêté, le corps de Lawton était exposé aux yeux de tout le régiment. Il était universellement chéri, et cette vue y répandit une sorte de rage. Ni les officiers ni les soldats ne possédaient plus ce sang-froid indispensable pour assurer le succès d'une opération militaire, mais ils coururent à la poursuite de l'ennemi avec une ardeur qui ne respirait que vengeance.

Les Anglais s'étaient formés en bataillon carré, et avaient placé au centre leurs blessés, qui n'étaient pas en grand nombre. Ils marchaient en bon ordre sur un terrain très-défavorable à la cavalerie, quand les dragons les atteignirent. Ceux-ci chargèrent leurs ennemis en colonne, ayant à leur tête Dunwoodie, qui, brûlant du désir de venger son ami, espérait enfoncer leurs rangs et les mettre en déroute sur-le-champ. Mais les Anglais savaient trop bien ce que le soin de leur sûreté exigeait d'eux, et ils reçurent les Américains en leur présentant leurs baïonnettes. Les chevaux des Virginiens reculèrent, et le troisième rang de l'infanterie faisant feu en même temps, Dunwoodie tomba ainsi que plusieurs de ses cavaliers. Les Anglais continuèrent leur retraite dès l'instant qu'on ne les attaqua plus, et Dunwoodie, qui avait reçu une blessure, ne voulut pas ordonner une nouvelle charge, dont la nature du pays lui démontrait l'inutilité.

Il restait un triste devoir à remplir. Les dragons se retirèrent lentement à travers les montagnes, transportant leur commandant blessé et le corps de Lawton. Celui-ci fut enterré sous les remparts d'un des forts des montagnes, et ils confièrent le major aux tendres soins d'une épouse affligée.

Il se passa plusieurs semaines avant que Dunwoodie fût en état d'être transporté plus loin, et pendant ce temps, combien de fois ne bénit-il pas le moment qui lui avait donné le droit de recevoir les services d'une garde-malade aussi belle et aussi empressée! Sans cesse elle était près de son lit, lui prodiguant les soins les plus attentifs, se conformant avec exactitude à toutes les ordonnances de l'infatigable Sitgreaves, et acquérant chaque jour de nouveaux titres à l'affection et à l'estime de son mari. Un ordre de

Washington envoya bientôt les troupes en quartiers d'hiver, et Dunwoodie, avec un brevet de lieutenant-colonel, reçut la permission de se rendre dans son habitation pour achever d'y rétablir sa santé. Toute la famille partit donc pour la Virginie, accompagnée du capitaine Singleton, et au milieu de l'aisance et de l'abondance oublia le tumulte et les privations de la guerre. Cependant, avant de partir de Fishkill, on reçut par une voie inconnue une lettre annonçant que Henry était en bonne santé et en sûreté. Le colonel Wellmere avait quitté le continent, et était retourné dans son île natale, chargé du mépris de tous les hommes d'honneur qui se trouvaient dans l'armée anglaise.

Ce fut un hiver de bonheur pour Dunwoodie, et le sourire commença à reparaître sur la bouche aimable de Frances.

CHAPITRE XXXIV.

> Formant le centre d'un cercle brillant, au milieu des soieries, des fourrures, des joyaux, il se montre sous un habit simple de drap vert de Lincoln, et le monarque de l'Ecosse est encore le chevalier du Snowdon [1].—Sir WALTER SCOTT. *La Dame du Lac.*

Les Américains passèrent le commencement de l'année suivante à faire, de concert avec leurs alliés les Français, les préparatifs nécessaires pour amener la fin de la guerre. Greene et Rawdon firent une campagne sanglante dans le sud : elle fut honorable pour les troupes du dernier ; mais comme l'avantage resta définitivement au premier, il fut prouvé que la supériorité des talents militaires était du côté du général américain.

New-York était le point que menaçaient principalement les alliés, et Washington, en donnant aux Anglais des craintes perpétuelles pour la sûreté de cette ville, les empêcha d'envoyer à Cornwallis des renforts qui l'auraient mis en état d'obtenir des succès plus considérables.

L'automne arriva, et tout annonça que le moment de la crise approchait. Les forces françaises traversèrent le Territoire Neutre, s'avancèrent vers les lignes anglaises, et prirent une attitude offensive du côté de Kingsbridge, tandis que divers corps américains,

---

1. Cette épigraphe mérite d'être remarquée comme l'aveu d'une imitation du dénoûment de *la Dame du Lac.*

agissant de concert avec eux, inquiétaient les postes britanniques, et s'approchant du côté de Jersey, semblaient menacer aussi l'armée royale. Ces diverses dispositions pouvaient annoncer également le projet d'un blocus ou celui d'une attaque à force ouverte. Mais sir Henry Clinton ayant intercepté des dépêches de Washington, se renferma dans ses lignes, et fut assez prudent pour n'avoir aucun égard aux sollicitations que lui faisait Cornwallis pour qu'il lui envoyât des secours.

A la fin d'un beau jour de septembre, un assez grand nombre d'officiers supérieurs de l'armée américaine étaient réunis près de la porte d'un bâtiment situé au centre des troupes américaines, qui occupaient Jersey. L'âge, le costume et l'air de dignité de la plupart de ces guerriers annonçaient qu'ils occupaient un haut rang dans l'armée, mais on témoignait à l'un d'eux en particulier une déférence et une soumission qui prouvaient qu'il avait la supériorité sur tous les autres. Son costume était simple, mais décoré des marques distinctives du commandement. Il était monté sur un superbe coursier bai, et un groupe de jeunes gens, remarquables par plus d'élégance, attendaient évidemment ses ordres, et étaient prêts à les exécuter. Personne ne lui adressait la parole que chapeau bas, et quand il parlait, toutes les physionomies indiquaient une attention profonde qui allait au-delà du respect prescrit par l'étiquette. Enfin, le général leva lui-même son chapeau et salua gravement tous ceux qui l'entouraient. Ce salut lui fut rendu ; chacun se retira, et il ne resta près de lui que des gens à son service personnel et un seul aide-de-camp. Descendant de cheval, il recula quelques pas, et examina sa monture avec un regard qui était celui d'un connaisseur. Jetant alors un coup d'œil expressif sur son aide-de-camp, il entra dans la maison, et le jeune officier l'y suivit.

En arrivant dans la chambre qui semblait avoir été préparée pour le recevoir, il prit une chaise et resta assez longtemps dans une attitude pensive, en homme habitué à réfléchir. Pendant ce silence, l'aide-de-camp attendait avec respect qu'il lui plût de lui donner quelque ordre. Enfin, le général levant les yeux sur lui, dit de ce ton doux et tranquille qui lui était habituel :

— L'homme que je désirais voir est-il arrivé ?

— Il attend le bon plaisir de Votre Excellence.

— Je le recevrai ici, et vous me laisserez seul avec lui, s'il vous plaît.

L'aide-de-camp salua et se retira.

Au bout de quelques minutes, la porte se rouvrit; un homme entra dans l'appartement, et resta modestement à quelque distance du général sans parler. Le général ne le vit pas arriver; il était assis près du feu, absorbé dans ses méditations. Quelques minutes se passèrent, et il se dit lui-même à demi-voix :

— Demain, il faut lever le rideau, et dévoiler nos plans. Puisse le ciel les faire réussir!

Un léger mouvement que fit l'étranger en entendant le son de sa voix attira son attention, il tourna la tête, et vit qu'il n'était pas seul. Il lui fit signe d'avancer près du feu, et l'étranger s'en approcha, quoique les vêtements qu'il portait, et qui semblaient destinés à le déguiser plutôt qu'à le couvrir, lui rendissent la chaleur peu nécessaire. Un second geste, plein de douceur et de bonté, l'invita à s'asseoir; mais l'étranger s'y refusa avec modestie. Enfin, après quelques minutes, le général se leva, et ouvrant un coffret qui était placé sur une table, il y prit un petit sac qui paraissait assez lourd.

— Harvey Birch, dit-il alors, le moment où toutes relations doivent cesser entre nous est arrivé; il faut qu'à l'avenir nous soyons étrangers l'un pour l'autre.

Le colporteur laissa tomber sur ses épaules le grand manteau qui lui couvrait une partie du visage, regarda un instant le général avec un air de surprise, et baissant la tête sur sa poitrine, lui dit avec soumission :

— Je me conformerai au bon plaisir de Votre Excellence.

— C'est la nécessité qui l'exige. Depuis que je remplis la place qui m'a été confiée, il a été de mon devoir de connaître bien des gens qui, comme vous, m'ont servi d'instruments pour me procurer les renseignements dont j'avais besoin. Aucun n'a obtenu de moi la même confiance que vous, parce que j'ai apprécié de bonne heure votre caractère qui ne m'a jamais trompé. Vous seul vous connaissez mes agents secrets dans la ville, et de votre fidélité dépend non seulement leur fortune, mais leur existence.

Il se tut un instant, comme pour réfléchir aux moyens de rendre complète justice au colporteur, et continua ainsi qu'il suit :

— Parmi tous ceux que j'ai employés, vous êtes du petit nombre de ceux qui ont constamment servi notre cause avec fidélité. Tandis que vous passiez pour espion de l'ennemi, vous ne lui avez jamais appris que ce qu'il vous avait été permis de divulguer. Moi seul, moi seul dans le monde entier, je sais que vous avez toujours agi avec un entier dévouement à la liberté de l'Amérique.

Pendant ce discours, la tête du colporteur s'était redressée peu à peu, et sa taille avait repris toute son élévation. La rougeur avait animé ses joues, de plus en plus vive à mesure que le général continuait à parler. Sa contenance annonçait une noble fierté et une vive émotion, mais ses yeux restaient humblement fixés sur la terre.

— Mon devoir m'ordonne aujourd'hui de vous récompenser de vos services. Vous avez refusé jusqu'ici de recevoir votre salaire, et la dette est devenue considérable. Je ne désire pas mettre à trop bas prix les dangers que vous avez courus. Prenez ceci, et si vous trouvez la récompense peu proportionnée à vos services, vous vous souviendrez que notre pays est pauvre.

Le colporteur leva les yeux sur le général avec un air de surprise, tandis que celui-ci lui offrait le petit sac rempli d'or, et il fit quelques pas en arrière, comme s'il eût craint de se souiller en y touchant.

— Je conviens, dit le général, que c'est peu de chose en comparaison de vos services et des risques que vous avez courus, mais c'est tout ce que je puis vous offrir. A la fin de la campagne, je pourrai peut-être y ajouter quelque chose.

— Jamais ! s'écria Harvey avec force. Croyez-vous que ce soit pour de l'argent que j'ai agi?

— Et quel a donc pu être votre motif?

— Quel motif a fait prendre les armes à Votre Excellence? Quel motif vous porte à vous exposer tous les jours, toutes les heures, à perdre la vie dans un combat, ou à subir la mort des traîtres? Qu'ai-je donc tant à regretter, quand des hommes tels que Votre Excellence ont tout risqué pour notre pays ? Non, non, je ne toucherai pas un seul dollar de l'or que vous m'offrez ; la pauvre Amérique a besoin de tout.

Le sac d'or échappa des mains du général, tomba aux pieds du colporteur, et il resta oublié sur le plancher pendant tout le reste de cette entrevue. L'officier regarda Harvey en face, et lui répondit :

— Ma conduite a pu être déterminée par des motifs qui ne peuvent influer sur la vôtre. Je suis connu comme chef de nos armées, et vous descendrez dans le tombeau avec la réputation d'avoir été l'ennemi de votre pays natal. Souvenez-vous que le voile qui couvre votre véritable caractère ne peut être levé d'ici à bien des années, que vous ne verrez peut-être jamais ce moment.

La tête d'Harvey retomba de nouveau sur sa poitrine, mais sans que rien annonçât qu'il eût changé de résolution.

— Le printemps de votre vie est passé; la vieillesse va vous surprendre; quels moyens de subsistance avez-vous?

— Les voici, répondit le colporteur en étendant ses mains endurcies par le travail.

— Mais ces moyens peuvent vous manquer; acceptez ce qui peut être une ressource pour votre vieillesse; songez à vos fatigues, à vos périls. Je vous ai déjà dit qu'il existe des hommes respectables dont la vie et la fortune dépendent de votre discrétion. Quel gage puis-je leur donner de votre fidélité?

— Dites-leur, dit Birch en s'avançant, et en plaçant sans intention un pied sur le sac d'or, que j'ai refusé d'accepter de l'argent.

Un sourire de bienveillance anima les traits calmes du général. Il saisit la main du colporteur, et la serra affectueusement.

— Harvey, lui dit-il, je vous connais à présent; et quoique les mêmes raisons qui m'ont forcé à exposer votre vie précieuse existent encore, et m'empêchent de vous rendre publiquement la justice que vous méritez, je puis toujours être votre ami en particulier. Ne manquez donc pas de vous adresser à moi, si jamais vous vous trouvez dans le besoin ou dans la souffrance. Tout ce que Dieu m'a accordé ou m'accordera, je le partagerai toujours bien volontiers avec un homme qui a des sentiments si nobles, et qui s'est conduit avec tant de loyauté. Si la vieillesse ou la pauvreté viennent à vous assaillir, présentez-vous à la porte de celui que vous avez vu si souvent sous le nom supposé d'Harper, et quelque situation qu'il occupe, il ne rougira jamais de vous reconnaître.

— Il me faut bien peu de chose pour vivre, répondit Birch, le front rayonnant de satisfaction. Aussi longtemps que Dieu m'accordera la santé et une honnête industrie, je ne manquerai jamais de rien dans cet heureux pays. Mais savoir que Votre Excellence m'accorde son amitié, c'est un bonheur que j'estime plus que tout l'or de la trésorerie d'Angleterre.

Le général resta quelques instants dans l'attitude d'un homme plongé dans de profondes réflexions. S'asseyant ensuite devant la table, il prit une feuille de papier, y traça quelques lignes. Remettant alors cet écrit au colporteur : — Je dois croire, dit-il, que la Providence destine ce pays à de grandes et glorieuses destinées, quand je vois un semblable patriotisme embraser le cœur de ses plus humbles enfants. Il doit être affreux pour une âme comme la vôtre d'emporter au tombeau la réputation d'avoir été un ennemi de la liberté. Vous savez qu'il m'est impossible de vous rendre justice à présent, sans compromettre la vie de personnes estimables; mais je vous confie sans crainte ce certificat. Si nous ne nous revoyons plus, il pourra du moins servir à vos enfants.

— Mes enfants! s'écria le colporteur. Pouvais-je léguer à une famille l'infamie de porter mon nom?

Le général vit avec un étonnement pénible la forte émotion du colporteur. Il fit un léger mouvement, comme pour ramasser le sac d'or; mais il fut arrêté par l'expression de fierté qu'il vit sur la physionomie de cet homme étrange. Harvey devina son intention, et ajouta d'un ton plus calme et avec un air de profond respect:

— C'est véritablement un trésor que Votre Excellence me confie; mais il est en sûreté entre mes mains. Il existe encore des gens qui pourraient vous dire que la vie n'était rien pour moi, comparée à vos secrets. Le papier que je vous ai dit que j'avais perdu, je l'avais avalé la dernière fois que j'ai été arrêté par les dragons de Virginie. C'est la seule fois que j'aie trompé Votre Excellence, et ce sera la dernière. Oui, c'est un trésor pour moi. Peut-être, ajouta-t-il avec un sourire mélancolique, peut-être saura-t-on après ma mort de qui j'ai mérité la confiance; et si on ne le sait pas, il n'y aura personne pour me regretter.

— Souvenez-vous, lui dit le général avec émotion, que vous aurez toujours en moi un ami secret, mais que je ne puis vous reconnaître en public.

— Je le sais, je le sais, répondit Birch; je connaissais les conditions du service dont je me suis chargé. C'est vraisemblablement la dernière fois que je verrai Votre Excellence; puisse le ciel verser toutes ses bénédictions sur sa tête! Il se tut et s'avança vers la porte. Le général le suivit des yeux avec l'air du plus vif intérêt. Le colporteur se retourna encore une fois, et sembla contempler avec un regret respectueux la physionomie douce mais imposante du général. Enfin il le salua, et se retira.

Les armées de la France et de l'Amérique furent conduites par leur chef commun contre les Anglais commandés par Cornwallis, et un triomphe glorieux termina une campagne qui avait commencé par des difficultés. La Grande-Bretagne, bientôt après, se lassa de la guerre, et l'indépendance des États-Unis fut reconnue.

Des années s'écoulèrent. Avoir contribué à l'établissement de la liberté en Amérique, de cette liberté qui avait répandu tant de bonheur dans ce pays, devint un titre de gloire pour ceux qui y avaient ouvertement pris part et pour leurs descendants; mais le nom d'Harvey Birch mourut dans l'obscurité, avec celui d'autres gens qu'on regardait comme ayant été les ennemis secrets des droits de leurs concitoyens. Son image était pourtant souvent présente à l'esprit du chef puissant qui, seul, connaissait son véritable caractère, et qui plusieurs fois chercha à obtenir des renseignements sur ce qu'il était devenu. Il y réussit une seule fois, et tout ce qu'il put apprendre, ce fut qu'il existait dans les nouveaux établissements qui se formaient de tous côtés un marchand colporteur, qui parcourait le pays, et dont le signalement convenait parfaitement à Harvey Birch, quoiqu'il portât un autre nom; et qu'il semblât lutter contre la vieillesse et la pauvreté. La mort empêcha le général de prendre de nouvelles informations à ce sujet, et il se passa bien longtemps avant qu'on entendît parler du colporteur.

CHAPITRE XXXV.

> Ici repose peut-être quelque Hampden de village dont l'âme intrépide résista au petit tyran de son hameau, quelque Milton muet et ignoré, quelque Cromwell qui n'a pas fait couler le sang dans son pays.—GRAY.

TRENTE-TROIS ans s'étaient écoulés depuis l'entrevue rapportée dans le chapitre qui précède, et une armée américaine se trouvait encore une fois en armes contre la patrie de ses ancêtres; mais la scène sur laquelle se passaient les événements de cette nouvelle guerre était transférée des rives de l'Hudson à celles du Niagara.

Les dépouilles mortelles de Washington avaient déjà disparu dans la corruption du tombeau; mais le temps ayant effacé toutes les impressions de l'inimitié politique et de l'envie personnelle, chaque jour faisait briller son nom d'un nouvel éclat, et chaque instant faisait mieux connaître à ses concitoyens et à l'univers entier son mérite, ses talents et ses vertus. Il était reconnu comme le héros d'un siècle éclairé par la raison et la vérité, et les jeunes guerriers qui formaient en 1814 la fleur de notre armée sentaient leur cœur battre d'enthousiasme quand ils entendaient prononcer son nom, et brûlaient du désir de s'illustrer comme lui.

Aucun de ces militaires n'éprouvait plus vivement ce désir, inspiré par un sentiment vertueux, qu'un jeune officier qui, dans la soirée du 25 juillet de cette année qu'une campagne sanglante a rendue mémorable, debout sur le rocher de la Table, contemplait la grande cataracte. Il était grand, bien fait, et toutes ses proportions annonçaient la force et l'agilité. Ses yeux noirs lançaient des éclairs qui pénétraient jusqu'au fond de l'âme. Tandis qu'ils se fixaient sur cette masse d'eau qui se précipitait à ses pieds, on en voyait jaillir des regards pleins d'audace et de fierté qui annonçaient l'ardeur de l'enthousiasme ; mais cette expression mâle était adoucie par ce sourire plein de malice et de gaieté qui semble la propriété exclusive du sexe féminin. Les boucles de ses beaux cheveux blonds brillaient sous les rayons du soleil couchant comme autant d'anneaux d'or, tandis que le vent venant de la cataracte les agitait doucement sur un front dont la blancheur prouvait que son visage plus brun, et brillant de santé, ne devait cette teinte qu'à l'action réunie de l'air et de la chaleur. Près de ce jeune homme favorisé par la nature était un autre officier, et l'intérêt qu'ils prenaient au spectacle qu'ils avaient sous les yeux annonçait que c'était la première fois qu'ils voyaient cette merveille du Nouveau-Monde. Ils gardaient depuis quelques minutes un silence d'admiration, quand le plus jeune des deux s'adressant à son compagnon, et lui désignant sur l'eau un objet qu'il lui montrait avec la pointe de son sabre, s'écria :

—Voyez, Dunwoodie! voyez! voilà un homme qui traverse le fleuve sur le bord même de la cataracte, dans une barque qui n'est pas plus grande qu'une coquille de noix.

—C'est sans doute un soldat, répondit l'autre ; car il me semble qu'il porte un havresac. Allons le joindre, Mason, il nous apprendra peut-être des nouvelles.

Ils furent quelque temps avant de pouvoir le joindre, et contre leur attente, au lieu de voir un soldat, ils trouvèrent un homme dont la tournure n'avait rien de militaire, et qui était d'un âge fort avancé. Il pouvait avoir vu soixante-dix hivers, et ses années s'annonçaient par ses cheveux blancs plutôt que par aucun signe de faiblesse et de décrépitude ; ses muscles indiquaient une vieillesse verte et vigoureuse ; sa maigreur ne semblait pas le résultat d'une santé délabrée, et si sa taille était courbée, il était facile de voir que c'était uniquement un effet de l'habitude. Ses vêtements grossiers, mais propres et raccommodés avec soin en plusieurs endroits, étaient une preuve de l'économie de celui qui les portait. Sur ses épaules était une balle médiocrement remplie, et c'était ce qui avait donné le change sur sa profession. Après s'être réciproquement salués, les deux jeunes officiers lui témoignèrent leur surprise de voir un homme de son âge se hasarder à traverser le fleuve si près de la cataracte, et il leur demanda avec un léger tremblement dans la voix des nouvelles des armées.

— Nous avons battu l'autre jour les habits rouges au milieu des grandes herbes des plaines de Chippewa, et nous les avons fait courir jusqu'ici en les fouettant comme une toupie, répondit le jeune officier qui se nommait Mason; depuis ce temps, mon vieux, nous jouons à cache-cache avec eux. Mais à présent nous retournons d'où nous sommes partis, secouant la tête et fiers comme le diable.

— Vous avez peut-être un fils parmi nos soldats, dit son compagnon d'un air plus rassis, et avec un ton de bonté. Si vous voulez me dire quel est son nom et à quel régiment il appartient, je pourrai peut-être vous conduire vers lui.

Le vieillard secoua la tête, et passant la main sur ses cheveux blancs, il leva un moment les yeux vers le ciel avec un air de résignation, et répondit avec douceur :

— Non, je suis seul dans le monde.

— Capitaine Dunwoodie, s'écria Mason avec une gaieté insouciante, vous auriez dû ajouter : si vous pouvez le trouver; car plus de la moitié de notre armée est en marche, et est peut-être déjà sous les murs du fort George, autant qu'on peut le croire.

Le vieillard s'arrêta tout à coup, et regarda alternativement et avec attention les deux jeunes officiers. Ceux-ci s'en étant aperçus, s'arrêtèrent également.

— Ai-je bien entendu? dit enfin le vieillard en levant la main pour mettre ses yeux à l'abri des rayons du soleil couchant. Comment vous a-t-il nommé?

— Je me nomme Wharton Dunwoodie, répondit le jeune officier en souriant.

Le vieillard fit un geste comme pour le prier d'ôter son chapeau; le jeune homme y consentit, et ses cheveux blonds et fins comme la soie, flottant au gré du vent, exposèrent toute sa physionomie aux regards curieux et attentifs de l'étranger.

— C'est comme notre pays natal! s'écria le vieillard avec une vivacité qui surprit les deux amis; tout y marche en s'améliorant avec le temps. Dieu les a bénis tous deux.

— Pourquoi ouvrez-vous ainsi de grands yeux, lieutenant Mason? demanda le capitaine Dunwoodie en riant et en rougissant un peu. Vous avez l'air plus étonné que vous ne l'avez été en apercevant la cataracte.

— Oh! la cataracte, c'est un spectacle qu'aimeraient à voir au clair de lune votre tante Sara et ce joyeux vieux garçon le colonel

Singleton. Mais il faut autre chose pour causer de la surprise à un gaillard comme moi, et ce vieillard vous regarde d'un air si extraordinaire...

L'émotion de l'étranger s'était dissipée aussi promptement qu'elle s'était montrée, mais il semblait écouter cette conversation avec beaucoup d'intérêt. Dunwoodie interrompit son ami, et lui dit d'un ton un peu grave :

— Allons, allons, Tom, point de plaisanterie sur ma bonne tante, je vous prie. Elle est pleine de bontés et d'attentions pour moi, et il court un bruit que sa jeunesse n'a pas été très-heureuse.

— Si nous en sommes sur les bruits, dit Mason, il en court un dans Accomac. On prétend que le colonel Singleton lui demande sa main régulièrement tous les ans le jour de la Saint-Valentin, et il y a des gens qui ajoutent que votre vieille grand'-mère favorise ses prétentions.

— Ma tante Jeannette Peyton! dit Dunwoodie en riant; je crois qu'elle ne pense plus guère au mariage, sous aucune forme, depuis la mort du docteur Sitgreaves. On prétendait autrefois qu'il lui faisait la cour, mais tout s'est borné à des civilités réciproques. Je présume que toute cette histoire a pris sa source dans l'intimité du colonel Singleton avec mon père. Vous savez qu'ils ont servi dans le même régiment de dragons ainsi que votre père.

— Sans doute, je sais tout cela; mais vous ne me ferez pas croire que le vieux garçon aille si souvent chez le général Dunwoodie uniquement pour s'entretenir avec lui de leurs anciens faits d'armes. La dernière fois que j'étais chez vous, cette femme de charge de votre mère, cette vieille à nez jaune et pointu, me fit entrer dans l'office, et me dit que le colonel Singleton n'était nullement un parti méprisable, et que la vente de son habitation en Géorgie lui avait valu.... ma foi, je ne me souviens plus combien.

— Rien n'est plus probable, répondit le capitaine; Katy Haynes sait calculer à ravir.

Ils s'étaient arrêtés pendant cette conversation, et semblaient incertains s'ils devaient quitter leur nouveau compagnon.

Le vieillard écoutait chaque mot qui sortait de leur bouche avec le plus vif intérêt; mais vers la fin de ce dialogue, son air d'attention fit place à un sourire secret. Il secouait la tête, passait la main sur son front, et semblait penser à un temps déjà bien éloigné. Mason ne fit que peu d'attention à l'expression de ses traits, et continua :

— Oui, elle calcule bien, et je crois que ses calculs ont quelquefois pour but son propre intérêt.

— Si elle a quelque égoïsme, c'est sans nuire à personne, dit Dunwoodie en souriant, comme s'il se fût rappelé quelques événements passés. Ce qu'elle a de particulier, c'est son aversion pour les nègres. Elle dit qu'elle n'en a jamais connu qu'un qui lui ait plu.

— Et qui était-il?

— Il se nommait César, et il appartenait à feu mon aïeul M. Wharton. Je ne crois pas que vous puissiez vous le rappeler, car il est mort la même année que son maître, quand nous étions encore enfants. Katy chante tous les ans son *requiem*, et je crois, ma foi, qu'il le mérite. J'ai entendu dire qu'il a aidé mon oncle l'Anglais, comme nous nommons le général Wharton, à se tirer d'un grand danger dans l'ancienne guerre. Ma mère ne parle jamais de lui qu'avec affection. César et Katy sont venus avec elle en Virginie lors de son mariage. Ma mère était...

— Un ange! s'écria le vieillard avec une énergie et une vivacité qui fit tressaillir les deux officiers.

— Vous l'avez donc connue? s'écria Dunwoodie les yeux rayonnants de plaisir.

Le bruit soudain et redoutable de l'artillerie interrompit la conversation. Des décharges de mousqueterie y succédèrent, et en quelques instants l'air fut rempli du tumulte du combat.

Les deux amis coururent avec précipitation vers leur camp, accompagnés de leur nouvelle connaissance. L'intérêt qu'ils prenaient à ce qui se passait, et l'impatience qu'ils avaient d'arriver, ne leur permirent pas de renouer l'entretien, et tous trois se dirigèrent vers l'armée, faisant des conjectures sur la cause de cet engagement, et sur la probabilité qu'il deviendrait général. Pendant leur marche, qui fut courte mais rapide, le capitaine Dunwoodie jeta plusieurs regards d'affection sur le vieillard, qui marchait avec une vitesse étonnante pour son âge, car l'éloge que cet étranger venait de faire d'une mère qu'il adorait avait ouvert son cœur en sa faveur. Ils rejoignirent bientôt le régiment dont les deux officiers faisaient partie, et le capitaine, serrant la main du vieillard, le pria instamment de s'informer le lendemain matin où il pourrait le trouver, et de venir le voir dans sa tente, après quoi ils se séparèrent.

Tout annonçait dans le camp américain qu'on touchait à l'instant d'une bataille. A quelques milles de distance, le bruit du canon et de la mousqueterie se faisait entendre par-dessus celui de la cataracte. Les troupes furent bientôt mises en marche, et l'on fit un mouvement pour soutenir la division qui était déjà engagée. La nuit était tombée avant que la réserve et les troupes irrégulières eussent atteint le pied de Lundy's-Lane, chemin qui, s'éloignant de la rivière, passe sur une éminence de forme conique, à peu de distance de la grande route conduisant au Niagara. Le sommet de cette hauteur était couronné par une batterie anglaise, et dans la plaine au-dessous étaient les restes de cette intrépide brigade écossaise qui avait longtemps soutenu un combat inégal avec une bravoure distinguée. On lui opposa une nouvelle ligne, et une brigade américaine fût chargée de gravir la montagne parallèlement à la route. Cette colonne prit les Anglais en flanc, et les attaquant à la baïonnette, elle s'empara de la batterie. Les Américains furent joints aussitôt par leurs camarades, et l'ennemi fut débusqué de la hauteur. Mais le général anglais recevait des renforts à chaque instant, et ses troupes étaient trop braves pour céder si facilement la victoire. Les Anglais firent plusieurs charges sanglantes pour se remettre en possession de leur batterie; mais ils furent toujours repoussés avec perte.

Dans la dernière de ces charges, l'ardeur du jeune capitaine dont nous avons parlé l'entraîna à quelque distance en avant avec sa compagnie pour disperser un peloton ennemi qui tenait encore ferme. Il réussit dans son entreprise ; mais en rejoignant la ligne, il s'aperçut que son lieutenant n'était pas à la place qu'il aurait dû occuper. Peu de temps après cette charge, qui termina le combat, des ordres furent donnés aux troupes dispersées de retourner au camp. Les Anglais avaient abandonné le champ de bataille, et l'on se disposa à relever les blessés qui pouvaient être transportés. En ce moment Wharton Dunwoodie, inquiet pour son ami et pressé par son affection, saisit une torche, et se faisant suivre par deux soldats, alla le chercher dans l'endroit où il supposait qu'il avait pu tomber. Il trouva Mason assis sur le revers de la montagne, ayant l'air fort calme, mais ne pouvant marcher parce qu'il avait une jambe cassée. Dunwoodie l'aperçut, courut à lui, et s'écria :

— Ah ! mon cher Tom ! je savais que c'était vous que je trouverais le plus près de l'ennemi !

— Doucement, doucement, dit Mason ; touchez-moi avec précaution... Non, il y a un pauvre diable qui en est encore plus près que moi, et je ne sais qui ce peut être. Je l'ai vu sortir du milieu de notre fumée, près de mon peloton, pour faire un prisonnier, ou je ne sais pourquoi ; mais il n'en est pas revenu... Tenez, le voilà étendu sur ce tertre. Je lui ai parlé plusieurs fois, mais je crois qu'il ne peut plus répondre.

Dunwoodie s'approcha de l'endroit indiqué, et à sa grande surprise il reconnut l'étranger qu'il avait vu cette même soirée.

— C'est le vieillard qui a connu ma mère ! s'écria-t-il. Il n'existe plus ; mais pour l'amour d'elle il aura une sépulture honorable. Qu'on le relève et qu'on l'emporte. Ses restes reposeront sur son sol natal.

On obéit à ses ordres. Le vieillard était étendu sur le dos, le visage exposé à la clarté de la torche. Ses yeux étaient fermés comme s'il eût sommeillé. Ses lèvres flétries par les années semblaient entr'ouvertes par un dernier sourire. A côté de lui était un mousquet. Ses deux mains étaient pressées sur sa poitrine, et l'une d'elles tenait quelque chose qui brillait comme de l'argent. Dunwoodie se courba sur lui, lui écarta les mains, et vit le passage par où la balle avait pénétré dans son cœur. L'objet de sa dernière sollicitude était une petite boîte d'étain à travers laquelle la balle fatale avait passé, et les derniers moments du mourant devaient avoir été employés à la tirer de son sein. Dunwoodie l'ouvrit, y trouva un papier, et y lut à son grand étonnement ce qui suit :

« Des raisons politiques de haute importance, et qui intéressaient la fortune et la vie de plusieurs personnes, ont obligé de garder secret jusqu'à présent ce qui va être maintenant révélé. Harvey Birch a toujours été un serviteur fidèle et désintéressé de sa patrie. Puisse Dieu lui accorder la récompense qu'il n'a pas reçue des hommes !

« GEORGE WASHINGTON. »

C'était l'espion du Territoire-Neutre...... il mourut comme il avait vécu, dévoué à sa patrie et martyr de la liberté.

FIN DE L'ESPION.

NOTES
DE L'ESPION.

Page 11, ligne 2.
. . . Des nombreuses petites vallées du West-Chester.

Chaque État de l'Union américaine ayant ses propres comtés, il arrive souvent que plusieurs portent le même nom. La scène de ce roman est placée dans la Nouvelle-York, et le comté de West-Chester qui en fait partie est le plus voisin de la capitale.

Page 12, ligne 3.
. . . Se furent emparés de l'île de New-York.

La ville de New-York est située sur une île appelée Manhattan, mais elle est, dans un point, séparée du comté de West-Chester par une petite baie qui n'a que quelques pieds de large. Le pont placé à cet endroit s'appelle Pont-du-Roi. Il fut, durant la guerre, le théâtre de plusieurs escarmouches dont il est question dans cet ouvrage.

Page 14, ligne 21.
. . . Pour qu'il pût remarquer les améliorations.

Ce mot, qui répond à celui d'*improvements*, est appliqué par les Américains à toutes les variations par lesquelles les terres passent de l'état inculte à celui de culture. Employé dans ce sens, abattre des arbres est une amélioration; et on l'évalue justement par le montant total de la dépense.

Page 34, ligne 2.
. . . Qui avaient orné le salon de Queen-Street.

A la révolution, les Américains changèrent les noms de plusieurs villes et de plusieurs rues, ainsi qu'on l'a fait depuis en France : à New-York, par exemple, Crown-Sreet (rue de la Couronne) est devenue de *la Liberté*; King-Street, *Pine-Sreet*; et Queen-Sreet, alors un des quartiers les plus à la mode de la ville, *Pearl-Street*. Pearl-Street, ou rue de la Perle, est maintenant principalement occupée par des marchands à l'encan, et par des négociants qui y ont leurs magasins et leurs comptoirs.

PAGE 52, LIGNE 37.

... Faisait apercevoir la mer dans le lointain.

Ude, île qui a plus de quarante lieues de long, est placée en face des côtes de New-York et du Connecticut. Le bras de mer qui la sépare du Continent se nomme *Sound*, et dans ces comtés on dit par excellence *The Sound*. La largeur de cette nappe d'eau varie de 5 milles à 30.

PAGE 76, LIGNE 27.

... « Les troupes régulières sont à deux pas, cavalerie et infanterie. »

Il est mort, il y a peu d'années, à Bedford dans le West-Chester, un paysan aisé nommé Elisha H. Cet individu était un des espions les plus affidés de Washington. Par la teneur de leur traité, H. ne devait jamais être mis en rapport avec trois personnes. Les risques qu'il courait étant trop imminents, on lui permit aussi de s'attacher au service de sir Henry Clinton. Son amour pour le pays et sa discrétion inspiraient une telle confiance à Washington, qu'il était souvent instruit des mouvements militaires les moins importants; depuis assez longtemps, lorsque le hasard l'amena dans la capitale, alors occupée par les Anglais, au moment qu'une expédition allait partir pour attaquer un poste assez faible établi à Bedford, son village natal, où les Américains avaient un dépôt de provisions. H. s'assura facilement de la force et de la destination du détachement chargé de cette mission, mais il ne savait comment transmettre cet avis à l'officier qui commandait à Bedford, sans dévoiler son véritable caractère à une troisième personne. Le temps manquait pour prévenir Washington, et, pressé par la circonstance, il se décida à hasarder d'adresser une courte note au commandant américain, lui signalant le danger et précisant le moment où l'on devait s'attendre à être attaqué; il s'aventura même à mettre au bas de cette note ses initiales E. H., quoiqu'il eût déguisé son écriture, dans la pensée qu'étant suspect à ses concitoyens, cette précaution pourrait contribuer à donner plus de poids à l'avertissement. Sa famille demeurant à Bedford, la note fut aisément remise, et arriva en temps convenable. H. resta à New-York.

L'officier américain fit ce que tout autre aurait fait à sa place, il envoya un courrier avec la note à Washington, pour demander ses ordres, et en attendant prépara sa petite troupe à se défendre le mieux possible.

Le quartier-général de l'armée américaine était alors dans les hautes terres. L'exprès rencontra heureusement Washington faisant une tournée d'observation sur la frontière; la note lui fut remise, il la lut sans descendre de cheval, ajouta au crayon « croyez tout ce que E. H. vous dira : George Washington, » et rendit ce papier au courrier, en lui ordonnant de ne pas perdre une seule minute.

Lorsqu'il atteignit Bedford, l'attaque était commencée, l'officier prit le papier et le mit dans sa poche. Les Américains furent défaits, leur chef tué, et l'on trouva sur lui la note de H. avec la note écrite par Washington.

Le lendemain, H. fut mandé en présence de sir Henry Clinton, qui, après l'avoir questionné sur plusieurs objets, lui montra tout à coup le papier qu'il tenait, lui demandant s'il connaissait l'écriture, et s'il savait qui était ce E. H. « C'est Elijah Hadden, l'espion que vous avez fait pendre avant-hier, à Powles-

Hook. » La promptitude de cette réponse, le fait de l'exécution d'un espion portant les mêmes initiales, qui avait eu lieu la veille, et le sang-froid de Hale sauvèrent. Sir Henry Clinton le laissa sortir et ne le revit jamais.

PAGE 110, LIGNE 1.

... Depuis la mer jusqu'à l'Hudson.

C'est entre ces deux nappes d'eau, qui ne sont qu'à quelques milles de distance l'une de l'autre, que se passent les scènes de cet ouvrage.

PAGE 207, LIGNE 1.

... Pour nous protéger contre celle de Delancey.

Le corps de partisans, appelé dans la langue du pays *cow-boys*, était sous les ordres de Delancey. Ce gentleman, car il méritait ce nom par sa naissance et son éducation, devint odieux aux Américains par la cruauté qu'on lui supposait, sans qu'on ait jamais eu aucune preuve qu'il se soit rendu coupable d'actes inusités dans ce genre de guerre. Le colonel de Delancey appartenait à une famille de la plus haute importance dans les colonies américaines; son oncle mourut l'un des administrateurs du gouvernement de New-York. Il ne doit pas être confondu avec d'autres gentlemen, de son nom et de sa famille, qui servaient aussi dans l'armée royale. Son cousin, le colonel Olivier de Delancey, était, à l'époque de notre récit, adjudant-général des armées anglaises en Amérique. Il avait succédé au malheureux André. On donnait quelquefois aux *Cow-boys* le nom de *refugees*, parce qu'ils s'étaient réfugiés sous la protection de la couronne.

PAGE 208, LIGNE 22.

... Ne croyez-vous pas que les gens de Paulding...

L'auteur fait ici une allusion d'une nature trop locale pour être comprise par la généralité des lecteurs. Il est bien connu qu'André fut arrêté par trois habitants de la campagne, qui étaient à l'affût pour piller les derrières de l'ennemi. Le principal d'entre eux se nommait Paulding. Le désintéressement avec lequel ils refusèrent les offres de leur captif est historique.

PAGE 264, LIGNE 4.

... Et l'on ne se réchauffe pas dans cette maudite vallée.

L'auteur ajoute : « Notre marche ressemble autant à un convoi que de vieux « chiffons ressemblent à un Continental. » Pour expliquer le dicton de la vivandière, il met en note : Le *papier-monnaie*, créé par le Congrès, était appelé vulgairement *continental-money*. Ce terme *continental* était appliqué à l'armée, au congrès, aux vaisseaux de guerre; enfin à presque tout ce qui avait rapport au nouveau gouvernement. Il semble qu'il avait été inventé en opposition à la situation insulaire de la mère-patrie.

PAGE 301, LIGNE 39.

... Ni ce qu'il fait ni ce qu'il pense.

La traduction littérale serait : *S'il est d'en haut ou d'en bas.* Le parti américain était appelé *le parti d'en haut*, et le parti anglais *le parti d'en bas*. Ces désignations étaient en rapport avec le cours de l'Hudson.

Page 316, ligne 22.

. . . . Les officiers de l'armée royale n'ont donné à Hale qu'une seule heure.

On découvrit dans le camp anglais un officier américain de ce nom qui cherchait, à la faveur d'un déguisement, à se procurer quelques informations. Il fut jugé et exécuté, ainsi qu'on le rapporte dans le texte, dès qu'on eut fait les préparatifs nécessaires. On prétend que, placé sous le gibet, il s'entendit reprocher de déshonorer, par une telle fin, le rang qu'il occupait. « Quelle mort pour un officier! s'écria un Anglais. — Toutes les morts sont honorables, gentleman, lorsqu'on meurt pour une cause semblable à celle de l'Amérique, » fut sa réponse.

André périt au milieu des larmes de ses ennemis. Hale mourut sans rencontrer de pitié. Des paroles de blâme furent les dernières qui frappèrent son oreille, et cependant l'un tombait victime de l'ambition, et l'autre de son dévouement à son pays. La postérité les jugera.

Page 318, ligne 12.

. . . De produire aucun témoin.

Le texte porte : *De produire aucun témoin en faveur du peuple*, et il ajoute en note : En Amérique, la justice est administrée *au nom du bon peuple* (*good people*), etc., et la souveraineté réside en lui.

Page 333, ligne 2.

. . . Des États de l'est de l'Amérique.

On entend par les États de l'est ceux de la Nouvelle-Angleterre, qui, étant dans l'origine fondés par les Puritains, conservent encore quelques traces de leur caractère distinctif.

FIN DES NOTES.

www.ingramcontent.com/pod-product-compliance
Lightning Source LLC
Chambersburg PA
CBHW051832230426
43671CB00008B/930